ISBN 978-1-332-37172-3
PIBN 10360835

This book is a reproduction of an important historical work. Forgotten Books uses
state-of-the-art technology to digitally reconstruct the work, preserving the original format
whilst repairing imperfections present in the aged copy. In rare cases, an imperfection in
the original, such as a blemish or missing page, may be replicated in our edition. We do,
however, repair the vast majority of imperfections successfully; any imperfections that
remain are intentionally left to preserve the state of such historical works.

1 MONTH OF
FREE
READING

at
www.ForgottenBooks.com

By purchasing this book you are eligible for one month membership to ForgottenBooks.com, giving you unlimited access to our entire collection of over 1,000,000 titles via our web site and mobile apps.

To claim your free month visit:

www.forgottenbooks.com/free360835

English
Français
Deutsche
Italiano
Español
Português

www.forgottenbooks.com

Mythology Photography **Fiction**
Fishing Christianity **Art** Cooking
Essays Buddhism Freemasonry
Medicine **Biology** Music **Ancient
Egypt** Evolution Carpentry Physics
Dance Geology **Mathematics** Fitness
Shakespeare **Folklore** Yoga Marketing
Confidence Immortality Biographies
Poetry **Psychology** Witchcraft
Electronics Chemistry History **Law**
Accounting **Philosophy** Anthropology
Alchemy Drama Quantum Mechanics
Atheism Sexual Health **Ancient History**
Entrepreneurship Languages Sport
Paleontology Needlework Islam
Metaphysics Investment Archaeology
Parenting Statistics Criminology
Motivational

COLLECTION

DES MANUSCRITS

DU

MARÉCHAL DE LÉVIS

COLLECTION DES MANUSCRITS

DU

MARÉCHAL DE LÉVIS

––––––––

Volumes déjà publiés :

JOURNAL

DU

MARQUIS DE MONTCAL

DURANT SES CAMPAGNES EN CANADA

DE 1756 À 1759

JOURNAL

DU

MARQUIS DE MONTCALM

DURANT SES CAMPAGNES EN CANADA

DE 1756 à 1759

Publié sous la direction de l'abbé H.-R. CASGRAIN

D. ÈS L., PROFESSEUR A L'UNIVERSITÉ LAVAL, ETC.

———————— •◆• ————————

QUÉBEC

IMPRIMERIE DE L.-J. DEMERS & FRÈRE
30, rue de la Fabrique, 30
——————
1895

AVANT - PROPOS *

———

Le Journal des campagnes du marquis de Montcalm forme, dans son état actuel, un volume petit in-quarto, qui certainement n'a été relié qu'après la mort du général par les soins du chevalier de Lévis lorsque celui-ci fut de retour en France. Primitivement, le Journal se composait de cahiers de formats divers, avec des titres spéciaux pour chacun. Cette division a été respectée par le chevalier de Lévis qui s'est contenté de faire relier à la suite les uns des autres les cahiers séparés ; elle a été de même respectée dans la présente publication.

Le Journal de Montcalm se compose donc de huit parties, dont voici le sommaire :

1ᵉʳᵉ PARTIE. — Du 31 janvier 1756, date à laquelle le commandement des troupes du Canada fut offert au

———

* Cet Avant-Propos a été écrit d'après les notes de M. Léon Lecestre, élève de l'école des Chartes, archiviste aux Archives Nationales de France, qui a été chargé de surveiller la copie des originaux et de la collationner.

marquis de Montcalm par le comte d'Argenson, jusqu'au mois de novembre de la même année, époque à laquelle se termina la première campagne. Le fait saillant de cette partie est la prise et la destruction du fort de Chouaguen (Oswego) sur le lac Ontario. A la suite de son journal, Montcalm a inséré divers récits des événements qui se passèrent dans les autres parties de la Nouvelle-France.

2ᵉ PARTIE. — Du 10 novembre 1756 au 3 juillet 1757. Les faits les plus intéressants de cette période sont quelques petites expéditions d'hiver contre les Anglais, et surtout, en décembre 1756, janvier et mai 1757, les conseils sans fin tenus avec les sauvages des différentes nations. Les récits de ces conseils sont des plus curieux et abondent en traits de mœurs pris sur le vif. Montcalm d'ailleurs ne néglige jamais, lorsqu'il en trouve l'occasion, de noter ce qui lui paraît intéressant sur les mœurs, la langue et les usages des diverses nations sauvages.

3ᵉ PARTIE. — Du 12 juillet 1757 au 31 août de la même année. Récit de l'expédition dirigée contre le fort George ou William-Henry et de la prise de cette place par les Français.

4ᵉ PARTIE. — Du 1ᵉʳ septembre 1757 au 31 mai 1758. Le Journal, pour cette période, présente un intérêt restreint. Pendant l'hiver, la guerre consiste seulement dans l'envoi de quelques petits détachements partis des

forts des frontières pour avoir des nouvelles de l'ennemi.
Déjà à cette époque, les difficultés commencent ; les
récoltes sont peu abondantes et la disette se fait sentir,
légèrement encore, mais présageant pour l'avenir les
horreurs de la famine.

5e PARTIE. — Du 1er juin 1758 au 12 août de la
même année. Attaque de Carillon par les Anglais et
victoire de Montcalm qui repousse l'ennemi et retarde
ainsi d'une année la chute de la colonie.

6e PARTIE. — Du 13 août 1758 au 27 mars 1759.
Les revers commencent ; la prise du fort de Frontenac
en est le prélude. En même temps, pendant tout l'hiver,
la colonie est éprouvée par une terrible disette de farine.
Les troupes et la population sont réduites à la demi-
ration et même au quarteron ; les bœufs devenant rares,
on est forcé de manger du cheval. Dans ces cruelles
circonstances, les officiers donnent l'exemple de l'abné-
gation.

7e PARTIE. — Du 3 avril 1759 au 14 mai de la même
année. Cette partie la plus courte de toutes (elle ne
comprend que douze pages du manuscrit) ne contient
aucun fait saillant. La disette augmente, les nouvelles
menaçantes se succèdent, et les secours de France,
arrêtés par les croisières anglaises, ne peuvent entrer
dans le Saint-Laurent.

8e PARTIE. — Du 23 mai 1759 au 24 septembre de
la même année. Les forces anglaises s'approchent de

Québec ; la ville est assiégée et bombardée ; le général Wolfe parvient à débarquer au-dessus de la place et livre à l'armée française la bataille des plaines d'Abraham où Montcalm est blessé mortellement ; Québec se rend aux Anglais et les débris de l'armée se retirent au poste de Jacques-Cartier.

Après ce résumé sommaire du Journal de Montcalm, il faut parler de sa rédaction, question plus délicate et plus difficile à élucider qu'on ne le croirait au premier abord.

Le Journal de Montcalm n'est pas autographe ; il est écrit par d'autres mains que la sienne. Cependant nous avons la certitude que Montcalm l'a relu et corrigé. En effet, dans les trois premières parties, on trouve parfois quelques mots ajoutés par lui en interligne ou en marge, une note rectifiant ou complétant un fait erroné ou incomplet ; et dans les quatrième, cinquième, sixième et septième parties, il y a des passages entiers écrits de sa main, que nous avons soigneusement relevés *. La dernière partie seule a échappé à son contrôle ; la mort l'empêcha de le faire.

---

* Quatrième partie, du 6 au 16 mai et du 21 au 31 mai 1758 ; cinquième partie, 16 et 17 juin 1758, et fin du récit des événements du 18 juin ; sixième partie, fin de l'article du 1er décembre jusqu'à celui du 13 décembre 1758, et du 18 décembre 1758 au 8 février 1759 ; septième partie, entre les 10 et 11 mai 1759, un assez long passage intitulé : Faits particuliers omis d'être rapportés à leur place.

Si le Journal de Montcalm n'est pas autographe, qui donc l'a écrit ? A-t-il été dicté par le général à un secrétaire ou à un de ses aides de camp ? A-t-il été rédigé par un de ces derniers sous les yeux du chef ? Une étude attentive du texte permettra de répondre à ces questions d'une manière à peu près satisfaisante. Mais, comme les procédés de rédaction ont pu varier suivant les époques, nous étudierons successivement les différentes parties du Journal. Faisons d'abord la remarque que les sept premières parties, sauf les passages écrits par Montcalm lui-même et signalés plus haut, sont écrites par la même main.

Les deux premières parties sont évidemment rédigées sous la dictée de Montcalm; cela saute aux yeux, lorsqu'on voit le général s'y mettre en scène lui-même et parler en son nom propre, à la première personne. Mais qui tient la plume pour lui ? Ici l'examen du Journal ne suffit pas pour résoudre la question; mais l'écriture peut servir de preuve, d'autant plus que dans le recueil des lettres de Montcalm au chevalier de Lévis, il y en a plusieurs simplement signées du général et écrites de la même main que les sept premières parties du Journal. Or la dernière lettre de ce recueil datée du 14 septembre 1759, le lendemain de la mort de Montcalm, reproduit la même écriture, et est signée Marcel. C'est donc le nom de celui qui écrivait sous la dictée du général. Mais ce MARCEL, nous savons qui il est ; il est question de lui dans les premières pages du Journal. Ancien sous-officier au régiment de Flandre, il fut choisi par Montcalm comme troisième aide de camp à son départ de France, reçut le grade de lieutenant et servit de secrétaire à son chef jusqu'à sa mort.

La troisième partie (Prise du fort George) présente bien plus d'intérêt par le nom de son auteur. Elle a en effet été rédigée, non plus sous la dictée du général, mais par Jean-Antoine de Bougainville, qui devait devenir plus tard si célèbre comme navigateur, et qui était alors premier aide de camp du marquis de Montcalm. ˙Cette affirmation vaut la peine d'être prouvée. Voici deux faits entre plusieurs autres qui établissent d'une façon indiscutable que Bougainville est bien l'auteur du récit. Il arrive parfois que le narrateur de l'expédition du fort George se mette lui-même en scène, et alors il parle à la troisième personne. Ainsi le 2 août 1757, il raconte comme étant arrivé à lui-même, une aventure dont on sait que Bougainville fut le héros. De même, le 9 août, il dit en substance : Je fus envoyé pour porter à Montréal la nouvelle de la capitulation du fort George. Or, on sait que ce fut Bougainville que Montcalm chargea de cette mission. Cette partie du Journal est donc l'œuvre du grand navigateur; mais elle n'est pas de sa main, elle est de l'écriture de M. Marcel. Il est à croire que Bougainville avait rédigé ce journal pour lui-même, et que le marquis de Montcalm en fit prendre copie par son secrétaire.

Les quatrième, cinquième, sixième et septième parties ont été certainement écrites par Marcel sous les yeux de Montcalm, et souvent sous sa dictée. Bien que le récit soit généralement fait à la troisième personne, on trouve cependant des passages où par oubli sans doute, le général se met en scène, par exemple le 29 décembre 1757, les 23 juin, 7 août, 30 septembre 1758, etc. De plus, ainsi que nous l'avons déjà dit, ces quatre parties contiennent des passages entiers et souvent plusieurs pages de la main de Montcalm. Le Journal se rédigeait donc sous ses yeux.

La dernière partie où se trouvent racontés les événements qui précédèrent immédiatement et suivirent la mort de Montcalm, n'est pas de la main de M. Marcel. On est cependant porté à croire, après en avoir lu le commencement, qu'elle a été rédigée par lui. Le récit, en effet, se continue comme s'il était repris par quelqu'un qui aurait travaillé à ce qui précède. " Je n'ai plus, dit-il, que des malheurs à écrire, etc. ".

Si toutefois la rédaction de cette dernière partie n'a pas été faite par M. Marcel, à qui faut-il l'attribuer ? L'examen du texte permet seulement d'établir les points suivants : le rédacteur est un militaire qui paraît attaché à l'artillerie ; son rôle pendant le siège de Québec et à la bataille des plaines d'Abraham le prouve. C'est un officier d'un grade peu élevé, puisqu'il n'assiste pas aux conseils de guerre, et que M. de Bernetz lui donne des ordres après la bataille du 13 septembre. Enfin, il a avec Montcalm des rapports fréquents. Voilà tout ce qu'on peut inférer du récit lui-même. Nous espérions être plus heureux en recherchant une lettre signée et écrite par le rédacteur de la dernière partie du Journal, dans le volume intitulé : *Lettres de divers particuliers au chevalier de Lévis*, qui fera partie de la présente publication ; l'analogie de l'écriture nous aurait guidés. Malheureusement, il n'en a rien été, et nous n'avons pu retrouver le nom de cet officier.

Résumons donc ces conclusions. Sauf la troisième partie (Prise du fort George) qui est de Bougainville, et la huitième et dernière, dont nous venons de parler, tout le Journal est écrit de la main de M. Marcel, sous les yeux et très souvent sous la dictée de Montcalm, quelquefois même de sa propre main.

En lisant ce Journal, on est étonné, choqué même, des attaques qu'il contient contre le gouverneur, l'intendant, le munitionnaire, les officiers de la colonie et les Canadiens en général. A M. de Vaudreuil, Montcalm reproche son incurie, son favoritisme ; à l'intendant, au munitionnaire, aux officiers de la colonie, leurs concussions, leurs dilapidations des fonds destinés aux approvisionnements pour les troupes et la population ; aux Canadiens en général, leur manque de bravoure.

D'abord ce sont de simples critiques, des regrets que le roi ne soit pas mieux servi, des accusations générales. Puis à mesure que les revers s'accentuent, les attaques deviennent plus acerbes et plus violentes, les accusations se précisent, les noms propres se présentent sous la plume du narrateur ; tout devient matière à récriminations. Et, chose plus grave, l'entourage de Montcalm, les officiers des troupes de France pensent comme lui et ne tarissent pas sur les dilapidations qui se commettent chaque jour, comme on peut le voir par les troisième et huitième parties du Journal, rédigées par d'autres que le général.

Que faut-il croire de tout cela ? Quelle est la part de la vérité et celle de l'exagération ? A notre avis, les abus dont parle Montcalm ont réellement existé ; on ne peut le nier, et personne n'ignore que l'intendant Bigot, à son retour en France, fut traduit en justice et condamné pour ses concussions. Comment l'exemple, parti de si haut, pouvait-il ne pas être imité par les subalternes ? Ce fut en effet ce qui arriva, et il n'est pas un historien du Canada qui n'ait parlé de ce désolant spectacle d'un pays affamé et envahi par l'ennemi, pendant que l'argent destiné aux munitions de guerre et aux approvisionnements était dilapidé par de coupables administrateurs. Mais il est juste de signaler aussi l'exagération évidente des récits de Montcalm et de ses officiers. On peut les excuser sans

doute ; on peut pardonner à des gens qui voient leur
bravoure et leurs efforts inutiles, par suite du désordre
qui règne dans l'administration et du manque de probité chez ceux qui ont la gestion des finances ; on peut
leur pardonner, disons - nous, leurs plaintes amères
contre ceux qu'ils regardent, à juste titre, comme la
cause première de leurs défaites et de la ruine d'un
pays qu'ils sont chargés de défendre. Sous leurs attaques,
on voit combien ils étaient aigris par le malheur. Les
premiers d'entre eux, Bougainville, Montcalm, sont
portés à cro re facilement à la mauvaise volonté de tout
le monde à leur égard *. Les actions les meilleures
leur semblent avoir un but intéressé †. Leur défaut
est de trop généraliser leurs accusations. On leur par-
donnera cette exagération en songeant que le malheur
rend injuste et, que pour un soldat, la défaite est le
plus grand des malheurs.

---

* Voir notamment les 26 et 27 juin 1758.
† Voir au 20 juin 1759, quand M. Bigot fait briser sa vaisselle d'argent pour acheter des subsistances.

MARQUIS DE MONTCALM

DURANT SES CAMPAGNES EN CANADA

DE 1756 À 1759

———

JOURNAL DU 31 JANVIER AU MOIS DE NOVEMBRE 1756

Je reçus le 31 janvier un courrier détaché par M. le comte d'Argenson pour me proposer le commandement des troupes de l'Amérique septentrionale, vacant par la détention du baron de Dieskau. Cette même lettre m'annonçoit que le Roi me feroit maréchal de camp à mon départ, et accorderoit l'agrément de mon régiment à mon fils ; elle m'apprit aussi que le Roi avoit choisi M. le chevalier de Lévis pour commander en second sous mes ordres avec le grade de brigadier, et

2

M. de Bourlamaque pour commander en troisième avec le grade de colonel.

M. le chevalier de Lévis étoit capitaine dans la marine, avoit servi comme aide-maréchal des logis de l'armée d'Italie et y avoit obtenu une commission de colonel en 1746. Il est de la branche de Lévis-Ajac. S. M. le Roi de Pologne, dont il est chambellan, a bien voulu lui conserver sa place. M. de Bourlamaque étoit capitaine aide-major du régiment Dauphin et avoit la charge d'aide de cérémonie.

Je crus devoir accepter une commission aussi honorable que délicate qui assuroit la fortune de mon fils, objet intéressant pour un père, commission que je n'avois ni désirée ni demandée *.

Comme les ordres du ministre étoient pressants, je partis le 6 février, j'arrivai à Paris le 12 ; je fus le 13 à Versailles. M. le comte d'Argenson me présenta ce jour-là à Monsieur le garde des sceaux et ministre de la marine, dans le ministère duquel j'entrois, le ministre de la marine étant chargé de tout ce qui regarde les colonies.

---

* M. le maréchal de Richelieu et le président Molé, à qui je ne puis qu'en être très obligé, avoient demandé à M. le comte d'Argenson qu'une compagnie qui étoit destinée dans le régiment de Montcalm à mon fils aîné, fût donnée au chevalier de Montcalm qui n'a que douze ans et demi. Je l'ai trouvé trop jeune, voulant qu'il finît ses études. J'ai prié le ministre de dire ma façon de penser au Roi, et j'eus été fort aise que l'on ait disposé de cette même compagnie en faveur du comte de Bernis, neveu de l'abbé de Bernis. On m'a flatté qu'à quinze ans on pourroit faire le chevalier de Montcalm capitaine réformé, et que cette compagnie pourroit lui revenir un jour, le comte de Bernis ayant un bon du Roi pour être colonel des grenadiers de France.

Le 14, je remerciai le Roi du choix que S. M. avoit bien voulu faire de ma personne pour commander ses troupes dans l'Amérique septentrionale.

Quelques jours après, M. le comte d'Argenson m'écrivit de la part du Roi, que Sa Majesté m'avoit accordé, pour avoir lieu au retour du Canada, quatre mille livres de pension outre les deux que j'ai, et les deux mille francs de colonel réformé que je conserve ma vie durant, attendu que c'est une représentation du prix de mon régiment qui a été réformé. Cette même lettre assure à Mme de Montcalm en cas qu'elle me survive la reversibilité de trois mille livres de pension, grâce que j'avois à cœur et qui m'a touché à cause de Mme de Montcalm à qui je dois beaucoup.

Je proposai à M. le comte d'Argenson et lui demandai avec beaucoup d'instance des grâces pour les six bataillons qui avoient passé l'année dernière en Amérique ; il voulut bien me les accorder, encore qu'il eût résolu de les renvoyer toutes à l'année prochaine. Il eut aussi la bonté de m'en promettre pour mes trois aides de camp et les deux ingénieurs que le Roi faisoit passer en Amérique.

Le 11 mars, le Roi eut la bonté de me déclarer maréchal de camp, M. le chevalier de Lévis, brigadier, et M. de Bourlamaque, colonel, et mon fils aîné appelé comte de Montcalm, mestre de camp du régiment de cavalerie que j'avois.

Le 14, je remerciai le Roi comme maréchal de camp ; je lui présentai mon fils comme mestre de camp, et pris congé de lui et de la famille royale.

Le 15 au matin, on me remit mes instructions, qui m'assujettissent à rendre également compte au ministre de la marine et au ministre de la guerre ; on me remit en même temps un De par le Roi pour commander les troupes que Sa Majesté a envoyées l'année dernière en Amérique, et le renfort qu'elle y envoie cette année, sous l'autorité de M. le marquis de Vaudreuil, gouverneur général du Canada ; et on me remit les lettres de service de MM. de Lévis et Bourlamaque pour être employés à mes ordres comme brigadïer et colonel, et celles de M. de Montreuil, capitaine au régiment de Piémont, avec brevet de lieutenant-colonel, pour être employé comme aide-major-général, ainsi qu'il l'étoit avec le baron de Dieskau.

Le 15, après-midi, je partis de Versailles avec M. de Bougainville, mon premier aide de camp, lieutenant réformé à la suite du régiment d'Apchon-dragon. C'est un jeune homme qui a de l'esprit et de belles lettres, grand géomètre, connu par un ouvrage sur le calcul intégral ; il est de la Société Royale de Londres, aspire à être de l'Académie des sciences de Paris, où il auroit eu une place, s'il n'avoit pas préféré d'aller en Amérique apprendre le métier de la guerre et donner des preuves de sa bonne volonté. Il est frère de M. de Bougainville, ci-devant secrétaire de l'Académie Royale des Inscriptions, très connu dans la république des lettres. M. de Bougainville m'est très recommandé par M. de Séchelles, par Mme Hérault et même par Madame la marquise de Pompadour ; il sait très bien l'anglois et a mis à profit un voyage qu'il a fait en Angleterre et en Hollande.

Nous arrivâmes à Rennes le 18, où M. de la Bourdonnaye, mon beau-frère, s'étoit rendu de sa terre pour
me voir. M. de la Bourdonnaye de Montluc, président
au Parlement de Bretagne, nous fit on ne sauroit mieux
les honneurs de la ville, où il y a quelques beaux hôtels,
deux places bien décorées, l'une par la statue de Louis
XIV et l'autre par la statue pédestre de Louis XV, avec
deux grandes figures qui l'accompagnent, monument
placé en 1754, et que la Bretagne a élevé pour conserver la mémoire des alarmes de la nation lors de l'extrémité où le Roi se trouva à Metz, et de l'allégresse
publique au rétablissement de sa santé. Les dehors de
Rennes sont beaux, le cours appelé " Mail " est un des
plus beaux du royaume. Il y a beaucoup de personnes
riches et beaucoup de noblesse, le Parlement de Rennes
étant le seul dans le royaume qui se soit conservé dans
le privilège de ne recevoir dans les charges que d'anciens
gentilshommes. Le Roi les a confirmés dans cette pré-
rogative, en sorte que tout Breton qui veut y acquérir
une charge est obligé de justifier par titre qu'il descend
d'un noble qui ait été maintenu dans sa noblesse lors
de la recherche de 1666, ce qui établit au moins deux
cents ans sans origine connue ; et pour ce qui est des
étrangers qui ne sont pas Bretons, ils exigent une plus
grande sévérité ; car ils ne s'en rapportent pas au jugement de noblesse, et ils exigent de prouver deux cents
ans par titre sans origine connue. Aussi d'avoir un
pair dans la magistrature du Parlement de Rennes
n'exclut pas comme pour les autres des honneurs de la
cour. MM. de Goyon, de Marbœuf, fils d'un conseiller

et d'un président du même Parlement, en sont des exemples ; et un frère du marquis de Marbœuf, colonel des dragons, a été reçu comte de Lyon. Le maréchal de Belle-Isle, originaire d'Angers, tient à grand honneur de se joindre à des Fouquet, pauvres gentilshommes qui ont été du Parlement de Bretagne.

Quelques personnes pensent que l'on n'a pas la même sévérité dans ce Parlement pour ceux qui doivent être reçus aux charges angevines. C'est la même règle ; la seule différence, c'est que les charges angevines ne peuvent être possédées que par des étrangers, et les bretonnes par des Bretons ; et, quand par hazard un Breton veut posséder une charge angevine, il lui faut dispense.

Le palais où se rend la justice à Rennes est un ancien bâtiment assez beau ; les salles y sont bien décorées, et l'on voit dans la salle du conseil, au plafond, des peintures dignes de remarque.

J'arrivai le 21 à Brest, où je trouvai M. de la Roche-beaucour, mon second aide de camp. C'est un homme de condition du Poitou, lieutenant au régiment de cavalerie de Montcalm. J'ai trouvé aussi M. Lombard Des Combles, premier ingénieur, ayant rang de capitaine en premier du corps royal de l'artillerie et du génie, M. Desandrouins, second ingénieur, lieutenant en premier du corps royal de l'artillerie et du génie, et M. Doumé, sous-ingénieur de la ·marine, destiné à Louisbourg. J'ai été joint peu après par le sieur Marcel, sergent au régiment de Flandre, que j'ai destiné à être mon troisième aide de camp.

Je trouvai à Brest M. le marquis de Cursay, maréchal des camps et armées, chargé de faire la revue aux troupes qui s'embarquoient.

Le 23, le second bataillon du régiment de la Sarre, composé de treize compagnies y compris celle des grenadiers, commandé par M. de Senezergues, s'embarqua, savoir : les neuf premières compagnies des fusiliers à bord du *Héros*, vaisseau de soixante-quatorze canons, commandé par M. de Beaussier, capitaine de vaisseau et capitaine du port de Brest ; la compagnie des grenadiers et les trois dernières compagnies de fusiliers, à bord du *Léopard*, vaisseau de soixante canons, commandé par M. Ganmain, lieutenant de vaisseau et lieutenant du port de Brest.

Le 26, le second bataillon du régiment de Royal-Roussillon, composé du même nombre de compagnies, commandé par M. le chevalier de Bernetz, s'embarqua, savoir : les neuf premières compagnies de fusiliers à bord de *L'Illustre*, vaisseau de soixante-quatre canons, commandé par M. de Montalais, capitaine de vaisseau, et les trois dernières avec la compagnie de grenadiers sur le *Léopard*.

Le 24, M. le comte de Conflans, lieutenant général des armées navales et commandant l'escadre à la rade de Brest, reçut les ordres de la cour pour détacher de son escadre les trois vaisseaux ci-dessus armés en flûte, pour transporter les troupes à Québec, et détacher aussi trois frégates destinées à y passer l'état-major, savoir : la *Licorne*, frégate de trente canons, commandée par M. le chevalier de la Rigaudière, lieutenant de vaisseau ;

la *Sauvage*, commandée par M. le chevalier de Tourville, et la *Sirène*, par M. de Brugnon.

Les mêmes ordres portoient aussi de détacher de la dite escadre *L'Arc-en-Ciel*, vaisseau de cinquante canons, commandé par M. de Blingham, et la *Concorde*, frégate de trente canons, commandée par M. de Fouquet, pour aller au Port-Louis, et de là faire route pour Louisbourg avec des vivres, des munitions et des recrues.

L'état-major a été embarqué sur les trois frégates, savoir : sur la *Licorne*, le marquis le Montcalm, M. de Bougainville, son premier aide de camp, et M. Pelegrin, lieutenant de port de Québec, très pratique des mers d'Amérique et du fleuve Saint-Laurent. C'est lui qui l'année dernière fit revenir l'escadre de M. Du Bois de la Motte par une route qui n'étoit pas encore connue, en passant au nord d'Anticosti par le détroit de Belle-Isle et au nord de Terreneuve. Le ministre le renvoie à Québec avec le brevet de capitaine de port, 4,000 livres de gratification, 1,000 livres d'appointements, pour y tenir école de pilotes, et son fils a eu son insigne du port de Québec.

On a embarqué sur la *Sauvage* M. le chevalier de Lévis, M. Des Combles, ingénieur, M. de la Rochebeaucour, mon second aide de camp, et M. de Fontbrune, lieutenant de grenadiers du régiment de la marine, que Monsieur le garde des sceaux a fait passer en Amérique, à la prière de M. le chevalier de Lévis, avec 1,200 livres d'appointements.

On a embarqué sur la *Sirène* M. de Bourlamaque, M. Desandrouins, ingénieur, et M. Marcel, mon troisième aide de camp.

Le trésor a été embarqué sur les trois frégates.

Le 24, je reçus la commission de capitaine réformé de la cavalerie pour M. de la Rochebeaucour, celle de capitaine réformé de dragons pour M. de Bougainville, celle de capitaine réformé d'infanterie pour M. de Fontbrune à la suite des régiments, où ces officiers étoient déjà attachés, avec des lettres de service pour pouvoir les employer, suivant que je le jugerois à propos, en leurs grades.

Je reçus en même temps des lettres de lieutenant réformé à la suite du régiment d'infanterie de la Reine pour M. Marcel, une croix de Saint-Louis pour M. de Bourlamaque, colonel, et une pour M. Des Combles, ingénieur, avec l'ordre du Roi pour les recevoir ; ce que je fis le jour même.

Dès le 28, nous aurions été en état de partir, si les vents n'avoient pas été contraires.

Ce même jour 28, je reçus les grâces que S. M. a bien voulu accorder sur ma demande aux six bataillons qui ont été envoyés l'année dernière en Amérique, avec une lettre par laquelle S. M. veut bien leur accorder la croix de Saint-Louis plus tôt qu'elle n'auroit fait en Europe. Ces grâces consistent en trois pensions sur l'ordre de Saint-Louis pour M. de Roquemaure, commandant du second bataillon de la Reine, M. de Saint-Julhien, commandant du second bataillon d'Artois, M. Hurault de l'Hôpital, commandant du second bataillon de Béarn.

Et six croix de Saint-Louis pour M. le chevalier de Germain, capitaine au régiment de la Reine, M. Besne de l'Etendart, capitaine au régiment d'Artois, M. Garcin, capitaine au régiment de Bourgogne, M. le chevalier de

Marillac, capitaine au régiment de Languedoc, M. de
Cornier, capitaine au régiment de Guyenne, M. de
Trépezec, capitaine au régiment de Béarn ; et une commission de capitaine pour M. de Parfouru, premier lieutenant au régiment de Languedoc, à qui M. le baron de
Dieskau avoit donné le commandement d'une compagnie
de grenadiers postiches.

J'ai reçu en même temps la commission de capitaine
en second du corps royal de l'artillerie et du génie pour
M. Desandrouins, second ingénieur, à qui cette grâce a
été accordée en considération de ce qu'il passe en
Amérique.

---

*Traitement accordé aux troupes que le Roi envoie en
Amérique et à l'état-major, par an*

A M. le marquis de Montcalm............ 25,000 livres.
Gratification pour faire son équipage.... 12,000   "
A chacun de ses deux aides de camp.... 2,700   "
Gratification......... 600

NOTA. — Le troisième aide de camp n'est pas payé.

A M. le chevalier de Lévis................ 18,000 livres.
Gratification 9,000   "
A M. de Bourlamaqne.................... 12,000   "
Gratification 6,000   "
A M. de Montreuil, aide-major-général.. 6,000   "
Gratification 3,000   "
A chacun des deux ingénieurs........... 4,000   "
Gratification 1,000   "

A M. Doreil, commissaire ordonnateur... 12,000 livres.
Gratification 6,000   "
A un commissaire ordinaire.................... 6,120   "
A M. de Fontbrune, appointement extra-
    ordinaire.. 1,200   "

NOTA. — Pour régler ces divers traitements ainsi que
ceux des officiers, on a supputé ce qu'ils auroient sur le
pied de campagne soit en appointements, soit en rations
de pain, sur le pied de deux sols la ration, et en rations
de fourrage, sur le pied de 20 sols pour les officiers de
l'état-major et de 10 sols pour les officiers particuliers ;
et on y a joint un supplément : ce qui rend ces paies
considérables, c'est qu'on est payé comme étant employés
toute l'année ; on a d'ailleurs fait attention à la cherté
des choses nécessaires à la vie et à l'expatriement et
éloignement.

A chaque commandant de bataillon, par
    an... 5,300 livres.
A chaque capitaine de grenadiers......... 3,000   "
A chaque capitaine de fusiliers........... 2,700   "
A chaque lieutenant de grenadiers........ 1,500   "
A chaque lieutenant de fusiliers......... 1,380   "
A chaque sous-lieutenant de grenadiers
    et enseignes...................................... 1,200   "
A chaque aide-major........................... 2,700   "
A chaque capitaine en second, s'il y en a.. 1,800   "

Aux sergents et soldats, leur paie ordinaire, et indépendamment de ce, nourris toute l'année aux dépens du
Roi, pour le soldat seulement. On peut faire sur la

solde du soldat une retenue pour son entretien; mais
par l'ordre du Roi, elle ne doit pas passer un sol.

La solde des troupes et de l'état-major ainsi que leur
habillement est prise sur les fonds de la marine et commence du jour de l'embarquement. Le Roi nourrit
pendant la traversée et a fait donner aux troupes deux
mois de paie d'avance. Les compagnies ne sont point
à la charge des capitaines, et S. M. leur accorde trois
places de gratification à quelque nombre qu'elles passent
aux revues. L'on a accordé à tous les commandants
de bataillons des brevets de lieutenant-colonel. L'on a
armé à neuf les bataillons que l'on a embarqués, et l'on
a embarqué avec eux de quoi les habiller et équiper à
neuf, à leur arrivée à Québec, en y joignant pour chacun
un chapeau neuf et une paire de souliers.

L'on a distribué sur le vaisseau à chaque soldat un
bonnet, un gilet, une paire de bas et une paire de souliers.
A l'égard de leur nourriture, on leur donne la ration
comme aux matelots et soldats de la marine. Le Roi
a fourni des hamacs pour la traversée, et des lits pour
les officiers qui ont été nourris par Messieurs les capitaines des vaisseaux, auxquels le Roi donne quatre
rations par officier sur le pied de dix sols la ration, et
la façon honorable dont ils vivent fait qu'il leur en
coûte beaucoup plus cher à tous.

Le 2 avril, comme les vents parurent décidés au nord-
est, on résolut de partir malgré l'ancienne superstition
qu'avoient les marins de ne pas partir le vendredi ; et,
comme il avoit été réglé par la cour qu'au lieu de marcher en escadre, on partiroit séparément, un vaisseau et
une frégate de conserve, savoir : le *Héros* et la *Licorne*,

l'*Illustre* et la *Sauvage*, le *Léopard* et la *Sirène*, les deux bâtiments qui devoient partir les premiers se mirent en état. M. de la Rigaudière, commandant de la *Licorne*, étoit en état de mettre à la voile sur le midi. Il eût été à souhaiter que M. de Beaussier, commandant le *Héros*, eût été prêt en même temps. On auroit profité des vents; mais comme il ne put l'être que sur les cinq heures du soir, il jugea à propos de n'appareiller que sur les trois heures du matin, dans la crainte que le vent ne cessât, n'étant pas assez fait, ou qu'allant la nuit, il ne se trouvât au point du jour trop près des Anglois qu'il n'auroit pu découvrir.

Les officiers embarqués sur la *Licorne* avec M. le chevalier de la Rigaudière sont :

M. le chevalier de Crenay, premier lieutenant. C'est le neveu du vice-amiral et le fils de celui qui a été colonel du régiment de Penthièvre-cavalerie ;

M. Levayer, second lieutenant ;

M. Huon de Kinadec, premier enseigne ;

M. de Pontavit, second enseigne ;

M. de la Devèze, troisième enseigne, avec deux gardes marines ;

M. de Durfort, d'une branche établie en Roussillon, et M. de Niserauck, gentilhomme breton.

M. de la Rigaudière est un officier d'un mérite distingué, qui joint à des talents des qualités fort aimables pour la société, une grande connoissance de son métier et beaucoup d'expérience, quoique jeune, ayant fait nombre de campagnes considérables.

Il a eu à vingt-deux ans une action particulière, n'étant qu'enseigne, qui prouve beaucoup de sang-froid

et de courage et qui lui valut d'être fait lieutenant avant
son tour.   Il avoit été détaché par M. de la Jonquière,
commandant l'escadre de M. d'Anville, avec une goélette,
petit bâtiment de quatre canons ; il s'empara de quatre
petits bâtiments anglois, et comme il étoit poursuivi par
un vaisseau de la même nation, après avoir fait passer
les prisonniers à bord, il brûla les quatre bâtiments qu'il
avoit pris, se fit échouer, se débarqua, engagea un sauvage par des récompenses à lui aller chercher du renfort
avec lequel il se défendit.   L'Anglois l'ayant laissé, il
radouba son petit bâtiment et rejoignit son escadre en
amenant ses prisonniers.

J'ai reçu à Brest toutes sortes de politesses de Messieurs de la marine : c'est un corps bien composé,
presque tout entier de gens de condition, plusieurs
d'une naissance distinguée, beaucoup d'honneur et de
probité, une franchise dans leur façon de penser et de
dire dont on ne trouve des exemples nulle part ailleurs,
que chez d'aussi braves militaires que sont Messieurs
de la marine, que le commerce de la cour et de Paris
n'a pas pour l'ordinaire gâtés en leur inspirant un fonds
de flatterie que l'on confond avec celui de la politesse.

M. le comte Du Guay, chef d'escadre, qui commande
la marine, M. Hocquart, intendant, m'ont très bien reçu.
Le premier m'a paru un homme fin et délié ; sa femme
a dû être une femme de bon air ; elle en a conservé
dans un âge avancé les mines d'une jolie femme qui
ressemblent quelquefois à des grimaces ; d'ailleurs
elle est très polie.   Pour M. et Madame Hocquart,
c'est un couple bien assorti ; ce sont d'honnêtes gens,
vertueux, bien intentionnés, tenant une bonne maison.

Aussi M. Hocquart a-t-il été vingt ans intendant en Canada sans avoir augmenté sa fortune, contre l'ordinaire des intendants des colonies qui n'y font que de trop grands profits aux dépens de la colonie.

M. le marquis de Conflans, lieutenant général des armées navales, commandoit l'escadre à la rade de Brest, ayant avec lui M. le chevalier de Bauffremont, chef d'escadre ; il étoit monté sur le *Soleil-Royal*, vaisseau de quatre-vingts pièces de canon, qui passe pour le plus beau de l'Europe, ayant du canon de trente-six. On ne sait point si cette escadre est destinée à agir. Jusqu'à présent elle ne doit être composée que de sept vaisseaux qui sont en rade et de cinq qu'on attend de Rochefort. M. de Conflans croit toujours, ou du moins le dit, que son escadre sera composée de vingt vaisseaux de ligne et de beaucoup de frégates qui sont actuellement employées à garder les côtes. Cette escadre est si peu équipée, soit lenteur ou défaut de matelots, qu'encore que M. de Conflans ait reçu ordre d'envoyer deux vaisseaux de guerre à la découverte des Anglois, pour assurer notre sortie de Brest, il ne s'est pas cru en état de le faire. M. le comte de Conflans est un de nos officiers-généraux de marine des plus considérés, qui joint à sa naissance beaucoup d'expérience et d'être le seul officier qui, dans le courant de la dernière guerre, ait combattu avec succès et avantage les Anglois et leur ait pris deux vaisseaux.

Du 2 avril 1756. — Au moment que j'allois m'embarquer, j'ai reçu une lettre de M. le garde des sceaux pour m'apprendre qu'il avoit envoyé un ordre pour faire armer sur la frégate, qui me passe, M. de la Devèze,

mon neveu. M. le comte Du Guay, commandant de la
marine à Brest, et M. de la Rigaudière, commandant de
la dite frégate, avoient eu déjà la bonté de le prévenir ;
j'en ai été fort aise, ce jeune homme m'ayant témoigné
beaucoup d'amitié et paroissant s'annoncer très bien
pour l'amour de son métier ; c'est un fils de M. de
Nanjac la Devèze, qui a épousé une demoiselle de
Montcalm, ma cousine germaine, de ma branche aînée.

Du 3 avril 1756. — Sur les trois heures du matin
nous appareillâmes ; mais le vent nous ayant manqué,
et paroissant varier, nous restâmes mouillés comme
hier. Sur les quatre heures et demie du soir, M. de
Beaussier, commandant le vaisseau le *Héros*, ayant fait
signal, nous mimes à la voile par un vent de mer nord-
est. A la hauteur de Saint-Mathieu, nous aperçûmes
de loin plusieurs bâtiments que nous jugeâmes venir de
Bordeaux et de Rochefort avec nos frégates d'escorte.
Nous fîmes rencontre d'un bâtiment marchand suédois
allant à Brest. A notre départ, l'*Illustre* et le *Léopard*
ainsi que la *Sauvage* et la *Sirène* se disposaient à nous
suivre de près, et avoient tiré le coup de canon de partance pour appeler ceux qui pouvoient être à terre.

Du 4 avril 1756. — Sur les quatre heures du matin
nous avons découvert quatre gros bâtiments qui ont
déterminé M. Beaussier, commandant le *Héros*, ainsi
que nous, à revirer sur Brest, mais au bout d'une heure,
les ayant jugés hollandois, nous avons continué notre
route ; nous avons vu dans l'éloignement plusieurs vaisseaux dont un petit que nous avons jugé un senau
anglois, il a fait un temps même route que nous. Par
l'estime qui se fait toujours dans les vaisseaux sur le

midi, nous avons fait vingt-neuf lieues et sommes au 47ᵉ degré 39 minutes de latitude et au 9ᵉ degré 24 minutes de longitude.

Du 5 avril 1756. — Le temps a été variable, les vents nord-ouest ; notre estime nous porte sur le midi à quatre-vingts lieues de Brest. Je dis sur le midi, parce que c'est ainsi qu'on compte sur les vaisseaux d'un midi à l'autre, attendu que c'est le point où l'on prend hauteur quand le soleil paraît, et qui met en état de rectifier la supposition que l'on a faite de son chemin en jetant de temps en temps le loch, machine imaginée pour déter-miner la vitesse du chemin que décrit un vaisseau dans une heure. Nous avons vu un bâtiment anglois, allant même route en avant de nous ; nous aurions pu le prendre, sans l'ordre de ne pas nous détourner de notre route et de notre objet.

Du 6 avril 1756. — Les vents ont été du nord-ouest au nord-est ; notre estime a porté de hier midi à aujour-d'hui environ quarante-six lieues ; nous avons encore aperçu à notre avant divers petits bâtiments anglois. Nous les aurions pris sans les ordres formels de ne s'engager dans aucun combat même contre des bâtiments inférieurs. Cette défensive stricte afflige avec raison nos officiers, toujours assurés d'être pris après avoir combattu, puisque ce ne sera que dans le cas où des bâtiments supérieurs en force les attaqueroient, et toujours les mains liées pour attaquer des bâtiments inférieurs. Il faut convenir que la mission de porter du secours en Canada est si importante qu'on ne pouvoit trop leur recommander de ne pas s'écarter de l'objet ; mais, suivant moi, on pouvoit laisser un peu à leur

3

prudence pour des petits bâtiments qui se trouveroient naturellement sur leur route, sans s'engager à leur donner trop de chasse s'ils étoient meilleurs voiliers et qu'ils n'amenassent pas : car communément sur mer, les petits vaisseaux marchands amènent pour peu qu'ils soient joints à la portée du canon, et tous ces petits bâtiments anglois naviguoient fort près de nous, dans la confiance qu'il n'y a que leur nation qui ait actuellement des vaisseaux de guerre dans ces mers. Je conviens qu'il faut éviter l'aventure de M. de la Maisonfort, capitaine de vaisseau; chargé, en 1745, de ravitailler Louisbourg. qui, au lieu de suivre son objet, s'amusant à donner la chasse à des petits bâtiments anglois, se trouva aux prises avec plusieurs gros vaisseaux de cette nation, et la connoissance que les Anglois eurent par la perte de ce vaisseau françois que Louisbourg manquoit de poudre, les détermina à l'expédition de cette place dont la restitution a servi de compensation à nos conquêtes de Flandre, et a fait hâter la conclusion de la paix d'Aix-la-Chapelle.

Du 7 avril 1756. — Il n'est pas possible d'avoir une continuation de temps plus favorable, et nous pouvons dire avoir eu une belle partance. La mer nous a peu incommodés ; les vents continuent nord-est. Nous allons toujours de conserve avec le *Héros*, et nous avons quelquefois conversation avec les officiers qui y sont à bord au moyen de porte-voix ; notre estime va à environ cinquante-trois lieues.

Du 8 avril 1756. — Continuation de bonne navigation. Belle mer, petit vent frais, notre estime nous porte en route environ cinquante-sept lieues. On ne sauroit trop admirer ni louer la régularité qu'il y a dans un vaisseau sur tous les objets. L'immensité de toutes choses qu'on ne croiroit jamais pouvoir y contenir ; cet emplacement appelé arrimage * est une partie de la science d'un officier de la marine, soit pour disposer toutes choses à sa place, soit pour la façon de donner le plus de vitesse à son bâtiment par la disposition de la charge ; ce qui n'est pas assujetti à des principes fixes et demande un examen particulier pour chaque bâtiment. Tous ces détails regardent essentiellement le premier lieutenant en pied ; c'est, sur notre frégate, M. le chevalier de Crenay qui s'acquitte on ne peut mieux de cette fonction ; et tous nos officiers sont fort attentifs à leurs services.

Du 9 avril 1756. — Continuation du même temps. Nous avons été obligés de ralentir notre marche pour attendre le *Héros*, notre frégate étant meilleure voilière. Sur les trois heures nous avons vu un vaisseau que nous avons cru d'abord être en croisière ; il nous a

---

* C'est aussi de l'arrimage que dépend de connoître le lest qu'il faut à chaque bâtiment ; par exemple, notre frégate qui a cinquante tonneaux de lest, quoique le constructeur n'en voulût donner que quarante. Et nous nous sommes aperçus dans le gros temps qu'elle n'en a pas assez, étant par là trop faible de côté, et pouvant s'engager. Du temps du feu Roi, M. de la Boularderie, officier de marine, mort depuis à l'Ile-Royale, commandoit une frégate à la rade de Brest. Il voulut donner une fête à une vingtaine de dames, et à la fin du repas faire manœuvrer la frégate ; il appareilla, oublia qu'elle n'étoit pas encore entièrement lestée ; elle fit capot ; toutes les dames et plusieurs matelots périrent. Cette imprudence le fit renvoyer du service et auroit mérité une punition capitale.

paru ensuite se déterminer à faire route en Europe.
Ceux qui liront ce journal qui n'a été fait que pour
moi-même, seront peut-être ennuyés de l'attention
scrupuleuse avec laquelle je parle de tous les bâtiments
que l'on aperçoit : mais qu'ils se mettent à la place des
gens qui, renfermés dans un espace fort étroit, ne voient
que le ciel et l'eau, ils comprendront aisément que la
vue d'un petit bâtiment fait un petit moment d'amusement.   D'ailleurs dans l'occurrence où nous craignons
d'être pris par les Anglois, c'en est un. de très grande
attention.   La continuation de beau temps fait que nos
malades du mal de mer se remettent.   Il semble ce
soir que les vents veulent se tourner vers l'ouest.
L'estime est d'environ cinquante lieues.   Nos deux
vaisseaux se sont mis en panne pour que nous puissions
envoyer chercher la portion d'un bœuf qui avoit été tué
à bord du *Héros*.   Comme nous nous approchions des
parages où l'on peut trouver les Anglois, M. Beaussier
a profité de ce moment pour envoyer à notre commandant les divers signaux pour faire fausse route, suivant
les divers côtés qu'il indiqueroit en cas de chasse de
la part des Anglois.   Ces signaux sont les mêmes que
M. Périer de Salvert avoit imaginés pour son escadre ;
nous avons déjà les signaux ordinaires qui se font le
jour avec des pavillons et la nuit avec des feux ou des
fusées, quand il y a brume.   C'est par ces mêmes
signaux que l'on fait manœuvrer les escadres.   Chaque
commandant d'escadre donne les siens en partant et
les change lorsqu'il juge à propos.   M. le maréchal de
Tourville est le premier qui ait mis une forme à cette
façon ingénieuse de se faire entendre.   Il a été proposé

depuis peu de pouvoir avoir des conversations suivies par signal, au moyen d'un certain nombre de pavillons, sans que les ennemis pussent en avoir connoissance, attendu la grande variété qu'on y mettroit parce que cela dépendroit toujours de celui par lequel on commenceroit. Je ne sais pas assez clairement la méthode pour en parler, mais je sais que l'escadre de M. de la Galissonnière envoyée en 1754 à Cadix, a eu pour objet d'exercer notre marine aux évolutions et d'essayer cette nouvelle méthode des signaux proposés par un officier de ce corps.

M. Pelegrin, capitaine de port de Québec, embarqué avec nous, a profité de la circonstance où nos deux bâtiments ont été obligés de s'arrêter, pour conférer avec M. Beaussier sur la route à tenir quand on sera aux atterrages pour entrer dans le golfe Saint-Laurent. M. Beaussier auroit quelque envie de passer par le détroit de Canseau ; c'est un passage d'une demi-lieue de large au milieu des possessions angloises ; ce seroit une marche hardie, qui pourroit leur donner le change ; mais elle auroit besoin du succès pour être applaudie.

M. de la Rigaudière et M. Pelegrin sont au contraire d'avis de s'en éloigner, de passer au sud du Banc-Vert, de reconnoitre l'Ile-Royale pour déterminer sa route, et gagner par là le golfe Saint-Laurent.

Du 10 avril 1756. — Notre estime a été de cinquante-trois lieues et nous croyons être à hauteur de la dernière île des Açores. Nous commençons à voir des poissons différents de ceux de nos mers, tels que des grandes tortues, des baleines et des souffleurs.

Du 11 avril 1756. — Nous avons eu quasi un calme
cette nuit ; cependant notre estime a été de vingt-quatre
lieues.

Du 12 avril 1756. — Notre estime a été de cinquante
lieues. Il y a eu sur les quatre heures un grain de
vent suivi d'une espèce de tempête qui nous a obligés
de mettre à la cape et d'y rester toute la nuit ; ce gros
temps nous a fort fatigués et rendus presque tous
malades. Je ne conseille à personne de naviguer pour
son plaisir.

Du 13 avril 1756. — Notre estime n'a été que de vingt
lieues. Les vents ont molli ; la mer a été agitée sur le
midi ; et je puis assurer que, soit que la mer soit tranquille ou agitée, ce n'est un beau coup d'œil que dans
les décorations d'opéra. C'est le plus triste et le plus
uniforme que je connoisse quand elle est calme, et le
plus effroyable quand elle est agitée. Aussi, est-ce la
voiture la moins à préférer, d'autant qu'on ne va pas
toujours sur mer *via della posta.* On est souvent
contrarié par les vents et incommodé d'un roulis seul
capable d'ôter l'envie de faire beaucoup de voyages par
mer. Pendant les gros temps, on ne sait comment se
tenir, comment manger, comment dormir ; on est obligé
de faire amarrer toutes choses et, si on osoit, on seroit
tenté de se faire amarrer soi-même. Ce roulis agite et
fatigue le corps, et contribue beaucoup à la mauvaise
disposition où l'on se trouve quasi toujours ; car les
personnes qui paroissent se mieux porter sur mer ne
sont pas dans leur assiette ordinaire. Aussi il n'y a que
ceux qui n'y ont pas été qui s'imaginent qu'on peut s'y
occuper à des études suivies et sérieuses.

Du 14 avril 1756. — Sur les huit heures du matin, il s'est élevé un vent forcé du sud-est qui a passé de là au nord-est. Il a agité la mer en peu d'heures, de façon à nous faire craindre quelque avarie ou événement fâcheux. Notre espérance est que sa violence en empêchera la durée et qu'au moins il nous pousse en route ; nous avons mis à la nuit des signaux de feu pour nous conserver dans la même route avec le *Héros* et nous empêcher de nous aborder ; ce temps nous fait faire de soixante-dix à quatre-vingts lieues par jour, encore que nous n'ayons conservé que la voile de misaine.

Du 15 avril 1756. — Le temps continue toujours à être très fâcheux ; le vent semble augmenter, les vagues de la mer sont d'une violence étonnante, et il faut que la frégate, qui va pour la première fois à la mer, soit d'une bonne construction pour y résister. Les coups de mer font entrer de l'eau partout et courent risque de mouiller nos poudres et gâter partie de nos vivres.

Du 16 avril 1756. — Le courage le plus intrépide peut être étonné de la continuité de cette tempête. Nous avons à lutter contre la violence du vent, et encore plus contre celle de la mer. Nos officiers dont plusieurs ont fait douze et quinze campagnes, et le sieur Pelegrin qui en a fait quarante-deux, conviennent qu'ils n'ont guère vu des coups de vent aussi considérables, et jamais de cette durée ; le gaillard d'arrière a été deux fois surmonté par les vagues de la mer : on peut dire que la perte du bâtiment et de l'équipage a tenu à peu dans ces moments. Et c'est bien le temps que les marins appellent le coup de vent du vendredi saint. Nous nous sommes séparés par le mauvais temps et la brume avec

le *Héros*, malgré la précaution· d'avoir allumé la nuit
nos feux. Dieu veuille que nous nous retrouvions tous
à Québec ! Le fâcheux de notre aventure est que nous
nous sommes trouvés sur les dix heures du matin sur
les abords du Grand-Banc sans avoir pu ni sonder, ni
prendre hauteur ; ce qui nous fait craindre de trouver
trop tôt terre et d'y échouer par défaut de connoissance.
Dans cette perplexité, nous n'avons que deux partis à
prendre, ou celui de mettre à la cape, ou celui de nous
dévier entièrement de notre route en changeant de bord,
pour fuir devant la lame et gagner vers le sud, route qui
nous mèneroit à la Martinique.   M. de la Rigaudière,
occupé du désir de remplir sa mission, auroit incliné
pour l'avis de mettre à la cape ; mais on lui a démontré
l'impossibilité d'y résister, le danger même, en ne faisant
que l'essayer, de recevoir quelque avarie irréparable ;
et enfin, sur le midi, après l'avis unanime de tous les
officiers, le sieur Pelegrin et si j'ose y ajouter le mien,
nous nous sommes déterminés à gagner vers le sud et à
continuer cette navigation avec quelque danger de moins.
Sur les quatre heures, nous avons vu un gros vaisseau
de guerre venant des Iles, allant en Europe sous le vent
à nous, nous l'avons jugé un vaisseau de soixante
canons et anglois, à moins que ce ne fût le *Prudent*,
vaisseau commandé par M. d'Aubigny, parti pour là
Martinique dès le mois de février dernier ; mais, quel
qu'il fût, ce vaisseau par un pareil temps, aussi embarrassé que nous, n'avoit pas envie de nous venir chercher querelle, et malgré sa supériorité en force il l'eût
entrepris avec désavantage.   Nous avons une vingtaine
de malades ; nous avons perdu un matelot ; Dieu

veuille que nous n'en perdions pas d'autres, et qu'à celui-là près, nous arrivions à Québec le même nombre. Notre équipage, à notre départ de Brest, étoit de deux cent vingt-neuf hommes, non compris les officiers, passagers et leurs domestiques. On appelle passagers ceux qui ne sont pas chargés de la conduite du vaisseau, ainsi que M. de Bougainville, M. Estève, mon secrétaire, moi et M. Pelegrin ; cependant la réputation de ce dernier fait qu'on lui remettra la direction de la route dès que nous serons sur le Grand-Banc, et en attendant il fait son quart comme les officiers du vaisseau.

Du 17 avril 1756. — La nuit a continué à être affreuse ; sur les onze heures du matin, la mer ayant paru un peu moins agitée, M. de la Rigaudière, voyant avec douleur que nous nous étions déjà éloignés de soixante-quinze lieues de notre route, a voulu essayer de mettre à la cape. A peine nous étions-nous mis en travers, qu'il a fallu bien vite travailler tous pour nous remettre à notre première position, ayant aperçu la vergue du mât d'artimon qui plioit. Il faut convenir que nous sommes assez heureux d'avoir un bon équipage qui se démène bien dans les manœuvres. Nous sommes dans le cas de désirer du calme et de craindre cependant si le vent cessoit tout à coup, car la force du vent diminue l'impétuosité de la mer, et si le vent cessoit tout à coup, la mer plus agitée pourroit nous engloutir *.

---

* *En marge, de la main du marquis de Montcalm, on lit ceci :* Au point de faire venir la mâture à bas, d'ailleurs, il y avoit à craindre que la lame étant impétueuse et nous prenant de

Du 18 avril 1756. — Les vents ont commencé à diminuer insensiblement depuis hier quatre heures après-midi ; le beau temps paroît nous arriver avec le jour de Pâques, et nous avons mis à la cape sur les six heures du matin pour nous moins éloigner de notre route, d'où nous sommes à cent vingt lieues ; nous nous en apercevons bien dans la différence du climat ; car nous étions vendredi matin à même de voir des bancs de glace, et nous sommes aujourd'hui dans un climat qui approche pour la température et la chaleur de celui de Naples et de Sicile. Nous avons eu la consolation d'entendre aujourd'hui la messe avec beaucoup de pré-caution en faisant tenir le calice par un matelot assuré. On ne peut s'exposer à dire la messe par un gros temps à cause des roulis ; aussi en avons-nous été privés pen-dant toute la semaine sainte. On est sur les vaisseaux d'une manière édifiante ; on y prie Dieu trois fois par jour, le matin, le soir avant que l'équipage soupe, et on dit les litanies de la Vierge à l'entrée de la nuit. A chaque fois on prie Dieu pour le Roi, pour l'équipage, et on termine toujours les prières par des cris de *Vive le Roi.* Les dimanches et les fêtes on dit vêpres sur le pont, afin que tout l'équipage puisse y assister, même sans quitter les manœuvres. Le soleil ayant paru à midi, nous avons pu prendre hauteur, ce que nous

---

travers, ne nous emportât nos porte-aubans et nous enfonçât la frégate, ou nous fît d'autres avaries ou que la frégate ne se trouvât engagée lors des grains de vent qui venoient très fort et à tous moments. Le grand bout-dehors de la grande vergue de tribord avoit été emporté par un coup de mer.

n'avions pu faire depuis huit jours, et nous avons trouvé que nous étions à 38 degrés 3 minutes de latitude, et estimé que nous étions à 30 degrés 36 minutes de longitude, en comptant le méridien de Ténériffe * pour premier. On croira que c'est un officier qui n'a jamais servi que sur terre, qui exagère en parlant du coup de vent que nous avons eu, qui a duré près de trois jours et demi ; mais je n'écris rien qu'après ce que m'en ont dit nos officiers de mer, qui tous nous ont assurés n'en avoir jamais vu de pareil pour la durée, et que celui qui dispersa la flotte de M. d'Anville pour l'expédition de Chibouctou ne fut pas plus considérable et ne dura que vingt-quatre heures. D'ailleurs, comme la mer avoit été battue successivement par des vents de l'est et du nord, elle en étoit devenue plus agitée et plus dangereuse. Quelque danger que nous ayons couru, il est à souhaiter que le vaisseau le *Héros* et ceux qui nous suivent, s'en soient aussi bien tirés ; le premier aura eu l'avantage de pouvoir se tenir à la cape et se moins éloigner de la route, un gros vaisseau résistant mieux qu'une frégate ; et les autres, étant partis plus tard que nous, auront été moins avancés en route et auront eu plus à courir.

Du 19 et du 20 avril 1756. — Nous avons fait sonder ce matin ; mais nous n'avons pas trouvé fond ; ce qui nous fait croire que nous ne sommes pas encore au Grand-Banc, à moins que nous l'eussions dépassé. Nous avons des brumes ; c'est assez le temps du royaume des morues et de ses approches.

---

* Ce mot, écrit de la main de Montcalm, surcharge *Paris*.

Du 22 avril 1756. — Les brumes, des oiseaux de plusieurs espèces, comme pingouins, goélands, un loup marin que nous avons aperçu, tout semble nous indiquer les approches du Grand-Banc ; cependant, comme après avoir sondé plusieurs fois, nous n'avons pas trouvé le fond, que nous ne pouvons prendre hauteur, et que nous sommes dans l'incertitude sur notre véritable route, et que nous croyons avoir dépassé la pointe du Grand-Banc, ignorant cependant si nous sommes à l'ouest ou à l'est, nous avons commencé à midi à porter le cap sur l'est, en faisant sonder de six en six heures, parce que si nous sommes à l'ouest du Grand-Banc, nous devons le retrouver, et si nous sommes à l'est, nous regagnerons vers la France, et après avoir porté le cap vers l'est, pendant trente à quarante lieues, nous recourrons vers l'ouest tâcher de trouver ce Grand-Banc, qui nous fera un point fixe dans notre route, et il faut espérer que d'ici là les maudites brumes pourront se dissiper, et qu'il pourra revenir un temps plus favorable pour prendre hauteur, ce que nous n'avons pu faire depuis le jour de Pâques. Nous nous estimons au 43e degré 20 minutes de latitude.

Du 23 avril 1756. — Comme nous n'avons pas trouvé le Grand-Banc en tirant vers l'est, nous avons changé notre bordée et nous avons porté le cap à l'ouest.

Du 24 avril 1756. — Le calme ne nous avance pas ; les vents, comme disent les marins, sont au conseil ; Dieu veuille qu'ils le prennent bon pour nous !

Du même jour. — Sur le midi, les vents étant devenus nord-ouest et assez forts nous avons poussé dans le sud ; ce qui nous éloigne de notre route.

Du 25 avril 1756. — Les vents continuant à être debout, nous louvoyons, et nous sommes par les 43 degrés 8 minutes de latitude.

Du 26 et du 27 avril 1756. — Les vents ont molli, mais toujours contraires ; sur le midi, les vents étant devenus nord-est, ils nous ont dirigés dans notre route. Sur le soir, ils ont passé au sud-ouest, et continuent aujourd'hui 27, par un beau temps ; comme ils ne sont pas forts, nous faisons peu de chemin ; n'importe, c'est toujours heureux, car c'est aller en route.

Du 27 et du 28 avril 1756. — Les vents ayant fraîchi, nous avançons en route, nous avons aperçu sur le soir un banc de glace, à l'avant de nous, de plus de trois cents pieds de haut. Ces bancs rendent la navigation de ces mers difficile, d'autant que par la brume, il n'est pas aisé de les apercevoir, et un vaisseau qui les rencontreroit se briseroit. Nous avons vu beaucoup d'oiseaux ; on s'est amusé à les tirer. Nous avons trouvé fond à la sonde de minuit par trente-cinq brasses, la mesure de la brasse est de cinq pieds. Nous avions sondé inutilement à six heures du soir. Ainsi nous voilà assurés d'être sur le Grand-Banc. Après 25 jours de navigation, nous avons *banqué*, comme disent les marins, par les 43 degrés et 10 minutes de latitude. Nous allons diriger notre marche pour gagner le Banc-Vert.

Du 28 à six heures du matin : la sonde a été de même par trente-cinq brasses ; le vent favorable, la mer calme et belle, ce qui est l'ordinaire sur le Grand-Banc. On appelle *banquer* quand on arrive sur le Grand-Banc, et *débanquer* quand on en sort. Nous

avons sondé sur les cinq heures, et avons trouvé fond
par les quarante-cinq brasses ; comme il y a eu calme
nous nous sommes amusés à la pêche ; mais elle n'a
pas été abondante. Il faut convenir que c'est un excel-
lent manger que de la morue fraîche ; et ce qu'il y a de
meilleur n'est pas connu en Europe, la tête, la langue
et le foie, qui font une sauce naturelle et exquise à la
morue comme celui du rouget. Le P. Charlevoix et les
autres voyageurs n'ont rien dit d'outré en annonçant
l'excellence de ce manger, il faudroit trop de sel pour
conserver des morceaux aussi délicats. Les plus grandes
morues n'ont pas trois pieds, une gueule des plus
grandes, c'est un animal très vorace, et qui avale tout
jusqu'à des morceaux de fer. Nous pêchâmes des rayes.
Pour l'ordinaire ces parages sont couverts de petits
bateaux de pêcheurs. Nous n'en voyons cependant pas ;
la guerre empêche les François de venir, les Anglois se
tiennent le long de leurs côtes, et il est peut-être de
trop bonne heure pour cette pêche qui ne commence
pour l'ordinaire que dans les premiers jours de mai.

Du 29 avril 1756. — Le vent ayant repris sur le
minuit, nous avons fait servir nos voiles, et nous continuons notre route en faisant cinq nœuds par heure,
c'est la façon de compter quand on mesure le sillage du
vaisseau avec le loch. Les trois nœuds font la lieue.
Nous avons eu aujourd'hui la cérémonie de baptême ;
c'est une coutume établie parmi les matelots et qui
tend toujours à tirer quelque argent des passagers ;
cette cérémonie s'observe au passage du tropique, à
celui du détroit et quand on passe sous la ligne ; ce
dernier baptême étant regardé comme le plus considé-

rable exempte des autres. Les vents varient depuis
deux jours et font le tour de la boussole ; nous avons
des brumes, ce qui rend la navigation dangereuse à
cause des glaces énormes qu'on a de la peine à apercevoir et éviter. Après dîner, sur les quatre heures, il
nous en est venu une considérable sous le beaupré, qui
a rasé le vaisseau et contre laquelle il se seroit brisé, si
M. de la Rigaudière, qui s'en est aperçu, n'avoit vite
crié au lof ! c'est-à-dire de mettre le gouvernail pour
venir au vent et éviter par là la glace.

Du 30 avril 1756. — Il fait un froid horrible ; la
saison est bien peu avancée pour ces sortes de naviga-
tions. Les vents sont ouest, et nous portons le cap
vers le nord. La quantité de glaces que nous voyons
à tout moment augmente le froid. Nous avons compté
jusqu'à seize bancs de glaces à notre alentour, heureusement la brume s'est dissipée cette nuit. Nous jugeons
par nos sondes avoir dépassé le Grand-Banc et être sur
celui des Baleines ; nous avons profité de l'éclaircie
pour prendre hauteur, et nous avons trouvé que nous
étions par les 45 degrés 18 minutes de latitude, et
estimé être par les 53 degrés 48 minutes de longitude,
en comptant le méridien de Paris pour le premier. La
terre est tout ce que les marins désirent avec raison le
plus ; c'est en même temps ce qu'ils craignent davantage, et ce qui exige le plus d'attention, quand il faut
s'en approcher ; d'autant que les diverses estimes que
l'on a faites pendant la route, sont souvent sujettes à
erreur ; d'ailleurs dans les circonstances, tout contribue
à rendre l'atterrage difficile : les brumes, les glaces, et
la crainte d'être pris par les Anglois ; ce qui nous

éloigne de leurs côtes, et nous empêche même d'aller
prendre terre à Louisbourg, dans la crainte de nous
détourner de notre mission et trouver les Anglois dans
ces parages, de sorte que notre projet est d'aller reconnoître les îles Saint-Pierre et d'entrer dans le golfe
Saint-Laurent, entre le cap du Nord et le cap de Raye.

Du 1ᵉʳ mai 1756. — Nous continuons à voir beaucoup de bancs de glaces; aussi le froid est-il plus
insupportable qu'il ne l'est pour l'ordinaire en France
pendant le fort de l'hiver. Nous avons pris hauteur,
et nous nous sommes trouvés par les 45 degrés 57
minutes de latitude et par les 54 degrés 56 minutes de
longitude. Sur les cinq heures nous avons aperçu la
terre que nous avions perdu de vue depuis vingt-huit
jours, et nous avons reconnu le cap Sainte-Marie auprès
de Plaisance, qui étoit à tribord de nous; ce qui nous
a confirmé notre estime qui s'est trouvée juste.

Du 3 et 4 mai 1756. — Nous avons eu calme hier;
mais dans la nuit le vent a été sud-est et continue;
hier au coucher du soleil nous avons cru voir à tribord
de la terre; ce doit être les îles Saint-Pierre que nous
estimons à quinze lieues. La journée du 2 et celle du
3 ont été belles. Nous avons aujourd'hui de la brume
qui nous donne de l'inquiétude, parce que rien n'est si
dangereux dans ces mers où l'on peut se briser contre la
terre, faute de la reconnoitre; car les estimes les plus
exactes courent risque d'être fautives. C'est ce qui
occasionna en 1725 la perte du *Chameau*, commandé
par de très bons officiers et conduit par le pilote Cha-
vitau, le plus pratique de ces mers; il se croyoit à la
hauteur du cap de Raye, et il se brisa contre l'Ile-Royale.

Nous avons été assez heureux pour que sur les six heures et demie la brume se soit dissipée, et nous avons vu à l'éclaircie le cap de Raye, d'où nous nous comptions à quatorze lieues. J'observai à cette occasion combien il y a du hasard dans la navigation, que malgré toute la prévoyance du commandant de la frégate, officier très appliqué et très expérimenté, si cette erreur de quatorze lieues avoit été à notre désavantage comme elle a été à notre avantage, nous pouvions, sans avoir rien à nous reprocher du côté des précautions, essuyer le funeste accident du *Chameau*. Nous avons dirigé notre route pour ranger à bâbord l'île des Oiseaux.

Du 5 mai 1756. — Le vent de sud-est ayant fraîchi, nous a fait faire beaucoup de chemin depuis hier au soir jusqu'à midi, que nous avons aperçu l'île d'Anticosti, qui pouvoit être de tribord à ... lieues de nous, et nous sommes entrés dans le fleuve, le vent continuant à être favorable et portant notre cap sur la rivière des Renards.

Du 6 mai 1756. — Quoique les ordonnances du Roi défendent de naviguer la nuit dans le fleuve et ordonnent de mouiller, les circonstances et d'avoir avec nous M. Pelegrin, capitaine de port de Québec, nous ont déterminés à aller toute la nuit pour profiter d'un vent forcé et nord-est qui nous a fait faire un chemin prodigieux. Nous nous sommes trouvés au point du jour à portée du Mont-Louis, et comme il y avoit de la brume, nous avons tiré un coup de canon, pour juger à quelle distance nous étions de la terre. Nous avons navigué toute la journée à une lieue de la terre, rangeant le long de la côte les montagnes Sainte-Anne, les Mamelles

4

de Matane, l'île Saint-Barnabé, et nous sommes venus mouiller à neuf heures du soir par quinze brasses entre l'île Saint-Barnabé et l'île du Bic. La journée a été très froide, et quoique au 6 de mai, de la neige sur la côte ; il a même neigé dans la journée ; cependant comme nous n'avons pas trouvé de glace dans la rivière, M. Pelegrin assure que nous aurons eu à Québec un hiver qu'on ne rencontre pas ordinairement, et où le froid aura été peu considérable, et qu'il seroit dangereux une autre année de se régler sur le succès de notre navigation pour faire partir des vaisseaux d'aussi bonne heure ou de meilleure heure encore. J'observai que les caps que le P. Charlevoix appelle les monts Notre-Dame, cette chaîne de montagnes que j'ai appelé les monts Sainte-Anne, les monts Notre-Dame sont une seconde chaîne de montagnes à vingt lieues derrière cette première chaîne qui est le long de la côte ; c'est aux Mamelles de Matane que commencent les mouillages dans le fleuve du côté de la côte du Sud, qui est toujours plus sûre à tenir que la côte du Nord, quand on descend à Québec par un vent favorable ; et quand on rencontre un vent contraire, il vaut mieux ranger la côte du Nord. Cette observation n'a lieu que depuis l'embouchure de la rivière jusqu'à la vue de l'Ile-aux-Coudres, où alors il faut toujours ranger la côte du Nord, pour éviter les battures qui sont vers la côte du Sud ; le mot batture veut dire des roches. Il y a même une ordonnance du Roi qui défend de naviguer dans cette partie. Au reste cette navigation est toujours très dangereuse, et il faut des pilotes qui la connoissent bien, y ayant beaucoup de roches et de brisants à éviter. C'est une

attention digne du ministre de la marine que de faire
tenir à Québec une école de pilotes, qui connoissent
bien la navigation du fleuve Saint-Laurent, une des
plus considérables, je crois, de l'univers, soit par une
étendue de près de trois cents lieues, soit parce qu'il
porte des vaisseaux de guerre du premier rang pendant plus de cent vingt lieues, et sa largeur qui à l'entrée
est de dix-huit lieues et vis-à-vis Québec quoiqu'il
n'ait que demi-lieue de large, il y a encore trente brasses
d'eau.   Les premières habitations que l'on trouve vers
la côte du Sud sont à Saint-Bernabé ; aussi les vaisseaux
françois commencent à y arborer le pavillon.   La paroisse
se nomme Rimouski ; il y a trente-six familles ; c'est
une mission dépendante des Récollets ; car les missions
du Canada sont gouvernées par les Jésuites, les Récollets, les prêtres de Saint-Sulpice et ceux des missions
étrangères.   Le seigneur ou concessionnaire de cet
endroit est un M. Lepage ; je dis seigneur parce que les
concessionnaires ont, comme en France, droit de justice,
honneur d'église et des droits seigneuriaux, comme lods
et moulins banaux ; il n'y a que la chasse et la pêche
qu'ils n'ont pas exclusivement, à moins que leur concession ne soit elle-même une pêche sédentaire.   Devant
la porte de chaque seigneur on plante chaque année le
mai, comme dans beaucoup de provinces de France.
J'observai à cette occasion que les concessions s'accordent par le Roi sur l'avis du gouverneur et de l'intendant ; il y en a d'héréditaires ; il y en a pour un temps
et à vie.   Celles-là sont ordinairement du domaine du
Roi et lucratives.   Celles que l'on accorde héréditaire-
ment sont des terres à défricher, et pour qu'elles ne

puissent pas être révoquées, il faut que le concessionnaire en ait fait prise de possession en établissant sur sa concession au moins une famille par année, du jour qu'elle lui a été accordée.   L'île Saint-Barnabé a une lieue et un quart de long, elle est de la dépendance de la seigneurie de Rimouski, et elle est habitée par un gentilhomme breton des environs de Morlaix, qui par singularité ou dévotion y mène la vie d'un ermite, et se sauve même dans les bois, si on cherche à l'aborder lorsque les bâtiments y mouillent.

Du 7 mai 1756. — Nous avons appareillé sur les quatre heures du matin, et nous avons trouvé une goélette mouillée à l'île du Bic ; c'est une espèce de petit bâtiment dont on se sert beaucoup dans les mers de l'Amérique.   Cette goélette retournoit à Louisbourg, venant de Québec ; elle nous a fait d'autant plus de plaisir qu'elle nous a dit avoir rencontré dimanche un vaisseau françois de soixante canons. Ce sera le *Héros*, qui aura fait une traversée encore plus belle que la nôtre. Cependant les navigateurs seront surpris de voir que de quatre à six heures et demie du soir, nous ne fussions qu'à hauteur du cap de Raye, et que nous ayons pu mouiller le 6 à neuf heures du soir entre l'île Saint-Bernabé et l'île du Bic.   Cette dernière île est le plus sûr mouillage qu'il y ait dans la côte du Sud. Cette même goélette nous a appris que les Canadiens et sauvages avoient fait beaucoup de courses, et avoient brûlé en dernier lieu les provisions de bouche et de guerre que les Anglois conduisoient à leur fort de Chouaguen. Nous l'avons chargée de compliments pour M. de Drucour, gouverneur de l'Ile-Royale, et pour nos bataillons d'Artois et de Bourgogne. Il faut avoir été longtemps sur mer sans faire rencontre d'aucun bâtiment pour connoître le plaisir que l'on a d'en rencontrer de sa nation, et qui vous donne quelques nouvelles, fussent-elles indifférentes, à plus forte raison, quand elles sont intéressantes. Nous voyons à l'avant de nous trois bâtiments dont un assez gros. On peut bien croire que les lunettes ont été braquées toute la matinée. Nous voudrions bien que ce fût un des vaisseaux de guerre et des frégates parties de Brest après nous ; mais nous les croyons des vaisseaux marchands. Leur arrivée sera toujours satisfaisante pour la colonie, vu la circonstance de la guerre avec l'Anglois, qui fait craindre que les subsistances qu'elle a accoutumé de tirer de France n'arrivent pas. Nous avons rangé à bâbord l'île aux Basques, elle a pris ce nom de ce qu'on y faisoit autrefois la pêche aux baleines. On y voit encore d'anciens fourneaux pour en tirer l'huile. Sur le midi, y ayant calme, nous avons mouillé par le travers de l'île aux Pommes, où il n'y a aucune habitation ; on l'appelle ainsi à cause de la quantité étonnante d'une plante rampante qui produit un petit fruit rouge, ressemblant pour la figure à celui qui est connu dans les provinces méridionales de France sous le nom d'azerole. Dans le printemps, ce fruit est dans sa maturité d'un goût délicieux très estimé des sauvages et des Canadiens. On en fait de bonne liqueur. Sur les trois heures nous avons appareillé, nous avons rangé à tribord la rivière Saguenay et Tadoussac, que l'abbé Langlet et presque toutes les cartes désignent comme une grande ville qui n'a jamais existée que dans leur

imagination.   Il est vrai qu'il y a des cabanes habitées
par environ trois cents sauvages et un comptoir au
domaine.   Jadis c'étoit où se rendoient tous ces sauvages pour vendre leurs pelleteries, commerce qui a été
transporté à Montréal, qui est plus à leur portée, et où
il s'est établi une grande ville.   Le vent qui a été faible
toute la journée, et le jusant qui nous a contrariés
toute la journée, nous a obligés de mouiller par vingt-
cinq brasses à la pointe de l'Ile-Verte.   J'observai qu'il
n'y a point de mouillage par le travers de l'Ile-Verte.
Il faut toujours mouiller avant ou après ; le long de l'île,
le fond est de roche, et il y a plus de soixante brasses.
Nous n'avons fait que douze lieues et demie.   On appelle
jusant le reflux, et le flux s'appelle flot ; comme il est
très sensible dans le fleuve Saint-Laurent, il faut y avoir
grande attention ; la marée oblige quelquefois de mouiller ; car on ne peut pas passer, quand elle arrive, certains
rapides comme le Gouffre et le Cap-Tourmente.

Du 8 mai 1756. — Nous avons mis sous voile ce
matin, sur les quatre heures, par un vent de nord nord-
ouest.   Nous avons rangé à bâbord la paroisse de
Kamouraska ; c'est le parage où les négociants de
Bayonne font faire la pêche des baleines.   Comme ils
avoient discontinué, pour l'encourager, M. Rouillé a
établi que le Roi leur donneroit une prime de cinq
cents livres par baleine qu'on prendroit.   Il y a deux
ans, avant la guerre, on y envoya deux bâtiments
de Bayonne qui en prirent vingt-sept.   Ce qui produit
le revenu de cette pêche, ce sont les barbes, qui sont
les baleines qu'on emploie pour les corsets et les paniers
des dames.   Cette marchandise a diminué de prix par

moitié depuis quelques années, que les dames préfèrent leur aisance à la conservation de la belle taille, et ont abandonné l'usage des grands paniers *.

On tire beaucoup d'huile de la baleine, et cette opération se fait dans le vaisseau même, où ils ont avec beaucoup d'industrie pratiqué des fourneaux sans accident. On croit voir une forge ardente au milieu de la mer. Il n'y a que la langue qu'ils n'ont jamais osé faire fondre sur leur vaisseau, crainte qu'elle ne s'attachât trop au fourneau, ils les abandonnoient autrefois avec les carcasses aux habitants de Kamouraska ; mais comme dans une année ils en tirèrent vingt-sept barriques d'huile, qui vaut communément de cent livres à cent vingt livres la barrique, ils se sont ravisés de cette générosité, et ont fait construire un fourneau à terre pour cette dernière opération. Le succès de cette pêche dépend de la quantité et qualité des baleines ; car il y en a telles dont on ne tire pas plus de douze barriques d'huile, et d'autres cent cinquante. En général ce commerce est très bon ; tout le monde sait aujourd'hui que le blanc de baleine, appelé en latin *sperma cete*, n'est point ce que les anciens croyoient, mais bien la moelle de l'épine du dos ou du cervelet.

Nous avons dépassé les trois vaisseaux qui étoient hier à l'avant de nous ; ce sont trois gros vaisseaux marchands partis de la Rochelle il y a trente-quatre jours. Ils ont été frétés pour le compte du Roi par le

---

* On en payoit la livre en France 5 livres, et elle ne vaut à présent que 2 livres dix sols.

sieur Gradiche, juif et riche négociant de Bordeaux,
par la protection intéressée qu'on lui accorde pour faire
un commerce exclusif, qui a souvent attiré les plaintes
des négociants de la Rochelle, et contre lequel commerce exclusif on a beaucoup crié. Il n'est pas douteux
que cela peut nuire aux négociants françois, mais je ne
sais si cela n'a pas été utile à la colonie y créant des
fortunes. Ces trois bâtiments portent des vivres, des
munitions et deux cent soixante hommes de recrue.
Ces bâtiments nous ont paru du port de trois cents
tonneaux. Pour connoître cette façon de parler dont on
se sert, pour évaluer la force d'un bâtiment marchand,
il faut savoir que le tonneau est évalué deux mille
pesant ; il est bon d'observer que l'on ne donne jamais
que la moitié de la charge qu'il pourroit porter en eau,
aussi quand on dit un bâtiment de trois cents tonneaux,
c'est-à-dire que ce seroit un bâtiment qui pourroit
porter et contenir six cents tonneaux, mais ne pourroit
aller à la mer. Anciennement on déterminoit la grandeur d'un vaisseau par la quantité de muids de grains
qu'il pouvoit porter, et ce n'est que depuis que l'on a
fait le commerce des boissons dans tout l'univers, commerce qui n'existoit pas pour les anciens, que le port
des vaisseaux se détermine par tonneaux. Sur les onze
heures nous sommes arrivés à la hauteur de la paroisse
des Eboulements, vis-à-vis l'Ile-aux-Coudres. Il y a
quatre petites paroisses fort à portée l'une de l'autre,
appelées les Eboulements, la Baie Saint-Paul, l'Ile-aux-
Coudres, la Petite-Rivière. Comme elles ne sont pas
encore bien nombreuses, elles sont gouvernées par le
même prêtre, mais ce qui paroîtra singulier dans le

royaume, et surtout à nos seigneurs de la cour qui craignent d'avoir plus d'un héritier, c'est qu'un seul homme, un soldat du régiment de Carignan, âgé de ..., et qui s'y est établi en ... ; actuellement vivant, a peuplé ces quatre paroisses, et voit deux cent vingts personnes de sa race. C'est ordinairement ici que les vaisseaux qui montent à Québec, trouvent des pilotes côtiers. Quand on est prévenu de l'arrivée des vaisseaux du Roi, on les leur envoie communément jusqu'à l'île du Bic, et quelquefois même vers le cap des Rosiers.

C'étoit au cap des Rosiers que nous aurions dû faire des signaux qui doivent être répondus de la côte, soit pour nous avertir s'il y avoit sûreté, du côté des Anglois, à entrer dans la rivière, soit pour qu'ils pussent avertir à Québec de l'arrivée du secours que le Roi y envoie cette année. Mais nous y avons passé de nuit et par la brume. Depuis les Sept-Iles jusqu'à la Baie Saint-Paul, toute la côte du Nord, à l'exception de la paroisse des Eboulements qui appartient à la famille Du Tremblay, est du domaine. Depuis la Baie Saint-Paul jusqu'à Québec, le restant de cette côte, à l'exception d'un petit nombre de terres qui sont à des particuliers, est aux missons étrangères. L'Ile-aux-Coudres leur appartient aussi.

Suivant le P. Charlevoix, l'Ile-aux-Coudres a été formée par un tremblement de terre arrivé en 1676, qui transporta une montagne de la côte du Nord. On m'a assuré ce fait apocryphe, mais que le tremblement fut assez considérable pour aplatir cette même côte du Nord, qui est devenue une plaine, de l'endroit où est le

village des Eboulements, ainsi nommé à cause de cet
événement.

Le Gouffre que nous venons de passer, est formé par
le rétrécissement que causent au lit de la rivière l'Ile-
aux-Coudres et une batture qui s'étend depuis la pointe
de l'Est de cette île jusque par le travers du Cap-Tourmente qui en est à sept lieues. Il ne faut s'engager
dans ce trajet que lorsque l'on a un vent fait et du flot ;
autrement, si on y étoit pris en calme, le courant vous
briseroit contre la côte, et quoiqu'il y eut calme, il seroit
impossible de jeter l'ancre, parce que le travers de l'île
et environ une lieue en delà, le fond est de roche. Le
Gouffre ne commence que vers le milieu de l'Ile-aux-
Coudres, après avoir passé le mouillage de la prairie
de l'Ile-aux-Coudres qui est fort bon, et où l'année
dernière M. Dubois de la Motte, commandant l'escadre
destinée à porter du secours en Canada, a resté cent et
quelques jours.

Le calme nous ayant pris sur les deux heures, nous
avons mouillé par dix-sept à dix-huit brasses entre le
cap Maillard et le Cap-Tourmente. Depuis le Cap-
Tourmente jusqu'à Québec, la côte présente le plus beau
pays du monde, et elle est très cultivée et remplie
d'habitations. Du côté du Sud, elle commence à offrir un
beau pays depuis Kamouraska, et il y a une paroisse de
deux en deux lieues.

Une chaloupe du port de Québec, qui va porter des
vivres à un poste que nous avons au cap des Rosiers,
nous a confirmé la nouvelle que le *Héros* étoit devant
nous ; mais quoiqu'à l'Ile-aux-Coudres depuis dimanche, il n'avoit doublé le Cap-Tourmente que ce matin,

et devoit être mouillé à six lieues de nous. M. Rigaud
de Vaudreuil, frère du gouverneur général, est allé de
suite à Québec, où il est arrivé le lundi, et a passé à
Montréal pour apprendre à son frère l'arrivée des
troupes et lui porter les ordres de la cour. Jusqu'à son
arrivée, on ignoroit à Québec l'arrivée du secours que
le Roi envoie cette année, n'étant encore arrivé aucun
vaisseau qu'un petit bâtiment de la Rochelle.

Le coup de vent que nous avons essuyé dans la
semaine sainte, s'est fait ressentir à Québec avec beaucoup de force les fêtes de Pâques. Il y a fait échouer
plusieurs petits bâtiments.

Le tremblement de terre a été sensible au mois de
novembre, surtout à la côte ; mais il n'a eu aucune
suite fâcheuse ; ainsi l'on peut regarder le tremblement
qui a détruit en partie Lisbonne comme presque universel.

La petite vérole a fait de grands ravages en Canada
l'hiver dernier ; cette maladie n'y paroît que de loin en
loin, mais elle est toujours funeste et épidémique.
L'inoculation qui commence à s'introduire en France,
en Suisse et dans le Nord, n'y fera pas sitôt des progrès.
Les sauvages n'aiment pas les innovations, et les Canadiens joignent quelquefois à une dévotion estimable,
des préventions qui leur feront rejeter une méthode
que je crois utile à la conservation de l'espèce humaine,
sous prétexte qu'il n'est pas permis de donner un mal
certain, quelque petit qu'il soit, pour un bien ; il peut y
avoir quelque degré d'incertitude.

La journée a été tempérée, il a même fait chaud
comme en France dans le commencement de l'été. Je

le remarque, parce qu'il n'y a que quelques jours nous avions très froid.

Du 9 mai 1756. — Les vents étant debout, par conséquent absolument contraires avec assez de force, nous avons resté au mouillage de Suer *(sic)* à deux lieues de la traverse du Cap-Tourmente, passage dangereux ; quand même le vent seroit favorable, on attend pour le passer que le flot aide. C'est à ce passage que *L'Eléphant*, commandé par M. le marquis de Vaudreuil, aujourd'hui lieutenant général des armées, fit naufrage ; heureusement personne ne s'y noya ; mais le vaisseau fut perdu avec une partie des effets ; et le même accident pensa arriver l'année dernière, par la faute du pilote, au vaisseau *L'Actif*, commandé par M. de Caumont.

Du 10 mai 1756. — Le temps étant toujours contraire, j'ai voulu me rendre à Québec par terre en abordant en chaloupe à un endroit appelé la Petite-Ferme, où l'on m'avoit assuré que je trouverois des calèches ; mais n'ayant pu y aborder, malgré les indications qu'on nous avoit données, faute de connoître une petite rivière qui y mène, j'ai été jusqu'à la Grande-Ferme. Je n'y ai trouvé que des charrettes ; on m'a assuré que je ne pourrois m'y rendre dans le jour, et qu'il y auroit du danger à passer le Sault-de-Montmorency qui a grossi par la fonte des neiges. J'ai pris mon parti de rejoindre la frégate qui avoit appareillé sur les onze heures, pour, en louvoyant et profitant du flot, venir au pied de la traverse, où elle a mouillé sur les deux heures après avoir fait trois lieues.

Du 11 mai 1756. — Le vent s'étant élevé avec force sur l'ouest, il a fallu rester toute la journée au mouillage. Un bâtiment qui a chassé sur ses ancres, nous a fait craindre un petit moment d'être abordé.

Du 12 mai 1756. — Les vents continuant d'être toujours contraires, j'ai pris mon parti pour débarquer à un petit endroit appelé la Petite-Ferme, et me rendre par terre à Québec avec des petites voitures du pays, charrettes ou calèches, qui sont comme nos cabriolets, conduites par un seul cheval. L'espèce des chevaux est dans le goût de ceux des Ardennes pour la force, la fatigue et même la tournure. Le chemin de la Petite-Ferme à Québec est beau ; on le fait dans la belle saison en six heures, on change à chaque paroisse de voiture, ce qui retarde, à moins qu'on n'en ait fait prévenir. On paye ces voitures à un cheval à raison de vingt sols par lieue. Les lieues sont déterminées sur celles de l'Ile-de-France. Je fus obligé de coucher en chemin chez M. du Buron, curé de la paroisse du Château. Les cures sont ordinairement possédées par des gens de condition ou de bonne famille du pays ; ils sont plus considérés qu'en France, mieux logés, et comme ils ont la dîme de tous grains, les moindres cures valent douze cents livres et communément deux mille livres.

Du 13 mai 1756. — Les vents étant hier devenus nord-est, le *Héros* est entré dans la rade de Québec et a débarqué ce matin neuf compagnies du régiment de la Sarre. La *Licorne* a profité du même vent pour entrer ce matin dans la rade ; au moyen de quoi je ne suis arrivé que quelques heures après, et en voulant

me presser j'y ai été pour de la pluie, de la fatigue et
de la dépense.

La *Reine - des - Anges*, partie de Rochefort, et le
Robuste, parti de Bordeaux, vaisseaux marchands frétés
pour le compte du Roi, sont entrés et ont débarqués
deux cent cinquante hommes de recrue et des provisions
de bouche.

M. Bigot, intendant, m'a donné à dîner avec quarante
personnes. La magnificence et la bonne chère annoncent
que la place est bonne, qu'il s'en fait honneur ; et un
habitant de Paris auroit été surpris de la profusion de
bonnes choses en tout genre. L'évêque, M. de Pont-
briand, prélat respectable, voulut me donner à souper,
et M. le chevalier de Longueuil, commandant la place
en l'absence de M. de Vaudreuil, gouverneur général,
que les opérations de la campagne retiennent à Montréal.
Il est lieutenant de Roi de Québec ; le gouvernement
particulier en a été supprimé pour être réuni au gouvernement général et en augmenter les appointements, qui
ne vont avec les émoluments qu'à quarante mille livres.

Comme dans ce journal uniquement fait pour moi,
je parle des divers objets à mesure qu'ils se présentent,
on me passera d'y dire que la viande de boucherie m'a
paru très bonne, de même que la volaille. Les bécas-
sines, canards, sarcelles, aussi bons qu'en France, les
perdrix excellentes, avec beaucoup de fumet, malgré ce
qu'en dit le P. Charlevoix ; je n'ai pas fait cas de
l'outarde.

Le pays produit peu de fruits, des petites pommes,
un petit fruit aigrelet approchant de la cerise appelé
atocha, qui vient sous la neige, et dont on fait des com-

potes dans le printemps, des noix appelées noix de
Niagara, qui ne sont pas plus grosses que des noisettes,
une coque très vive, et en dedans un fruit qui a le goût
de la noix de France, mais moins bonne.

La côte depuis l'endroit où j'ai débarqué jusqu'à
Québec, m'a paru bien cultivée, les paysans très à leur
aise, vivant comme des petits gentilshommes de France,
ayant chacun deux ou trois arpents de terre sur trente
de profondeur. Les habitations ne sont pas contiguës,
chaque habitant ayant voulu avoir son domaine à
portée de sa maison. De les avoir contiguës auroit été
plus avantageux pour la défense du pays, la cour l'eût
désiré, elle l'a ordonné plusieurs fois ; mais les habitants
ont toujours préféré leurs commodités. Les gouverneurs
généraux ont toujours été d'avis différents. M. de la
Galissonnière a été le dernier qui ait eu à cœur de
rendre les habitations contiguës. Le Canada doit être
un bon pays pour y vivre à bon marché en temps de
paix ; mais tout est hors de prix depuis la guerre. Les
marchandises qu'on tire de France viennent difficilement ; et comme tout habitant est milicien, et qu'on en
tire beaucoup pour aller à la guerre, le peu qui reste ne
suffit pas pour cultiver les terres, élever les bestiaux et
aller à la chasse, ce qui occasionne une grande rareté
et cherté pour la vie.

Le seul gouvernement de Québec a fait marcher
depuis le premier de mai trois mille miliciens, dont dix-
neuf cents guerriers et onze cents hommes pour le service ; et le Roi qui ne leur donne aucune solde, est
obligé de les nourrir. A l'égard des sauvages, ils coûtent
encore plus ; car on leur donne des habillements, des

présents et on ne s'y fie pas trop. L'état-major de
Québec est actuellement composé du chevalier de Longueuil pour lieutenant de Roi, M. de Ramezay pour
major, et M. Péan pour aide-major.

Route de la Petite-Ferme à Québec

La Petite-Ferme.

La Grande-Ferme, où est l'église de la paroisse de
Saint-Joachim ; on passe la Grande-Rivière et on arrive
à la paroisse Sainte-Anne ; de la paroisse Sainte-Anne,
on passe la Rivière-aux-Chiens, le Sault-de-la-Puce, et
on arrive à la paroisse du Château ; de la paroisse du
Château à l'Ange-Gardien ; à une lieue de l'Ange-
Gardien, on passe le Sault-de-Montmorency, célèbre par
une belle cascade naturelle, et passage dangereux à
cause des rapides ; du Sault-de-Montmorency à Beauport,
endroit où les Anglois débarquèrent autrefois ; de là on
passe une rivière qui baigne pour ainsi dire les murs
de Québec.

J'ai observé que les paysans canadiens parlent très
bien le françois, et comme sans doute ils sont plus
accoutumés à aller par eau que par terre, ils emploient
volontiers les expressions prises de la marine.

Du 14 mai 1756. — On a dépêché un courrier à
M. le marquis de Vaudreuil, à Montreal, à qui j'ai rendu
compte de mon arrivée. On a eu ce soir des nouvelles de
M. de Vaudreuil, qui a envoyé l'état des grâces accor-
dées aux troupes de la colonie, consistant en avancement
d'officiers et quatre croix de Saint-Louis. La lieutenance
de Roi de Montréal a été donnée à M. d'Aillebout,

lieutenant de Roi des Trois-Rivières. Cette dernière à
M. de Noyan, major de Montréal, et la majorité de cette
place à M. Duplessis-Fabert. Le gouvernement de
Montréal reste toujours vacant. Par les nouvelles
reçues de Louisbourg du premier, tout y étoit tranquille
et l'on n'y voyoit aucun vaisseau anglois. Les nouvelles
de la Martinique nous ont appris que M. d'Aubigny,
commandant le *Prudent*, vaisseau du Roi, avec une
frégate, a pris un vaisseau de guerre anglois appelé le
Berwick de soixante canons.

Du 15 mai 1756. — On a amené deux officiers anglois
que les sauvages ont fait prisonniers.

La *Renommée*, vaisseau frété pour le compte du Roi
et ne portant que des provisions, est entré ce matin
dans la rade. La goélette la *Marie-Josèphe*, partie de
la Rochelle le 25 mars, est aussi entrée dans la rade ce
matin, portant trente hommes de recrue.

M. de Montreuil, aide-major-général, est venu me
joindre ce matin de Montréal, et m'a apporté une lettre
de M. le marquis de Vaudreuil.

M. de Bourlamaque est arrivé le soir avec M. Desandrouins et M. Marcel, mon aide de camp. Il a laissé la
frégate la *Sirène*, sur laquelle il étoit mouillé, au Cap-
Tourmente, et le *Léopard* à l'Ile-aux-Coudres ; ils
étoient partis le 6 de la rade de Brest avec *L'Illustre*,
et la *Sauvage* le 7. Ils revirèrent tous quatre à la vue
des Anglois ; ils furent mouiller à la côte de Bretagne
le 8 ; ils appareillèrent la nuit du 8 au 9 ; un gros temps
les a séparés, et depuis aucune nouvelle. Leur navigation a été belle, sans inconvénient ; ils n'ont pas essuyé
le coup de vent de quatre-vingt-dix heures que nous

5

avons eu. Ils ont pris une mauvaise petite barque chargée de fromage et farine, destinée pour l'escadre angloise, qui n'étoit conduite que par quatre hommes qu'on fit passer à bord du *Léopard*, et on fit brûler le bâtiment.

Du 23 mai 1756. — J'ai quitté le séjour de Québec pour me rendre à Montréal, où je suis arrivé le 26 ; j'y ai joint M. le marquis de Vaudreuil.

Du 30 mai 1756. — Les dispositions de M. le marquis de Vaudreuil jusqu'à présent sont : de confier la garde du fort Duquesne et de la Belle-Rivière à M. Dumas, capitaine des troupes de la colonie, avec les Canadiens et tous les sauvages d'En-Haut qui se rassemblent à la Presqu'île. S'il paroît que l'Anglois ne se détermine pas pour cette partie, M. Dumas fera passer vers Niagara un parti de sauvages. M. de Villiers, capitaine de la colonie, avec un détachement de sept cents Canadiens ou sauvages, est parti pour aller observer du côté de Chouaguen. M. le chevalier de la Colombière est parti avec pareil détachement pour observer vers le fort Lydius. Les régiments de la Reine et de Languedoc ne faisant que dix-huit compagnies, campées devant le fort de Carillon ou de Vaudreuil. Béarn parti du 24, se rend à Frontenac, et passera à Niagara à l'arrivée de Guyenne, dont la première division est partie ce matin de Lachine, et la seconde part demain. La Sarre est destinée à partir de Québec le 4 de juin pour venir ici passer de suite à Frontenac, qu'il faut considérer comme le point central et l'endroit faible, où nos ingénieurs vont être employés. La destination de Royal-Roussillon sera décidée pour le côté où l'ennemi paroîtra

porter ses forces.   Pour s'assurer la navigation du lac
Ontario, nous y avons quatre barques armées dont deux
de dix-huit canons ; les Anglois y en ont deux et en
construisent une troisième.   MM. de Boishébert et de
la Naudière sont employés avec deux cents hommes des
troupes de la colonie, beaucoup d'Acadiens réfugiés et
des sauvages, avec le P. Germain, notre missionnaire,
pour harceler et inquiéter l'Anglois vers la rivière
Saint-Jean.   M. de Vaudreuil ne paroît pas craindre
une descente vers Québec ; aussi dans cette partie qui
est très dégarnie, il n'a été fait d'autres dispositions que
d'avoir deux barques qui croisent à l'entrée du golfe,
pour être averti, et des Canadiens d'ordonnance le long
de la côte, avec des feux pour être avertis.

On a tiré le canon à mon arrivée, cet honneur ne
m'étoit pas dû en France ; mais en fait d'honneurs, il
y a des usages particuliers dans les colonies :

Au gouverneur général, comme à un maréchal de
France, et les honneurs de l'Eglise comme au Roi
l'encens et la paix.

Pour l'évêque et l'intendant prendre les armes et
rappeler.

Pour tout capitaine de vaisseau se mettre en haie.

Du 31 mai 1756. — La première division du régiment de Guyenne composée de quatre compagnies, celle
des grenadiers, est partie ce matin de Lachine dans vingt
bateaux, la seconde division composée de cinq autres
compagnies est venue coucher à Lachine pour en partir
demain.

Du 1ᵉʳ juin 1756. — La pluie a empêché la seconde
division de partir, à cause des vivres qui, n'étant cou-

verts que par des prélarts, auroient risqué de se gâter.
L'article des vivres est de la plus grande considération,
à cause de la difficulté du transport et de leur conservation ; car leur mauvaise qualité et les viandes salées,
dont on fait beaucoup usage, occasionnent souvent le
scorbut à terre.

Du 2 juin 1756. — La seconde division de Guyenne
est partie ce matin de Lachine.

Du 3 juin 1756. — On a eu des nouvelles du 27 avril,
des forts Duquesne, Rouillé, Machault, la Presqu'île,
Toronto. Il paroît par les diverses lettres que les
sauvages d'En-Haut sont bien disposés et font de fréquentes courses chez les Anglois, où nous avons toujours
la supériorité par les prisonniers que l'on amène. Nous
avons cependant perdu trois Mississagués et un enseigne
des troupes de la colonie appelé M. Douville. Dans tous
ces divers postes, on se plaint du retard pour les subsistances.

On a eu aussi des nouvelles du fort Niagara du 21.
Les vivres étoient au moment d'y manquer, ce qui
retardoit les travaux.

Un parti de sauvages a tombé auprès de Chouaguen,
pris un atelier de charpentiers, en a tué vingt et un et
fait trois prisonniers. Suivant le rapport de ces derniers,
les ennemis s'assemblent. Ils n'ont que quatre cents
hommes à Chouaguen ; mais ils sont campés à la
Nouvelle-Orange. On parle de deux mille hommes et
de l'arrivée du général Shirley. Les Anglois construisent
un troisième bâtiment de vingt pièces de canon dont ils
veulent se servir sur le lac Ontario. On a appris par les
lettres de Québec que *L'Illustre* et le *Léopard* sont

entrés le 30 à Québec et la *Sauvage* le 31. Ces vaisseaux étaient partis de Brest du 6 avril ; leur traversée ayant été plus longue, ils ont eu assez de malades.

On a eu des nouvelles de l'Ile-Royale du 23 avril, il y étoit déjà arrivé trois vaisseaux frétés pour le compte du Roi. La place étoit fournie pour dix-huit mois de vivres, et des troupes bien recrutées et complétées.

Il est entré dans la rade de Québec, le 31, trois vaisseaux marchands frétés pour le compte du Roi, portant provisions, munitions et recrues.

Les Iroquois du Sault-Saint-Louis sont venus avec les dames du conseil me complimenter sur mon arrivée et en féliciter leur Père Ononthio (c'est ainsi qu'ils appellent le gouverneur général), et ils appellent le Roi Ononthio Goa. Ils m'ont fait l'honneur de me porter un collier, et je les ai assurés que j'irois chez eux leur rendre leur visite.

Les Abénaquis nous ont amené un prisonnier anglois.

Du 4 juin 1756. — On a eu des nouvelles du camp de Carillon ; les travaux y vont lentement, faute d'outils. Le détachement de trois cents hommes aux ordres de M. de la Colombière, capitaine de la colonie, n'a pu réussir, parce qu'il a été découvert ; il est rentré ayant tué une quinzaine d'hommes, rapporté trois chevelures et fait cinq prisonniers. Il n'a perdu que son interprête qui a été tué. M. de la Colombière a remarché. M. de Florimond est toujours en partis avec cent vingt hommes du côté de la rivière aux Loutres. On dit que les Anglois s'assemblent vers le fort Lydius, qu'ils doivent y être quatre mille hommes et qu'ils ont treize cents bateaux.

Les Népissings sont venus chanter la guerre, demander

la permission d'aller lever des chevelures sur l'Anglois, pour se consoler de ce que la petite vérole leur a enlevé leur femmes et leurs enfants.

On a eu ce soir des nouvelles du fort Frontenac ; rien de nouveau dans cette partie. On a amené cinq prisonniers, trois Anglois et deux femmes prises du côté de la Belle-Rivière.

Du 4 au 11 juin 1756. — M. Des Combles, premier ingénieur, est arrivé ici le 5 au soir. Le même jour on a eu des nouvelles du fort Duquesne, en date du 9 mai. Les ennemis n'y font aucun mouvement. M. Dumas qui y commande se plaint du manque de vivres, du retard des denrées et présents qu'on a coutume de faire aux sauvages, qu'il craint que les Anglois qui les recherchent de présents et de caresses, ne les détachent. Jusqu'à présent, ils nous paroissent très affectionnés. Que faute de matière combustible, il n'a pu exécuter son entreprise sur le fort de Cumberland. Il se plaint de M. Mercier, blâme le fort Duquesne, qu'une crûe d'eau a presque emporté depuis peu. Il a envoyé force chevelures et les commissions de trois officiers qui ont été tués ; on leur a trouvé ces papiers par lesquels on voit une désolation dans la Pensylvanie et la Virginie.

Les troupes venues par le *Léopard* et *L'Illustre* ont beaucoup de malades, principalement celles venues sur le *Léopard*, que l'on dit avoir été pestiférées. Le 6 juin, les deux bataillons de la Sarre et Royal-Roussillon avoient cent quatre-vingt-deux malades.

Le régiment de la Sarre marchant sur deux divisions est parti de Québec pour se rendre à Montréal le 5 et le 6. Le 8, un parti d'Iroquois du Sault-Saint-Louis est revenu d'auprès de Chouaguen, et a prétendu avoir rencontré trois cents Anglois et avoir été poursuivi sans perte, leur avoir tué beaucoup de monde, mais ils n'ont pas rapporté de chevelures.

Du 12 juin 1756. — Les Abénaquis sont revenus d'auprès de Boston ; ils y ont fait coup et rapporté quelques chevelures.

Du 13 juin 1756. — 7 compagnies du régiment de la Sarre, venant de Québec, sont arrivées ce matin.

Du 14 juin 1756. — M. Des Combles, ingénieur, est parti pour Frontenac.

Du 15 juin 1756. — Les six dernières compagnies du régiment de la Sarre sont arrivées ce matin. M. le chevalier de Lévis nous a joints ce soir.

Du 18 juin 1756. — Un parti de Népissings, revenu de la guerre, a ramené toute une famille angloise, prise auprès de Sarasto. Le chef appelé Machiqua, a cru me faire un grand présent en me donnant la femme angloise, il a fallu pour ne pas déplaire à ces messieurs accepter ce présent, leur faire donner le prix convenu qui est de quarante écus, et leur faire faire une gratification extraordinaire, parce qu'ils avoient honoré le général des troupes de Sa Majesté d'un aussi beau présent. Le soir il est arrivé un détachement d'Abénaquis, venant aussi de la Pointe, d'un détachement commandé par M. de Florimond, officier de la colonie. Par le rapport des uns et des autres, il paroîtroit que les Anglois travaillent à faire faire des chemins et s'assemblent pour diriger leurs forces vers Carillon.

Du 19 juin 1756. — Les sept premières compagnies du régiment de la Sarre sont parties ce matin pour aller coucher à Lachine et s'embarquer demain pour se rendre au camp de Frontenac. Les sept premières compagnies du régiment de Royal-Roussillon sont arrivées ce soir à Montréal. Les Iroquois du Sault ont ramené un prisonnier anglois qui a été fait auprès d'Orange. Suivant son rapport, les opérations des ennemis paroissent se diriger vers le fort de Carillon. Le renfort des troupes qu'ils attendoient de la vieille Angleterre est arrivé avec trois officiers généraux ou supérieurs.

Du 20 juin 1756. — Les six dernières compagnies du régiment de la Sarre sont parties ce matin pour aller à Lachine et s'y embarquer demain pour se rendre au camp de Frontenac. Les six dernières compagnies de Royal-Roussillon sont arrivées ce soir à Montréal.

Du 21 juin 1756. — M. de Bourlamaque est parti pour aller prendre le commandement du camp de Frontenac. Il est arrivé beaucoup de recrues pour les troupes de la colonie, de celles qui ont été faites par Ficher et la Morlière.

Du 22 juin 1756. — Quatre-vingt-quatorze hommes sont arrivés qui ont été pris en France dans divers régiments et qui sont destinés à être incorporés dans les troupes françoises. S'il en faut croire les nouvelles toujours incertaines des sauvages et des prisonniers, il paroîtroit que les Anglois dirigent leurs principales forces vers le lac Saint-Sacrement.

Du 24 juin 1756. — On a embarqué trois cents hommes des troupes de la colonie pour aller au camp de Carillon avec les soldats venus de France, pour les régiments de la Reine et de Languedoc. Comme ils ont été au moment de se mutiner, on a arrêté le plus coupable d'entre eux qui a été jugé par le conseil de guerre et exécuté le 25.

Du 26 juin 1756. — La flûte *L'Outarde*, partie de Rochefort le 7 mai, nous a appris l'arrivée des troupes de France dans l'île de Port-Mahon, elle porte trois cents hommes de recrue et l'habillement de la colonie.

Du 27 juin 1756. — Départ de M. le marquis de Montcalm, dé M. le chevalier de Lévis, du major-général, pour le camp de Carillon, ils arrivent le 3 juillet.

Du 11 juillet 1756. — Les ennemis nous prennent deux bateaux armés de douze soldats ou miliciens, chargés pour M. de Lotbinière ; le nommé Sanspitié, sergent, qui le commandoit, est tué.

Du 12 juillet 1756. — Le régiment de Royal-Roussillon arrive au camp de Carillon.

Du 16 juillet 1756. — Le marquis de Montcalm repart de Carillon après avoir donné ses instructions au chevalier de Lévis pour la défense de cette frontière, pour son ordre de bataille en cas d'attaque, et après avoir lui-même établi deux camps, l'un de trois cents hommes pour garder la rive gauche du lac Saint-Sacrement aux ordres de M. de Contrecœur, et l'autre de cinq cents hommes au portage * aux ordres du chevalier de la Corne pour garder la rive droite, avec un poste

---

* Le portage de la rivière à la Chute par laquelle se décharge le lac George ou du Saint-Sacrement dans le lac Champlain. — NOTE DE L'ÉDITEUR.

intermédiaire à la Chute qui se relevoit tous les quatre jours.

Le marquis de Montcalm s'occupa à hâter les fortifications auxquelles on travailloit trop lentement, à mettre de l'ordre dans les vivres, magasins et hôpitaux, à quoi il réussit, étant aidé par M. Bigot, heureusement pour lors arrivé à Montréal, et fit changer la qualité du pain, dont les sauvages ne vouloient pas manger, et cette opération fut faite sans occasionner aucune perte au Roi de la mauvaise farine qu'il avoit dans ses magasins; mais au lieu de la consommer dans un mois, on la consomma dans trois, en faisant des mélanges avec la farine de Vérac, et depuis il a été mangé du meilleur pain à Carillon qu'à Montréal.

Le marquis de Montcalm s'occupa aussi de mettre beaucoup de régularité dans le service et à donner une forme aux miliciens en formant six compagnies des troupes de la marine, dans lesquelles ils furent incorporés. Le marquis de Montcalm, pendant son séjour, fit plusieurs détachements pour reconnoître les approches de son camp; il fut jusqu'à portée de l'île à la Barque sur le lac Saint-Sacrement, et jusqu'au poste des Deux-Rochers.

Il envoya le chevalier de Lévis avec un détachement de cent hommes des troupes de terre et de celles de la colonie, pour reconnoître les chemins appelés chemins des Agniers, et voir s'ils étoient praticables à l'ennemi pour déboucher sur Carillon et sur le fort Saint-Frédéric. Il fit aussi un détachement de sauvages aux ordres de M. Duplessis, lieutenant, pour aller après le détachement des ennemis qui avoient pris deux bateaux. Il fit

faire aussi beaucoup de petites découvertes pour connoître la position et les mouvements de l'ennemi, et
établir des bivouacs et des patrouilles pour la sûreté de
son camp et des postes avancés, et pour couvrir les
travailleurs qui jusque-là avoient été au loin avec trop
de confiance.

Avant l'arrivée de M. le marquis de Montcalm, et
depuis les détachements de MM. de la Colombière et
de Florimond, il y en avoit eu plusieurs, qui tous
avoient ramené des prisonniers et fait des chevelures,
et fort incommodé l'ennemi ; un Missagué, chef des
Népissings, avoit été enlever une famille aux portes de
Boston. Les Iroquois du Sault avoient amené quatorze
prisonniers. M. de Saint-Martin étoit revenu avec trois,
et M. de Beaujeu avoit rapporté quelques chevelures.

Du 23 juillet 1756. — Un détachement de soixante-
onze soldats et cinquante-deux sauvages sont allés avec
M. de la Colombière jusqu'auprès du fort George. Ils
rapportèrent quatre chevelures, après avoir tué du
monde aux Anglois. Peu de jours après, autre détachement, commandé par M. de Pécaudy, qui fit une dizaine
de prisonniers près le fort George.

Du 26 juillet 1756. — Mort de M. de Contrecœur,
fils, tué par accident, son fusil ayant parti entre ses
bras.

Du 27 juillet 1756. — Les sauvages présentent un
collier à M. le chevalier de Lévis pour couvrir la mort
de M. de Contrecœur, fils.

Du 28 juillet 1756. — Un détachement de cinquante
hommes des troupes de la marine et de celles de terre,
aux ordres de MM. Duplessis et Liébaux, pour recon-

noître la rivière Boquet et les divers chemins qui
pouvoient y conduire les partis de l'ennemi. Le même
jour, détachement de trente hommes, aux ordres de
M. d'Hébécourt, capitaine de la Reine, pour aller reconnoître et plaquer un chemin à la rive droite du lac
Champlain, qui pût servir à la retraite des troupes en
cas que l'on fût forcé à une retraite.

Du 29 juillet 1756. — Détachement de deux cents
François ou sauvages avec M. de Beaujeu qui va vers
le fort Lydius; ils font six prisonniers, parmi lesquels
un capitaine, et rapportent une chevelure.

Du 7 août 1756. — Détachement de M. du Sablé
avec quinze sauvages; il rentra au bout de trois
semaines, ayant fait un prisonnier et deux chevelures.

Du 11 août 1756. — Détachement de soixante sauvages ou Canadiens pour tâcher de couper un parti
anglois, qui étoit venu faire deux chevelures auprès du
camp.

Du 17 août 1756. — Au soir, les compagnies de
grenadiers ont marché à l'occasion d'une alerte.

Du 23 août 1756. — Les trois compagnies de grenadiers se sont portées aux camps de MM. le chevalier
de la Corne et de Contrecœur et ont rentré le 24.

Du 24 août 1756. — M. le chevalier de la Corne
ayant dit que les ennemis avoient des troupes à deux
lieues de son poste, on lui envoie quatre piquets qui
rentrent le lendemain, et on établit le 28 un camp intermédiaire entre celui de M. de la Corne et celui de
M. de Contrecœur de cent vingt hommes commandés par
M. de Saint-Martin, lieutenant; et l'on avoit renforcé le
camp de M. de Contrecœur, le 27, de soixante hommes

des troupes de terre, qu'on relevoit tous les quatre jours. Les ennemis avoient fait le 14 août un mouvement en avant, et avoient pris poste dans les îles du lac Saint-Sacrement qui donnoient de l'inquiétude aux postes avancés du camp de Carillon.

Du 2 septembre 1756. — *Te Deum* et réjouissance pour la prise de Chouaguen.

Du 3 septembre 1756. — Sur la nouvelle que l'on a vu trois barques et dix bateaux sur le lac Saint-Sacrement, les trois compagnies de grenadiers marchent pour renforcer le camp de M. le chevalier de la Corne.

Du 7 septembre 1756. — Arrivée du régiment de Béarn qui campe à la Chute, entre le camp de Carillon et celui du chevalier de la Corne.

Le même jour M. de Tarsac et de Biville, lieutenants au régiment de la Reine, qui étoient allés à la chasse, tués par les Agniers.

Du 10 septembre 1756. — Arrivée du régiment de Guyenne qui campe à côté de celui de Béarn.

Le même jour arrivée de M. le marquis de Montcalm et de M. de Bourlamaque, colonel, avec la compagnie de grenadiers et cinquante hommes de la Sarre campés auprès des bateaux. L'arrivée du marquis de Montcalm avoit été précédée ou suivie de celle de six cents sauvages de diverses nations. On s'attendoit que milord Loudon, avec des forces très supérieures se portant à plus de douze mille hommes, attaqueroit une armée qui n'avoit jamais été au plus de trois mille cinq cents hommes, et qui après l'arrivée du marquis de Montcalm n'étoit encore tout compris avec ses sauvages, que de quatre mille neuf cents combattants.

Quelques sauvages qui escortoient M. le marquis de Montcalm, firent prisonnier un capitaine de troupes angloises et un cadet écossois ; les habitants de la Prairie avoient aussi arrêté un Ecossois qui étoit d'un détachement qui s'étoit avancé jusqu'à la Prairie, où il avoit enlevé un homme et une femme.

Du 11 au 16 septembre 1756. — Conseils avec les sauvages et petites découvertes vers le lac Saint-Sacrement. Le 16 au soir détachement de six cents sauvages, cent Canadiens et vingt officiers ou cadets de la colonie avec M. de la Rochebeaucour, aide de camp de M. le marquis de Montcalm, le tout aux ordres de M. de la Perrière. Les ennemis, sur ce mouvement, abandonnent les îles qu'ils avoient occupées. MM. Mercier, Desandrouins et de Bougainville profitent de la circonstance pour mieux reconnoitre le lac.

M. Marin, détaché par M. de la Perrière avec cent dix hommes bonnes jambes, s'avance très près du fort, rencontre un détachement de trois officiers et cinquante deux hommes ; il les enveloppe ; ils sont tous défaits, tués ou prisonniers, hors un seul.

Le détachement rentré le 19 au soir, et jette une telle épouvante chez l'ennemi que milord Loudon, persuadé qu'on l'alloit attaquer, rassemble toutes ses forces vers le fort Lydius et le fort George.

Du 19 septembre 1756. — Revue générale des troupes de la marine et des milices pour déterminer le nombre de malades convalescents à renvoyer, ou de miliciens qui avoient besoin chez eux.

Du 20 septembre 1756. — Cérémonie de couvrir les morts, les Iroquois ayant eu deux sauvages de tués.

Les sauvages s'en retournent successivement après ce détachement, à l'exception d'un petit nombre d'Iroquois et quelques Abénaquis.

Du 23 septembre 1756. — Petit parti de sept Iroquois de la Présentation, qui rapportent une chevelure.

Du 29 septembre 1756. — Détachement avec M. de Florimond de quelques Abénaquis pour reconnoître vers le fort Lydius ; ils reviennent sans avoir pu rien faire, ayant trouvé au fond de la baie un détachement considérable d'ennemis.

Du 2 octobre 1756. — La vue du convoi de M. de Bleury fait abandonner précipitamment aux Anglois quatre berges armées d'espingoles qu'ils avoient introduites dans le lac Champlain, pour tâcher de faire quelques prises ; elles sont menées le même jour au camp de Carillon.

Du 3 octobre 1756. — Détachement de soixante soldats, Canadiens et sauvages, MM. Mouette, de Louvigny et de Langy, de l'Ile-Royale, pour aller vers le fond de la baie.

Le même jour départ d'un détachement de quatre-vingts hommes des troupes de terre et de celles de la colonie, pour aller faire des découvertes et reconnoître les divers débouchés des partis ennemis, entre le fort Saint-Frédéric et le fort George ; ce détachement aux ordres de M. de Léry, pour reconnoitre le chemin par où l'on avoit fait passer les berges angloises.

Le même jour détachement d'Iroquois pour aller vers le fort George et remettre les lettres des prisonniers Anglois.

Du 6 octobre 1756. — Retour de Louvigny avec les Abénaquis qui avoient relaché, un d'eux ayant été tué. au lac. Rencontre d'un détachement anglois. M. de Langy a continué avec les Poutéotamis et sept Népissings.

Du 11 octobre 1756. — Le détachement de M. de Léry étant rentré nous a confirmés dans l'opinion que les berges angloises étoient venues par la rivière au Chicot, et avoient passé de nuit sous le fort de Carillon.

Du 12 octobre 1756. — Départ de deux cents hommes des troupes de la colonie pour aller relever dans les postes d'En-Haut.

Le même jour un parti d'Agniers lève la chevelure à deux soldats de Béarn, entre le camp de Contrecœur et celui de M. de Saint-Martin.

Du 13 octobre 1756. — M. de Contrecœur replie son camp.

Le même jour, M. de Boucherville rentre avec un parti d'Iroquois, après avoir été jusque vers le fond de la baie et au haut de la rivière au Chicot, sans rencontrer qui que ce soit des ennemis.

Du 16 octobre 1756. — Départ d'un détachement d'Iroquois avec Perthuis interprète, avec quelques Canadiens pour aller vers le fort George.

Du 18 octobre 1756. — Retour du détachement de M. de Langy, avec un prisonnier ; il a trouvé les campagnes abandonnées, et a été jusques au faubourg d'Albany où les Anglois travaillent.

Du 26 octobre 1756. — Départ de M. le marquis de Montcalm, après avoir laissé à M. le chevalier de Lévis les ordres pour la séparation de l'armée.

Du 30 octobre 1756. — Le camp de M. de Saint-Martin se replie.

Du 30 octobre au 13 novembre. —

ÉTATS DES QUARTIERS DESTINÉS AUX TROUPES FRANÇOISES

La Reine à la côte de Beaupré. ...   M. de Bourlamaque, colonel, à Québec.

Guyenne à Québec ....   M. Desandrouins, ingénieur, à Québec.

La Sarre à la Pointe-aux-Trembles,
    la Longue-Pointe,
    la Rivière-des-Prairies,
    Lachine,
    la Pointe-Claire.

Royal-Roussillon, Chambly,   M. le marquis de Montcalm,
Le long de la rivière Chambly,   M. le chevalier de Lévis,
Saint-Charles et Saint-Antoine.
Languedoc à Montréal.   M. le chevalier de Montreuil,

Béarn à Longueuil,   M. Doreil, commissaire ordonnateur,
    La Prairie,   à Montréal.
    Boucherville,
    Varennes.

TROUPES DE LA COLONIE

A Québec, dix compagnies.

A Montréal, seize compagnies.

Aux Trois-Rivières, quatre compagnies.

DÉTACHEMENTS DANS LES FORTS

M. de Lusignan commandant à Carillon et au fort Saint-Frédéric ; cent cinquante hommes de la Reine, Royal-Roussillon et Languedoc à Carillon avec cent hommes des troupes de la marine.

Cent hommes des troupes de la marine à Saint-Frédéric aux ordres de M. de Gaspé, capitaine.

6

Quarante hommes des mêmes troupes de M. de Sac-quespée, le sieur Wolff, officier réformé des troupes françoises.

Quarante hommes des mêmes troupes de la marine aux ordres de M. de Lorimier, capitaine de ces troupes.

Le sieur Carpentier, officier réformé des troupes françoises.

Cent hommes des troupes de la marine à Frontenac aux ordres de M. de la Valtrie.

Dix hommes au fort de Toronto aux ordres de M. de Noyelles.

Cent cinquante hommes de la Sarre, Guyenne et Béarn et cent hommes des troupes de la marine à Niagara aux ordres de M. Fouchot, capitaine au régiment de Béarn.

MM. de Joncaire et de La Morandière, enseignes des troupes de la marine, commandants au fort du Petit-Portage de Niagara.

M. de Portneuf a été relever M. de Benois à la Presqu'île.

M. Des Ligneris, capitaine, a été relever M. Dumas et commander à la Belle-Rivière et au fort Duquesne.

M. Dumuys reste toujours commandant au Détroit.

Le poste avancé de M. de Saint-Martin au camp de Carillon a été replié le 30.

Le 31, les troupes de la colonie destinées à Québec, ainsi que les miliciens de ce gouvernement, sont parties.

M. de Bourlamaque avec le régiment de Guyenne est parti le premier; le régiment de Guyenne a continué sa route pour Québec et M. de Bourlamaque est venu à Montréal.

La Reine est parti le 2.

Le 3 novembre, départ des soldats de la colonie destinés à passer l'hiver aux Trois-Rivières avec les miliciens de ce gouvernement.

Le 3, le régiment de Béarn a décampé pour aller camper au fort Saint-Frédéric.

Le même jour 3, le camp du portage a été replié entièrement, et M. le chevalier de Lévis a ordonné qu'il seroit fait de temps en temps des patrouilles par M. de Poulhariez avec les compagnies de grenadiers.

Il a resté cent hommes du régiment de Béarn au camp de Carillon qui ont été chargés de fermer avec des palissades, depuis le fort jusqu'à la rivière, la ˉboulan-gerie, les fours, la briqueterie, les forges, etc. Ces cent hommes aux ordres de M. d'Aubrespy, capitaine au régiment de Béarn, ayant fini ce travail le 6 au soir avec une diligence incroyable, sont partis le 7 pour rejoindre leur régiment campé au fort Saint-Frédéric.

Du 5 novembre 1756. — Les troupes de la colonie destinées à être à Montréal, les miliciens de ce gouvernement sont partis de Carillon avec M. de Sabrevoix, leur commandant, en sorte qu'il n'y restoit plus avec M. le chevalier de Lévis que les bataillons de Royal-Roussillon et de Languedoc, quatre-vingts Canadiens pour conduire les bateaux et quelques sauvages.

Le même jour le régiment de la Sarre a quitté le camp de la Prairie, et sont entrés le même jour dans leurs quartiers *(sic)*.

Du 7 novembre 1756. — Un détachement que M. le

chevalier de Lévis avoit envoyé avec M. de Langy, le seul officier de la colonie qu'il ait retenu auprès de lui, est rentré ayant été visiter la rivière au Chicot et le fond de la baie, où il n'a trouvé personne, la neige l'a empêché de suivre son instruction d'aller suivre les hauteurs qui avoisinent le fort George.

Le 6, M. de Bougainville est allé à Québec, portant mes dernières dépêches pour la France, les derniers bâtiments marchands ainsi que la frégate *L'Abénaquise* devant partir le 12, cette frégate construite à Québec est commandée par le sieur Pelegrin, capitaine en second du port de Québec.

J'ai laissé à Saint-Jean un détachement de vingt-cinq charpentiers du Roi, occupé à construire une goélette de quatre-vingts tonneaux, qui portera du canon et servira pour nos convois et transports de vivres.

M. de Lantagnac, ancien lieutenant de Roi de Montréal, étant mort, il a été enterré avec les honneurs accoutumés dans la colonie, et on lui a tiré du canon, ce qui n'eût pas été fait en Europe. Nul officier de terre n'a été à cet enterrement, n'ayant pas été invités. M. le marquis de Vaudreuil m'ayant quelques jours après fait inviter par le major de la place, ainsi que les officiers des troupes de terre, pour assister à un service, nul n'y a manqué.

Le 8, conseil de guerre tenu par M. le marquis de Vaudreuil, MM. d'Aillebout, lieutenant de Roi de Montréal, Noyan, lieutenant de Roi des Trois-Rivières, Duplessis-Fabert, major de Montréal.

Contrecœur et Vassan, capitaines.

Varin, commissaire de la marine.

Coetlogon, major du Détroit, faisant fonction de procureur du Roi, pour juger en exécution des ordres du Roi les nommés Robert Stobo, Jacob Van Braam, tous deux capitaines des troupes angloises donnés en otages pour l'exécution de la capitulation accordée par le sieur de Villiers, capitaine des troupes de la colonie, le 3 juin 1754, à la garnison du fort de Nécessité. Robert Stobo a été condamné unanimement à avoir la tête tranchée, et Jacob Van Braam a été absous; conformément aux ordres du Roi, il a été sursis à l'exécution de la sentence que l'on a envoyée à la cour avec la procédure par les derniers bâtiments.

FRONTIÈRE DU LAC ONTARIO

L'ouverture de la campagne sur cette frontière a été faite par M. de Villiers, capitaine des troupes de la colonie, qui est parti de Lachine le 19 mai avec un corps de six cents hommes de troupes de la colonie, pour aller observer les mouvements des ennemis vers Chouaguen. M. de Villiers arriva le 5 juin à la baie de Niaouré, où il s'établit et construisit un fort de pieux pour y mettre en sûreté le dépôt de ses vivres.

Du 10 juin 1756. — M. de Villiers se mit en mouvement avec la plus grande partie de son corps, et arriva le 15 au soir à portée de Chouaguen. Le 16 au matin, il fit feu à la pointe du jour sur des postes avancés; les ennemis lui tirèrent quelques coups de canon et bombes; il y eut un soldat et un sergent de blessés, et suivant le rapport d'un prisonnier qu'il fit aux Anglois, il tua une trentaine d'hommes aux ennemis.   M. de Villiers arriva avec son corps le 17 juin à la baie de Niaouré.

Du 25 juin 1756. — M. de Villiers fut averti sur le midi que les ennemis campoient sur l'Ile-aux-Galops avec huit berges et une barque. Les Anglois ont perdu aussi à cette occasion le lieutenant Bikers et le fils du colonel Lowe. Il fut s'embusquer dans cette même île, et par le feu de la mousqueterie, il obligea le commandant d'une berge armée de douze hommes à se rendre, et tua du monde dans les quatre autres. M. de Villiers, que nos sauvages avoient abandonné, fut joint le 26 par M. Marin qui lui menoit un détachement de soixante Folles-Avoines, et qu'il détermina à partir le 28 pour aller à la guerre.

Le 3 juillet, il rencontra un convoi des ennemis de cinq cents bateaux conduit par le lieutenant-colonel Bradstreet qui remontoit la rivière de Chouaguen, et il venoit de conduire dans cette place des munitions ; il fit quarante prisonniers aux Anglois, et on leur tua une centaine d'hommes. Nous y perdîmes M. de Ganes, aide-major des Trois-Rivières, deux habitants et deux soldats. Le 5 juillet, M. de Villiers revint à son camp de la baie de Niaouré. Le 22, il fut joint par M. Des Combles, ingénieur, et quatre piquets des régiments de la Sarre, Guyenne et Béarn. Il partit le 24 avec quatre cents hommes, y compris ces mêmes piquets, pour conduire M. Des Combles à la portée du fort de Chouaguen afin de le reconnoître.

M. de Rigaud de Vaudreuil, gouverneur des Trois-Rivières, arriva le 27 à la baie de Niaouré, avec un renfort de troupes et de sauvages, MM. Des Ligneris, de Saint-Luc et Courtemanche, capitaines de la colonie, pour prendre le commandement du corps de M. de Villiers.

Les régiments de Guyenne et de Béarn s'étoient rendus dans les premiers jours de juin à Frontenac, et le second à Niagara. M. de Bourlamaque, colonel, fut envoyé pour commander le camp de Frontenac, où le régiment de la Sarre se rendit aussi. Les deux ingénieurs des troupes de terre y furent envoyés, et les troupes occupées à y faire une espèce de camp retranché qui pût couvrir cette mauvaise place, ouvrage que la prise de Chouaguen a fait depuis abandonner. Le régiment de Béarn s'est occupé à Niagara à achever une fortification en terre, commencée l'automne dernier, sous la direction de M. Pouchot, capitaine au régiment de Béarn.

Ces troupes restèrent dans cette position jusqu'au 29 juillet, que le régiment de la Sarre partit du camp de Frontenac pour aller renforcer celui de la baie de Niaouré. Nous avions sur le lac Ontario quatre barques armées commandées par le sieur La Force, la *Marquise* de vingt canons, la *Hurault* de quatorze, la *Lionne* de six, et le bateau *Saint-Victor* de quatre pierriers.

Ces barques étoient destinées à croiser sur le lac Ontario, à conduire les convois de munitions et des troupes de Frontenac à Niagara. Les Anglois y avoient aussi six barques armées ; elles eurent une rencontre avec les nôtres, où nous nous emparâmes d'un esquif armé de quatre pierriers et monté de quatorze hommes d'équipage.

Le marquis de Montcalm destiné à prendre le commandement de l'armée qui devoit faire le siège de Chouaguen, partit de Carillon le 16 juillet, arriva le 19 à Montréal, en repartit le 21, après avoir conféré avec le marquis de Vaudreuil et reçu ses instructions. Il arriva le 27 à la Présentation, il trouva des ambassadeurs des Cinq-Nations qui descendoient à Montréal, il tint conseil avec eux, et il démêla facilement qu'ils alloient plus par espions de l'Anglois que comme ambassadeurs. Aussi il écrivit au marquis de Vaudreuil de les garder sous différents prétextes à Montréal jusqu'après l'expédition de Chouaguen. Ce gouverneur général les retint en effet en les traitant bien et en différant les réponses. Il fut même averti par nos Iroquois du Sault-Saint-Louis que ces prétendus ambassadeurs leur avoient présenté un collier pour les détacher de nous.

Le marquis de Montcalm partit de la Présentation le 28 et arriva à Frontenac le 29. M. Mercier, commandant l'artillerie, l'avoit devancé de quelques jours. Le marquis de Montcalm s'occupa du 29 juillet au 4 août à tous les préparatifs pour son expédition : la revue des troupes, leur répartition, celle des vivres, l'artillerie et à arranger avec M. de Lapause, aide-major du régiment de Guyenne faisant fonction de major-général, et M. Landriève, écrivain principal de la marine. Tout ce qui pouvoit regarder l'arrangement des vivres, celui de dix-huit cents miliciens qui furent arrangés par brigades, les faire équiper, armer, réparer leurs armes et tenir plusieurs conseils avec les Folles-Avoines, les Iroquois de la Présentation, ne furent pas une petite besogne du

29 juillet au 4 août. M. de Bougainville, aide de camp du marquis de Montcalm, fut envoyé à la baie de Niaouré où étoit le rendez-vous de toutes les troupes, pour y conférer avec M. de Rigaud, prendre connoissance des subsistances et y faire construire des fours, afin d'y établir le dépôt des vivres de l'armée destinée au siège de Chouaguen.

Du 31 au 5. — On s'occupa de l'arrangement des vivres et de celui des bateaux, de la distribution de trois cents miliciens en brigades, d'en faire des revues pour les armes, les équiper ; tous ces divers détails furent faits avec autant d'activité que d'intelligence par le marquis de Montcalm et le sieur de Lapause, aide-major du régiment de Guyenne, qui a fait les fonctions de major-général. La partie des vivres fut mise en règle avec le sieur Landrière, écrivain de la marine, faisant fonction de commissaire. Le sieur de Bougainville fut envoyé à la baie de Niaouré pour concerter avec M. de Rigaud les divers détails qui concernoient le corps qu'il commandoit, y faire construire des fours, et faire des arrangements relatifs à la subsistance qui pût assurer celle de l'armée jusqu'au premier septembre. Le marquis de Montcalm avoit fait comprendre dans cette approvisionnement une quantité de blé-d'Inde, de farine et de pois pour pouvoir, si ces convois de pain étoient interceptés, réduire les troupes : les sauvages au blé-d'Inde, les Canadiens à faire une espèce de bouillie avec de la farine, et le soldat françois à se contenter d'une moindre ration de pain avec une augmentation de pois. Les diverses troupes, à qui il proposa d'avance, acceptèrent cette proposition avec

joie. Il fut obligé aussi de faire par ce règlement, qui
paroîtroit peut-être minutie en Europe, pour réduire
les officiers à être deux dans une canonnière de soldats,
et n'apporter aucune espèce d'équipages et vivre avec
la ration du soldat. Persuadé que dans les occasions,
l'exemple est plus décisif que l'ordre, il ne leur a donné,
et n'a eu lui-même d'autre habitation avec un de ses
aides de camp, qu'une canonnière de toile.   Ces divers
arrangements étant pris, il fit une revue des corps de
troupes qui étoient à ses ordres, et par l'état qu'il nous
en a remis, elle se montoit à deux mille sept cent
soixante-trois hommes, dont des régiments de la Sarre,
Guyenne et Béarn, quatorze cent quatre-vingt-six.   Le
reste étoit composé de canonniers de la colonie, de
Canadiens, et de ce que l'on appelle les voyageurs des
pays d'En-Haut, à qui le marquis de Vaudreuil avoit
ordonné de s'arrêter avec le sieur Montigny, pour concourir à cette expédition, ce qui, joint avec ce qui étoit
aux ordres de M. de Rigaud, faisoit en tout environ trois
mille deux cents hommes.   Le marquis de Montcalm
ayant jugé convenable pour la sûreté de son artillerie
et faciliter sa retraite, en cas que l'ennemi lui opposât
des forces supérieures, de faire marcher son armée sur
deux divisions, il partit le 5 de Frontenac avec M. de
Bourlamaque, les régiments de la Sarre et de Guyenne
et la moitié des Canadiens; il emmena avec lui le
chevalier Le Mercier, l'ingénieur et quatre pièces de
canons de 11 pris sur les Anglois à la Belle-Rivière.
Il donna ordre à M. de l'Hôpital de partir le 7 avec
l'autre portion des miliciens, quatre-vingts bateaux
chargés du reste de l'artillerie, des munitions de guerre,

pour se rendre aussi à la baie de Niaouré, le rendez-vous général que le marquis de Vaudreuil avoit réglé.

Il laissa à Frontenac, pour la sûreté de ce poste, une centaine d'hommes miliciens et quarante hommes de Béarn, avec des ordres relatifs à la subsistance. Ceux qu'il avoit donnés, le mirent en état de faire partir toutes ses troupes avec du pain et du biscuit jusqu'au 18 inclus. Il ordonna que les barques la *Marquise de Vaudreuil* et la *Hurault*, armées de vingt-huit pièces de canons, sortissent pour croiser jusque vers Chouaguen, afin de couvrir ses convois et observer si l'ennemi ne voudroit pas se porter à Niagara, où nous n'avons pu laisser qu'une garnison foible; on étoit convenu de signaux de reconnoissance. La nécessité d'armer ces barques affaiblissoit cependant notre corps de troupes d'environ deux cents hommes. La première division ne put arriver à la baie de Niaouré, à cause du mauvais temps, que le 7 au matin. Le marquis de Montcalm qui étoit arrivé le 6 pour régler avec M. de Rigaud la marche que l'on devoit tenir pour se rendre à Chouaguen, tint le même jour un conseil avec les diverses nations, cérémonie nécessaire, et leur présenta, suivant l'usage, au nom du Roi, un collier pour les lier et les réunir d'intérêt pour le succès de la besogne. Le même jour on fit partir divers petits détachements avec quelques officiers ou cadets de la colonie, les sieurs de Langy, de Richerville, pour avoir des nouvelles des ennemis, savoir s'ils faisoient quelques mouvements et en arrêter, s'il étoit possible, les courriers que le commandant de Chouaguen pouvoit envoyer, en cas qu'il eût avis de la marche des François.

Le 8, M. de Rigaud partit avec tous les sauvages et
environ cinq cents Canadiens, pour aller en deux jours
à une anse appelée l'Anse-aux-Cabanes, à trois lieues
et demie de Chouaguen. Les sieurs Mercier et Desandrouins marchèrent avec lui, avec ordre d'aller avec un
petit détachement à une autre anse qui étoit à demi-
lieue de Chouaguen, pour savoir s'il y auroit possibilité
d'y débarquer, et si l'on pouvoit pratiquer un chemin
pour conduire l'artillerie. Le même jour 8, le régiment
de Béarn avec la grosse artillerie arriva à la baie de
Niaouré, et reçut ordre de n'en partir que le 10 pour
se rendre le 11 à la rivière à la Famine, et entrer
dedans pour n'être pas découverts, et y attendre de
nouveaux ordres. Le marquis de Montcalm partit avec
la première division le 9 au matin, et laissa un piquet
de Guyenne et quatre-vingts miliciens pour garder les
fours qu'il avoit fait construire à la baie de Niaouré,
et son dépôt de vivres; il y laissa aussi un certain
nombre de bateaux avec deux officiers réformés employés
à la suite des troupes françoises pour y conduire les
convois.

La marche se fit avec beaucoup de précaution, restant
le jour dans les anses, et couvrant les bateaux de
branchages et feuillages, les soldats n'ayant que des
petits feux dans les bois, qui ne pussent pas être découverts. Le marquis de Montcalm arriva à l'Anse-aux-
Cabanes dans la nuit du 9 au 10, quelques heures après
l'arrivée de son avant-garde, et avoit su qu'elle avoit
pris poste. Il avoit laissé reposer seulement ses troupes
quelques heures à la rivière aux Sables. Comme à son
arrivée il apprit que l'anse à une demi-lieue de Choua-

guen avoit été reconnue être praticable, et que l'on pourroit faire un chemin à travers les bois, il envoya des ordres à M. de l'Hôpital, lieutenant-colonel de Béarn, pour venir le joindre le plus tôt qu'il seroit possible avec son artillerie, mais de ne marcher que de nuit dans la crainte des barques armées que les Anglois avoient à Chouaguen. Le 10, M. de Rigaud marcha par terre avec le corps de troupes qu'il commandoit, pour aller prendre poste à l'anse à une demi-lieue de Chouaguen. Le marquis de Montcalm partit avec sa division le même jour à six heures du soir et arriva dans la nuit. De suite il fit décharger tous les bateaux, les fit porter sur la grève, suivant l'usage du pays, pour les mettre en sûreté contre les coups de vent qui les briseroient sans ces précautions, et il fit établir une batterie de quatre pièces qu'il avoit amenées avec lui. Toutes les troupes passèrent la nuit au bivouac, ocenpées à ces diverses opérations. En même temps, M. de Bourlamaque avec les deux ingénieurs françois et M. Mercier s'avancèrent avec un détachement de deux cent cinquante hommes pour favoriser les ingénieurs chargés de reconnoître ce fort.

Les deux ingénieurs s'avancèrent à quarante toises, et comme M. Des Combles se retiroit, par une fatalité sans exemple, un de nos propres sauvages qui les avoit accompagnés, le tua, l'ayant pris pour un Anglois. Cette perte fut avec raison regardée comme considérable, ne restant qu'un seul ingénieur ; les sauvages en furent véritablement touchés, et le marquis de Montcalm fut obligé de les assembler sur-le-champ pour leur parler et les rassurer, sur la persuasion où l'on étoit que c'étoit un malheur involontaire qui ne retarderoit point le succès du siège. Dès le matin du 11, on prit une position pour faire camper les troupes. Le corps de M. de Rigaud se porta à un quart de lieue pour faire l'investissement du fort Ontario par des petits partis de Canadiens et de sauvages. Les trois bataillons françois furent campés, la droite appuyée au lac Ontario et couverte par cette même batterie que l'on avoit établie sur la grève ; la gauche à un marais impraticable. Toute la journée du 11 fut employée à faire faire un chemin à travers des bois en partie marécageux pour conduire l'artillerie ; il y eut quatre cents travailleurs des troupes de terre ou de celles de la colonie employés à cette opération, tout le reste le fut à faire un amas considérable de fascines, de gabions et de saucissons. On peut observer que pendant tout le temps qu'a duré le siège et le déblaiement, toutes les troupes ont pour ainsi dire été de service ou de travail.

Le 11, vers le midi, trois barques angloises sortirent de Chouaguen, venant pour nous reconnoître, et nous canonnèrent sans succès ; et notre batterie de pièces de canons les incommoda et les obligea de gagner au large et de rentrer en leur rade. Comme elles avoient de la peine à y rentrer, tous nos sauvages nous donnèrent un spectacle assez amusant ; ils fusilloient les barques, qui leur répondoient à coup de canon, et avec une agilité singulière, ils étoient rentrés à terre au moment que chaque décharge alloit partir.

Dans la nuit du 12, le régiment de Béarn arriva avec la grosse artillerie. Les barques des ennemis vinrent encore pour nous inquiéter ; mais nous avions augmenté notre batterie établie sur la grève de quelques pièces de canon, qui en imposa aux barques angloises, qui depuis n'ont plus osé paroître que de fort loin. La journée fut employée à débarquer les vivres, l'artillerie, et en former un dépôt. Le sieur Pouchot reçut ordre de ne plus faire aucun service que celui d'ingénieur, et d'aider le sieur Desandrouins, le seul qui restoit.

Le même jour 12, nos travailleurs achevèrent de perfectionner le chemin de l'artillerie qui avoit été fait la veille, et nos sauvages, qui nous ont servis avec zèle, arrêtèrent deux sauvages des Cinq-Nations, nous remirent les lettres que le colonel Mercer, commandant dans Chouaguen, écrivoit pour accélérer un secours de deux mille hommes; elles étoient datées de quatre heures du matin, et le marquis de Montcalm les avoient à neuf heures avec deux états très exacts de la force de la garnison et des malades.

Le soir même du 12, on commanda trois cents travailleurs, soutenus par deux compagnies de grenadiers, et trois piquets aux ordres de MM. de Bourlamaque et de l'Hôpital, pour l'ouverture de la tranchée. On commanda cent Canadiens avec M. Des Ligneris et Villiers, et les sauvages, pour se porter sur la gauche, couverte de bois, et faire un feu considérable dans le cas où l'ennemi découvriroit nos travailleurs. Cette précaution fut inutile. Le travail qui ne put être commencé qu'à minuit, se fit sans aucune interruption, et ce qui peut-être pour des sauvages est le plus à admirer, c'est la tranquillité avec laquelle ils passèrent toute une nuit au même poste sans tirer un coup de fusil. Au jour, les ennemis s'aperçurent que nous avions fait une parallèle

d'environ cent toises, qui fut établie à sape volante sur
la crète de la hauteur à quatre-vingt-dix toises du fort.
La surprise des sauvages fut grande en voyant le travail
que les troupes avoient fait dans la nuit ; ils demandèrent
à venir quelques-uns, et on les plaçoit derrière des
espèces de créneaux faits avec des sacs à terre.   Cent
cinquante travailleurs perfectionnèrent cette parallèle.
L'on fit partir des détachements de Canadiens et de
sauvages pour aller jusqu'à un portage à trois lieues de
Chouaguen, afin d'être avertis à temps si les ennemis
marchoient, ayant résolu de ne livrer pour ainsi dire que
les drapeaux et de marcher au-devant d'eux avec tous
les Canadiens et sauvages, quatre piquets par bataillon
de gens choisis et les trois compagnies de grenadiers.
On a continué jusqu'au dernier moment du départ
de toutes les troupes de Chouaguen à entretenir des
détachements de découvreurs dans cette partie.   La
tranchée fut relevée par M. de Fontbonne, lieutenant-
colonel, avec la compagnie de grenadiers de Béarn et
quatre piquets.   M. de Bourlamaque qui avoit été
chargé de la direction des travaux du siège, reçut une
contusion à la tête ; il ne quitta point la tranchée et
s'étoit établi pour reposer quelques moments au dépôt.
Les ennemis firent un feu considérable dès le point du
jour, nous jetèrent des bombes et des grenades.   Nous
comptions mettre en batterie six pièces de canon pour
battre le fort Ontario ; mais les ennemis qui y étoient
au nombre de trois cents ne jugèrent pas à propos d'en
attendre l'effet ; ils craignirent qu'on ne leur coupât
dans la nuit la communication du vieux Chouaguen,
ou qu'on ne les précipitât dans la rivière sur laquelle ils

n'avoient aucun pont. On ne s'aperçut de leur retraite que vers les cinq heures du soir, par la cessation de leur feu. On trouva qu'ils avoient encloué et jeté leur poudre dans le puits. Cette retraite précipitée ayant fait juger que leur défense pourroit n'être point nerveuse, M. le marquis de Montcalm jugeant à propos de leur en imposer encore davantage par les travaux, toutes les troupes françoises et cent hommes de la colonie furent employés à conduire à bras vingt pièces de canon, à charrier les munitions nécessaires, à établir une batterie à barbette et à faire une communication depuis le fossé du fort Ontario, à la faveur duquel on arrivoit à couvert. Comme la rivière étoit entre nous et les ennemis, on employa même les piquets de la tranchée. Si on n'employa pas un plus grand nombre de Canadiens à ces diverses opérations, c'est qu'ils étoient destinés à faire un mouvement dès la petite pointe du jour. Les ennemis n'inquiétèrent pas beaucoup cette nuit, ils se contentèrent de tirer une douzaine de bombes et quelques coups de canon. Nous eûmes neuf pièces de canon en état de tirer au jour; elles furent fort bien servies, malgré la vivacité du feu des ennemis; cette batterie étoit placée sur le bord de l'escarpement; cela donnoit *(sic)* et prenoit de revers les retranchements des ennemis. Douze cents hommes de jour furent occupés à fournir des munitions et perfectionner l'autre batterie, qui auroit été plus solide, le 15 au matin, et de vingt pièces de canon en même temps, ou en construire une de mortiers et obusiers, à la faveur d'un petit rideau sur la capitale de l'angle flanqué du fort Ontario, qui regarde le nord-ouest. Quasi tous les sauvages et

7

Canadiens avoient passé à la pointe du jour la rivière à six cents toises du fort, sous les ordres de M. de Rigaud, pour achever d'investir les ennemis. Cette manœuvre se fit d'une façon brillante et décisive, y ayant beaucoup d'eau qui n'arrêta personne. M. le marquis de Montcalm avoit gardé cent Canadiens pour pouvoir faire passer à l'entrée de la nuit, par le large du lac, le bataillon de Béarn, avec quelques pièces de canon, pour se joindre à M. de Rigaud et former une attaque du côté du fort George que les ennemis avoient abandonné. Cette dernière manœuvre auroit sans doute achevé de leur faire perdre contenance ; mais la promptitude de nos travaux dans un terrain qu'ils avoient jugé impraticable, la manœuvre du corps qui avoit passé la rivière, leur fit juger, suivant ce que nous ont dit les officiers prisonniers, que nous devions être six mille hommes. Le colonel Mercer venoit d'être tué. La crainte de tomber entre les mains de nos sau-vages, toutes ces raisons déterminèrent le lieutenant-colonel du régiment de Pepperel, M. Littlehales, qui commandoit depuis la mort du colonel Mercer, à envoyer proposer de leur accorder une capitulation. Ils arbo-rèrent sur les dix heures le drapeau blanc. Le marquis de Montcalm envoya le sieur de Bougainville, un de ses aides de camp, leur dire qu'il ne pouvoit les recevoir que prisonniers de guerre, avec la seule conservation des effets appartenant aux officiers, et ne leur donna qu'une heure. Ils lui envoyèrent de suite des articles conformes qu'il accepta, et le sieur de Lapause y passa pour convenir de l'heure à laquelle les troupes s'en empareroient. Le marquis de Montcalm fit occuper les forts de Chouaguen et le fort George par les trois compagnies de grenadiers, les piquets qui étoient de tranchée et cent hommes de la colonie ; et de ce moment, M. de Bourlamaque fut chargé à Chouaguen de tous les détails qui pourroient être relatifs à l'évacuation et au déblaiement. Tous les officiers et les soldats furent déposés, jusqu'à ce qu'on pût les embarquer successivement dans le fort Ontario ; et on fut obligé d'y mettre deux cents hommes de garde pour les soustraire à la fureur des sauvages et empêcher la violation de la capitulation. Les troupes étoient si excédées de fatigue que l'on resta dans une inaction totale, et à laquelle on n'étoit pas accoutumé.

Le 14 au soir, le marquis de Montcalm dépêcha à M. le marquis de Vaudreuil un officier pour lui porter les cinq drapeaux des régiments de Shirley, Pepperel, et d'une partie du régiment Schuyler, milices, les deux autres sont des régiments de la vieille Angleterre, avec les caisses destinées pour la paye de ces régiments.

Le 15, M. de Senezergues fut seulement envoyé le matin pour relever les troupes qui s'étoient emparées de Chouaguen, et y rester à demeure avec M. de Bourlamaque et trois cents hommes de garnison.

Le 16 au matin, on battit la générale pour que toutes les troupes prissent une nouvelle position de camp, la droite au fort Ontario, la gauche vers les bois. L'objet de ce mouvement étoit pour rapprocher *(sic)* toutes les troupes à la démolition et prendre une position, dans le cas où l'ennemi pourroit vouloir la troubler. Dès le même jour, tous les travaux furent commencés pour mettre en état les six barques prises sur les Anglois, les charger de leur artillerie et de la nôtre, et travailler en même temps à combler et raser leurs fortifications. Ces diverses opérations ont occupé le 16, le 17, le 19 et le 20. Toute l'armée y a travaillé avec un zèle infatigable ; et la promptitude de cette évacuation et démolition tient ainsi en quelque sorte du prodige.

Le 21, toutes les troupes partirent marchant sur trois divisions ; les Canadiens se rendirent de suite à Montréal pour aller vaquer à leurs récoltes ; les sauvages étoient partis deux jours auparavant ; les troupes françoises arrivèrent à la baie de Niaouré le 22, et le marquis de Montcalm y fit chanter un *Te Deum* à la tête de ses troupes, pour remercier Dieu d'un succès au delà de toute attente. Le 23, le général partit pour Montréal avec le régiment de Béarn, la compagnie de grenadiers et un piquet du régiment de la Sarre ; le régiment de Guyenne partit le 24. Toutes ces troupes sont arrivées à Montréal le 26 et le 28 pour passer de suite au camp de Carillon. M. de Senezergues, lieutenant-colonel du régiment de la Sarre, est resté à la baie de Niaouré avec son régiment, pour, après en avoir évacué les effets du Roi, passer à Frontenac, où M. de l'Hôpital, lieutenant-colonel de Béarn, a été envoyé avec quelques détachements françois et canadiens, pour y conduire l'artillerie et une partie des prisonniers. L'un et l'autre rejoindront avec ces troupes, dès que l'on aura pu leur envoyer des bateaux, les barques et les berges angloises dont on s'est servi pour évacuer sur Frontenac, ne pouvant descendre jusques à Montréal à cause des rapides.

La situation de Chouaguen rendoit cette place une

des plus fortes et des plus avantageuses pour le commerce, avec un bon port et une bonne rade.

Le fort de Chouaguen consistoit en une maison de pierre crénelée et à machicoulis entourée d'un mur épais de quatre pieds, lequel étoit flanqué de deux grosses tours carrées.

Ce fort étoit à la rive gauche de la rivière de Chouaguen. Ils s'étoient retranchés du côté de la campagne autour de cette maison ; du même côté de la rivière, ils avoient occupé une hauteur par un mauvais fort de pieux mal retranché en terre sur deux faces, appelé le fort George. A la rive droite de la rivière, sur une hauteur qui dominoit à deux cents toises le vieux fort de Chouaguen, ils avoient construit un fort à étoile, fait de pieux de dix-huit pouces de grosseur, autour duquel étoit un bon fossé de dix-huit pieds de largeur, les dits pieux enfoncés de cinq pieds en terre. Cette perte est regardée par les Anglois, considérée sous divers rapports, comme un objet de quinze millions, et nous n'avons eu que trente hommes tués ou blessés, savoir : le sieur Des Combles, ingénieur, tué ; M. de Bourlamaque, colonel, M. de Palmarolle, capitaine au même régiment, blessés légèrement ; un canonnier, un sauvage, un milicien et deux soldats des troupes de terre, tués ; et parmi les blessés, fort peu dangereusement. Le nombre des prisonniers se monte à seize cents ou environ. Les ennemis ont eu cinquante hommes de tués, y compris des soldats qui ont voulu se sauver pendant la capitulation et qui ont été massacrés par les sauvages. Ils ont eu trois officiers de tués, le coloner Mercer, un second officier d'artillerie et un enseigne.

ÉTAT DES EFFETS TROUVÉS A CHOUAGUEN

MUNITIONS DE GUERRE

Artillerie

7 canons de fonte, dont un de 19, deux de 14, quatre de 12.

48 canons de fer, dont quatre de 9, vingt-cinq de 6, un de 5, dix de 4, deux de 3, six de 2.

1 mortier de fonte, de 9 pouces 4 lignes.

13 mortiers de fer, un de 6 pouces 4 lignes, douze de 3 pouces 4 lignes.

5 obusiers de fer, un de 6 pouces 7 lignes, quatre de 3 pouces.

2 pierriers de fonte.

45 pierriers de fer.

23 milliers de poudre.

8 milliers de balles.

450 bombes de différents calibres.

1476 grenades.

340 raisins.

1800 fusils, dont 1070 pris par les sauvages et Canadiens.

12 paires de roues de fer.

2950 boulets de différents calibres.

MUNITIONS DE BOUCHE

352 boucauts de biscuit.

1386 quarts de lard ou bœuf salé.

712 quarts de farine.

200 sacs farine.

11 quarts riz.

90 sacs pois.

7 quarts sel.

Un grenier plein de pois.

Un grenier plein de farine.

32 bœufs.

NOTA.—Le quart est une mesure qui pèse 200 livres.
Une petite partie de ces vivres a été consommé pendant
le séjour à Chouaguen ou brûlée, mais la très grande
partie a été rapportée à Frontenac et à Niagara.

ETAT DES BARQUES ARMÉES PRISES SUR LES ANGLOIS

Un senau percé pour..... 20 pièces de canon.

Un brigantin de........... 14

Une goélette de............ 8

Une barque de............ 10

Une barque de........... 4

Un esquif de.............. 12 pierriers.

NOTA.—Il s'est trouvé dans la caisse militaire 18,594
livres.

ÉTAT DES PRISONNIERS

Régiment de Shirley

Lieutenant-colonel.................................... 1

Major................. 1

Capitaines......... 5

Lieutenants 13

Enseignes...	7
Chapelain..	1
Chirurgien...	1
Sergents...	30
Tambours	15
Soldats..	472
Domestiques.......	32
Femmes.......................................	30
Femmes d'officiers...............................	4
Volontaires	4
Commissaire général..............................	1
Secrétaire..	1
	618

Régiment de Pepperel

Capitaines...	5
Lieutenants..	11
Enseignes..	5
Chapelain..	1
Chirurgien...	1
Quartier-maître...................................	1
Volontaire...	1
Sergents...	28
Tambours..	13
Fusiliers...	376
Femmes..	35
Domestiques.......................................	23
	500

Régiment de Schuyler

Colonel... 1
Capitaines.. 3
Lieutenants.. 2
Enseignes.. 4
Chirurgien... 1
Aide-chirurgien.. 1
Sergents.. 11
Tambours.. 6
Fusiliers.. 145
Femmes.. 5
Domestiques.. 9

————

188

Officiers et matelots des bâtiments

Capitaines.. 2
Lieutenants.. 4
Chirurgien... 1
Matelots.. 89
Femmes.. 4
Domestiques.. 6

————

106

Génie

Ingénieur en chef... 1
Ingénieur en second...................................... 1
Domestiques.. 2

Blessés

Le major Shirley	1
Soldats, matelots ou ouvriers, environ	30
	31

Marchands

Marchands	11
Femmes	3
	14

Employés

Garde-magasin	1
Commis	1
	2

Charpentiers et ouvriers

Charpentiers et ouvriers	138

Artillerie

Capitaine	1
Canonniers et bombardiers	15
Domestique	1
Femmes	3
	20

Tués

Le sieur Mercer, lieutenant-colonel commandant..   1
Le lieutenant d'artillerie...............................   1
Soldats ou matelots, environ.....................   150
                                                        ———
                                                        152

RÉCAPITULATION

Régiment de Shirley.............................   618
Régiment de Pepperel............................   500
Régiment de Schuyler   188
Officiers et matelots des bâtiments...............   106
Charpentiers et ouvriers........................   138
Artillerie.....................................   20
Génie   4
Marchands   14
Employés   2
Tués   152
                                                        ———
                                                        1742

Articles de la capitulation accordée aux troupes angloises, commandées par John Littlehales, lieutenant-colonel commandant des dites troupes et des forts de Chouaguen, par M. le marquis de Montcalm, maréchal de camp et armées du Roi, général de ses troupes en la Nouvelle-France.

Il a été convenu que les troupes angloises se rendroient prisonniers de guerre ; qu'on accorderoit aux officiers et soldats la conservation de leurs effets; qu'on remettroit le dit fort à deux heures après-midi, avec généralement tous les effets, munitions de guerre et de bouche, barques, agrès et autres effets généralement quelconques, sans qu'il y soit fait nulle dégradation par leurs troupes.

Que toutes les armes seroient remises dans un magasin, dans le moment que l'on embarqueroit la moitié pour leur faire passer la rivière, et qu'il passeroit dans la place, par le retour, une quantité de troupes françoises pour prendre possession du fort, et qu'en même temps le reste de troupes en sortiroit.

Les drapeaux et tambours seront déposés aussi dans le dit magasin avec les armes des officiers. Il sera fait une nouvelle vérification des effets qui sont dans le magasin, et de l'artillerie et poudres, boulets, vivres, barques et agrès, conformément aux états qui m'ont été remis. Les officiers emporteront leurs effets, en passant, chacun avec eux.

Le 14 à onze heures du matin.

(Signé)   JOHN LITTLEHALES,
Lieutenant-colonel commandant.

Accordé les dits articles au nom de Sa Majesté Très Chrétienne, suivant les pouvoirs que j'en ai de M. le marquis de Vaudreuil, son gouverneur et lieutenant général dans la Nouvelle-France.

(Signé)   MONTCALM.

Le 29, on chanta à Montréal le *Te Deum*, et on fit une procession solennelle pour remercier Dieu de l'heureuse réussite de l'expédition de Chouaguen, et déposer deux drapeaux dans la principale église de Montréal. On en avoit envoyé deux pour être déposés dans la cathédrale de Québec, et un cinquième dans l'église des Trois-Rivières.

Compliment fait par M. de Bourlamaque, colonel d'infanterie, en présentant les drapeaux pris à Chouaguen

Monsieur,

" Nous vous présentons, de la part de M. le marquis
" de Vaudreuil, ces drapeaux pris à Chouaguen sur les
" ennemis du Roi. Il les consacre à Dieu par vos mains
" et les dépose en cette église, comme un monument de
" sa piété et de sa reconnoissance envers le Seigneur,
" qui bénit la justice de nos armes et protège visible-
" ment cette colonie ".

Réponse de l'abbé de Tonancour en recevant les drapeaux

Messieurs,

" Ces monuments de votre courage et en même temps
" de la protection divine que vous apportez dans cette
" église de la part de M. le marquis de Vaudreuil, sont
" certainement une offrande agréable aux yeux du Tout-
" Puissant. Il est le Dieu des armées ; c'est lui qui a
" donné la force à vos bras ; c'est à lui que le chef qui
" vous a conduits doit cette intelligence et ces ressources
" avec lesquelles il a confondu les ennemis de la justice
" et de la paix. Le Seigneur recevra sans doute avec
" bonté les actions de grâce que ses ministres vont lui
" rendre de concert avec les guerriers défenseurs de la
" patrie.

" Demandons-lui de nous continuer des secours si
" nécessaires ; demandons-lui la paix après la victoire,
" et qu'il couronne ses bienfaits par la durée d'un gou-
" vernement sous lequel la colonie n'adressera jamais à
" Dieu que des actions de grâce ".

Les Anglois, consternés de la prise de Chouaguen, et
craignant qu'on ne marchât de suite à eux, ont brûlé les
trois forts qui leur servoient d'entrepôt sur la rivière de
Chouaguen, et barré cette même rivière.

L'on a établi des garnisons dans nos forts de Frontenac et Niagara, savoir cent hommes des troupes de
la colonie au premier, et au second cent cinquante
hommes des troupes de terre et cent hommes des
troupes de la colonie aux ordres de M. Fouchot, capitaine au régiment de Béarn, chargé de continuer les
fortifications de Niagara.

Telle a été la fin heureuse de la campagne du lac
Ontario.

BELLE-RIVIÈRE

Du côté de la Belle-Rivière, M. Dumas, chargé d'y
commander avec une petite poignée de troupes de la
colonie et beaucoup de sauvages des pays d'En-Haut,
dont l'affection a redoublé par la prise de Chouaguen, a
ravagé la Virginie, la Pensylvanie et le Maryland. Les
habitants ont abandonné près de soixante lieues de
pays ; des familles entières ont été enlevées ; la perte
des Anglois a été immense dans ces contrées. Les
habitants avoient fait de leurs habitations des petits
forts, qui ne les ont pas protégés contre les entreprises
des sauvages, qui les ont brûlés pour la plupart. Le

nommé George Craon, riche Anglois, a lui-même abandonné un fort qu'il avoit fait construire à ses dépens,
avec trois cents hommes qu'il soudoyoit.   Notre perte,
dans toute la campagne, n'a été que de quelques sauvages et de deux officiers de la colonie, MM. Douville
et de Céloron.   Les deux actions les plus considérables
de notre côté ont été la prise du fort La Grandville,
dans la Pensylvanie, à soixante milles de Philadelphie,
le 2 août, emporté l'épée à la main par le chevalier de
Villiers. Le commandant anglois Bradford y a été tué.
Le fort étoit carré, flanqué de quatre bastions, quatre-
vingt-trois pas sur toutes les faces, des vivres pour six
mois, deux pierriers, cent barils de sel ; les ennemis
y avoient une garnison de soixante-quatre hommes.
M. le chevalier de Villiers n'avoit avec lui que cinquante-cinq hommes.

Les ennemis ayant aussi surpris le village sauvage
d'Attigué, y ayant même tué six ou sept sauvages,
cette entreprise auroit eu des suites sans le courage de
M. de Normandville, qui, avec quelques Canadiens, a
repoussé l'ennemi, arrêté l'incendie, poursuivi les Anglois
que l'on a dispersés dans les bois et auxquels on a fait
beaucoup de prisonniers. M. Dumas, ayant été obligé de
se faire relever à la fin de la campagne à cause de sa
mauvaise santé, on a envoyé à sa place M. Des
Ligneris, officier de la colonie, pour y commander à sa
place.

ILE-ROYALE ET ACADIE

Les Anglois se sont contentés toute la campagne de
paroître avec leurs vaisseaux à la vue de Louisbourg ;
ils ont même pris *L'Arc-en-Ciel*, vaisseau de cinquante

canons, commandé par M. de Blingham et destiné à
porter du secours à Louisbourg. Cette prise n'a pas
empêché que la France n'ait approvisionné l'Ile-Royale
pour dix-huit mois, à compter du premier juillet. La
place de Louisbourg, qui deviendra une des plus considérables de ce continent et même de l'autre, a été
mise en bon état, les bataillons d'Artois et de Bourgogne fournissant huit cents travailleurs tous les jours,
et les travaux, qui peuvent encore durer trois ans, étant
conduits par M. Franquet, brigadier de réputation.

Les Anglois, par leurs croisières, ont fort incommodé
nos caboteurs ; ils ont même pris plusieurs bâtiments ;
mais ils n'ont pu faire aucun prisonnier, les bâtiments se
faisant toujours échouer. Nos sauvages ont pris plusieurs
de leurs bâtiments armés en course.

M. de Beaussier, capitaine de vaisseau, qui avoit
commandé la petite escadre de trois vaisseaux et de
trois frégates qui avoient amené le secours de France
à Québec, en est reparti dans le courant de juin avec
deux vaisseaux et deux frégates, le *Léopard* ayant été
désarmé et brûlé par vétusté, et la *Sirène* étant partie
pour porter la nouvelle de l'arrivée du secours. M. de
Beaussier a croisé quelque temps à portée de Louisbourg et a eu un combat avec trois vaisseaux de guerre
anglois. Le manque de vent l'a rendu indécis. Les
Anglois y ont perdu une cinquantaine d'hommes et un
officier.

M. de Boishébert a toujours tenu la portion de l'Acadie qui nous reste depuis la prise des forts, et a maintenu dans notre affection avec l'aide du P. Germain,

Jésuite, les malheureux restes des Acadiens errants dans les bois. On leur a fait passer des vivres par M. de la Naudière, capitaine de la colonie. Les Anglois n'ont fait aucun progrès dans cette partie. Nous leur avons fait quelques prisonniers, entre autres un capitaine d'artillerie, et on leur a pris à la fin de la campagne mille bœufs, d'où il en a fait passer la plus grande partie à l'île Saint-Jean. On a fait venir à Québec et aux environs des familles acadiennes, auxquelles on a donné des établissements, et des sauvages malécites et micmacs, auxquels on a donné subsistance. A la fin d'août, les Anglois ont fait mine de vouloir prendre un établissement à Gaspé ; ils y ont même débarqué du monde ; mais tout aboutit de leur part à prendre deux bâtiments chargés de morue.

La Louisiane, malgré le voisinage de la petite Georgie et de la Caroline, a joui d'une grande tranquillité. M. le marquis de Vaudreuil, gouverneur général de la Nouvelle-France, n'a eu qu'à se louer du zèle des troupes et de la colonie, et n'a eu à se plaindre que des habitants du Détroit qui, mécontents de leur commandant M. Dumuys, en ont demandé la révocation d'une façon séditieuse. Ces malheureux habitants ont été plus coupables d'ignorance que de volonté, aussi sans y envoyer des troupes, un simple ordre du marquis de Vaudreuil pour venir rendre compte de leur conduite, de tenir quelques-uns d'eux dans les prisons de Montréal, a suffi pour les faire rentrer dans leur devoir et leur faire connoître une faute que les plus riches, les Jésuites mêmes du Détroit, avoient partagé avec eux, et à laquelle des ordres donnés par M. Dumuys, pendant une

8

très grande maladie, pouvoient peut-être avoir donné
lieu.

Les divers événements de la campagne de 1756 dans
l'Amérique septentrionale en feront la plus brillante
campagne qu'il y ait jamais eu dans ce continent.

*Journal qui m'a été communiqué par M. de Charly,
officier des troupes de la marine, de l'expédition
de M. de Léry sur les forts de Bull et Lydius.*

COMPOSITION DU DÉTACHEMENT

M. de Léry, lieutenant, commandant.
M. de Langy, lieutenant.
MM. de L'Espervanche,
    de Rimbaut Gros-Chesne,
    Montigny,
    Cournoyer,
    La Chaussée,
    Chevalier de Bleury,   Officiers
    Rimbaut de Saint-Blin, des troupes détachées
    Surville de Richerville,   de la marine.
    Mouette de Louvigny,
    Richerville,
    Villebon de Jourdy,
    La Morandière,
    Florimond,
    Sacquespée,
    Charly, faisant fonction de major,
    Trevette de L'Espervanche, faisant fonction de
      garçon major.

Troupes de terre........   51 hommes avec des sergents.

Troupes de la marine...   27   "

Milices   162   "

Canadiens volontaires..   9   "

Sauvages 128
                          ─────
                           377

Le 24 janvier, assemblée du détachement à Lachine, où M. le marquis de Vaudreuil se rendit pour le passer en revue.

Le 25, séjour.

Le 26, on se met en marche avec des traînes d'éclisse, et l'on a fait trois lieues pour venir à la Pointe-Claire.

Le 27, aux coteaux des Cèdres.

Le 28, séjour.

Le 29, séjour pour parler aux Iroquois du Sault.

Le 30 et le 31, délibération sur les mauvais chemins ; envie de s'en revenir ; ordre de M. le marquis de Vaudreuil de tout surmonter.

Le 1ᵉʳ mars, campé à la rivière aux Baudets.

Le 2, à la Pointe-Maline.

Le 3, aux Mille-Roches, où l'on a trouvé les bateaux chargés de vivres qu'il a fallu traîner sur les glaces.

Le 4, vis-à-vis l'Ile-au-Chat, à la terre du nord.

Le 5, au Rapide-Plat.

Le 6, vis-à-vis le fort de la Présentation.

Le 7, on s'est servi des bateaux pour traverser à la Présentation.

Le 8, le 9, le 10, séjour pour tenir conseil avec les sauvages, leur faire festin, leur faire la revue du détachement et distribuer des vivres.

Le 11, campé à une lieue et demie au-dessus du fort.

Le 12, une lieue et demie plus loin le long de la rivière de Chouégasty.

Le 13, séjour et conseil avec les sauvages sur l'arrivée d'un Onontagué, soupçonné d'être espion, et pour envoyer reprendre des vivres, les Canadiens ayant mangé la plus grande partie des leurs.

Le 14, marche de trois lieues ; les sauvages de la Présentation veulent s'en retourner, parce qu'ils ont appris l'incendie de leurs cabanes ; il faut tenir conseil et leur donner des louanges pour essuyer leur larmes.

Le 15, séjour à cause du mauvais temps.

Le 16, marche de six lieues ; l'on campe sur le bord d'une petite rivière après avoir côtoyé un petit lac.

Le 17, marche de cinq lieues, et chasse au chevreuil pour donner des vivres à la troupe.

Le 18, marche de cinq lieues ; on campe sur le bord de la rivière de Chouégasty qu'on ne côtoyoit plus depuis trois jours. L'Onontagué soupçonné d'être espion s'enfuit ; on le ramène, et on lui fait promettre avec deux branches de porcelaine de ne plus s'enfuir.

Le 19, séjour.

Le 20, marche de trois lieues pour revenir à la rivière des Ecorces.

Le 21, marche de six lieues.

Le 22, séjour pour tenir conseil avec les sauvages.

Le 23, les sauvages veulent séjourner ; on ne peut partir que l'après-midi et on fait quatre lieues.

Le 24, marche de six lieues ; quelques soldats et Canadiens manquent de vivres, on tue deux chevaux qu'on distribue.

Le 25, rencontre de dix Onéyouts qui indiquent la marche du convoi.

Le 26, marche de quatre lieues.

Le 27, on se saisit des chariots qui procurent des vivres dont on manquoit, et dont on fait la distribution de suite. On marche au fort de Bull, où les ennemis pouvoient avoir cent hommes. Les sauvages refusent d'y marcher ; les soldats françois abattent les palissades, enfoncent la porte à coup de hache, malgré le feu de la mousqueterie et les grenades que l'on jette. Le peu de précaution ordinaire des Canadiens est cause que le feu prend à la poudrière et consomme toutes les provisions ; la garnison est passée au fil de l'épée, hors trois ou quatre prisonniers. Nous avons perdu trois hommes tués et sept blessés.

Le 28, le détachement va camper à cinq lieues du fort pour s'en retourner.

Le 29, marche de quatre lieues.

Le 30, marche de six lieues.

Le 31, marche de huit lieues.

Le 1ᵉʳ avril, marche de trois lieues.

Le 2, marche de sept lieues.

Le 3, le détachement arriva à la baie de Niaouré, sans y trouver de bateaux, manquant de vivres, et incertain du parti que le désespoir pourroit leur faire prendre. Comme ils étoient dans cette triste extrémité, M. de la Saussaye arriva avec les bateaux, sur lesquels on distribua les vivres ; on embarqua les malades, et M. de Montigny marche par terre avec une partie de la troupe.

Le 4, le détachement part et va camper à l'Ile-aux-Chevreuils.

Le 5, séjour.

Le 6, à la Présentation.

Le 7, séjour.

Le 8, campé à l'extrémité du lac Saint-François.

Le 9, à Montréal.

JOURNAL

DU

10 NOVEMBRE 1756 AU 3 JUILLET 1757

10 novembre 1756. — On a eu confirmation des nouvelles que les Anglois avoient brûlé les forts qu'ils avoient à portée de Chouaguen, et barré la dite rivière pour empêcher qu'on aille à eux par cette partie.

Les sauvages, suivant le rapport de l'abbé Piquet, disent que les Anglois ont mis sa tête à prix, et qu'ils veulent entreprendre cet hiver sur le fort de la Présentation.

11 novembre 1756. — On a reçu des nouvelles du fort Duquesne. M. Dumas qui y commande, paroîtroit craindre que les Anglois n'y portent leurs forces principales la campagne prochaine. Il avoit toujours des détachements à la poursuite des trois cents Anglois qui avoient voulu brûler le village d'Attigué, ils étoient dispersés, errant dans les bois et mourant de faim ; quelques-uns d'entre eux que nous avions pris ont assuré que le colonel Washington, qui commande dans cette partie, étoit à la tête de ce détachement et avoit eu le bras cassé.

Nous avons appris qu'il étoit arrivé à Frontenac quatre-vingts Iroquois des Cinq-Nations, qui doivent venir, dit-on, rapporter les médailles qu'ils ont reçues des Anglois et demander à être domiciliés comme les vrais enfants d'Ononthio.

Le 1ᵉʳ et le 2, il s'est tenu des conseils sauvages pour déterminer des Poutéotamis à aller hiverner à Carillon avec quelques Iroquois ; ce qui, outre les découvertes à faire, sera très utile à la garnison pour lui procurer de la viande fraîche, au moyen de la chasse du chevreuil, très abondante dans ces quartiers.

Du 1ᵉʳ au 13, il a été écrit plusieurs lettres aux commandants de bataillon sur la police de leurs quartiers, les permissions à donner à leurs officiers et soldats qui auroient affaire à la ville, les logements accordés aux officiers, ainsi que pour les permissions à donner aux soldats pour se marier.

Du 14 au 23 novembre 1756. — M. le chevalier de Lévis ayant fait décamper les dernières troupes du camp de Carillon, savoir : les bataillons de Royal-Roussillon et de Languedoc le 12, il est arrivé le 17 malgré le mauvais temps, et toutes les troupes sont rentrées dans leurs quartiers. Nous n'avons plus qu'un piquet de cinquante hommes du régiment de la Sarre qui doit revenir de Frontenac ; il pourroit être embarrassé par rapport aux glaces, M. le marquis de Vaudreuil l'ayant fait relever trop tard.

Les régiments de la Reine et de Guyenne qui sont arrivés à Québec le 14 et le 16, ont beaucoup souffert pendant leur navigation. Le dernier régiment a été pris dans les glaces, obligé d'abandonner ses bateaux et de faire trente lieues à pied, souffrant du froid et mourant de faim. Malgré les ordres envoyés d'avance, le peu qu'il y a eu Canada a fait que les troupes ont en général manqué à Chambly et aux Trois-Rivières.

La récolte ayant été beaucoup plus mauvaise qu'on ne croyoit, on est embarrassé pour les subsistances. Aussi, pour ménager celles qui sont dans les magasins du Roi, on a proposé aux habitants des côtes qui voudroient nourrir leurs soldats, de leur donner dix sols par jour ; ce qui a été accepté par quelques quartiers.

A Québec, le peuple y manque, pour ainsi dire, de pain, et l'on a été obligé de mêler la farine de pois et d'avoine.

Le Canadien et le soldat s'accommodent très bien ensemble ; le soldat vit assez sagement. Mais comme on ne sauroit avoir trop de sévérité dans des cantonnements où les soldats sont logés deux au plus dans les maisons d'habitants, hors de la vue de leurs officiers, l'on a fait passer par les verges un soldat à Varennes qui avoit pris un dindon.

Les trois derniers bâtiments pour la France, savoir : *L'Abénaquise*, frégate du Roi, le *Beauharnois* et les *Deux-Frères*, vaisseaux marchands, sont enfin partis avec les derniers paquets pour la cour.

Le 15, un vent de nord-est et de la neige avoient fait craindre qu'ils ne fussent forcés d'hiverner dans les glaces. *L'Abénaquise* a l'apparence d'un vaisseau de cinquante canons ; on ne lui a donné que ... canons de fer et ... canons de bois.

M. Dumuys, enseigne de la colonie, arrivé le 21, nous confirme toujours le grand effet que la prise de Chouaguen a fait sur l'esprit des sauvages d'En-Haut. Cela a relevé le courage des nôtres et a abattu celui de ceux qui étoient dans le fond dévoués aux Anglois, comme les Hurons du Détroit. Il nous a aussi apporté des nouvelles de Niagara en date du 9. M. Pouchot, capitaine au régiment de Béarn, qui y commande, y est occupé à achever de mettre cette place en état, y faire des bâtiments civils et des magasins. Comme il est au milieu des nations sauvages, il en reçoit souvent des visites, et les fait traiter assez favorablement pour ce qui est de la traite, pour qu'ils n'aient pas regret à la prise de Chouaguen où les Anglois leur vendoient des marchandises. Les Mississagués ont formé neuf petits partis pour aller frapper sur l'Anglois ; il y en avoit un de retour le 9 avec une chevelure, et un de six Mississagués qui devoit partir le 10. On les envoie tous frapper vers le haut de la rivière de Chouaguen, et de là s'ils ne trouvent personne se rabattre sur Corlar. Les sauvages assurent toujours qu'ils ont brûlé tous les postes qu'ils avoient le long de la rivière de Chouaguen.

Les Loups ont rapporté quelques chevelures. Il est venu deux chefs des Loups de Canstoga en Pensylvanie qui n'avoient pas encore pris part à la querelle et qui ont accepté la hache.

La fin de la campagne fournit assez de malades pour un pays très sain. Les dames hospitalières de Montréal qui en ont soin, en ont été les victimes et en ont perdu plusieurs ; on compte que le froid dispersera les maladies.

Du 23 au 29 novembre 1756. — Les ambassadeurs des Cinq-Nations, au nombre de quarante, et avec les femmes et les enfants au nombre de cent, sont arrivés le 27 au soir. Ils ont demandé audience pour le 28 ;

l'heure a été donnée à trois heures après-midi. J'y ai été invité, au nom de M. le marquis de Vaudreuil, par le major de la place, et M. le chevalier de Lévis par l'aide-major. L'orateur a dit qu'ils n'étoient encore que les Onontagués et les Goyogouins ; qu'ils avoient avec eux des Chéroquis, nation d'auprès de la Caroline qu'ils avoient vaincue et à qui ils avoient permis de s'établir ; qu'ils attendoient leurs frères les Tsonnonthouans et les Onéyouts ; qu'alors ils parleroient des bonnes affaires. Ils ont fait les compliments accoutumés, parlé des colliers reçus du temps de M. le marquis de Vaudreuil ; qu'ils les rapportoient, mais qu'ils attendoient leurs frères pour les présenter. Ils ont parlé aussi d'une parole que le commandant de Cataracoui leur avoit donnée avec deux branches de porcelaine, et ils ont demandé une audience particulière pour demain 29 pour expliquer leurs réponses sur ces branches. Ils ont insinué modestement dans leur harangue qu'ils avoient été surpris de n'avoir pas été reçus avec les cérémonies ordinaires et qu'on n'eût pas été au-devant d'eux. M. le marquis de Vaudreuil a répondu par des compliments, des assurances de protection et de bienveillance qu'il seroit toujours prêt à les écouter, et qu'à l'égard du cérémonial qui n'avoit pas été observé, c'est parce qu'ils avoient demandé des vivres pour rester encore un jour au Sault-Saint-Louis, et qu'ils étoient arrivés tard et sans qu'on les attendît.

Les Cinq-Nations iroquoises sont les seuls sauvages reçus avec étiquette. On envoie l'interprète au-devant d'eux, qui leur présente des branches de porcelaine de la part du général ; on leur tire cinq coups de canon.

On dit les Cinq-Nations, parce que originairement on ne connoissoit que cinq peuples iroquois liés ensemble, parlant la même langue, mais avec des dialectes différents. Ces cinq peuples étoient les Onontagués, les Onéyouts, les Tsonnonthouans, les · Goyogouins, les Agniers. Les Agniers qui ne forment plus qu'un village d'une soixantaine d'hommes, se sont détachés d'eux et sont avec les Anglois, comme nos sauvages domiciliés du Sault-Saint-Louis au lac des Deux-Montagnes. Les quatre autres nations ont adopté les Tuscarorins ; ils ont aussi une alliance avec les Loups qu'ils appellent neveux ; et il paroît par la harangue d'aujourd'hui que les Goyogouins ont adopté les Chéroquis ; c'est cette différence qui fait que quelques-uns disent les Cinq-Nations iroquoises, et d'autres les Six-Nations.

Du 30 novembre 1756. — L'audience qui avoit été accordée aux Cinq-Nations pour le 29, ne s'est tenue que le 30. L'orateur après avoir réitéré les compliments accoutumés et renouvelé les demandes de leurs besoins, a insinué adroitement, en parlant des causes du retard de leur voyage, qu'ils n'avoient compté ne rester ici que quatre jours, qui pourroient bien devenir quatre mois, mais qu'heureusement ils étoient chez un bon père qui ne les laisseroit pas manquer ; qu'ils étoient prêts à parler des bonnes affaires, si leur père le jugeoit à propos, ou d'attendre l'arrivée de leurs frères les Tsonnonthouans et les Onéyouts. Ils ont rapporté, suivant l'usage, le collier d'invitation remis par M. le général aux ambassadeurs venus cet été. Pour se relever, ils ont dit qu'ils parloient au nom de huit nations. Ils ont expliqué la parole du commandant de Cataracoui, qui étoit que des sauvages affidés aux Anglois, pour les détourner, leur avoient appris que les Anglois en avoient tué un du Sault-Saint-Louis qui nous étoit affidé et fait prisonnier un Goyogouin, et que les Anglois assuroient qu'ils alloient faire un accord avec la France pour détruire et frapper sur tous les sauvages. Que cette nouvelle ne les avoit pas arrêtés et que le commandant de Cataracoui leur avoit donné des branches pour les rassurer. L'orateur a ajouté avec assez de fierté que peut-être dans le temps qu'ils étoient ici, leurs femmes et leurs enfants étoient exposés au ressentiment de l'Anglois ; que le colonel Johnson ne leur parloit plus avec des paroles douces, mais bien menaçantes, depuis qu'il voyoit leur peu de disposition à l'égard de l'Anglois ; mais qu'en tout cas ils sauroient se venger, se défendre, mourir, s'il falloit, et que la poussière qu'ils élèveroient en combattant en iroit jusqu'aux cieux. Ils ont parlé des soins qu'ils apportent pour contenir leurs jeunes gens ; ils se sont applaudis de la sagesse avec laquelle ils ont vécu jusqu'à présent ; ils ont prié leur père de ne leur donner le matin que du vin, afin de leur conserver la raison toute la journée, mais le soir de leur donner du lait de son teton gauche, parce qu'étant plus près de son cœur, il pourroit ne leur porter à la tête que des idées agréables avec lesquelles ils s'endormiroient paisiblement.

M. le marquis de Vaudreuil, après avoir reconnu le collier d'invitation pour être le sien et les avoir remerciés d'être venus, a répondu en commençant par leur faire présenter six branches de porcelaine, cérémonie accoutumée pour essuyer leurs larmes, leur déboucher le gosier et leur ouvrir les oreilles. Il leur a accordé leurs besoins ; il leur a dit qu'ils avoient trop d'esprit pour n'avoir pas reconnu l'artifice des Anglois, accoutumés à les tromper ; que l'Anglois les craignoit trop pour oser les frapper ; qu'il n'y a que le faible qui menace ; que le puissant frappe sans menacer ; qu'en tout cas, si les Anglois les attaquoient, le général qui a rasé Chouaguen sauroit les défendre. Et alors on a présenté aux nations le général qui étoit à côté de M. le marquis de Vaudreuil. M. le marquis de Vaudreuil leur a parlé du bon procédé de ce général pour les sauvages des Cinq-Nations, qui, lors du siège, avoient été trouvés porteurs des lettres des ennemis, en les renvoyant avec géné-rosité, exemple qui n'eût pas été imité de l'Anglois. Il leur a parlé aussi des forts détruits par l'Anglois et de la bonne réception faite par le général de Chouaguen à ceux des Cinq-Nations qui étoient venus le voir, encore qu'ils n'eussent point de part au succès de cette entreprise.

L'orateur s'est alors levé et a dit : " Mon père, nous " avons appris les premiers aux Anglois que défunt " Chouaguen n'existoit plus ; ils venoient avec leur " armée. Nous leur avons si fort dit que les guerriers " étoient aussi nombreux que les feuilles des arbres, " que rien ne pouvoit leur résister ; et ils ont vu si " peu de disposition en nous, qu'ils ont détruit leur fort " d'entrepôt, n'en ayant plus besoin. Ainsi, mon père, " nous avons eu au moins part aux bonnes affaires, ne " fût-ce que pour avoir porté à l'Anglois des nouvelles " qui l'ont autant étonné, et qui l'ont déterminé à t'éviter

" la peine de prendre des forts qui n'auroient pas
" résisté ".

L'orateur termina la séance en présentant six branches
de porcelaine qu'ils mesurèrent de même grandeur, et
en disant : " Mon père, nous te remercions d'avoir
" essuyé nos larmes, etc… Quoique le maître de la vie
" t'ait favorisé et que tu aies perdu peu de guerriers, le
" moindre d'entre eux t'est cher, et tu ne peux qu'en
" être affligé. Aussi nous te présentons ces branches
" pour essuyer tes larmes, te déboucher le gosier pour
" que tu puisses nous parler et t'ouvrir les oreilles pour
" que tu puisses entendre tes enfants, qui comptent que
" tu les traiteras comme défunt ton père dont ils te
" rapportent les colliers pour mieux lier les paroles ".

Un Européen sera bien surpris de voir que des colliers
et des branches de porcelaine soient le mobile de toutes
les actions chez les sauvages. Un philosophe trouvera
que tous les hommes sont les mêmes, lorsqu'il saura
que ces branches et ces colliers de porcelaine sont des
diamants et des bijoux dont se parent les sauvages et
leurs femmes, et qu'ils ont une valeur intrinsèque, avec
laquelle le sauvage trouve à acheter tous les besoins
qu'ils ne connoissoient pas, et auxquels notre commerce
les a malheureusement accoutumés.

Cette porcelaine dont on parle tant, sont des petits
grains qui ressemblent à ceux de Nevers, mais qui sont
plus beaux et ont plus de consistance. Cela valoit
autrefois trente livres le millier, et quarante livres
aujourd'hui, à cause de la guerre. On la tire d'Angleterre. Tous les colliers et branches que les sauvages
présentent au général ou à ceux qui commandent dans

les armées ou dans les postes sous ses ordres, lui appartiennent ; il les vend au Roi, et depuis M. de la Jonquière, le prix a été réglé à soixante-dix livres le millier que le Roi paye au général. Cet objet en temps de guerre lui vaut de six à huit mille livres.

Quand l'orateur a dit qu'il parloit au nom de huit nations, ça été une exagération pour faire montre des forces des Cinq-Nations, ils comptent les Tsonnonthouans pour deux à cause qu'ils ont formé un second village, les Tuscarorins qu'ils ont adoptés et les Cheroquis qu'ils ont vaincus. Au reste l'amour que les peuples sauvages ont de mener une vie errante, rend difficile de déterminer leur position ; car souvent une fantaisie, l'envie de se rapprocher d'un autre peuple, l'épuisement des terres où ils sèment sans fumer, l'épuisement d'un canton où ils auront détruit la chasse, leur inconstance, toutes ces raisons leur font abandonner avec facilité un village pour s'aller établir à cent lieues et plus encore.

Du 1ᵉʳ décembre 1756. — Le Roi trouvant que la régie de ses vivres lui coûtoit cher, a jugé à propos d'établir qu'elle se feroit par entreprise. Il a été passé un traité au sieur Cadet et compagnie pour que ce munitionnaire général fournisse tant aux troupes de terre que de la colonie, Canadiens et sauvages employés à la guerre, les rations en pain, bœuf, lard, pois, vin et eau-de-vie. Ce traité doit avoir son exécution à commencer du 1ᵉʳ janvier 1757 pour ce qui sera en garnison ou quartiers des trois villes, Québec, Montréal, Trois-Rivières, ou dans les côtes, et à commencer du premier juillet pour les troupes qui seront campées ou dans les forts, depuis celui de Carillon jusqu'au fort

Duquesne, et dans l'Acadie, si le cas y échéoit. C'est la première fois qu'il y a eu une pareille manutention en Canada.

Du 3 décembre 1756. — On a eu nouvelle par le retour de l'abbé Piquet, envoyé à Chouaguen par ordre de M. le marquis de Vaudreuil, que les forts que les Anglois avoient pour servir d'entrepôts sur la rivière de Chouaguen avoient été brûlés, et la rivière barrée et embarrassée.

Du 4 décembre 1756. — Il est encore arrivé des sauvages des Cinq-Nations, qui sont actuellement au nombre de cent quatre-vingts. Cette ambassade coûtera fort cher au Roi ; mais ce sont des dépenses inévitables et nécessaires.

On a eu des nouvelles de Niagara du 29. M. Pouchot, commandant, écrit qu'il lui arrive beaucoup de sauvages des pays d'En-Haut, qui paroissent affectionnés, entre autres les Loups ; qu'il a tenu un grand conseil avec eux et les Cinq-Nations, dans lequel ceux-ci lui ont dit que l'Anglois avoit envoyé un officier appelé Burler, pour lever des guerriers chez eux, mais qu'ils avoient envoyé des chefs à Orange rapporter la hache à leur frère. L'Anglois qui ne cherche qu'à les tromper dans le temps qu'ils en ont à Montréal, pour écouter la parole de leur père qui ne leur parle jamais que des bonnes affaires.

Du 5 décembre 1756. — Le piquet du régiment de la Sarre qui devoit revenir de Frontenac, est afin arrivé à la Pointe-Claire. On en étoit inquiet à cause des glaces. Le dernier convoi de bateaux a été vingt-six jours pour aller à la Présentation. Le dernier convoi

9

qui a été à Carillon est revenu heureusement, et l'on a été obligé de laisser les bateaux à une lieue de Saint-Jean. On attend toujours à l'extrémité, et on charge les bateaux dans l'arrière-saison.

Du 6 décembre 1756. — Les Cinq-Nations ayant fait demander une audience particulière au marquis de Montcalm, elle leur a été accordée ; il n'a été question que des compliments sur son arrivée de France, l'heureux succès de sa campagne, et la façon dont il avoit aplani les terres et rendu les chemins sûrs.

Le marquis de Vaudreuil a répondu en parlant de l'amour d'Ononthio-Goa pour les sauvages, de la façon avec laquelle le marquis de Montcalm les traitoit dans les armées ; il leur a dit d'interroger leurs frères les Iroquois domiciliés. Il leur a promis assistance s'ils en avoient besoin contre l'Anglois, et a fini par leur annoncer qu'il avoit prié Ononthio de faire ruisseler jusque dans sa maison le lait de son teton gauche, et d'y joindre une gratification de tabac et de vermillon pour la parure des jeunes gens. Les Cinq-Nations, parlant au nom de huit, l'ont invité d'être témoin quand ils parleroient des bonnes affaires.

Du 8 décembre 1756. — Les Cinq-Nations ayant demandé qu'on appelât les Iroquois du Sault et du Lac pour assister au grand conseil, on les a envoyé avertir.

Le courrier de Québec nous a apporté des nouvelles inquiétantes au sujet de *L'Abénaquise ;* elle n'étoit pas encore hors des mouillages le 29. Elle n'a que pour quarante-cinq jours de vivres, et l'on conjecture par les vents qui ont régné qu'elle n'aura pu partir de la hauteur de l'île du Bic que le 3.

La misère continue à être grande à Québec parmi le peuple ; le pain est prêt à y manquer ; on a taxé le minot de blé à quatre livres dix sols. Trois boulangers se sont chargés de fournir le public de pain ; l'on a interdit les autres.

Du 10 au 13 décembre 1756. — Le 13, l'on a tenu le conseil pour entendre les propositions des ambassadeurs des Cinq-Nations. Les députés des Iroquois du Sault et du Lac y étoient présents. Les Outaouais et les Poutéotamis y ont aussi assisté, et tous ces sauvages étoient extrêmement parés ou matachés (pour se servir du terme propre).

Ils étoient rendus à la salle d'audience avant l'arrivée des Cinq-Nations. M. le marquis de Vaudreuil a fait inviter à cette audience tous les officiers. Les Cinq-Nations se sont assemblés à la salle du séminaire, dont ils sont partis pour venir chez M. le marquis de Vaudreuil. Le grand chef à leur tête est entré dans la salle en chantant, en dansant et en pleurant. Ils ont porté 18 paroles et donné pour cet effet quatorze colliers et plusieurs branches de porcelaine ; quoique la séance ait été longue, ils ont demandé une continuation d'audience pour demain 14.

Le résultat de cette assemblée a été : 1^0 de donner plusieurs colliers pour couvrir la mort du baron de Longueuil, gouverneur de Montréal, et de son fils le chevalier de Longueuil, tué l'année dernière à l'affaire du lac Saint-Sacrement ; un collier pour consoler les parents du mort ; un pour engager les parents du mort à continuer à se mêler des bonnes affaires avec eux comme faisoient les défunts ; un pour essuyer les larmes du marquis de Vaudreuil, pour la perte qu'il peut avoir faite cette campagne de quelques guerriers. De là ils ont passé à parler des anciennes paroles et des anciens conseils de M. le marquis de Vaudreuil, père, en se servant toujours du style métaphorique. Ils ont présenté un collier pour prouver qu'ils veulent allumer un feu dans Montréal qui ne s'éteindra jamais; ils en ont présenté un pour relever l'arbre de paix dont les feuilles étoient prêtes à sécher; un pour, suivant la tradition de leurs ancêtres, présenter une médecine qui pût dissiper les humeurs de leur père ; un autre pour présenter un balai avec lequel on put balayer les ordures qui s'étoient amassées chez eux depuis qu'on ne tenoit plus les anciens conseils; ils en ont présenté un pour rappeler que M. le marquis de Vaudreuil, père, leur avoit donné par métaphore une grande gamelle avec une queue de castor pour les faire manger avec tous leurs frères au même plat; un autre pour dire qu'il leur avoit donné un sac à petun avec un bout de tabac, leur recommandant de s'en servir quand le grand pin seroit prêt à tomber afin de n'avoir que de bonnes pensées ; ils ont aussi parlé du danger où ils se trouvoient, l'Anglois ayant un œil hagard et le François aussi ; que cela ne les avoit pas empêchés de tenir toujours le collier de la paix, et que leur faiblesse vis-à-vis de nous les empêchoit d'être médiateurs, et qu'ils conserveroient toujours cet esprit de paix. Ils ont rappelé par un autre collier que M. le marquis de Vaudreuil, père, leur avoit donné un arc pour frapper sur les Têtes-Plates et les Cheroquis, et ils ont demandé à continuer de frapper. Ils ont donné un collier pour faire compliment sur la prise de Chouaguen et témoigner qu'ils en étoient bien aise ; et en même temps, ils ont demandé par quatre branches de porcelaine, puisqu'ils ne pouvoient plus rien tirer de l'Anglois qui leur refusoit même de la poudre, ils en trouvassent, et les marchandises dont ils ont besoin à Frontenac et à Niagara, à bas prix.   Ils ont remercié avec autant d'adresse que de finesse de ce que, par la prise de Chouaguen, nous leur rendions leur terre ; ils ont parlé avec adresse, sans nommer, de l'établissement des voitures du petit portage de Niagara, comme un établissement qui leur étoit désavantageux, attendu que, autrefois, ils faisoient eux-mêmes ce portage.   Ils ont interpellé eux-mêmes leurs frères des autres nations pour être réunis de sentiment et travailler en commun aux bonnes affaires ; et pour les engager à cette union, ils ont parlé des alliances de famille qu'ils avoient entre eux par des mariages réciproques, depuis que M. le marquis de Vaudreuil, père, les avoit engagés à manger la queue de castor à la même gamelle.   Les Cinq-Nations, pour se relever, ont dit que, quoique les Loups ne fussent point ici présents, ils répondoient qu'ils seroient du même avis qu'eux.   .

La séance a été terminée par l'orateur du Sault-Saint-Louis, qui, parlant au nom de tous les Iroquois domiciliés, a félicité les Cinq-Nations des bonnes dispositions où ils étoient ; qu'il croyoit leur parole sincère, que pour eux, vrais enfants d'Ononthio, ils l'avoient toujours soutenu et le soutiendroient dans toutes les occasions ; qu'ils étoient nombreux, qu'ils voyoient les Outaouais et les Poutéotamis dans les mêmes dispositions, et qu'Ononthio avoit un nombre infini de sauvages qui lui étoient attachés, et qu'il en avoit depuis les lieux où le soleil se lève jusqu'à ceux où le soleil se couche. Toutes les paroles des Cinq-Nations ont été recueillies par le secrétaire du gouverneur, qui, suivant l'usage, y. étoit présent, et les colliers reçus en les numérotant.

Suivant les nouvelles de Niagara du 27 9bre, les Mississagués rapportent toujours quelques chevelures. MM. Dumas, le chevalier de Repentigny, Benoit, Godefroy, Corbière, Normandville, officiers de la colonie, qui ont fait la campagne du côté de la Belle-Rivière et qui ont été relevés à la fin de l'automne, sont arrivés ce soir ; on étoit dans de grandes inquiétudes à leur occasion, à cause des glaces ; ils ont fait naufrage sur le lac Ontario où la barque *Chouaguen* a péri.

Nota.—On sera surpris que ces sauvages aient tant fait de cérémonies pour couvrir la mort de MM. de Longueuil ; mais, outre qu'ils ont un grand respect pour leurs anciennes coutumes et qu'ils en observent plusieurs à l'égard des morts, MM. de Longueuil sont de la famille qui, sans être ancienne, est la plus distinguée et la plus illustrée dans le Canada. Leur nom est Lemoine ; ils ont eu plusieurs gouverneurs particuliers, M. de Bienville, gouverneur de la Louisiane, et M. d'Iberville, capitaine de vaisseau de la plus grande réputation à la Louisiane. Les Longueuil sont adoptés par les Cinq-Nations depuis leur bisaïeul, qui eut le malheur d'être fait prisonnier, et cette adoption leur a valu d'être toujours en quelque sorte les médiateurs entre les Cinq-Nations et les gouverneurs généraux du Canada. La famille de MM. de Joncaire et de la Chauvignerie est aussi adoptée par eux; aussi les ambassadeurs les nommèrent ainsi que M. de Noyan, lieutenant de Roi des Trois-Rivières, en présentant le collier pour inviter leurs parents à se mêler des bonnes affaires.

NOTA. — M. le marquis de Vaudreuil m'a dit que, de même que le ministre de la guerre m'avoit remis des paquets cachetés contenant les mêmes ordres que ceux que j'avois pour MM. de Lévis et de Bourlamaque pour prendre successivement le commandement en cas d'accident, il en avoit de même reçu du ministre de la marine, mais un seulement pour M. le chevalier de Lévis.

La continuation du conseil des Cinq-Nations qui avoit été indiqué pour le 14, a eu lieu le 18.

L'orateur goyogouin parlant au nom des Cinq-Nations, représentant pour huit, a présenté trois branches de porcelaine et quatre colliers pour répondre à pareils qui leur avoient été envoyés avant et après la prise de Chouaguen par le marquis de Montcalm, trois par les huit nations de sauvages qui étoient à l'armée du marquis de Montcalm, et le quatrième au nom de leurs frères les Iroquois du Sault qui étoient aussi à la même armée. Ces divers colliers leur avoient été envoyés, les uns pour contenir leurs jeunes gens et leur dire de se tenir sur leurs nattes, de ne donner aucun secours à l'Anglois, ou qu'on les frapperoit comme ennemis, et que leurs frères mêmes les traiteroient en ennemis les autres pour leur faire part de la prise de Chouaguen et leur dire qu'ils eussent à rester tranquilles sur leurs nattes, à moins que l'Anglois ne voulût se rétablir à Chouaguen que

nous détruisions, pour éloigner la guerre d'auprès des
Cinq-Nations. Ils ont protesté dans leurs réponses que
depuis ils n'avoient donné ni ne donneroient jamais
aucun secours à l'Anglois, ni en charrois, ni en vivres,
ni en découvreurs, et qu'ils avertiroient si l'Anglois
vouloit se rétablir à Chouaguen.

Ils ont aussi rapporté un collier pareil à celui que le
marquis de Montcalm leur avoit envoyé pour faire
passer aux Onéyouts en leur reprochant d'avoir eu
des jeunes gens au coup de M. de Dieskau, et de les
contenir pour qu'ils ne se livrent ₍pas₎ à la boisson de
l'Anglois. Ils ont rapporté aussi un collier pour servir
de réponse à celui que M. de Villiers leur avoit donné
pour leur apprendre qu'il avoit nettoyé les chemins.
Ils ont ensuite présenté un collier de M. de Vaudreuil,
père, qu'ils conservent dans le village comme un préser-
vatif contre les mauvaises affaires ; et, par ce collier,
ils ont demandé que l'on rétablit l'ancien usage où l'on
étoit de tenir toujours chez eux un officier de leurs
parents, c'est-à-dire de ceux qu'ils ont adoptés, pour
être témoin de leur fidélité, recevoir leur parole et leur
faire part de celle de leur père ; et qu'ils répondoient
de cet officier et des Iroquois du Sault qui voudroient
l'accompagner ; et que, suivant l'ancien usage, lorsque
cet officier arriveroit à la rivière aux Ecorces, qui est
à cinq lieues de Chouaguen, ils feroient avertir, et qu'on
l'iroit recevoir avec les honneurs accoutumés. Ils ont
fini par deux branches de porcelaine, pour apprendre la
mort du grand chef et présenter le jeune homme qui
le représente comme disposé à traiter les bonnes affaires.

Le jeune homme âgé de seize ans s'est levé ; il a salué
M. le marquis de Vaudreuil qui l'a gracieusé.

L'orateur des Onéyouts s'est alors levé et a parlé
avec autant de feu que d'éloquence de leur ancien attachement pour la nation ; il a parlé du fameux chef
Charca, qui étoit venu deux fois du temps de M. le
marquis de Vaudreuil, père, pour les bonnes affaires,
qu'à la vérité, depuis ce temps-là, on avoit discontinué
d'en parler, et il a présenté un collier pour assurer de
leurs bonnes dispositions pour nous. Il a fait aussi la
cérémonie de présenter un jeune chef qui avoit succédé
à l'ancien ; il a présenté quatre branches de porcelaine
pour assurer que les Cheroquis étoient réunis avec eux
et de même sentiment.

L'orateur goyogouin s'est levé ; il a présenté sept
bûchettes pour dire qu'il y a deux ans qu'ils avoient
envoyé pareil nombre de colliers à la Présentation ;
qu'ils ne savoient pas si leur père les avoit reçus, mais
qu'ils n'avoient point eu de réponse ; que quelquefois
leurs frères de la Présentation rendoient mal leurs
paroles, et que c'étoit une des raisons qui leur faisoit
désirer d'avoir un officier chez eux.

L'orateur a fini par appeler à haute voix chaque
nation par son rang ; et, à mesure qu'il les appeloit, le
chef faisoit le cri de remerciement qui étoit repris musi-
calement par tous les sauvages. M. le marquis de
Vaudreuil les a fait remercier et leur a fait dire qu'il
leur feroit réponse un de ces jours et qu'il les en feroit
avertir.

Du 21 décembre 1756. — On a tenu conseil pour
rendre réponse aux Cinq-Nations. Après avoir répondu

dans le même style métaphorique qu'ils avoient employé en leur présentant des colliers et des branches, on leur a accordé un oubli du passé ; on les a exhortés à ne plus retomber dans leurs égarements ; on leur a fait voir que l'Anglois ne cherchoit qu'à les tromper ; on les a invités tacitement à imiter les Tsonnonthouans, dont plusieurs guerriers s'étoient joints à nous ; on leur a promis de leur faire trouver tous leurs besoins à Frontenac et à Niagara ; on leur a promis aussi de leur rendre le petit portage, pourvu qu'ils s'y conduisent mieux que par le passé ; on leur a permis de faire la guerre aux Chicasas ; on leur a défendu d'attaquer les Têtes-Plates, parce qu'ils sont pour nous ; on leur a promis de leur envoyer un officier de leurs parents, quand on auroit des propositions à leur faire, c'est-à-dire des familles de Longueuil, Joncaire et la Chauvignerie. Après que M. le général a eu parlé, les Iroquois du Sault et du Lac ont présenté un collier pour féliciter leurs frères de leurs bonnes intentions et les exhorter à persévérer et à ramener les Agniers, afin de s'éviter la douleur de frapper sur leur propre sang.

Un Algonquin s'est ensuite levé, parlant en son nom et celui des Népissings, disant : " Nous qui, les premiers " de cette terre, avons vu les regards du soleil et ceux " de notre père, nous t'avertissons pour la dernière fois " que nous frappons qui fait mal à mon père ". Et il a présenté un collier aux Cinq-Nations.

Hotchig, chef népissing, s'est levé et a chanté la guerre en disant : " Je hais l'Anglois et je pars pour le frapper ".

L'orateur outaouais s'est ensuite levé et a présenté un collier pour dire aux Cinq-Nations : "Nous t'avertissons " pour la dernière fois que si tu ne tiens pas ta parole, " nous ferons de toi un sacrifice ; tu me vois peu " de guerriers, mais au printemps nous en aurons " quantité ".

Le chef de guerre outaouais a aussi chanté la guerre. L'orateur poutéotamis s'est ensuite levé et a présenté un collier en leur disant : " Mes frères, n'ayez pas la bouche " sucrée et le cœur amer, parce que nous serions fâchés " de cesser de vous regarder comme frères ".

L'orateur goyogouin s'est levé pour remercier M. le général au nom des Cinq-Nations, l'assurer de leurs bonnes intentions, lui dire qu'ils avoient retranché d'eux les Agniers, qu'ils étoient totalement Anglois, mais qu'ils espéroient, à force de leur secouer la tête, leur faire trouver l'esprit qu'ils avoient perdu et les ramener à leur père, puisqu'il avoit tant de bontés pour eux. L'orateur a appelé toutes les nations qui ont fait les cris de remerciements.

Du 22 décembre 1756. — Les Cinq-Nations avoient fait demander une audience pour aujourd'hui ; mais leurs jeunes gens ayant perdu l'esprit, ils ont prié leur père de vouloir bien les excuser et remettre l'audience au lendemain.

Du 23 décembre 1756. — L'audience ayant été accordée aux Cinq-Nations, l'orateur ouéyout a présenté un collier pour assurer leur père que ses paroles les avoient persuadés, qu'en conséquence ils avoient sorti d'eux-mêmes tout ce qui pouvoit rester de mauvais en eux, et qu'ils lui rapportoient deux médailles que

l'Anglois leur avoit données, qu'ils vouloient fouler aux
pieds ; il a ensuite présenté un collier qui leur a été
remis par une nation qui habite auprès d'eux, qui n'est
ni angloise, ni françoise, ni sauvage, qui supporte impatiemment le joug de l'Anglois, qui leur a proposé de se
réunir avec eux pour se tenir dans l'indépendance ; que
des enfants doivent toujours consulter leur père, et que
par cette raison, ils lui remettent le collier pour savoir
ce qu'ils auront à faire.

L'orateur du Sault-Saint-Louis a félicité au nom de
tous les domiciliés et des sauvages d'En-Haut des
bonnes dispositions où il voyoit leurs frères, et qu'ils
n'avoient point de regret à être restés plus longtemps
qu'ils ne croyoient puisqu'ils étoient témoins de la façon
dont leurs frères rejetoient les distinctions de l'Anglois.

L'orateur goyogouin, parlant au nom de toutes les
nations, a dit aux domiciliés et aux sauvages d'En-Haut
que leurs paroles n'étoient pas encore prêtes, mais qu'ils
seroient en état le lendemain de répondre à leurs colliers.
M. le marquis de Vaudreuil a fait remercier les Oné-
yonts et a indiqué le conseil au lendemain, tant pour
répondre aux colliers qu'il a reçus que pour la réponse
aux colliers de leurs frères.

Il y a eu la nuit dernière à minuit 14 minutes, un
tremblement de terre assez sensible qui a duré sept ou
huit secondes.

Du 24 décembre 1756. — L'orateur goyogouin, parlant au nom de toutes les nations, a commencé la séance
par présenter un collier en réponse de celui que les
Iroquois domiciliés leur avoient donné, en leur disant :
" Mes frères, nous porterons votre collier aux Agniers

" pour les ramener entre les bras de leur père ; et, pour
" donner encore plus de poids à cette invitation, nous
" leur ajouterons un collier au nom des Cinq-Nations ".
Il en a ensuite présenté un aux Népissings et Algonquins en réponse, disant : " Mes frères, vous nous avez
conseillé que nos paroles fussent sincères et de faire la
volonté de notre père ; nous la ferons ; faites-la toujours
et donnez-nous-en l'exemple ". Un collier aux Outaouais
en leur disant : " Vous nous avez dit que vous n'étiez
" ici que des jeunes gens et un petit nombre de guer-
' riers en attendant un plus grand nombre. Nous vous
" croyons de grands chefs ; car c'est le propre des grands
" guerriers d'être modestes, et nous suivrons entière-
" ment votre parole ". En présentant un collier aux
Poutéotamis, ils ont dit : " Mes frères, nous suivrons
" votre parole comme les vrais enfants d'Ononthio ;
" mais ayez soin, en rendant ce qui s'est passé, d'être
" exacts ; car beaucoup, quand ils sont arrivés à leur
" village, soit oubli ou autrement, ne disent pas les
" choses telles qu'elles sont, et un mot changé y fait
" beaucoup ".

M. le marquis de Vaudreuil a fait présenter un
collier pour répondre aux Onéyouts, les remercier de
leurs bonnes dispositions, du rapport des médailles
angloises, les assurant qu'il leur en donneroit dès qu'ils
lui auroient donné des preuves de leur affection, comme
ses vrais enfants, et qu'il auroit soin d'eux. Il leur a
fait présenter un second collier en réponse de celui de
la nation qui n'étoit ni angloise, ni françoise, ni sauvage.
Il leur a dit qu'il la connoissoit, que c'étoit des Palatins
d'une nation au delà du grand lac, dont les frères sont

alliés du grand Roi ; qu'il voyoit bien que la domination de l'Anglois devenoit odieuse ; qu'ils ouvrissent les yeux ; que, si la parole de ce peuple étoit sincère, ses enfants feroient bien de se réunir ; que, si au contraire elle ne l'étoit pas, et que ce fut pour éviter qu'on portât la guerre de ce côté, elle ne l'arrêteroit pas pour aller chercher l'Anglois et continuer les bonnes affaires ; et que si ces peuples vouloient se transplanter chez lui, il les recevroit et leur feroit donner des terres.

L'orateur onéyout a remercié et assuré qu'il porteroit la parole aux Palatins, et que, si l'Anglois vouloit se rétablir à Chouaguen, au bout du compte, ils sauroient se défendre ; que l'Anglois n'étoit pas si diable qu'il n'oseroit les suivre dans les bois, et qu'ils viendroient en avertir leur père.

M. le marquis de Vaudreuil a fait remercier les Cinq-Nations de la façon dont ils avoient terminé les bonnes affaires, leur disant qu'il lui paroissoit qu'ils s'étoient assez entretenus, qu'il n'avoit plus rien à leur dire, qu'il alloit les faire équiper, leur faire faire les présents accoutumés, qu'il étoit obligé d'aller à Québec, et qu'ils feroient bien de profiter des glaces pour s'en retourner chez eux. Il a ensuite fait remercier les domiciliés et les sauvages d'En-Haut de la part qu'ils avoient eue aux bonnes affaires, et leur a témoigné sa satisfaction de les voir réunis aux Cinq-Nations et de les regarder tous comme les enfants d'Ononthio.

L'orateur du Sault-Saint-Louis a parlé au nom des domiciliés et des sauvages d'En-Haut pour témoigner leur satisfaction de voir les affaires terminées si heureusement, et remercier les Cinq-Nations de ce qu'ils veulent bien envoyer aux Agniers un collier en leur nom avec le leur.

Un Iroquois de la Présentation s'est levé et a montré deux grands colliers, disant qu'il les avoit reçus de M. de Chabert *, pour couvrir la mort d'un grand chef des Cinq-Nations ; qu'il les leur remettoit pour les porter au successeur de ce grand chef. L'orateur onéyout s'est levé pour dire que le commandant de Cataracoui avoit dû envoyer à M. le marquis de Vaudreuil un grand collier, qu'ils avoient donné à l'occasion de l'Iroquois du Sault-Saint-Louis tué par les Anglois, et que cependant on ne leur en rendoit point.

M. le marquis de Vaudreuil a promis de le faire chercher et de satisfaire cette demande, ce qui a terminé cette séance.

Il y a eu des Iroquois de la Présentation, toujours présents à cette négociation, ils n'ont jamais parlé séparément, parce que, comme il n'y a pas longtemps qu'ils sont domiciliés, ils se regardent encore comme étant des Cinq-Nations et appellent leur habitation le Bout-des-Cinq-Nations.

Les sauvages appellent Frontenac Cataracoui. Pour les colliers que les Cinq-Nations donnent, chacune d'entre elles fournit à son tour, et comme ils sont très jaloux de faire voir la part qu'ils ont à ces présents, à la fin de chaque discours, en remettant le collier, on a soin de crier le nom du canton ou nation qui l'a fourni.

---

* Chabert de Joncaire. — NOTE DE L'ÉDITEUR.

Du 29 décembre 1756. — Les Cinq-Nations ont encore demandé un conseil pour prendre congé de leur père. Ils ont donné un collier pour se plaindre que le commandant et le garde-magasin de Cataracoui ne les recevoient pas bien ; ils ont demandé qu'on changeât le garde-magasin et qu'on envoyât M. de Noyan pour y commander. Il a été aussi présenté un collier au nom des Tuscarorins, pour assurer qu'ils veulent se purger de tout ce qu'ils peuvent avoir dans le cœur d'anglois ; qu'ils ont à leurs villages quelques médailles ; dès y être arrivés, ils les rapporteront pour les fouler aux pieds ; et que, ne les ayant pas ici, ils présentent le collier pour assurance.

Les Onéyouts ont aussi présenté aux Goyogouins un collier pour couvrir des morts tués chez eux il y a dix ans ; et à chaque collier pendoit une chevelure angloise. Cette démarche a été d'une grande politique, pour adroitement mettre une chevelure angloise dans leur village, où il n'y en àvoit jamais eu, et par là les engager insensiblement.

M. le marquis de Vaudreuil a fait remercier les Tuscarorins et répondu vaguement sur la demande sur ce qui concernoit le commandant et le garde-magasin de Frontenac, qu'il verroit d'y envoyer un officier agréable et des familles qui sont chez eux.

Du 30 décembre 1756. — Il y a eu plusieurs audiences particulières et secrètes des sauvages, dans lesquelles M. le marquis de Vaudreuil a reçu un collier d'une bande de dix-sept Onéyouts qui veulent s'établir à la Présentation. M. le marquis de Vaudreuil les a pressés de partir, ce qu'ils ont renvoyé jusques après le jour de l'an, voulant voir cette cérémonie, parce qu'on leur a dit que ce jour-là tout le monde s'embrassoit et qu'on donnoit à boire.

Du 31 décembre 1756. — M. le marquis de Vaudreuil est parti ce matin avec M. le chevalier de Lévis pour Québec. M. de Langlade, enseigne réformé des troupes de la colonie, est parti ce matin avec un détachement de cinquante hommes Canadiens et sauvages pour se rendre à Carillon, et de là aller en parti vers le fort George et le fort Lydius.

Du 5 janvier 1757. — Les chefs de guerre du village du Sault-Saint-Louis sont venus pour me complimenter ; et je suis parti le 3 pour me rendre à Québec, où je suis arrivé le 16. M. l'intendant y a tenu un très grand état et y a donné deux très beaux bals, où j'ai vu plus de quatre-vingts dames ou demoiselles très aimables et très bien mises. Québec m'a paru une ville d'un fort bon ton ; et je ne crois pas que, dans la France, il y en ait plus d'une douzaine au-dessus de Québec pour la société ; car d'ailleurs il n'y a pas plus de douze mille âmes. Le goût décidé de Monsieur l'intendant pour les jeux de hasard, la complaisance outrée de M. le marquis de Vaudreuil, les ménagements que je n'ai pu me dispenser d'avoir à deux hommes dépositaires de l'autorité du Roi, ont été causes que l'on a joué indécemment les jeux de hasard, et même les plus désavantageux, comme le pharaon. Plusieurs officiers s'en repentiront pendant longtemps, comme M. Marin, lieutenant en second dans le bataillon de la Reine, qui outre beaucoup d'argent

10

comptant, a perdu cinq cents louis. La générosité françoise n'a pas permis que cet officier fût en peine vis-à-
vis ceux de la colonie qui les lui avoient gagnés ; et
M. de Roquemaure, lieutenant-colonel, a eu le bon procédé de faire prêter l'argent et d'en répondre.

Les soldats de nos régiments contractent beaucoup de
mariages, ce qui est utile pour !a colonie ; et un mémoire
que j'ai remis à M. le marquis de Vaudreuil, a arrêté
l'indécence avec laquelle les officiers des troupes de
terre croyoient pouvoir se marier sans la permission de
leurs parents. J'ai remis à M. le marquis de Vaudreuil,
pendant mon séjour à Québec, un grand mémoire sur
ce qu'on pourroit faire avant la campagne et pendant le
cours de la campagne, avec des modèles d'échelles por-
tatives s'emboîtant les unes dans les autres, et des
bateaux portant des canons de 12 pour aller attaquer
les barques angloises sur le lac Saint-Sacrement. M. de
Bougainville a travaillé à ces divers mémoires. M. le
marquis de Vaudreuil, accoutumé à écouter tout le
monde, se déterminera difficilement à adopter toutes ces
idées que je croirois très utiles.

M. le marquis de Vaudreuil a eu des représentations
fondées des Abénaquis de Saint-François et de Bécancour, que les missionnaires jésuites, par des principes de
religion outrés et déplacés, vouloient leur faire abandonner leurs villages pour les transplanter du côté de la
Belle-Rivière, sous prétexte de les éloigner des Blancs
et du commerce de l'eau-de-vie ; et les Jésuites vouloient refuser les sacrements à ceux qui s'opposoient à
cette transmigration. M. le général a désapprouvé la

conduite des Jésuites comme très contraire aux intérêts de la colonie.

M. le marquis de Vaudreuil est parti de Québec le 26 pour retourner à Montréal ; il est tombé malade le 28 au soir aux Trois-Rivières de plénitude et fausse pleurésie. Sur la nouvelle qui en est arrivée le 29 au soir à Québec, M. l'évêque l'a recommandé le 30 au matin aux prières, a fait exposer le saint sacrement et y a fait faire une procession pour le rétablissement de sa santé. Les gens peu instruits ont été fort inquiets et fort embarrassés de ce que deviendroit le gouvernement de la colonie, dans le cas de la perte de M. le marquis de Vaudreuil.

L'on sera très embarrassé la campagne prochaine, si les secours de France ne viennent de bonne heure, par le défaut de vivres. Malgré toute l'activité de Monsieur l'intendant, la matière manquera de bonne heure, et ce sera d'autant plus embarrassant que les ennemis nous préviendront de bonne heure en campagne.

On a appris, par des lettres du 21 janvier, le détail de l'action suivante passée le même jour à trois lieues de Carillon.

Les Anglois, ayant quatre compagnies de volontaires, gens d'élite dans les forts George et Lydius, pour faire des patrouilles et détachements, le capitaine Robert Rogers avoit été à la guerre avec un détachement de soixante-dix hommes de troupes d'élite, six officiers et dix sergents. M. de Lusignan avoit envoyé le 21 au matin M. de Rouilly, officier de la colonie faisant fonction d'officier-major à Carillon, avec un détachement d'un sergent et quinze hommes au fort Saint-Frédéric, pour chercher avec des traînes quelques besoins. Le détachement anglois embusqué près de la Presqu'île déboucha, prit trois traînes qui étoient avancées et fit sept soldats prisonniers. Il ne put point couper le reste du détachement qui se replia sur Carillon, où la nouvelle étant portée promptement, M. de Lusignan qui commande dans le fort, fit partir précipitamment cent hommes des troupes de terre et de la colonie et quelques Canadiens volontaires, entre autres cinq commis avec tous Messieurs les cadets de la colonie, aux ordres de M. de Basserode, capitaine au régiment de Languedoc, et de M. d'Astrel, au même régiment. M. de la Grandville, capitaine en second au régiment de la Reine, demanda à y marcher. M. de Langlade, enseigne des troupes de la colonie, marcha aussi avec un parti d'Outaouais qu'il commandoit. La précipitation avec laquelle ce détachement partit ne lui permit pas de prendre assez de poudre et de vivres. Sur les trois heures de l'après-midi, notre détachement aperçut celui des Anglois. La première décharge des nôtres fit peu d'effet, les armes étant mouillées; on fondit sur l'avant-garde la baïonnette au bout du fusil; l'arrière-garde gagna une hauteur qui dominoit celle où étoient nos gens, d'où il se fit un feu considérable qui dura jusqu'à l'entrée de la nuit. Les ennemis en profitèrent pour se retirer fort en désordre et emmener leurs blessés, et après avoir laissé sur le champ de bataille quarante hommes dont trois officiers. Nous leur avons fait huit prisonniers et repris quatre des sept faits le matin, qui se sauvèrent à nous dès le commencement de l'affaire; les trois autres furent tués

par les Anglois.   Outre cette perte nous avons eu huit
hommes de tués, savoir :

La Reine...	2
Royal-Roussillon............................	1
Languedoc......................................	2
Troupes de la colonie	1
Sauvages	1

Et le sieur Sanguinet, commis au magasin, mort de
ses blessures ; et de blessés :

M. de Basserode,

MM. de Mauran et de Clapier, aîné, cadets à l'aiguil-
lette, et 18 soldats ou sauvages, savoir :

La Reine...	4
Royal-Roussillon............................	1
Languedoc......................................	5
Troupes de la colonie....................	5
Sauvages..	2
Canadiens	1
	—
	18

Les ennemis qui se retirèrent avec précipitation,
abandonnèrent leurs vivres, armes et raquettes.   M. de
Lusignan envoya sur le soir M. Leborgne, officier de la
colonie, avec un renfort de vingt-cinq hommes conduisant des vivres, de la poudre, un chirurgien et un aumônier ; mais ce secours n'arriva qu'après l'action.

Du 1ᵉʳ février 1757. — On a appris par des nouvelles
de M. Des Ligneris, commandant au fort Duquesne
qu'un parti de treize Anglois, y compris quelques sau-

vages de la nation des Chiens, avoient levé trois chevelures aux Chaouénons. M. Des Ligneris ayant fait sortir
M. de Rocheblave avec un petit détachement, on a
repris deux des chevelures et fait six prisonniers aux
Anglois. S'il en faut croire le rapport, l'objet des
Anglois n'est point du côté de la Belle-Rivière. Ils n'ont
que deux cents hommes au fort de Cumberland, et il ne
paroît pas qu'ils fassent des grands approvisionnements
dans cette partie.

Du 3 février 1757. — M. de Lorimier, fils, a été
envoyé aux Onéyouts avec huit sauvages de la Pré-
scutation pour pressentir les dispositions des Palatins,
au cas qu'on voulût porter la guerre de ce côté ; ce qui
peut être utile dans l'occasion.

Du 5 février 1757. — On a volé la caisse du Roi
déposée chez M. Varin ; il sera bien heureux pour le
service de Sa Majesté en Canada qu'elle ne le soit que
de ce qui a été réellement volé.

Du 8. — Le vol fait à la caisse du Roi, le 5, a été
constaté à cinquante-cinq mille livres.

Du 9. — Par une lettre de M. Péan, des Trois-
Rivières, en date du 8, tout est tranquille à Gaspé,
dont on a eu des nouvelles ; et un petit bâtiment allant
à Louisbourg, appartenant à un nommé Pacaud, s'est
perdu corps et biens dans le fleuve auprès du Mont-
Louis. Par une lettre du 5 janvier écrite par M. Bouchot,
de Niagara, les Loups sont toujours en grand nombre à
Niagara ; ils paroissent bien affectionnés et promettent
de venir au printemps au nombre de quatre cents. S'il
en faut croire les nouvelles des sauvages d'En-Haut, les
Anglois voudroient tenter encore du côté de la Belle-

Rivière. M. Pouchot, commandant de Niagara, se donne de grands mouvements pour découvrir leurs projets et savoir s'ils font des approvisionnements. Il alloit envoyer un parti d'Iroquois, Loups et Chaouénous dans la Nouvelle-York, et il devoit aussi en faire partir un second de Tsonnonthouans.

Il lui en étoit revenu un de soixante Tsonnonthouans qui avoient été faire une course dans la Virginie, où ils ont tué vingt hommes et fait trois prisonniers. Les bâtiments pour mettre les effets du Roi à couvert seront en état au printemps, et ce sera le seul fort où l'on ait eu cette sage précaution. Dans tous les autres, ou il n'y a point de magasin, ou ils ne sont pas suffisants, et la mauvaise administration jointe au gaspillage du Canadien et du sauvage, jointe au désir effréné de voler le Roi, fait perdre plus de vivres, dans un pays où ils sont très rares, qu'il ne s'en consomme réellement.

M. Des Ligneris, par sa lettre du 20 décembre, fait le détail de la petite aventure décrite à l'article du 2 février. Les sauvages qui étoient avec les Anglois, sont de la nation des Catabas et point de celle des Chiens. S'il le faut croire, les nations des pays d'En-Haut continuent toujours à nous être affectionnés, pourvu qu'il n'y manque ni vivres, ni munitions de guerre, ni marchandises.

Du 9 au 15 février 1757. — Tout est en mouvement pour un gros détachement que M. le marquis de Vaudreuil a résolu de faire faire aux ordres de MM. de Rigaud, gouverneur des Trois-Rivières, et de Longueuil, lieutenant de Roi de Québec. Ce détachement sera composé de deux cent cinquante hommes de troupes de

terre, autant de celles de la colonie, six cents Canadiens
et beaucoup de sauvages. M. Dumas, capitaine des
troupes de la colonie, en fait le détail ; M. Mercier y
marche comme commandant de l'artillerie, et M. de
Lotbinière comme ingénieur. Ce détachement paroît
avoir été imaginé par un esprit de prévention, de cabale
et de jalousie contre les troupes de terre, dont on n'a pas
jugé à propos d'employer les officiers supérieurs ni l'ingénieur, malgré les représentations réitérées du marquis
de Montcalm. L'objet n'en paroît pas assez déterminé
ni assez sûr pour répondre à la fatigue et à la grande
dépense qui en résultera, et la consommation des
vivres dans les circonstances où l'on est d'en manquer,
peut occasionner la perte de cette colonie si milord
Loudon s'assemble de bonne heure. Ces représentations
ont été faites au marquis de Vaudreuil, qui n'a été
touché que de donner un gros détachement à son frère,
de compter pour le succès sur l'intelligence de M. Dumas,
sur la bonne fortune et les miracles qui jusqu'à présent
ont conservé le Canada malgré les fautes que l'on ne
cesse de faire. Ce détachement coûtera au moins deux
cent mille écus, et suivant beaucoup de personnes sa
dépense sera d'un million, ce qui ne surprendroit pas
par la mauvaise administration et économie et l'attention où l'on est toujours d'enrichir des particuliers aux
dépens du Roi.

Le marquis de Montcalm a offert au marquis de
Vaudreuil d'aller de sa personne jusqu'à Carillon, et
d'envoyer un officier supérieur des troupes de terre en
état et en volonté d'y aller. Ce détachement, par le peu
d'intelligence du gouverneur général, est annoncé avec

tant de publicité, que la grande quantité d'Anglois que
nous avons doit faire craindre que milord Loudon n'en
soit instruit.   M. le gouverneur général y fait marcher
neuf cents hommes des troupes de la colonie, environ
soixante officiers ou cadets, quoiqu'il en eût marché dix-
huit cents au siège de Chouaguen avec dix-huit officiers ;
mais cette opération-ci paroît être confiée uniquement
à Monsieur son frère.   Par un arrangement singulier, il
ne marche qu'un capitaine avec cette foule d'officiers
subalternes.   Le détachement doit s'assembler le 19 et
le 20 à Saint-Jean.   M. Mercier doit en partir avec une
quinzaine de canonniers aujourd'hui 16.   M. de Rigaud
est allé à Saint-François et Bécancour pour chanter la
guerre aux Abénaquis.   M. de Longueuil part aujour-
d'hui pour l'aller chanter au Sault-Saint-Louis et au lac
des Deux-Montagnes.   Il est à souhaiter que ce ne soit
pas la montagne qui accouche d'une souris.

Du 13 février 1757. — Le feu a pris en même temps
à deux endroits de la ville, au séminaire et chez le
garde-magasin, où il s'est brûlé quelques effets du Roi.
Il est surprenant qu'à la confiance et à la liberté que
l'on donne aux prisonniers anglois, Montréal ne soit
pas déjà réduit en cendres.   Leurs propos décèlent leur
mauvaise volonté.   M. le marquis de Vaudreuil est
sourd à toutes les représentations qui lui ont été faites
également par tout le monde sur un article aussi important, et il est bien homme à négliger les avis qui lui ont
été donnés à cette occasion, à son arrivée le 15, par le
marquis de Montcalm et M. d'Aillebout.

Du 15 février 1757. — Le marquis de Vaudreuil est
arrivé assez bien rétabli de sa maladie et aussi en état

de travailler qu'auparavant, c'est-à-dire faire peu de chose. L'on a eu des nouvelles de Carillon du 12 ; il meurt quelques-uns de nos· blessés. On se plaint que les Anglois se servoient de balles mâchées ; c'est un de ces reproches que l'on fait toujours entre nations qui se font la guerre.

Du 16 février 1757 — M. Perthuis, conseiller au conseil souverain de Québec, est arrivé avec une commission de ce tribunal pour informer au sujet du vol fait au trésor du Roi. M. de Monrepos, lieutenant général, a été nommé substitut du procureur-général en cette occasion seulement. Ces formalités auroient dû être remplies dès le premier jour ; ç'auroit été suivre les règles dans un pays où on les méconnoît ; elles n'ajouteront actuellement que deux mille écus de perte de plus pour Sa Majesté.

Du 17 février 1757. — M. le chevalier de Lévis a donné un très beau bal à toutes les dames de la ville de Montréal ; il doit en donner encore un le lundi gras. Il y a eu beaucoup de profusion dans les rafraîchissements et beaucoup d'attention dans les politesses. Les commandants des troupes de terre ont cherché à vivre honorablement dans leurs quartiers, et ont fait plus de dépense que leurs appointements ne leur permettoient ; ils auroient même encore plus fait, si le goût de M. et Mme la marquise de Vaudreuil n'étoit tourné vers la dévotion, et s'il n'avoit fallu ménager le ton d'un pays où il y a un mélange de dévotion italienne qui n'exclut pas la galanterie.

Du 19 février 1757. — M. le marquis de Montcalm a été à La Prairie voir le détachement des troupes de terre

qui fait partie de celui qui est aux ordres de M. de
Rigaud, et il a donné un grand dîner à tous les officiers
et cadets du détachement.

Du 20 février 1757. — M. le marquis de Vaudreuil a
communiqué à M. le marquis de Montcalm ses instructions, pour lesquelles il paroît qu'il a adopté toutes
les réflexions de ce dernier contenues dans sa lettre du
7 et dans son mémoire du 12, à la différence que pour
ménager les hommes et les vivres, le marquis de Montcalm ne vouloit que sept à huit cents hommes au plus,
au lieu qu'il en marche dix-huit cents avec les sacs.
Dieu veuille que cela ne nuise pas aux opérations de la
campagne. L'armée marche sur divisions, partant
de Saint-Jean le 20, 21, 22 et 23.

Du 21 février 1757. — MM. de Rigaud, de Longueuil,
Dumas, de Léry, sont partis ce matin pour se rendre à
Saint-Jean, et en partir après-demain 23 avec la dernière
division.

Seize habitants du Détroit qui étoient détenus depuis
longtemps en prison pour crime de rébellion et déso-
béissance envers M. Dumuys, leur commandant, ont
demandé d'aller à la guerre ; ce qui leur a fait obtenir
leur grâce et une diminution de mille écus sur l'amende
de deux mille écus à laquelle ils avoient été condamnés.

Du 21 au 25 février 1757. — Le détachement est
parti de Saint-Jean sur quatre divisions le 20, 21 et 22.
La quatrième division qui devoit partir le 23, a été
retardée jusqu'au 25, à cause du mauvais temps et du
dégel, le lac Champlain étant dépris dans sa plus grande
partie, ce qui ne peut qu'occasionner beaucoup de
fatigues, une plus grande consommation dans les vivres

joint au gaspillage inséparable du peu d'ordre qui règne parmi les Canadiens et du peu qu'on y met. On a distribué à Saint-Jean les équipements consistant pour chaque homme en :

25 livres.....................	en	1 capote,
9 "		1 couverte,
3		1 bonnet de laine,
8 .. ..-		2 chemises de coton,
5		1 paire de mitasses,
2 " 10 sous..............		1 brayet.

Le soldat a une culotte et un caleçon au lieu d'un brayet.

2 écheveaux de fil,
6 aiguilles,
1 alène,
1 batte-feu,
6 pierres à fusil,
1 couteau bûcheron,
1 peigne,
1 tire-bourre,
1 casse-tête,
2 paires de chaussons,
2 couteaux siamois,
1 paire de mitaines,
1 gilet,
1 demi-couverte à berceau,
Des nippes pour les souliers,
2 paires de souliers peau de chevreuil,
1 peau de chevreuil passée,
2 colliers de portage,

1 traîne à chaque officier,

1 de deux en deux pour les soldats *.

1 paire de raquettes,

1 prélart pour chaque officier,

1 de quatre en quatre soldats. Aux officiers de plus qu'aux soldats une peau d'ours †.

On a donné les vivres pour douze jours en pain, lard et pois sec sur le pied de la ration de campagne, qui consiste en deux livres de pain, une demie de lard et un quart de pois, au lieu que celle de garnison ne consiste qu'en une livre et demie de pain et un quart de lard. On a donné à chaque officier un pot et pinte d'eau-de-vie ainsi que deux livres de chocolat. Les équipements sur le pied de quinze cents hommes coûteront cent mille écus au Roi, et les faux frais en voitures, en exprès, en trains, en carrioles dans un pays où tout se paye, iront à autant, indépendamment de la consommation des vivres par l'augmentation de la ration de garnisou, et parce qu'on vide les magasins, au lieu que les soldats canadiens et sauvages vivoient chez leurs hôtes et faisoient une consommation moins grande.

Malgré tout ce que le marquis de Montcalm put dire, que, pour une pareille expédition, il falloit empêcher les officiers de mener des équipages et une trop grande quantité de vivres, on a regardé ces sages précautions

---

* Nota. — On a ensuite changé cet ordre à Saint-Jean, et on a jugé à propos de donner à chaque soldat une traîne d'éclisse.

† Nota. — On a donné une peau d'ours à chaque soldat contre l'usage ordinaire, ce qui a fait débiter une quantité de mauvaises dont on n'auroit su que faire.

comme des choses inutiles. Il en a résulté que la
plupart des officiers ont beaucoup de peine à acheter des
chevaux et des carrioles avec un luxe asiatique, et qu'il
a fallu les renvoyer à Saint-Jean, ainsi que les traînes,
et qu'à Saint-Jean il y avoit six ou sept cents têtes de
volailles dont on ne savoit plus que faire, objet pour
un pays où les vivres de toutes espèces sont rares.   On
seroit tenté de croire, après les propos avantageux des
Canadiens, que le luxe vient des officiers françois, ce
sont les Canadiens qui renchérissent pour avoir leurs
commodités.

COMPOSITION DU DÉTACHEMENT

M. de Rigaud, gouverneur des Trois-Rivières, et en
cette qualité rang de colonel commandant. M. de Longueuil, lieutenant de Roi de Québec, et en cette qualité
rang de lieutenant-colonel.

M. Dumas, capitaine des troupes de la colonie, faisant
fonction de major.

Deux cent cinquante hommes des troupes de terre
aux ordres de M. de Poulhariez, capitaine de grenadiers
du régiment de Royal-Roussillon.

Seize compagnies formées par dix-sept hommes des
troupes de la colonie, trente-trois miliciens, deux officiers
des troupes, un de milice, un cadet et deux sergents, et
environ trois cents sauvages ; beaucoup de bons bourgeois qui ont marché comme volontaires, dont on a
formé une compagnie. Le commandement en a été
demandé par plusieurs officiers de distinction, mais il a
été donné en vertu d'un ordre particulier de M. le mar-

quis de Vaudreuil au sieur Dufils, négociant, qui n'a jamais servi, mais qui à la vérité se trouve beau-frère de M. de Rigaud et neveu de M. le marquis de Vaudreuil. M. Mercier et M. de Lotbinière ont marché, le premier comme commandant l'artillerie et le second comme ingénieur.

COMPOSITION PARTICULIÈRE DES DEUX CENT CINQUANTE HOMMES DES TROUPES DE TERRE

Compagnie de grenadiers volontaires :

M. de Poulhariez, capitaine,

M. de Saigla, lieutenant du régiment de Béarn, lieutenant,

M. de La Milletière, lieutenant du régiment de Languedoc, faisant fonction de troisième officier,

M. Wolff, officier réformé à la suite des troupes de terre, faisant fonction de quatrième officier.

2 sergents, un de la Sarre et un de Languedoc,
12 grenadiers et un tambour de Royal-Roussillon,
12 grenadiers de la Sarre,
9 de Languedoc,
12 de Béarn.

Piquet de la Sarre

MM. de Beauchatel, capitaine, et de Savournin, lieutenant.

Piquet de Royal-Roussillon

MM. Du Coin, capitaine, Castagnier, lieutenant.

Piquet de Languedoc

MM. Duchat, capitaine, Calan, lieutenant.

Piquet de Béarn

MM. de Bernard, capitaine, de Solvignac, lieutenant.

M. de Raymond, lieutenant au régiment de Béarn, chargé de faire les fonctions d'officier-major de ce détachement.

Henry, chirurgien-major du régiment de Royal-Roussillon.

M. de Malartic, aide-major du régiment de Béarn, n'a pu aller à ce détachement, M. de Vaudreuil ayant désiré qu'il n'y eût aucun aide-major des troupes de terre pour ne pas ôter le détail à M. Dumas ; mais il a été jusqu'à Saint-Jean pour faire faire la distribution des équipements et des vivres. Presque tous les jeunes gens qui sont à la suite de nos bataillons comme volontaires y ont marché.

ORDRE DE MARCHE

Les quatre divisions parties le 20, 21, 22 et 25 :

{ Première division aux ordres de M. de Saint-Martin.
{ 6 compagnies des troupes de la colonie.

{ Deuxième division aux ordres de M. Duchat, capitaine
{   au régiment de Languedoc.
{ 3 compagnies des troupes de la colonie.

{ Troisième division aux ordres de M. Du Coin, capi-
{   taine au régiment de Royal-Roussillon.
{ Les piquets de Royal-Roussillon et de Béarn ; 3 com-
{   pagnies des troupes de la colonie.

Quatrième division, marchant avec M. de Rigaud,
M. de Longueuil et M. Dumas, la compagnie des
grenadiers volontaires.

4 compagnies des troupes de la colonie et la com_
pagnie des volontaires de la colonie.

Le dégel ayant arrêté à Saint-Jean, on a envoyé faire
des représentations au marquis de Vaudreuil, pour
diminuer au moins son détachement d'autant que la
moitié suffiroit pour les objets qu'il a en vue, mais il a
ordonné de continuer route, et il a envoyé des charpentiers et calfats pour ôter les bateaux des glaces et tâcher
de les mettre à flot pour s'en servir dans la partie
inférieure du lac qui est entièrement déprise.

Cette spéculation rencontrera de grandes difficultés à
être mise en pratique, et il en résultera qu'une marche
de Saint-Jean à Saint-Frédéric que presque tous les
officiers de la colonie soutenoient devoir être bien faite
en six ou huit jours, ne sera faite qu'en douze ou quinze ;
et l'on aura eu à lutter contre de grandes fatigues et
contre la faim. Les officiers qui seront les plus heureux
seront ceux qui auront le moins cherché leurs commodités et qui, pour n'avoir pas la peine de traîner eux-
mêmes, n'ont pris que des gros chiens au lieu de
chevaux, qui sont accoutumés à traîner jusqu'à cent
cinquante ou deux cents. Le Roi en passe ordinairement
un à chaque officier et le lui paye trente livres ; et
lorsqu'il doit y avoir des partis d'hiver, ces sortes de
chiens deviennent hors de prix, comme les chevaux chez
les maquignons.   Il s'en est vendu jusqu'à soixante et
quatre-vingts livres pièce ; et, comme dans cette occa-

11

sion on agit à l'envie des uns des autres, il y a tel
officier qui a acheté jusqu'à six chiens.

La commission du conseil souverain chargé d'informer
contre les auteurs du vol fait au trésor du Roi, a tenu
ses séances sans rien découvrir. M. Varin, commissaire-
ordonnateur, a cru découvrir quelque chose par le moyen
d'une prétendue sorcière. Cela a abouti à la faire décréter
de prise de corps et à la faire traduire en prison, crainte
qu'elle ne fût complice.

Du 25 février 1757. — Il a fait un vent de nord-est
toute la nuit, qui doit avoir consolidé les glaces et qui
diminue nos craintes pour le détachement.

Hier 24, la première division, par l'incertitude et le
peu d'ordre, n'étoit encore qu'à six lieues, la deuxième
à trois et la troisième à une et demie de Saint-Jean.

Du 26 février 1757. — L'on a eu des nouvelles de
M. de Boishébert, commandant à la rivière Saint-Jean ;
elles sont en date du 15 janvier. Comme il marchoit
pour surprendre le fort de Gaspareau, que les Anglois
avoient pris sur nous en 1755, les Anglois l'ont évacué
et brûlé le 12 octobre. Peu auparavant, M. de Boishébert leur avoit pris ou tué seize hommes de leur
garnison. M. de Boishébert s'est retiré pour passer son
quartier d'hiver avec ses Acadiens à Miramichi et ses
environs. Les Acadiens sont au nombre de quinze
cents, non compris les femmes et les enfants. M. de
Boishébert a des ordres pour s'y maintenir et pour
passer sur la première réquisition de M. de Drucour,
gouverneur de l'Ile-Royale, à l'Ile-Royale ou à l'île
Saint-Jean s'ils étoient attaqués au petit printemps.
M. de Boishébert paroît très à l'étroit pour la nourriture

des Acadiens ; il espère cependant pouvoir se maintenir jusqu'au 15 mai, en ne leur donnant que dix
livres de bœuf et dix livres de pain par mois.   Comme
il n'entre dans aucun détail sur le pain, il faut supposer
qu'il a une assez grande quantité de farine.   Cependant
dans une de ses lettres il parle de trois à quatre cents
quarts de farine.   Il ajoute que la pêche de la vache
marine l'aide un peu.   On ne mange pas pour l'ordinaire de ces animaux, on se contente d'en tirer l'huile ;
mais la nécessité n'a point de loi.   Il tue de temps en
temps des chevaux maigres, et il ménage beaucoup
quatre cents quintaux de morue qu'il s'est procurés. Ce
défaut de nourriture occasionne des maladies parmi les
Acadiens, et les mères voient souvent périr leurs
enfants sans pouvoir leur donner du secours.

Suivant les nouvelles de Québec du 22, le munitionnaire général a de la peine à trouver du grain chez
l'habitant ; il est même de la mauvaise qualité.   Le
pain qu'on donne au soldat est mauvais, quoique mêlé
avec moitié de la farine de France.   Cela occasionne
des maladies, et le régiment de Guyenne a trente-trois
hommes à l'hôpital.

Du 27 février 1757. — On a publié ce matin un
mandement de l'évêque pour ordonner des prières
publiques, dans lequel il n'a rien oublié, hors de dire
quelque chose qui eût rapport aux troupes de terre ; et
cela n'est pas surprenant, car le dit prélat, saint homme
d'ailleurs et de bonnes mœurs, a tous les préjugés d'un
Canadien, quoique né en France.   Il ordonne de prier
pour le rétablissement de la santé de notre gouverneur
général, pour le succès du parti (car c'est ainsi qu'on

nomme en Canada tout gros détachement), pour la réussite de nos projets pendant la campagne, pour faire échouer ceux de milord London, pour l'heureuse arrivée des vaisseaux et secours de France, pour le succès des semences et pour l'abondante récolte.

Du 1ᵉʳ mars 1757. — Les derniers sauvages qui doivent être du détachement aux ordres de M. de Rigaud, ne sont. partis de Saint-Jean que le 28 au matin, et, suivant l'état envoyé à M. le marquis de Vaudreuil, ces divers sauvages sont au nombre de trois cent quarante-trois, et avec sept interprètes font trois cent cinquante. Ainsi ce détachement a insensiblement beaucoup grossi, comme si la consommation des vivres ne nous arrêtoit pas ou s'il y avoit une grande expédition sûre et déterminée à faire.

Du 3 mars 1757. — Il est arrivé une députation d'Iroquois du lac des Deux-Montagnes et du Sault-Saint-Louis pour avétir M. le marquis de Vaudreuil qu'ils suspectoient la fidélité de l'Onéyout qui, l'hiver dernier, nous a fait prendre le fort de Bull. M. le marquis de Vaudreuil n'a pas fait cas de cet avis, et les a rassurés sur ce que l'Onéyout lui avoit fait à lui-même confidence des conversations qu'il avoit eues avec le colonel Johnson, et il a regardé cette démarche comme suggérée par quelques-uns des Cinq-Nations, envieux de la faveur que M. le gouverneur général avoit accordée à l'Onéyout.

L'on a adjugé à l'entreprise les hôpitaux ambulants de l'armée; l'on espère qu'ils seront mieux fournis que la campagne dernière; cela ne sera pas difficile, car les malades n'ont quasi jamais eu que du bouillon fait avec

du lard et des pois, et aucune espèce de rafraîchissements.

Du 4 mars 1757. — Le grand chef des Onéyouts est
venu conférer avec M. le marquis de Vaudreuil ; il
paroît bien intentionné ; il a dit qu'il retourneroit au
printemps à son village, au lieu de rester parmi nous
et qu'il croyoit y être plus utile par le crédit qu'il avoit
dans sa nation qu'il contiendroit.

Le marquis de Vaudreuil paroît toujours occupé
d'avoir un corps de cinq à six mille hommes de bonne
heure au camp de Carillon ; mais les subsistances l'em-
barrassent, il se flatte cependant d'avoir assez de farine
pour attendre celles de France. L'intendant a acheté de
quatre particuliers cinq cents quarts de fleur de farine
de Nérac ; il se propose d'en faire du pain pour l'officier.
Le marquis de Montcalm propose au contraire de l'employer pour faire passer huit cents quarts de mauvaise
farine, en mélangeant un tiers dans le pain du soldat et
moitié dans celui de l'officier. C'est par cette attention
que, la campagne dernière, il a fait consommer les mauvaises farines du Roi en procurant du pain très bon,
également au soldat et à l'officier, au lieu qu'avant son
arrivée, on vouloit consommer les mauvaises farines
sans mélange, et le pain étoit même rebuté par les
sauvages, ce qui occasionne beaucoup de maladies.

Le marquis de Vaudreuil paroît embarrassé pour les
lards ; le marquis de Montcalm lui a proposé que s'il
croyoit n'en avoir pas assez, jusques à la fin de juin,
temps où on attend ceux de France, il falloit réduire le
soldat dans le commencement de la campagne à un
quart de lard au lieu d'une demi-livre et, pour lui faire

goûter cette réduction, lui mettre la ration de quatre
onces pois à six onces, et leur faire tous les dix jours le
décompte en argent du quart qu'on leur retranche.

Il a été convenu aussi, pour ménager les vivres, et
cela s'est pratiqué au dernier détachement, que doréna-
vant tous les Canadiens qui partiroient des gouvernements de Québec, Trois-Rivières et Montréal pour aller à
la guerre, porteroient leurs vivres avec eux jusqu'à leur
départ de Saint-Jean, et qu'alors les commis du munitionnaire les leur payeroit argent comptant. Cette proposition avoit été rejetée l'année dernière, quoique utile
parce que les vivres étoient en régie ; elle a été bien
vite acceptée, parce que les vivres ont été donnés à
une compagnie très protégée, qui, vraisemblablement
sous des noms différents, fait le commerce exclusif du
Canada.

L'entreprise des hôpitaux ambulants a été donnée au
munitionnaire général, le sieur Cadet ; on y a intéressé
le sieur Arnoux, chirurgien-major des troupes de terre,
et on lui a donné en seul la fourniture des remèdes ;
heureusement, c'est un honnête homme, qui a bonne
réputation, car sans cela cette forme paroîtroit contraire
au bon principe.

On diroit que l'on veut mettre quelque ordre dans
les magasins du Roi ; on en change tous les commis ; le
sieur La Morlière, écrivain principal, est chargé de leur
faire rendre compte, et n'en viendra pas à bout. La Force,
garde-magasin de Carillon, a été destitué et a rendu ses
comptes, en disant qu'il avoit accepté la place de garde-
magasin à condition de ne tenir aucun compte.

Le marquis de Montcalm a proposé à M. de Vaudreuil de faire revêtir les fortifications de Niagara, qui ne sont qu'en terre de mauvaise qualité et sujettes à se détremper et s'ébouler, et prendre dès à présent des mesures pour le charroi des matériaux, la pierre se trouvant fort à portée de Niagara.

Le marquis de Montcalm lui a aussi proposé que, s'il arrive des vivres de France et beaucoup de sauvages des pays d'En-Haut, d'envoyer trois cents hommes avec une partie de ces sauvages faire une diversion par le côté de Chouaguen, qui obligera l'ennemi de diviser ses forces ou nous permettra de ravager cette partie de la Nouvelle-York. Et les Cinq-Nations, dans le village desquels nous passerions, ainsi que nous nous le sommes réservé lors de la dernière négociation, pourroient bien nous suivre, partie par affection et partie par crainte. Cette diversion ne peut avoir lieu qu'en juin ou juillet. Il est d'ailleurs à craindre qu'il ne vienne pas assez de sauvages des pays d'En-Haut pour les occuper vers la rivière de Chouaguen et le lac Saint-Sacrement, M. le marquis de Vaudreuil les ayant seulement exhortés à venir et n'ayant envoyé aucun officier chez eux pour les inviter et les conduire, à cause des dépenses immenses que cela a occasionnées la campagne dernière, en présents, colliers, festins et tout ce qui se vole à cette occasion, car les sauvages coûtent immensément au Roi, et encore plus par le prétexte qu'ils fournissent pour le voler, ce sont les mines du Pérou, et en général, commis, écrivains, entrepreneurs, interprètes, et même les officiers, entendent d'autant mieux à en tirer parti que cela est regardé en Canada du même œil que les larcins l'étoient à Lacédémone, lorsqu'on le faisoit avec adresse ; cependant cette dépense eût été peut-être plus utile que la plus grande partie de celles qu'a occasionnées le dernier détachement.

Du 5 mars 1757. — On a reçu des nouvelles du Détroit. Les Têtes-Plates et les Acapas demandent la paix aux nations nos alliés, et offrent de frapper sur l'Anglois.

Les Cheroquis ont fait écrire par le sieur Decoigne, canadien prisonnier et adopté chez eux depuis dix ans, qu'ils viendroient au printemps au Détroit recevoir les paroles d'Ononthio et aller partout où il voudroit. On compte être en état de fournir au Détroit cinq cents quintaux de farine pour la Belle-Rivière, quelque peu de maïs et du lard. Lorsque les habitants du Détroit seront assurés qu'on leur achètera leurs denrées, au lieu d'en faire monter de Québec, ils cultiveront davantage et élèveront un plus grand nombre d'animaux.

On a eu en même temps des nouvelles de Niagara du 7 février ; il s'y est tenu un grand conseil des Goyogonins, Loups et Chaouénons ; on y a rendu compte de ce qui s'étoit passé au conseil tenu chez le colonel Johnson, et renouvelé les assurances de l'attachement pour les François. Les Loups ont menacé les Cinq-Nations de les frapper et de prendre leur revanche, s'ils ne se déclaroient, du temps (sic) où les Cinq-Nations leur avoient imposé de porter le machicoté, punition ignominieuse pour les vaincus, comme de passer sous le joug l'étoit pour les Romains.

Les sauvages ont assuré dans ce conseil qu'ils avoient été témoins d'une émeute entre les montagnards écos-

sois et les habitants de la Nouvelle-Angleterre, qu'il y
avoit eu beaucoup de coups de sabre de donnés et
quelques centaines d'hommes de tués.   Cette nouvelle
doit avoir quelque fondement ; mais elle se réduira
sans doute à peu de chose.   Les Loups promettent
toujours de venir au printemps au nombre de trois ou
quatre cents.   Les Anglois leur ont envoyé un officier
de la Virginie pour les engager à prendre parti contre
nous ; ces propositions ont été rejetées.   Les sauvages
disent que s'il en faut croire l'Anglois, il fera ses efforts
vers la Belle-Rivière, et aura une escadre au bas du
fleuve Saint-Laurent pour intercepter les secours qui
viendroient de France.

M. Pouchot, commandant de Niagara, paroît y avoir
gagné l'affection des sauvages ; il ne faut pas croire que
la science de les mener soit affectée d'une façon exclu-
sive aux Canadiens.   Les sauvages, étant très contents
de M. Pouchot, l'ont baptisé Sategayogen, c'est-à-dire
le milieu des bonnes affaires.

La mauvaise saison ne permettant pas aux soldats
qui sont à Niagara de travailler aux fortifications,
M. Pouchot leur a permis de jouer la comédie.   On a
même composé une petite pièce intitulée : *Le Vieillard
dupé*.   Les officiers y font très bonne chère, le pays
étant très abondant en chevreuils, ours et dindes
sauvages, qui sont fort au-dessus des dindes ordinaires.

Du 8 mars 1757. — On a eu des nouvelles du fort
Duquesne, et l'on écrit que les Acapas ou Catabas, car
on se sert indistinctement de ce nom, ont tué un Canadien et fait prisonnier un autre, qui s'étoient écartés à
une lieue du fort. Ces Catabas sont des sauvages d'au-

près de la Caroline. Cette nouvelle paroîtroit contradictoire avec celle qu'ils ont envoyé des députés au Détroit,
si on ne savoit que cette nation est divisée d'opinion
sur le parti qu'elle doit prendre pour les Anglois ou
pour les François, et qu'il y en a parmi eux qui ne
sauroient se dispenser d'adhérer aux Anglois, étant pour
ainsi dire domiciliés avec eux.

On a eu des nouvelles de Niagara du 14. MM. de
Chabert et de Joncaire * étoient partis la veille pour
aller en ambassade chez les Cinq-Nations, où les dispositions paroissent toujours très bonnes en notre faveur.
Il s'est tenu un conseil entre les Tsonnonthouans et les
Iroquois de la Belle-Rivière, où les Iroquois ont reproché
aux Tsonnonthouans que la terre étoit couverte de leurs
morts qui crioient vengeance contre l'Anglois. Sur cela
un chef s'est levé, a chanté la guerre et a été suivi de
soixante.   On a chanté, bu, dansé et battu la caisse
toute la nuit ; moyennant quoi, il y a eu le lendemain
vingt sauvages qui ont demandé à se joindre, et l'on
comptoit que le parti iroit jusqu'à cent vingt et passeroit par le pays des Loups, du côté de Théoga, pour
aller frapper sur l'Anglois.

Les Loups ont dit dans un conseil, avec autant
d'emphase que de mensonge, qu'ils étoient cinq mille, et
que, vînt-il vingt mille Anglois de l'Europe, ils les
déferoient dans le bois.

Du 12 mars 1757. — Suivant les nouvelles que l'on
vient de recevoir de Saint-Frédéric en date du 7, M. de

---

* C'étaient les deux frères, Philippe de Joncaire et Daniel,
sieur de Chabert. — NOTE DE L'ÉDITEUR.

Rigaud avec sa dernière division partit de Saint-Jean le 25 et fut coucher à deux lieues de Saint-Jean. L'ordre de marche étoit : une compagnie de Canadiens commandée par M. de Godefroy à la tête, M. Dufils, négociant de Montréal, commandant les volontaires, la compagnie de grenadiers, le reste des Canadiens et les sauvages avec M. de Longueuil.

Le 26, une journée de six lieues, marchant sur deux divisions, une par le bois et une sur les bordages.

Le 27, séjour à cause de la neige.

Le 28, le temps fut beau ; on en profita pour faire sept lieues.

Le 1ᵉʳ, huit à neuf lieues.

Le 2, séjour à cause du vent et la crainte de la poudrerie.

Le 3, marche pénible, y ayant beaucoup d'eau sur la glace ; elle fut cependant de sept lieues.

Le 4, marche aussi pénible à cause du dégel ; on ne fit que cinq lieues.

Le 5, une et demie pour arriver de bonne heure à Saint-Frédéric, et l'on fut camper à demi-lieue du fort, à la côte du Nord.

Le 6 et le 7, séjour. On commanda aux Canadiens de faire des souliers de peaux de chevreuil, tant pour eux que pour les soldats, de raccommoder les traînes d'éclisse et de préparer des traîneaux pour dans le cas où il y auroit de l'eau sur les glaces. On a été obligé de donner des suppléments de vivres, beaucoup ayant été gâtés à cause de la pluie. On n'a commencé à marcher avec précaution et à monter la garde que le 3 ; et à

Saint-Frédéric, on a ordonné que l'officier campât exactement avec sa troupe.

M. de Rigaud a trouvé à Saint-Frédéric M. Mercier, qui l'a assuré que tout étoit prêt à Carillon en échelles, matières combustibles et vivres pour pouvoir en partir avec des vivres pour quinze jours.

Le détachement a dû partir de Saint-Frédéric, la moitié le 8 avec M. de Rigaud, l'autre moitié le 9 avec M. de Poulhariez, les sauvages quelques heures après avec M. de Longueuil *.

Du 15 mars 1757. — M. de Lapause, major du régiment de Guyenne, a réglé avec le munitionnaire général

---

* NOTA. — Il a été toujours omis dans ce journal deux petits faits qui méritent attention et qui serviront à prouver de plus en plus et la mauvaise administration et le peu de foi que l'on doit ajouter à ce que disent les personnes chargées de quelques détails et combien ce pays-ci est gouverné par la Providence. Premièrement, dans le temps que l'on assuroit M. le marquis de Vaudreuil qu'il ne manquoit aucune subsistance à la Presqu'île, M. de Benoist qui y commandoit, homme très véridique s'il y en a en Canada, m'a assuré que sans les vivres de Chouaguen qu'on y avoit fait refluer, il alloit être forcé à évacuer le fort par défaut de subsistances.

Le second fait est que M. Mercier, commandant de l'artillerie, chargé d'inventorier les poudres et munitions trouvées à Chouaguen, n'a chargé son inventaire que de vingt-trois milliers de poudre, et M. Jacot, officier d'artillerie, fort honnête homme, fort exact, *rara avis in terris et præsertim in America septentrionali*, a par des visites exactes sur les barques, rapporté aux magasins dix milliers de poudre de plus et quinze milliers de balles.

En calculant les lieues des journées, on trouvera que l'on en a moins fait que l'on en compte ordinairement de Saint-Jean au fort Saint-Frédéric ; cela vient premièrement de ce que les Canadiens varient toujours sur les lieues et les distances, et de ce que l'on a eu la facilité d'aller sur la glace de pointe en pointe sans se détourner.

que l'on feroit le décompte des rations que l'on ne prendroit pas, soit dans les forts, soit en campagne, sur le pied de onze sols pour celle du soldat et quatorze pour celle de l'officier. La ration est composée de deux livres pain, une demie lard ou un quart bœuf et quatre onces pois. Le décompte de la campagne dernière s'est fait sur le pied de douze sols la livre de lard pour l'officier et dix sols pour le soldat, de deux sols six deniers la livre de pain pour l'officier et deux sols pour le soldat, six livres le quintal de pois.

Du 18 mars 1757. — M. Desandrouins, ingénieur, est parti ce matin pour Saint-Jean, afin de voir les moyens de réparer ce fort dont les palissades tombent en partie de vétusté, aussi bien que la galerie, et celui de le mettre à l'abri d'un coup de main, en y faisant un fossé et un pont-levis, une augmentation dans les magasins, des logements pour cent cinquante hommes.

On a demandé aux quatre bataillons des troupes de terre l'état des charpentiers pour les envoyer la semaine prochaine travailler à préparer les bois, en attendant qu'on puisse, au petit printemps, remuer les terres.

M. le marquis de Vaudreuil paroissant craindre, par les avis des sauvages, quelque invasion du côté des Cèdres, il lui a été proposé de faire rétablir les palissades d'une espèce de fort qui s'y trouve, et d'y établir un enseigne de la colonie avec vingt ou trente hommes et des signaux en boîte, pour se répondre avec l'île Perrot et autres paroisses voisines, dont les milices marcheroient promptement, s'il paroissoit quelque détachement.

Les bontés et la facilité de M. le marquis de Vaudreuil ayant engagé Messieurs les officiers à jouer indé-

cemment chez lui les jeux de hasard, malgré les défenses
que M. le marquis de Montcalm en avoit fait faire, ce
dernier n'a pu se dispenser d'envoyer aux arrêts M. de
Vaudrey, chevalier de Saint-Louis et troisième capitaine
du régiment de Languedoc.

M. Levasseur est revenu de Saint-Jean ; ce constructeur du Roi y avoit été par une goélette et vingt-quatre
bateaux que l'on y a fait construire pour le transport
des vivres et effets.

Du 19. — Suivant les nouvelles de Carillon, le détachement aux ordres de M. de Rigaud y a séjourné
depuis le 9 jusqu'au 15. Ce retard a été occasionné
parce que les vivres n'étoient pas prêts et le mauvais
temps. Il s'est mis en mouvement le 15 par le côté
du sud du lac Saint-Sacrement. On a donné les vivres
pour dix jours et distribué des échelles de cinq pieds
huit pouces, dont les trois s'emboîtant l'une dans l'autre
ne font que treize pieds et demi. On en a distribué
une de quatre en quatre aux soldats. Ces échelles sont
assez conformes au modèle qui avoit été donné à M. le
marquis de Vaudreuil. Elles sont un peu pesantes,
ayant été faites avec du bois vert. Ces sortes de préparatifs exigeroient toujours d'être faits à l'avance, et il
devroit y en avoir toujours dans les arsenaux, ce qui
s'oublie aussi fort en Europe qu'en Amérique.

Une grande partie des Canadiens étant mal armés, il
a fallu s'occuper de faire réparer leurs armes pendant
le séjour du détachement à Carillon, et cela sera toujours
de même lorsque les officiers de milice n'en seront pas
responsables et punis, quand ils les conduiront mal
armés.

Du 26 mars 1757. — M. le marquis de Vaudreuil ayant envoyé l'Onéyout, dont l'attachement pour nos intérêts est connu, avec M. de Lorimier, fils, et quelques sauvages de la Présentation, pour sonder les dispositions des Cinq-Nations et du village des Palatins, ils ont été de retour le 24, et ont eu une audience particulière et secrète le 25. Il en résulte que les Palatins désavouent ce que les Onéyouts ont dit dans le grand conseil, soit qu'ils craignent les Anglois ou qu'ils ignorent la négociation secrète, depuis que les Anglois ont pris un des principaux d'entre eux appelé l'Ours, et ont établi dans sa maison deux cents hommes de garnison en la fortifiant. Ils ont aussi rendu compte d'une espèce de conseil qui s'est tenu à Orange, où le colonel Johnson les a sollicités et leur a présenté la hache. Il en résulte que tout s'y est passé en propos sans rien conclure, et qu'ils se sont retirés en disant qu'ils vouloient délibérer avec leurs anciens qui étoient allés tenir un grand conseil à Montréal. Il paroît que les Goyogouins sont ceux qui ont marqué le plus d'attachement dans ce conseil aux intérêts de leur père Ononthio et ont parlé avec plus de hauteur à leur frère Corlar. Nom sous lequel les sauvages désignaient les Anglais.—NOTE DE L'ÉDITEUR.

On a fait partir ce matin vingt charpentiers et un sergent du régiment de Béarn, pour préparer les bois nécessaires pour réparer les fortifications de Saint-Jean et en augmenter les magasins.

Du 29 mars 1757. — M. Mercier a apporté la nouvelle et le détail de l'expédition de M. de Rigaud de Vaudreuil, gouverneur des Trois-Rivières.

Le détachement de seize cents hommes, aux ordres de M. de Rigaud, partit le 15 et fut camper à la droite du lac Saint-Sacrement, vis-à-vis l'ancien camp de M. de Contrecœur.

Le 16, on fit partir au point du jour une découverte de soixante-quinze sauvages et vingt-cinq François commandés par MM. Hertel, de Louisbourg et Saint-Simon. Le détachement marcha par le milieu du lac sur cinq colonnes, celles de la droite et de la gauche, composées de sauvages commandés par MM. de Longueuil, père et fils, les trois du centre, celle des troupes de terre commandée par M. de Poulhariez, capitaine des grenadiers au régiment de Royal-Roussillon, et les deux autres de la colonie, commandées par MM. Saint-Martin et de Saint-Ours, lieutenants de leurs troupes. Les volontaires faisoient l'avant-garde, et on campa au Pain-de-Sucre.

Le 17, on marcha dans le même ordre et l'on vint camper sur la glace à portée de la baie de Ganaouské, où l'on fut obligé de coucher sur la glace sans feu.

Le 18, on se rendit à la baie ; après avoir fait le portage des traînes, on y resta toute la journée et on envoya le matin MM. de Poulhariez, Dumas, Mercier, Savournin et Raymond avec un détachement pour reconnoître le fort qui étoit à une lieue et demie du camp, sous l'escorte de cinquante sauvages et cinquante Canadiens, commandés par MM. de Langy, l'aîné, Longueuil, fils, et Pontleroy. Sur le soir, on donna l'ordre pour attaquer par escalade le fort sur trois colonnes, dont les François devoient avoir la droite, et on se mit en marche pour se rendre à la baie de Niacktaron qui n'est qu'à une lieue du fort, et où devoit être le dépôt des traînes et des vivres. On en partit sur les onze heures du soir en ordre de marche. MM. Dumas, Mercier et Savournin qui avoient été envoyés une seconde fois pour reconnoître le fort, ayant rapporté qu'il n'étoit pas possible de l'attaquer, on se détermina à se contenter de brûler tout ce qui étoit dans l'extérieur, et on y travailla vainement la nuit du 18 au 19, le bois dont on se servoit étant mouillé, et les artifices de la composition du sieur Mercier ne valant rien.

Le 19, les sauvages commencèrent eux-mêmes à mettre le feu à quelques bateaux. Il y ent des sauvages de blessés et un soldat de la colonie écrasé d'une bombe. Les Anglois firent sortir quelques-uns des leurs pour éteindre le feu des bateaux; ils rentrèrent avec perte d'une douzaine d'hommes. Le même jour, on commanda les piquets de Royal-Roussillon et de Languedoc, pour aller observer les mouvements de l'ennemi sur le chemin de Lydius. Un soldat de la colonie qui se trouva mêlé parmi eux, eut le pied emporté d'un coup de canon. Sur le soir, on commanda les piquets de la Sarre et de Béarn avec deux cents hommes de la colonie pour soutenir ceux qui étoient commandés pour brûler les barques, bateaux et maisons, ce qui s'exécuta avec assez de succès.

Le 20, on fit traverser le lac, à la vue des Anglois, à tout le détachement, avec des échelles, et on envoya M. Mercier au commandant du fort le sommer de se rendre pour éviter l'escalade. Ce commandant, après avoir assemblé les officiers de sa garnison, répondit qu'il vouloit se défendre. Les troupes revinrent à leur pre-

mière position. On envoya encore les piquets de Royal-
Roussillon et Languedoc sur le chemin de Lydius, et
on commanda, à l'entrée de la nuit, des grenadiers des
piquets de la Sarre et Béarn pour soutenir ceux qui
étoient commandés pour continuer à incendier. On
brûla des hangars et le petit fortin. Les Anglois avoient
profité de notre négligence pendant notre sommation
pour découvrir les hangars, afin que le feu ne se commu-
niquât point au fort.

Le 21, le mauvais temps a fait rester dans l'inaction ;
on envoya seulement quelques sauvages à la découverte.

Le 22, l'ordre fut donné pour le départ, mais le
mauvais temps arrêta ; il restoit encore à brûler une
barque percée pour seize canons qui étoit sur le chantier,
à quinze pas sous le feu du fort. M. Wolff, officier
réformé du régiment de Bentheim à la suite des troupes
de terre, demanda la permission de l'aller brûler à l'entrée
de la nuit avec vingt volontaires des troupes de terre.
Il y fut depuis l'entrée de la nuit jusqu'à onze heures
du soir qu'il réussit à son opération ; malgré le feu con-
tinnel de l'ennemi, il n'y a eu que deux soldats de
Languedoc de tués et trois de blessés du Royal-Roussillon, Languedoc et Béarn. Telle a été la fin de cette
expédition. On a brûlé aux ennemis trois cents bateaux,
quatre barques, deux hangars ; on en a laissé subsister
un troisième, où l'on crut que l'on seroit trop exposé en
le brûlant. On a brûlé le fortin où l'on tenoit leur compagnie de volontaires, les baraques, le moulin à scie,
un grand amas de planches, de bois de construction et
de chauffage. Il faut espérer que cette perte retardera
les opérations de l'ennemi qui étoit en état et volonté

de nous primer dans cette partie. Le succès que l'on a
eu dans cette expédition, est une preuve que le marquis
de Montcalm étoit fondé à ne vouloir qu'un détachement
de six à huit cents hommes au plus ; ils eussent rempli
les mêmes objets avec plus de gloire, occasionné moins
de dépenses et moins de consommation dans les vivres,
et l'on pourroit être en état d'opérer à la première navigation. Il semble qu'à vouloir faire la sommation au
commandant, elle ne devoit avoir lieu qu'après avoir
brûlé tous les dehors, y mettre un ton plus ferme, ne
pas parler d'escalade, et parler de réduire le fort en
cendre et passer la garnison au fil de l'épée. Les
Anglois ne manqueront pas de vouloir faire regarder
dans les papiers publics cette sommation, faite avec un
aussi gros détachement et suivie de deux jours de
séjour devant leur fort, comme la levée d'un siège ; il
est même à craindre, telle importante que soit l'opération, qu'on ne la croie en Europe au-dessous de la
dépense et de ce que pouvoit remplir un détachement
de seize cents hommes, détachement qui pour l'Amérique devoit être regardé comme une véritable armée.

Le 23, le détachement partit d'auprès le fort George
et fut camper au Pain-de-Sucre.

Le 24, à Carillon.

Le 26, le détachement partit de Carillon après y
avoir laissé les quatre piquets de Languedoc, Béarn, la
Sarre et Royal-Roussillon. On a envoyé M. le chevalier de Langy à la guerre pour avoir des nouvelles de
l'ennemi et faire quelques prisonniers. Le détachement
est venu camper, le même jour 26, à Saint-Frédéric ;
il a dû y séjourner le 27 et le 28, y laisser pour

renforcer la garnison les piquets des compagnies détachées de la marine, et en repartir avec la compagnie de
grenadiers. Tous les Canadiens, qu'il faut renvoyer
pour préparer à la fonte des neiges leurs guérets et faire
leurs semences, les sauvages que l'on a déliés, s'en
viennent successivement. Le terme de délier veut dire
renvoyer, et est pris de ce qu'on invite les sauvages à
une expédition en leur présentant un collier, et lorsqu'ils l'acceptent, c'est un gage qu'ils se lient pour
suivre le général, au nom duquel il est présenté et pour
l'expédition qui leur est annoncée.

Comme le lac Champlain a commencé à déprendre
vers la Pointe-au-Fer, on a commandé trente bateaux
pour aller au-devant de notre détachement.

Les Anglois ont assuré que des soixante-dix-sept
hommes qu'ils avoient en détachements, défaits par
M. de Basserode, capitaine au régiment de Languedoc,
il ne s'en est sauvé que trois ; ceux qui n'étoient
point restés sur le champ de bataille étant morts de
leurs blessures.

Du 9 avril 1757. — On a eu hier des nouvelles de la
Louisiane, de la fin de juillet ; ils ignoroient la déclaration de guerre entre la France et l'Angleterre. On
conjecture qu'on leur avoit pris plusieurs bâtiments qui
leur apportoient des vivres et des nouvelles. Les marchandises y étoient rares et fort chères, le vin y coûtoit
six cents livres la barrique ; mais au départ du courrier,
il arrivoit des vaisseaux qui l'avoient fait retomber à
trois cents livres. Il est arrivé en même temps des
nouvelles des Illinois et du Détroit. Les sauvages

d'En-Haut paroissent toujours dans la disposition de venir de bonne heure.

Le 10, le saint évêque de Québec, très attaché à Monsieur le gouverneur général, a cru devoir ordonner de chanter un *Te Deum*, en action de grâces du succès du détachement commandé par M. de Rigaud ; et, comme le saint évêque n'oublie rien, il ordonne en même temps de prier pour les cinq soldats qui ont été tués à cette expédition, et de continuer des prières publiques pour remporter, cette campagne, de plus grands avantages. Ce *Te Deum* a été ordonné de *proprio motu* de l'évêque, sans que le gouverneur général l'ait demandé, ce qui paroîtra en Europe aussi extraordinaire que le mandement même.

" Nous vous annonçons avec joie, mes Très Chers
" Frères, le succès du détachement que nous avions
" annoncé par notre mandement du 23 février. Les
" vues de celui qui commandoit en chef ont été entière-
" ment remplies ; pussent-elles l'être toujours, puis-
" qu'elles n'ont d'autre objet que la gloire des armes du
" Roi et notre tranquillité ! Nous devons d'autant
" mieux l'espérer qu'en ne négligeant aucun des moyens
" inspirés par la prudence humaine, il met toute sa con-
" fiance dans le Dieu des armées. De concert avec le
" premier magistrat et l'illustre général qui commande
" nos troupes, il pense que nous ne pouvions raisonna-
" blement remporter de plus grands avantages, avan-
" tages qui feront évanouir, ou du moins, retarderont les
" projets ambitieux de nos ennemis sur nos forts de
" Carillon et Saint-Frédéric. Remercions-en le Seigneur,
" remercions-le d'avoir conservé les chefs qui comman-

" doient le détachement dans un esprit d'union et de
" concorde et de leur avoir fait surmonter tous les obsta-
" cles et la difficulté de la marche. N'oublions pas, mes
" Très Chers Frères, de prier pour les cinq soldats qui
" ont été tués, continuons à prier avec ferveur pour que
" le Seigneur nous accorde dans le courant de la cam-
" pagne des avantages encore plus considérables. A ces
" causes, etc. ".

Du 11 avril 1757. — Depuis quelques jours, le temps
se met au dégel, et notre communication va se trouver
interrompue avec la partie qui est au delà de la rivière.
C'est le temps de l'année le plus difficile pour vivre et
pour le commerce ; on ne peut ni aller sur les glaces
qui fondent insensiblement, ni naviguer jusqu'à ce que
la rivière ait repris son libre cours. Le dégel commence
toujours du côté de Montréal et arrive beaucoup plus
tard du côté de Québec. Comme on s'accoutume à aller
sur la glace, et qu'elle mine par-dessous, il n'y a point
d'année qu'il n'y ait quelques malheureux habitants qui
payent cher leur imprudence, en se noyant.

Du 14 avril 1757. — Une conversation détaillée avec
un sergent des troupes angloises, fait prisonnier à
l'action du 21 janvier, nous a appris que l'armée des
ennemis avoit été rassemblée en son entier au mois
d'août, occupant deux camps sous les forts George et
Lydius (ces deux camps formoient un corps de quatre
mille hommes), que les troupes de la Nouvelle-
Angleterre étoient au fort George, celles de la Vieille au
fort Lydius, où a été la principale résidence du général
London, qui est venu trois ou quatre fois au fort George,
d'où il n'a fait décamper les dernières troupes que le

12 novembre, et, soit hasard, ou qu'il eût été instruit par nos sauvages, ils n'ont décampé que le même jour que M. le chevalier de Lévis.

Le même sergent nous a appris la façon dont les quatre berges * avoient été introduites dans le lac Champlain. Elles étoient commandées par le capitaine Robert Rogers, le même qui commandoit le détachement anglois à l'action du 21 janvier. Elles étoient venues par la rivière du Chicot, et avoient fait le portage par le Cap-au-Diamant, et, de là, pour éviter le fort Saint-Frédéric, ils avoient fait le portage par la Presqu'île, vis-à-vis la terre de M. Hocquart. Le même sergent nous a confirmé la nouvelle de la mort du fils de milord Loudon, par l'accident malheureux d'avoir été tué en voulant apprendre à charger des canons ; comme il vouloit mettre l'écouvillon, le feu prit à la pièce auprès de laquelle il y avoit une cartouche et une mèche.

Les glaces se retirent ; il y a un grand chenal formé d'aujourd'hui au milieu de la rivière ; mais la communication est totalement interrompue.

Du 18 avril 1757. — J'ai omis à l'article du 9 de parler de la mort de l'empereur de Raita, que nous avons apprise par les dernières nouvelles de la Lonisiane. C'est ainsi qu'on nomme le chef des sauvages de Raita, qui sont entre la Mobile et la Caroline, fort à portée d'Alibamein (Alabama), le dernier établissement que nous ayons de ce côté-là. Ces sauvages peuvent faire environ seize cents guerriers et nous sont fort

---

* Voyez le Journal au 2 octobre.

attachés.   Leur empereur étant tombé malade est mort
après avoir été saigné par un traiteur anglois, ce qui a
fait dire que la lancette avoit été empoisonnée, bruit
que notre politique exige d'accréditer et de confirmer.
Son fils, quoique jeune, lui a succédé par notre recom-
mandation, et on a nommé un régent.

Du 20 avril 1757. — La rivière est pour ainsi dire
navigable ; il reste cependant encore des glaces dans
certaines parties.   Les premiers canots du côté du sud
sont arrivés ce matin.   Il fait beau et même chaud, car
on passe dans ce climat très vite de l'hiver à l'été ; on
n'y connoît pas le printemps.   Les vents du nord peuvent
nous donner quelques petits froids d'ici au 15 mai ; les
chaleurs de juillet, août, partie de septembre seront
insupportables.   Le thermomètre est souvent comme
dans le royaume de Naples.

On a commencé des semailles il y a quelques jours, et
on les continue à mesure que la terre se découvre ; elles
seront entièrement finies au 15 mai, et l'on sera bien
surpris en Europe que des mêmes semences produisent
une récolte en maturité du 20 août au premier septembre.

Du 21 avril 1757. — On a reçu hier des nouvelles
du 3 février, de Louisbourg ; nos armateurs y font assez
bien depuis la déclaration de la guerre, et y ont amené
pour cent mille écus de prises.   La place y est en bon
état, et on ne paroît pas craindre que les ennemis
essayent à faire une descente dans l'île et le siège de
Louisbourg.   Par ces mêmes lettres, on a appris des
dernières nouvelles de France, en date du 28 octobre,
par un bâtiment parti de la Rochelle le 6 novembre et

arrivé au port de Toulouse, le 30 janvier. Les Anglois ont envoyé d'Halifax le sieur de la Grive, commissaire des guerres, et quatre-vingts soldats pour être échangés avec un pareil nombre d'Anglois de ceux que nous avons pris à Chouaguen.

Quelques matelots et soldats anglois ayant été séduits dans le vin à prendre parti avec les Anglois, et en ayant témoigné leur repentir sur la réclamation de M. de Blingham, commandant *L'Arc-en-Ciel*, ils ont été reconstitués dans leur premier état de prisonniers, sons parole qu'il ne leur seroit fait aucune punition pour leur faute.

Du 24 avril 1757. — M. l'abbé Piquet, missionnaire de la Présentation, établissement qui lui est dû, est arrivé ce matin avec soixante sauvages qui viennent pour faire expliquer leur père, c'est-à-dire le marquis de Vaudreuil, sur la prétention d'un chef onontagué qui leur a porté des branches de la part du marquis de Vaudreuil, prétendant que le gouverneur général l'a établi pour chef de la cabane, ce qui leur paroîtroit contraire aux droits d'un peuple guerrier et libre qui ne connoît de chef que ceux qu'il se donne et pour le temps qu'il veut. Ils ont ramené avec eux le chef onontagué pour être présent à l'explication de la parole de leur père. Ils rappellent qu'ils sont les seuls sauvages qui aient voulu du temps de M. Duquesne, prêter serment de fidélité au grand Ononthio, cérémonie qui n'a jamais été faite par aucun sauvage que dans cette occasion, et ils regarderoient que l'atteinte à leurs droits les délieroit de ce serment. D'ailleurs, ils se plaiguent que ce chef onontagué n'est pas encore de la

prière, et que nous voulons qu'ils se fient trop et trop
tôt aux Cinq-Nations, dont on ne cessoit de leur recommander de se méfier.

NOTA. — J'observerai que, dans la considération des
Cinq-Nations, les Onontagués tiennent le premier rang ;
c'est à leur cabane que se doivent tenir les conseils
généraux depuis que l'on a retranché de la considération les Agniers ; et, pour se servir du style métaphorique de ces sauvages, c'est chez les Onontagués que
doit se conserver le feu qui ne doit jamais s'éteindre.

J'ai oublié, en parlant du détachement de M. de
Rigaud, de dire que M. de Lusignan, commandant du
fort de Carillon, un des plus anciens officiers de la colonie,
un de ceux qui a le plus de réputation, a profité de la
triste circonstance où l'on étoit de se trouver dans un
pays inhabité pour faire vendre du vin sur le pied de
douze cents livres la barrique, tandis qu'il ne vaut à
Montréal que cent écus, ce qui revient à dix livres le
pot, et l'eau-de-vie qui vaut quinze livres la velte,
mesure de quatre pots, cinquante livres ; et un inspec-
teur des travaux a profité de la circonstance pour faire
tuer une vache maigre, et il l'a vendu trente sols la
livre. Il faut convenir que cet esprit d'avidité, de gain,
de commerce détruira toujours l'esprit d'honneur, de
gloire et l'esprit militaire. Tout ce qui se passe dans les
colonies fait la critique de l'ouvrage de M. l'abbé Coyet,
intitulé *La Noblesse commerçante*, et me confirme dans
l'opinion du président de Montesquieu et du marquis
de Lassay pour un état monarchique comme la France.

Du 25 avril 1757. — Un petit parti de dix Iroquois
du Sault-Saint-Louis est venu demander la permission

d'aller en guerre du côté de Carillon, ce qui a été accordé avec grand plaisir ; on leur a recommandé d'apporter des lettres vivantes, c'est-à-dire un prisonnier, et ne lui pas faire la chevelure.

Les Outaouais et les Poutéotamis, qui ont hiverné et été aux deux expéditions de cet hiver, demandent à retourner en guerre vers Carillon ; mais ils veulent avec eux Hotchig, fameux chef népissing, toujours occupé de périr ou de venger la mort de M. Des Combles, ingénieur, inconsolable de l'avoir tué par méprise. On écrit au lac des Deux-Montagnes pour le faire venir, et on l'attend ces jours-ci.

Du 26 avril 1757. — M. de Paumeroy, officier de Louisbourg, est parti ce matin pour profiter d'un petit bâtiment qu'on doit expédier de Québec pour porter à Miramichi des vivres pour M. de Boishébert et aux Acadiens ; et M. de Paumeroy a été chargé de porter à Louisbourg les paquets pour les ministres, contenant le détail de ce qui s'est passé pendant le cours de l'hiver en Canada ; et M. de Drucour s'est chargé de les faire passer en France.

Le conseil des Iroquois de la Présentation s'est tenu ce matin. Les deux sauvages qui ont été à Paris ont cru y devoir paroître habillés à la françoise de pied en cap. Pierre, l'un d'eux, portoit la belle veste qui lui a été envoyée par Monseigneur le Dauphin. Ils ont exposé leur attachement pour la religion et pour le Roi, rapporté la cérémonie de la prestation de serment de fidélité qu'ils avoient fait à genoux devant M. Duquesne, et la façon dont ce gouverneur les avoit reçus, en tirant l'épée avec laquelle il vouloit les défendre, la forme du

gouvernément qu'il avoit établie dans leurs cabanes, en
leur donnant douze chefs de village, six chefs de guerre
et douze femmes de conseil. Ils se sont plaints d'une
introduction d'un chef onontagué qui n'étoit pas de la
prière, et ont demandé à leur père l'explication des
paroles qui leur avoient troublé l'esprit. Les femmes du
conseil ont assisté à la séance et fait présenter des
paroles en leurs noms. M. le marquis de Vaudreuil leur
a dit qu'il y avoit du malentendu ; mais qu'il leur rendroit réponse le lendemain et remettroit la tranquillité
dans leurs cabanes.

Il règne depuis quelques jours un vent de nord-est
très favorable pour faire arriver les vaisseaux de France,
mais qui retarde beaucoup nos semailles. Il faut observer
que, dans ce climat, le vent de nord-est procure toujours
neige ou pluie, et produit par conséquent des effets
contraires en France.

Du 27 avril 1757. — M. le marquis de Vaudreuil a
rendu réponse aux Iroquois de la Présentation ; il a
confirmé tout ce que le marquis Duquesne, son prédé-
cesseur, leur avoit dit. En recevant leur serment de
fidélité, il leur a présenté un nouveau collier pour mieux
les lier encore, les assurant que s'ils manquoient à leurs
engagements, le maître de la vie sauroit les punir, en
quelque lieu qu'ils se retirassent. Il leur a expliqué les
paroles qu'il leur avoit envoyées par l'Onontagué, en
leur disant que son intention n'avoit pas été de l'introduire malgré eux dans leur conseil, mais que, nous étant
affectionné, il croyoit qu'il ne pouvoit rien faire de
mieux que de l'introduire parmi eux, lorsqu'il se seroit
fait baptiser, et de lui donner la place du fameux ...

dit Callières, tué à la prise du fort de Bull ; qu'à l'égard de leurs besoins, il leur feroit donner peu de vivres quant à présent, beaucoup plus à l'arrivée de ceux de France. Et la séance a fini par présenter un collier avec des paroles aussi douces que polies pour les dames du conseil, qui ont un grand crédit parmi les Iroquois. La gravité avec laquelle ils assistent à ces délibérations peut être comparée à celle des plus graves magistrats du royaume.

Du 28 avril au 1er mai 1757. — Les sauvages de la Présentation ont reçu sept espontons et sept hausse-cols de la main de M. le marquis de Vaudreuil le 28, pour décorer les sept chefs de guerre de leurs cabanes qu'ils lui ont présentés ; et ils sont partis le 30 pour s'en retourner. Le même jour, Hotchig, chef népissing du lac des Deux-Montagnes, est parti pour aller en guerre avec les Outaouais vers Carillon.

Du 2 mai 1757. — Il a fait tous ces jours-ci assez bean, même chaud comme au commencement de l'été, et assez pour que les personnes qui se pressent surtout aient pris leurs habits d'été ; et, aujourd'hui, nous avons un nord-est, accompagné de neige. Si ce temps est favorable pour hâter l'arrivée des bâtiments que nous attendons de France, il est contraire aux semailles, et prouve bien la similarité de ce climat-ci en comparaison du nôtre.

On trouvera peut-être extraordinaire qu'ayant l'honneur de commander en chef les troupes de terre en Canada et devant être chargé des principales opérations qui ont rapport à la guerre, j'aie ignoré jusques à aujourd'hui qu'il y a un poste d'un sergent et treize hommes, à la vérité des troupes de la marine, au village de Châteauguay, au fond du lac, près l'établissement de Saint-Régis, pour empêcher quelques courses d'Agniers dans ces parties, poste établi depuis la dernière course que les Agniers et Anglois firent à la Prairie, dans les premiers jours de septembre.

L'on a formé à Québec une compagnie d'ouvriers, habitants, sous la direction de M. Mercier, commandant l'artillerie ; elle en doit partir le 10, avec sieur Jacquot *, lieutenant de la compagnie de canonniers, pour monter à Carillon.

On fait partir de Lachine, les 31 avril, 1ᵉʳ et 2 mai, soixante bateaux avec deux cent quarante Canadiens pour porter des vivres dans les postes d'En-Hant, avec quelques marchandises, en attendant que l'arrivée de secours de France permette d'y en envoyer une plus grosse quantité. On voudroit faire oublier aux sauvages la perte de Chouaguen et leur faire trouver dans nos postes les mêmes marchandises, soit pour leurs besoins, soit pour le luxe qu'ils trouveroient à y acheter. C'est pourquoi Monsieur l'intendant a fait convertir en bijouterie à leur usage environ dix-neuf mille livres de piastres pris à Chouaguen, et en a demandé beaucoup en France.

Le Roi donne beaucoup de présents aux sauvages d'En-Haut ; cela coûte, année commune, cent cinquante mille livres. On leur fournit leurs besoins, en échange

---

* Jacquot de Fiedmond, devenu célèbre par sa bravoure au siège de Québec, en 1759—NOTE DE L'ÉDITEUR.

des pelleteries, ce qui s'appelle faire la traite, commerce qui enrichit les particuliers à qui il est donné à faire dans les postes. Dans quelques-uns, le Roi s'est réservé lui-même le commerce, et, comme il le fait désavantageusement, par la seule raison qu'il est le Roi, ce commerce lui revient par an à cent mille écus de perte. Ces dépenses sont encore fort au-dessous de celles que l'on fait en temps de guerre, pour équiper, armer, nourrir, gratifier, donner des colliers tant à nos sauvages qu'à ceux des pays d'En-Haut, quand nous voulons les faire descendre.

Du 4 mai 1757. — On a envoyé les ordres ce matin au régiment de Royal-Roussillon pour se rassembler à Chambly le 8, camper à Saint-Jean le 9, et en partir le 10 avec huit jours de vivres, aux ordres de M. de Bourlamaque, colonel d'infanterie pour aller occuper le camp de Carillon.

Du 5 mai 1757. — M. Desandrouins, capitaine du corps royal de l'artillerie et du génie, est parti ce matin pour faire commencer les travaux du fort Saint-Jean, où il y a projet d'agrandissement, et pour le mettre, autant qu'il sera possible, à l'abri d'un coup de main.

Il est parti ce matin trois sauvages de la Présentation pour aller en parti à Carillon. Si jamais ce journal tombe entre les mains d'un Européen, il sera surpris de mon exactitude à marquer les petits détachements des sauvages, qui font la guerre comme ils veulent et vont chercher un prisonnier ou faire une chevelure, comme on va en France à la chasse à l'affût ; et trois sauvages qui ont fait un prisonnier, sont aussi contents d'eux-mêmes que le général qui auroit pris Boston.

Quelques Poutéotamis, qui étoient ici depuis la fin de la campagne dernière et qui ont passé cet hiver en parti demandent à retourner chez eux et partent ce matin.   On a reçu des nouvelles du fort Duquesne, en date du 8 mars.   M. Des Ligneris envoie toujours plusieurs petits partis à la guerre.   M. de Normandville est rentré avec quatre prisonniers anglois, qui disent que la garnison du fort Cumberland est beaucoup plus considérable que l'année dernière, et que l'on attend cent Catabas, sauvages que M. Des Ligneris prétend porter le nom d'un village de Chéroquis, domiciliés chez l'Anglois.   Ces mêmes nouvelles nous annoncent l'ambassade de huit ou dix chefs Loups et autant de Chaouénons qui viennent complimenter et écouter leur père Ononthio à Montréal.

M. Des Ligneris demande un missionnaire pour les Loups, et quelques Abénaquis domiciliés pour les conduire. Il est bon d'observer à cette occasion que les Loups regardent les Abénaquis comme leurs frères ; c'est la même langue ; ils craignent plus les Iroquois, qu'ils appellent leurs oncles, qu'ils ne les aiment.

On a eu avis des postes des Illinois qu'ils étoient en état de fournir au fort Duquesne deux mille quintaux de farine et cinq cent quintaux de lard, ce qui est estimé l'approvisionnement de six mois pour cinq cents hommes, y compris le gaspillage et les sauvages qui peuvent survenir.

· On a eu des nouvelles de Niagara, en date du 11 avril ; elles continuent à être bonnes. On a envoyé le détail d'un grand conseil tenu à Niagara, le 30 janvier, entre les Iroquois, les Chaouénons et les Loups. Ces derniers n'ont cessé de parler de leurs chefs tués et pendus autrefois par les Anglois ; c'est toujours le prétexte de leurs guerres. De là, ils ont passé à des reproches vifs sur ce que les Cinq-Nations ne se déclaroient pas contre l'Anglois. Ils ont dit qu'ils ne pouvoient plus conserver de machicoté ; que les Iroquois n'avoient qu'à les regarder eux-mêmes ; qu'ils rendoient aussi le pilon qu'on leur avoit donné ; qu'ils vouloient frapper l'Anglois, qui leur faisoit des trahisons, et qu'ils appelleroient leurs frères les Abénaquis et qu'ils deviendroient fous. Cette dernière phrase, en style sauvage, veut dire : Nous frapperons aussi sur vous, nos oncles. Les Iroquois ont répondu que leur machicoté étoit trop sale, le portant depuis trop longtemps, pour qu'ils voulussent s'en charger à leur tour ; qu'il falloit s'adresser au conseil général, qui doit se tenir chez les Onontagués, pour avoir une réponse ; mais qu'en attendant, ils leur donnent un collier pour qu'ils aient à continuer la guerre, puisque les Anglois les insultent.

MM. de Chabert et de Joncaire sont de retour de leurs négociations chez les Tsonnonthouans et Goyogouins qui paroissent toujours dans de bonnes dispositions pour nous. Sur-le-champ, il s'est formé quatre partis qui sont arrivés le 17 mars à Niagara. M. Pouchot a tenu conseil avec eux. Les dames du conseil lui ont demandé d'avoir pitié d'elles, puisque les jeunes gens alloient en guerre qu'elles n'avoient pas la main assez grande pour couvrir leur nudité, qu'il ne seroit pas honnête qu'elles la montrassent. Depuis ce conseil, il s'est formé beaucoup d'autres petits partis, et on estime qu'il y en a une vingtaine en campagne.

13

Les familles de l'Ours, du Castor, du Mouton, de la Tortue ont donné des marques de leur attachement pour leur père Ononthio. C'est ainsi que les noms de famille se sont introduits chez les nations policées, et la distinction des armes. Dans les premiers temps, les Francs ne s'assujettissoient pas à porter le nom de leurs pères ; ils n'avoient que des noms de baptême, on y joignoit des sobriquets ; quelquefois le fils, dans les actes, se qualifioit de Jean, fils de Pierre. Les sobriquets devinrent insensiblement des noms successifs de famille ; la vanité introduisit l'usage de porter le nom du fief, que quelques-uns prirent pour leurs noms de famille ; ce qui n'a guère commencé que de 900 à 1000. L'usage des tournois introduisit, de 1000 à 1100, de peindre sur les boucliers des figures d'animaux, origine du blason, science enfantée par la vanité et que ces sauvages adopteront peut-être un jour. L'exactitude de même à conserver les noms de maisons dans les actes, et à ne jamais les confondre avec celui du fief, ne commence guère que de 1300 à 1400.

Le colonel Johnson envoie des colliers dans tous les villages des Cinq-Nations par un Agnier, un Onontagué, un Onéyout, qui sont ses émissaires. Il paroît que, jusques à présent, ils n'ont pas été accueillis ; mais il faut voir ce qui se passera au grand conseil des Onontagués, où M. de Joncaire n'a pas cru devoir aller, malgré le caractère sacré d'ambassadeur, craignant quelques mauvais tours de la part de l'Anglois, dans une cabane où il n'est pas aussi accrédité que dans celle des Tsonnonthouans et Goyogouins dont il est enfant.

Il faut convenir que dans ce moment-ci, la situation des Cinq-Nations ressemble assez à celle des Hollandois, qui sont également incertains, pressés et menacés par la France ou l'Angleterre, pour se déclarer.

Les sauvages rapportent que le colonel Johnson leur a dit qu'il vouloit rétablir Chouaguen, quoiqu'il sût qu'il y auroit bien du sang répandu à cette occasion, mais que l'Anglois avoit des forces et du monde de reste.

Les sauvages rapportent que les nations du Sud ont tenu un conseil général, où elles ont proposé de frapper sur l'Anglois. La nation du Chien, qui s'y est opposée, a fait séparer ce premier conseil. Il s'en est assemblé un second où elle n'a pas été appelée : on a délibéré unanimement.

Les Loups disent avoir vu sur la rivière de Kanestio, cinq cents bateaux que les Anglois ont construits à un fort appelé Schamoken, qu'ils travaillent encore à d'autres, et qu'ils parlent d'une incursion avec dix milles hommes, du côté du fort Duquesne, plutôt suivant M. Pouchot, commandant de Niagara, du fort Machault.

Les Renards domiciliés parmi les Cinq-Nations sont venus à Niagara, au nombre de quarante, et s'en sont retournés en guerre après y avoir tenu un conseil le 6 et le 7 avril, où ils ont paru aussi attachés à leur père Ononthio qu'acharnés contre leur mauvais frère Corlar. Tous ces divers partis vont en guerre sur l'Anglois, vers la Nouvelle-York que les sauvages appellent la Menade.

Le commandant de la Presqu'île, M. de Portneuf, ayant préféré l'automne dernier, de porter de l'eau-de-vie et ses effets à des farines, se trouve à l'étroit pour les vivres, et a été obligé de renvoyer à Niagara pour subsister, un sergent et quarante-trois hommes de sa garnison, dans les premiers jours d'avril, et il falloit attendre pour leur faire passer des vivres, la débâcle des glaces du lac Erié, qui n'étoit pas encore arrivée le 11 avril.

Quoique l'hiver ait été très rude dans les pays d'En-Haut, ainsi qu'à Montréal, il n'y a presque pas eu de maladies, quelques scorbutiques, que l'usage de la pruebe, que l'on peut regarder comme un des meilleurs antiscorbutiques, a entièrement guéris. Nous n'avons perdu, sur les cent cinquante hommes des troupes de terre, qu'un sergent et un soldat. Le concours des sauvages a été si grand à Niagara et à Frontenac que l'on y a vu renaître ces temps heureux où l'on faisoit en Canada la meilleure chère pour rien. Les perdrix y ont coûté cinq sols, le quartier de chevreuil vingt sols, ainsi que les outardes et les dindes sauvages. A la vérité, dans le même temps, les perdrix coûtoient à Montréal quatre livres la couple, les dindes quinze livres la paire, et les chevreuils trente à trente-cinq livres.

Les magasins sont presque achevés à Niagara ; tous les effets du Roi peuvent y être déposés en sûreté la poudrière n'est pas achevée ; on commence à travailler à réparer les éboulements que les pluies de l'hiver ont occasionnés, et on se propose de faire charrier tout l'été de la pierre et de la chaux pour revêtir par la suite en maçonnerie les fortifications, qui ne sont actuellement qu'en terre.

OBSERVATIONS GÉOGRAPHIQUES TIRÉES DE LA LETTRE
DE M. POUCHOT, DU 11 AVRIL

" La rivière de Kanestio ou la branche ouest de la
" Susquehanna, comme la nomment les Anglois, remonte
" jusques au haut des terres, passe par le pays des Loups
" et des Renards qui sont au haut des terres, commu-
" nique par un court portage à la rivière de Kanou-
" chiagon, au haut de laquelle est le village Tsounou-
" thouans nommé Sonnechio. Voilà, quant à la partie
" qui regarde ce côté des Renards au haut des terres.
" De Kanestio à la rivière de Kanoagon, il n'y a qu'un
" portage de six lieues, fort bon chemin, à ce que disent
" les Iroquois. La rivière de Kanoagon tombe dans
" l'Ohio auprès de la rivière au Bœuf, où est le poste du
" fort Machault ; ce sont des montagnes, des défilés et
" des torrents sans eau.

" Un Anglois domicilié parmi les Loups, assure que
" cette rivière est large, mais peu profonde, remplie des
" grèves, sans doute comme les torrents du Dauphiné,
" remplies de roches, qu'elle étoit pleine de rapides,
" qu'il ne pourroit y monter tout au plus que de très
" petits bateaux à la traîne, et qu'il ne croyoit pas
" qu'elle pût leur être d'un grand usage ; que le pays
" étoit plein de défilés, soit pour monter au haut de la
" rivière de Kanoagon ou pour descendre ".

Du 6 mai 1757. — Courrier de Québec pour informer
M. le marquis de Vaudreuil de l'évasion de Robert
Stobo et Jacob Van Braam, otages anglois, pour la capitulation du fort de la Nécessité. Cette évasion est due
à la négligence de M. le chevalier de Longueuil et à

quelques connivences avec les Canadiens. On a envoyé sur-le-champ MM. Marin, Méloise, Longueuil, fils, et Saint-Laurent, avec des détachements de sauvages et Canadiens, promis mille écus de récompense à ceux qui les ramèneroient, à quoi il auroit fallu ajouter de faire pendre ceux chez qui on les trouveroit.

Le même jour. — Les soixante sauvages qui avoient été laissés par M. de Rigaud en détachement à Carillon, pour aller aux nouvelles avec MM. de Bleury et de Langy, n'ont pu être déterminés à aller comme on l'auroit souhaité, entre les deux forts Lydius et George. Ils sont partis le 2 avril et ont été de retour après vingt-quatre jours de marche. Leur course a abouti à aller dans l'enfoncement des terres, à un endroit appelé le Quarivet, à trente lieues de Boston, où ils ont brûlé deux moulins et fait cinq habitants prisonniers, qui n'apprendront rien des mouvements et dispositions de l'ennemi.

Du 7 mai 1757. — Courrier de Québec arrivé pour informer que les sieurs Stobo et Van Braam ont été repris à la côte du Sud vers Saint-Nicolas, par le capitaine en second, aidé de quatre miliciens; et les circonstances qui ont occasionné leur évasion, donnent lieu de croire qu'il n'y a eu aucune connivence et qu'ils ont seulement cherché à profiter, sans beaucoup de réflexions et de précautions, de la négligence avec laquelle on les gardoit. La promptitude des ordres de M. l'intendant et la promesse de trois mille livres de récompense avoient mis tous les habitants des côtes en alerte pour les arrêter.

Du 8 mai 1757. — M. de Bourlamaque, colonel, est parti ce matin pour aller prendre le commandement à la frontière du lac Saint-Sacrement.   Béarn est parti aujourd'hui de ses quartiers pour aller camper à Carillon.   Royal-Roussillon part demain pour aller au même camp où il y aura un corps d'environ trois cents hommes, y compris les piquets des troupes de terre et de la colonie.

Du 10 mai 1757 — Par les nouvelles de Carillon, le soldat y est très mal, le lard échauffé, ainsi que les farines. Vingt-cinq soldats y compris ceux tués et blessés à l'affaire du 21, sont morts depuis le 12 novembre jusqu'au 23 avril, savoir :

La Reine.......................	6
Royal-Roussillon..................	10
Languedoc........................	8
Béarn...	1

Ils ont actuellement vingt et un malades et beaucoup en chambres.   Il faut espérer que l'arrivée de M. de Bourlamaque mettra un ordre que l'on ne peut attendre des principaux officiers de la colonie, qui ne sont pas accoutumés à ces sortes de détails, et qui souvent ne considèrent les commandements dans les postes que comme des occasions de lucre.

Du 12 mai 1757. — Par les nouvelles de Québec, on y attend avec d'autant plus d'impatience l'arrivée des bâtiments de France que M. l'intendant a été obligé de faire distribuer aux habitants deux mille minots de grains pour semer leurs terres, et qu'on craignoit de n'y avoir plus de farine que jusqu'au 14.   Les six compa-

gnies du régiment de la Sarre, qui étoient à la Pointe-
Claire et à Lachine, sont venues camper à la pointe
Saint-Charles, pour en partir demain et se rendre à
Saint-Jean; les sept autres ne peuvent partir faute de
bateaux accommodés.

Du 13 mai 1757. — Les six compagnies du régiment
de la Sarre sont parties ce matin pour se rendre à Saint-
Jean. Le courrier est arrivé de Québec avec des lettres
du 9, où il n'y a aucune nouvelle qu'il y ait même des
bâtiments en rivière, ce qui inquiète à cause de la rareté
des vivres. Nos opérations ne peuvent commencer que
tard, à peine pourrons-nous nous opposer à celles de
l'ennemi, et Québec est à même de souffrir une famine.
Il faut faire descendre des farines de Montréal. La
journée des malades dans les hôpitaux de Québec et de
Montréal, qui étoit réglée en 1755 à quinze sols, en 1756
à vingt, vient d'être mise à vingt-cinq sols, celle des
officiers à cinq livres pour le capitaine et trois livres
pour le lieutenant. Le bâtiment destiné pour Miramichi
et pour porter nos paquets à Louisbourg a mis à la voile
à Québec le 9. Le régiment de Guyenne doit en être
parti aujourd'hui pour aller travailler au chemin de
Chambly à Saint-Jean.

On a proposé à M. le marquis de Vaudreuil pour
n'être pas arrêté, dans le cas où il faudroit aller au
secours de Carillon, par le défaut de vivres, d'écrire à
chaque capitaine de milice des compagnies du gouvernement de Montréal de faire un amas de vivres, que le
Roi lui payeroit, quand même on ne marcheroit pas,
sauf à les faire porter au magasin pour que chaque
capitaine eut en farine ou en lard pour nourrir trente

hommes par compagnies pendant un mois ; on ne sait s'il acceptera cette sage proposition qui n'est pas parti de sa Minerve. On a envoyé un courrier à Chambly, pour prendre des mesures pour charger les barques de la farine que nous avions dans les magasins, afin de nourrir le peuple de Québec. Cette rareté de vivres non-seulement arrête tout projet d'offensive, mais peut nous faire perdre la colonie, malgré les succès de la campagne dernière, le zèle et la valeur des troupes.

Du 14 mai 1757. — M. le marquis de Vaudreuil a envoyé ordre de réduire la ration de campagne sur le pied de celle de garnison, également pour le pain et le lard, et qu'il soit fait un décompte de la demi-livre de pain qui est supprimée. On ne fera peut-être pas attention en France à cette réduction, le soldat n'y ayant jamais qu'une livre et demie de pain, mais que l'on fasse attention que cela ne suffit pas, même en France, aux soldats qui trouvent à en acheter au moyen de leurs soldes, et la vivacité de l'air fait que l'on mange beaucoup plus en Canada qu'en France.

On a reçu des nouvelles du fort Duquesne en date du 15 avril ; nous y avons toujours beaucoup de partis qui vont en guerre contre les Anglois. Le sieur de Montmédy, cadet, est revenu avec sept prisonniers et huit chevelures ; le sieur de Rocheblave avec un prisonnier. Le sieur de Saint-Clair Duverger a été jusqu'auprès du fort Cumberland, où il a vu un camp de Catabas ; il est revenu avec un prisonnier, et ils ont tué deux hommes. On ne peut rien conjecturer des nouvelles de cette partie ni des projets des Anglois ; en tout cas il paroît qu'ils en ont de grands pour cette campagne, et qu'ils rassemblent beaucoup de troupes de toutes parts.

On a eu des nouvelles de Niagara, du 3 et du 5 mai ; on en peut conclure que beaucoup de partis Tsonnonthouans et Goyogouins, sont maintenant à la guerre sur l'Anglois et qu'il y a beaucoup de fermentation parmi les Onontagués, et les Onéyouts, qui craignent l'Anglois, et parmi lesquels le colonel Johnson se donne beaucoup de mouvement et ne laisse pas que d'avoir des sauvages affidés. Les nouvelles sont incertaines sur leur mouvement ; ils rassemblent du monde à Boston, à la New-York et à Orange et parlent d'une expédition maritime.

Les Anglois ont débité aux sauvages l'aventure du fort George comme à leur avantage et ayant fait lever le siège que l'on n'a jamais eu dessein de faire.

Du 15 mai 1757. — Les sept premières compagnies du régiment de la Sarre sont parties ce matin pour Saint-Jean, et il a dû partir aujourd'hui les Iroquois du Sault, qui ont demandé à aller en guerre à Carillon. Les deux premières barques venant de Québec sont arrivées aujourd'hui ; elles étoient parties, il y a dix jours.

Les quatre cents Canadiens destinés pour aller à la Belle-Rivière, sont arrivés aujourd'hui. Ils étoient partis de Québec le ...

M. Jacquot, lieutenant de la compagnie des canonniers, est parti le 10 de Québec, avec un détachement d'ouvriers pour se rendre en droiture à Carillon.

Du 17 mai 1757. — Nouvelles de Québec du 14 : on n'entend pas parler qu'il y ait aucun bâtiment de

France en rivière. Guyenne étant parti de Québec le 13, la Reine l'a remplacé le 14.

Le projet de M. Desandrouins, pour faire du fort Saint-Jean une grande place d'armes, a été admis. Ce sera un carré long avec quatre grands bastions, deux côtés auront chacun soixante toises et les deux autres quatre - vingts ; un fossé qui aura dix-huit pieds de large par en bas, trente-six pieds par en haut, neuf pieds de talus de chaque côté ; une berme de six pieds ; deux portes, l'une vers la rivière ; et le fort sera construit de façon qu'on puisse, sans changer rien aux édifices inté-rieurs, au lieu de l'enceinte en pieux, faire un rempart terrassé et le revêtir ; et, si jamais cela a lieu, non seule-ment Saint-Jean sera une place d'armes pour entrepôt, mais capable de soutenir un siège et sauver la colonie. Des Onéyouts, qui avoient été envoyés vers les Cinq-Nations en ambassade, sont arrivés et ont demandé audience pour demain, en présence des députés du Sault-Saint-Louis et du lac des Deux-Montagnes, qu'ils y ont invités.

M. de Sabrevoix-Bleury vient d'arriver avec Hotchig, chef des Népissings, avec lesquels il a été en parti vers le fort Lydius ; ils ont fait trois prisonniers du régiment Royal-Américain et rapporté quatre chevelures. S'il en faut croire la déposition des prisonniers, les Anglois ne s'assemblent pas encore sur la frontière du lac Saint-Sacrement, et il paroîtroit qu'ils attendent une escadre pour agir avec leurs principales forces sur Louisbourg, tandis que le colonel Johnson et le colonel Washington agiroient vers la Belle-Rivière avec quelques sauvages

qu'ils ont, des milices et des Ecossois, faisant un corps
de dix mille hommes environ.

Du 18 mai 1757. — Les Onéyouts, dans le conseil
tenu aujourd'hui, outre les colliers et les branches qu'ils
ont accoutumé de donner pour essuyer les larmes, couvrir les morts, etc., se sont fort excusés de n'avoir pas
rempli la commission d'Ononthio vis-à-vis les Palatins.
Ils ont donné un collier à M. le marquis de Vaudreuil
pour assurer qu'ils embrassoient la religion chrétienne,
mais que la terre étant arrosée de sang, il falloit attendre
la paix, qu'alors ils demanderoient un missionnaire ;
que ce seroit à présent l'exposer et mettre les Anglois
à portée de dévorer un morceau de viande dont ils sont
friands.   Ils ont aussi donné un collier au marquis de
Vaudreuil pour demander qu'on ne portât pas la hache
de leur côté, et que nous laissassions le chemin libre
jusqu'à la Fourche qui mène également à Orange et à
Corlar ; et qu'ils avoient envoyé un collier aux Anglois
pour leur faire la même proposition.   Ils ont parlé des
craintes où ils sont de l'Anglois, et de ceux qui, parmi
eux, lui sont dévoués et vont tout lui rapporter. Ils ont
fini par donner des branches pour demander que le fils
de M. de Lorimier qu'ils ont adopté, fût envoyé à Frontenac pour être à portée d'eux.   M. le marquis de
Vaudreuil les a remis au 20 pour recevoir ses réponses.

Il résulte des paroles de ces sauvages que les Oné-
yonts sont divisés d'opinions entre eux, que la proximité
des Anglois les embarrasse ; et les paroles qu'ils ont
données ne tendent qu'à une neutralité, à nous ménager,
à chercher à pénétrer si nous voudrions porter la guerre
et faire faire des courses de leur côté ; et il n'y a pas

de doute qu'ils n'aient la même conduite vis-à-vis les Anglois et qu'ils ne leur rapportent ce qu'ils apprennent.

L'orateur du Sault-Saint-Louis parlant au nom des domiciliés, les a exhortés à travailler aux bonnes affaires et à persévérer dans le dessein d'embrasser la religion, et qu'étant les uns et les autres régénérés par la même eau, ils se regarderoient encore mieux comme frères. On a terminé une grande affaire parmi les Outaouais, où il y avoit de la dissension pour le meurtre fait cet hiver par un de leurs frères d'un des principaux chefs. M. le marquis de Vaudreuil les a remerciés de ce qu'à sa prière, ils avoient bien voulu pardonner ce meurtre involontaire et a pris occasion de leur parler des suites de l'ivrognerie, vice favori des sauvages, principe de tous les désordres, vice qu'ils ne connoissoient pas avant notre commerce et porté à l'excès parmi eux par la cupidité de ceux qui commercent avec ces peuples.

Du 20 mai 1757. — M. le marquis de Vaudreuil a tenu un conseil avec les Onéyouts où, en répondant à tous les articles, il les a exhortés à être de la prière et à continuer les bonnes affaires, et leur a déclaré que rien ne pourroit suspendre sa hache et qu'il iroit frapper bientôt l'Anglois de leur côté, et qu'il les exhortoit à l'aider pour leur propre sûreté, et à effectuer les paroles qu'ils avoient données dans le conseil tenu au mois de décembre dernier. Les Onéyouts ont paru promettre de se conduire en conséquence.

Du 21 mai 1757. — Depuis l'arrivée des Onéyouts, il y a eu une négociation secrète par l'entremise de l'abbé Piquet entre le fameux Chaneouenaghen, chef onéyout, et M. le marquis de Vaudreuil, dans laquelle

il a été arrêté qu'il faut forcer la main aux Onéyouts
qui hésitent à se déclarer, ou qui tiennent encore pour
l'Anglois et les forcer à les frapper ; que pour lui, avec
sa bande et celle des autres chefs qui sont venus ici en
députation, il iroit, suivi des Iroquois de la Présentation, frapper sur les Anglois. Il avoit demandé quelques
François et Canadiens ; mais M. le marquis de Vaudreuil n'a pas voulu les confier qu'il ne fût assuré de la
droiture de leurs intentions, et qu'il pût en juger parce
qu'ils en exécuteroient. Les Onéyouts devoient d'abord
partir secrètement, mais ils ont trouvé que, ne devant
agir que comme auxiliaires, c'étoit à Ononthio à leur
présenter la hache et à chanter la guerre et que, pour
être soutenu par les autres nations sauvages et s'engager
plus solennellement, il falloit que la cérémonie se fît
dans un conseil public. On a sur-le-champ assemblé un
conseil, où Sarégoa, fameux chef du Sault-Saint-Louis,
s'est trouvé de hasard, revenant de la guerre et ramenant deux prisonniers faits au fort George. M. le marquis de Vaudreuil a fait présenter un grand collier de
guerre de six mille grains, où la hache est représentée
matachée de vermillon. Il a été relevé par les Onéyouts,
tant en leur nom qu'en celui des sauvages de la Présentation et des Tuscarorins. M. le marquis de Vaudreuil
leur a promis de les faire soutenir par toutes les nations
et par tous ses guerriers, et de donner retraite à leurs
femmes et à leurs enfants partout où ils voudroient
s'établir, soit au fort Régis, soit à celui de la Présentation ou à celui de Frontenac. Les Iroquois domiciliés
ont très applaudi à cette démarche, dont il faut attendre
les suites. Il a été convenu que M. le marquis de Vau-

dreuil auroit lundi une conférence avec les chefs, pour convenir du côté où les Onéyouts iroient frapper.

Du 22 mai 1757. — M. Jacquot, lieutenant de la compagnie des canonniers, officier appliqué, m'a adressé un projet de bateaux pour aller sur les lacs Champlain et Saint-Sacrement, pour porter un canon de 6 et deux pierriers en batterie. Ce projet facile et simple à exécuter ne sera pas admis, parce qu'il vaut mieux qu'une prétendue invention de M. Mercier, homme fin et favori de l'intendant.

Le régiment de Guyenne, parti de Québec le 14, est arrivé au camp de Chambly le 22. Les quatre cents hommes destinés pour la Belle-Rivière sont enfin partis de Lachine le 21 et le 22, et la troisième division part demain 23.

M. de Noyan, lieutenant de Roi des Trois-Rivières, doit partir le 25 pour aller relever dans le commandement du fort Frontenac, M. de la Valtrie, premier capitaine des troupes de la colonie. Les liaisons avec les Cinq-Nations peuvent rendre ce poste important dans les circonstances.

Nouvelles de Québec du 19 : on n'y en a aucune qu'il y ait des bâtiments de France en rivière. Un petit bâtiment arrivé du côté du Nord, a rapporté qu'il y avoit une si grande quantité de glaces à l'entrée du golfe, que l'on commence à croire qu'elles auront peut-être obligé nos bâtiments à relâcher à Louisbourg, si ce n'est que la cour ne se fût déterminée à les envoyer en flotte avec une escadre.

Un parti d'Iroquois du Sault a demandé hier d'aller en guerre vers Carillon. Il est arrivé aussi trente Mississagués de la bande d'un fameux chef appelé Minabonjou, qui partiront dans quelques jours pour aller à Carillon. On a eu des nouvelles du fort Duquesne, du Détroit et de Niagara ; ces dernières en date du 14. L'affection de toutes les nations paroît des plus grandes pour nous ; les Anglois ont peu de sauvages avec eux ; toutes les nouvelles s'accordent sur la marche d'un corps anglois pour assiéger le fort Duquesne. Nous attendons le retour de beaucoup de partis que nous avons en campagne.

Suivant les lettres du Détroit, tous les sauvages outaouais et ceux depuis Michillimakinac au Détroit sont en marche pour descendre à Montréal ; les Poutéotamis, les Miamis, les Illinois, ceux de la rivière Saint-Joseph sont en marche pour aider au fort Duquesne.

Du 24 mai 1757. — Par les nouvelles de Carillon, on voit les mêmes désordres, inséparables de l'esprit d'avidité, d'insubordination et du manque d'arrangement inséparable de la colonie ; nulle conservation, pendant l'hiver, des outils, des brouettes, des matériaux. On a dévasté la maison qui servoit d'hôpital et brûlé les palissades avec lesquelles à la fin de la campagne, on avoit enfermé la boulangerie, les forges et autres baraques au-dessous du fort de Carillon. Malgré la rareté des vivres, on a nourri les chevaux avec du pain et des pois ; et l'on voit que, si le gouverneur général avoit été instruit de ses vivres et de ses ressources, il eût encore pu avec de l'ordre et du ménagement entrer encore de très bonne heure en campagne et prévenir l'ennemi ; mais qui ne voit et ne travaille pas lui-même est toujours très à plaindre avec les meilleures et les plus droites intentions.

Les Anglois sont venus le 17, au nombre de vingt-quatre, pour reconnoître et faire quelques prisonniers. Comme on fut averti qu'ils emmenoient un charpentier, M. de Bourlamaque mit sur-le-champ à leurs trousses, trois petits détachements de troupes de terre et de la colonie. M. le Borgne, qui commandoit le détachement de ces dernières troupes, ayant joint, lui septième, les vingt-quatre Anglois, fit le cri de mort et une décharge ; ils s'enfuirent jetant leurs sacs et une partie de leurs armes.

Du 25 mai 1757. — La démarche qui a été faite de la part des Onéyouts, en l'absense du sieur Cavalier, principal interprète et un des hommes de la colonie le plus au fait de la politique des Cinq-Nations, a été regardée comme prématurée, attendu le danger où s'exposeroient les Onéyouts, comme étant trop à portée de l'Anglois. Ils ont dit qu'ils conserveroient toujours la hache de leur père, qu'ils la mettroient sous la natte mais qu'ils attendroient à s'en servir, pour voir si elle étoit bien aiguisée, que les circonstances permissent que nous puissions avoir un détachement à portée de les soutenir contre l'Anglois.

Du 26 mai 1757. — M. de Lapause, aide-major du régiment de Guyenne, est venu rendre compte de l'arrivée de son bataillon et de son établissement auprès du fort de Chambly, et du travail à faire pour le chemin de Chambly à Sainte-Thérèse, un des plus nécessaires de la colonie, pour conduire à Saint-Jean tous les approvisionnements et munitions nécessaires pour la frontière du lac Saint-Sacrement.

14

Du 28 mai 1757. — Les sauvages de la Présentation, s'ennuyant d'aller à la guerre, vouloient se disperser dans les partis avec ceux des Cinq-Nations; mais, comme il est de notre intérêt de les conserver et de les faire agir ensemble, et que nous ne pouvons pas encore nous confier assez aux Cinq-Nations, on leur a donné un collier pour les arrêter; ils ont envoyé trois branches au marquis de Vaudreuil, et on leur a répondu par dix-neuf branches qu'on leur a envoyées. Ce nombre est à cause des douze chefs du village et des sept chefs de guerre. C'est pour leur expliquer les raisons que l'on a pour retarder encore la marche de tous les guerriers, et consentir à ce qu'ils fassent un parti pour aller du côté de Corlar.

L'Onontagué établi à la Présentation, dont il est parlé à l'article du 26 avril, est allé, lui second, pour observer la marche du colonel Johnson, que l'on dit être en mouvement avec un corps d'armée, sans doute pour aller vers la Belle-Rivière. Il a promis d'apporter un écrit, ce qui, en style sauvage, veut dire un prisonnier en vie que l'on puisse interroger.

L'on a commandé deux cent cinquante Canadiens dans le gouvernement des Trois-Rivières et six cents dans celui de Montréal pour le service des bateaux de transport. J'observerai à cette occasion que, pour le service des bateaux de transport, part de ceux nécessaires au munitionnaire général *(sic)*, qui agit pour le compte du Roi, il y a deux mille hommes d'employés, qui sont des meilleurs Canadiens et qui ne combattent pas, objet bien considérable pour un pays qui manque toujours d'hommes.

Du 31 mai 1757. — Lettres de Québec du 28. Nulles nouvelles des bâtiments en rivière ; champ libre aux conjectures ; réduction des vivres au peuple de Québec ; ordre de préparer à Montréal cinq cents quintaux de farine qu'on ne demandera qu'à l'extrémité ; ... * Irlandois, engagé à Québec parmi les prisonniers anglois, [propose de réunir †] les Irlandois catholiques romains et offre d'en faire une compagnie pour servir avec zèle contre l'Anglois ; s'y fiera-t-on, ou les enverra-t-on en France pour servir de recrues au régiment irlandois ?

Du 1er juin 1757. — Nouvelles de Niagara en date du 23 mai. Les Iroquois paroissent toujours bien intentionnés pour frapper sur l'Anglois ; deux partis sont revenus avec des chevelures, l'un d'eux ayant été poursuivi par un parti de cent Anglois ou Catabas y a perdu trois sauvages ; toutes les nouvelles qui nous viennent par les sauvages, nous confirment dans l'opinion que les Anglois veulent agir du côté de la Belle-Rivière, et sont peut-être en pleine marche. Il paroît que nous avons trop de confiance et point assez de prévoyance.

Du 4 juin 1757. — Nouvelles de Carillon du 27. On n'en a aucune de la marche des ennemis ; on attend le retour de plusieurs partis. On fournit au fort cent cinquante pionniers et cent cinquante ouvriers ; c'est tout ce que M. de Lotbinière peut employer en attendant, et il y a cent douze travailleurs occupés à faire une éclaircie sur la rive droite de la rivière de la Chute,

---

* Un blanc dans le manuscrit.
† Cette phrase est incomplète dans le manuscrit ; nous suppléons à ce qui manque par les trois mots entre crochets.

pour rendre la navigation libre et empêcher les petits partis de venir fusiller de trop près.

Il est arrivé dans la journée des nouvelles de Carillon, du 2, par lesquelles il paroîtroit que les Anglois commencent à s'assembler vers le fort George. M. de Bourlamaque devoit y renvoyer un petit parti pour en avoir plus précisément des nouvelles.

Du 5 juin 1757. — Il est arrivé ce matin des nouvelles de Michillimakinac, qui nous annoncent la prochaine arrivée de quatre cents Outaouais ; d'ailleurs, les dispositions des sauvages pour nous sont de plus en plus admirables.

. Du 9 juin 1757. — Nouvelles de Québec : même incertitude sur l'arrivée des bâtiments, les nouvelles de France, et celles de Louisbourg ; arrivée de quarante Outaouais et de trente Mississagués. Courrier extraordinaire du 10 pour apprendre que le *David* et le *Jason*, vaisseaux de Bordeaux frétés par le sieur Gradish, pour le compte du Roi, étoient au Pot-à-l'eau-de-vie, chargés de vivres, armes et cent soixante hommes de troupes. Ces bâtiments ont apporté fort peu de nouvelles. Les plus importantes et les plus surprenantes sont un assassinat commis en la personne du Roi, des troubles intestins dans le royaume, l'exil de MM. d'Argenson et de Machault, leur remplacement par MM. de Paulmy et de Moras. Les plus intéressantes pour cette colonie sont une ample provision de vivres, de poudre, d'hommes, et généralement tout ce qui a été demandé à la fin de la campagne dernière ; il ne reste plus qu'à désirer que ces secours de tout genre arrivent promptement.

La cour de France avertit de prendre garde à une expédition maritime de la part des Anglois, qui doit menacer naturellement l'Ile-Royale.

Du 12 juin 1757. — Par les nouvelles de Carillon, en date du 8, les Anglois sont venus au nombre de deux cents dans onze berges, pour tâter le poste du portage qu'ils ont trouvé très alerte ; le tout a abouti à une fusillade.

Il est arrivé aujourd'hui beaucoup de Mississagués et Outaouais ; il est arrivé aussi trois sauvages de la Présentation qui se plaignent que les Onéyouts leur ont repris un prisonnier qu'ils avoient fait sur les Palatins. Un village d'Onéyouts a envoyé à M. le marquis de Vaudreuil un collier de porcelaine blanche, ce qui veut dire parole douce, pour assurer qu'ils n'avoient aucune part à cette affaire.

Les nouvelles du 4 de Niagara parlent de la tranquillité du fort de Toronto ; des Mississagués, ivres d'eau-de-vie, avoient fait les insolents et menacèrent de détruire le fort. M. Pouchot, commandant de Niagara, qui a reçu un collier, y fit marcher M. de la Ferté, capitaine au régiment de la Sarre, avec cinquante hommes. Tout étoit déjà assez tranquille. Les Poutéotamis, nos alliés, qui avoient passé l'hiver à Montréal, avoient calmé les esprits.

Les Mississagués se plaignent que les Onéyouts ont frappé sur eux. Ces petites altercations entre les sauvages ne laissent pas que d'être très embarrassantes sur le parti à prendre, car il faudroit tâcher d'éviter une guerre civile, et pour que les esprits soient bien partagés d'opinion et d'intérêt parmi les Cinq-Nations. Par toutes les nouvelles de Niagara, les dispositions sont toujours bonnes parmi les Iroquois, c'est-à-dire les Tsonnon-thouans et les Goyogouins. Les Loups et les Chaouénons ont fait beaucoup de prisonniers, rapporté des chevelures, détruit plusieurs maisons, enlevé des familles et des bestiaux ; ils ont pris un officier anglois, qu'ils ont mangé, leur ayant paru bien gras. Quoiqu'ils n'exercent plus guère ces sortes de cruautés, il n'y a point d'années que, dans de certains moments, ils ne brûlent quelques prisonniers. En général, tous les sauvages domiciliés, depuis qu'ils sont de la prière, ont renoncé à ces sortes de cruautés. Dans le premier moment après le combat, ils tuent assez volontiers leurs prisonniers ; mais, s'ils les conservent, ils se contentent de leur donner la bastonnade et de les livrer aux femmes ; si quelqu'une les prend en amitié, ils sont adoptés dans la cabane, et alors tout est pour eux.

Les nouvelles du fort Duquesne en date du 23 mai, sont des meilleures. Les sauvages paroissent toujours bien affectionnés ; les partis rapportent beaucoup de chevelures et ramènent des prisonniers ; le pays des Anglois continue à être désolé ; les Illinois avoient fourni des vivres. Toutes les nouvelles, tant de Niagara que du fort Duquesne, jusqu'à présent, avoient paru menacer d'une expédition des Anglois dans cette partie. Toutes celles d'aujourd'hui sont contraires et semblent annoncer qu'ils n'ont plus que des projets de défensive sur la Belle-Rivière, et qu'au contraire leurs projets sont d'agir vers le lac Saint-Sacrement. On est toujours bien incertain des dispositions de l'ennemi dans un pays inhabité, et où il n'y a point d'espions et où l'on n'en

peut pas avoir, et où je pense qu'il ne seroit pas difficile d'en avoir par les sauvages, et encore mieux par des
Canadiens ressemblant de figure aux sauvages, parlant
comme eux et qu'on enverroit matachés et équipés
comme eux.

Du 13 juin 1757. — Il est arrivé deux cent cinquante
Outaouais ou Sauteux de Michillimakinac, conduits par
deux chefs renommés parmi les sauvages. Ils ont eu
audience en arrivant et en ont demandé une particulière
à M. le marquis de Montcalm pour le lendemain.

On a eu un courrier de Québec qui a apporté quelques nouvelles de France venues par le *Jason*, vaisseau
de Gradish ; elles sont les mêmes que celles qui étoient
venues par le vaisseau le *David ;* l'on apprend qu'il y
a un troisième vaisseau en rivière.

Du 14 juin 1757. — Les Outaouais étant venu complimenter le marquis de Montcalm lui ont fait compliment sur la prise de Chouaguen et lui ont dit : " Mon
" père, quand nous avons entendu parler des grandes
" choses que tu as faites, nous comptions te trouver
" grand comme les plus grands pins des forêts, mais
" nous te voyons et nous retrouvons dans tes yeux la
" grandeur des pins. Nous te regardons comme un aigle
" et tes enfants sont prêts à faire de grandes choses
" avec toi ". Le marquis de Montcalm leur répondit que,
sans le manque de vivres, ils ne l'auroient point trouvé
sur sa natte ; qu'il en arriveroit assez tôt de France
pour pouvoir frapper leur ennemi commun, et qu'avec
l'aide du maître de la vie, il espéroit exécuter de grandes
choses, avant que le temps de retourner en chasse fût
arrivé, et cependant conserver ses enfants. Il leur

rappela aussi le souvenir de leur ancien père, M. de la Galissonnière qui n'étoit pas grand, mais qui avoit exécuté de grandes choses.

Du 15 juin 1757. — Les Outaouais de Saguinan, les Sauteux et les Mississagués sont venus complimenter le marquis de Montcalm et lui ont parlé de l'abondance qui régnoit au pillage de Chouaguen, et d'avoir ouï dire que l'on y nageoit dans l'eau-de-vie.

Du 16 juin 1757. — Courrier de Québec avec des lettres en date du 13, par lesquelles nous apprenons qu'il y a en rivière, outre le *David* et le *Jason* qui sont arrivés en rade avec cent soixante-dix hommes, tirés du nouveau corps des volontaires étrangers formé depuis notre départ de France. (Ce corps, habit blanc, parements verts, veste verte, a pour colonel M. le maréchal de Belle-Isle). Un troisième appelé le président, le *Breton (sic)* appartenant au sieur Gradish, un bayonnois un brigantin. M. de Boishébert a écrit de Miramichi du 29 mai ; il a renvoyé cent vingt Acadiens qu'il ne pouvoit nourrir. Les Acadiens ont été un moment pressés par la faim à se révolter et piller les magasins ; M. de Boishébert les a apaisés. Les ennemis ont rasé le fort de Beaubassin, et ils paroissent ne vouloir conserver que celui de Beauséjour. M. de Boishébert a perdu dans un détachement quatre hommes. Suivant le rapport d'un prisonnier, le rendez-vous de toutes les troupes pour une grande expédition étoit à Chibouctou. Nous avons eu des nouvelles de Carillon du 13 et du 14 ; il paroît que les partis des Anglois et les nôtres vont continuellement. Les Anglois nous ont pris un habitant ; M. de Langlade, avec les Outaouais, a fait quatre prisonniers et pris six chevelures, et, sans une terreur panique, ils auroient encore mieux fait ; mais quelques Anglois sortirent et ils leur ont fait peur, et leur ont fait abandonner leurs canots, qu'on a été reprendre à la cache où ils étoient. Il paroît par la déposition des prisonniers que milord Loudon s'est embarqué, il y a trois semaines, pour son expédition sur Louisbourg, vraisemblablement, ou sur Québec, ce qui n'est pas apparent, et qu'il y a dans la frontière du lac Saint-Sacrement environ cinq mille hommes dont la plus grande partie milice, qui n'est destinée que pour une défensive. Il est fâcheux que le manque de vivres nous tienne en échec. On envoie faire des recherches de grains à la campagne, et cela a été proposé et conseillé il y a six semaines.

Du 17 juin 1757. — Nouvelles de Québec en date du 14, pour nous informer que le vaisseau le *Saint-Antoine*, chargé pour le compte du munitionnaire, est en rivière. Chemin faisant, il a fait deux prises angloises qu'il a rançonnées quatre-vingts mille livres. Il a intercepté aussi des gazettes et lettres angloises qu'il y avoit à bord de ces bâtiments. Leur contenu confirme une entreprise maritime sur Louisbourg vraisemblablement, ou Québec ; car l'objet n'en paroît pas bien décidé.

Autre courrier parti de Québec le 15, par lequel il paroît qu'on s'y alarme. Le marquis de Montcalm a offert d'y aller pour rassurer les esprits, ou d'y envoyer M. le chevalier de Lévis.

Mandement de Monseigneur l'évêque sur la prise de Port-Mahon.

Du 19 juin 1757. — Départ de M. le marquis de Montcalm avec le chevalier de Lévis pour aller faire une tournée à Saint-Jean et à Chambly.

Arrivée d'un courrier de Québec. L'intendant y voudroit des troupes et un officier principal pour y préparer une sérieuse et judicieuse défensive ; cela a été proposé dès l'année dernière vainement, et le marquis de Montcalm a offert avec peu de succès d'aller à Québec, ou M. le chevalier de Lévis, pour y mettre l'ordre et rassurer le peuple. Le marquis de Vaudreuil a vu qu'il suffiroit d'envoyer les siens à M. de Longueuil, lieutenant de Roi, de donner carte blanche pour faire arbitrairement tout ce que l'on voudroit, établir des batteries peut-être partout où il n'en faudroit pas, et oublier d'en mettre où il en faudroit, et faire des cajeux, article que l'on regarde toujours comme le service de la colonie. Ce qu'il y aura de mieux, c'est que je crois que les Anglois ne viendront pas.

Du 20 juin 1757. — Arrivée de cinquante sauvages des pays d'En-Haut qui en annoncent beaucoup d'autres.

Du 21 juin 1757. — Arrivée de cent Folles-Avoines, la seule nation depuis l'année dernière ; elle avoit été au convoi de M. de Villiers et au siège de Chouaguen. Retour de M. le marquis de Montcalm de sa tournée.

On a reconnu les endroits à faire camper d'ici à la Prairie le régiment de Languedoc, qui pourra fournir cent vingt travailleurs, qui, avec deux cent cinquante Canadiens, pourront accommoder provisionnellement le chemin de la Prairie à Saint-Jean, chemin aussi utile que nécessaire. Mais pour l'accommoder à demeure, il faudroit deux bataillons pendant deux mois, et faire faire

de larges fossés qui dégorgent les eaux de la Savane
dans la rivière des Iroquois? J'ai vu les fortifications
de Saint-Jean, et il faudroit pour les achever quatre
cents travailleurs pendant cinq semaines, et le même
temps pour achever le chemin que le régiment de
Guyenne a commencé, de Chambly à Sainte-Thérèse,
chemin de la plus grande utilité pour la colonie.   Ce
chemin m'a paru fait d'une façon solide et dans le goût
des chaussées de France.   M. de Lapause, aide-major
du régiment de Guyenne a été chargé de la direction
de ce chemin.

M. Péan, aide-major de Québec, homme de confiance
de M. l'intendant et chargé, pour ainsi dire, de tous les
détails qui ont rapport aux approvisionnements et subsistances, a été faire une tournée pour voir l'état de nos
magasins et de nos bateaux, partie par laquelle on pêche
un peu dans la colonie et dont on n'est jamais instruit
exactement, faute d'ordre et de soin.

*Etat des bateaux qui sont dans cette partie, indépen-
damment de ceux qui sont actuellement à
Carillon, dont on n'a pas l'état juste*

Chambly	24 bateaux
Le portage de Beaucourt....................	34 "
Sainte-Thérèse..............................	34
Saint-Jean, dont 18 grands à porter 9,000.	84 "
Le Valérien	40
	——
Total...................	216

Canots d'écorce

Sainte-Thérèse...	10
Saint-Jean...	58
Carillon...	16
Total...................................	84

M. de Saint-Ours, commandant de Saint-Joseph, est arrivé aujourd'hui avec une centaine de sauvages des pays d'En-Haut.

Du 22 juin 1757. — Nous avons actuellement aux environs de huit cents sauvages des pays d'En-Haut, savoir :

Outaouais : quatre cents ; Poutéotamis : cent, venant du poste de Saint-Joseph. Environ quatre cents sauvages venant des environs du poste de la baie, savoir : les Puants, les Sakis, les Renards, les Folles-Avoines et les Ayoas, qui n'avoient jamais paru à Montréal et dont on n'entend pas la langue. On en attend encore trois cents du Détroit ; ce qui, joint aux domiciliés, fera deux mille sauvages.

Il y a eu ce matin une singulière cérémonie. Il y avoit des Ayoas qui avoient tué, il y a deux ans, deux François. Les Puants ont amené les meurtriers ; toutes les nations avoient leurs chefs bien matachés, qui ont demandé grâce à leur père. Ils lui ont présenté le grand calumet de paix, dans lequel le marquis de Vaudreuil et tous les chefs François ont successivement fumé, ce qui a été reçu comme un gage d'amitié. Les meurtriers ont été amenés et conduits par l'escabiau, espèce de chef qui, chez les sauvages, réunit les fonctions de major à celle de cuisinier, car il fait en même temps la soupe et assemble les troupes. Les meurtriers étoient nus, barbouillés de noir, liés, les bâtons d'esclaves à la main ; ils sont entrés en chantant leurs chansons de mort, comme s'ils alloient être mis au poteau ; ils se sont prosternés aux pieds du marquis de Vaudreuil, et, pour signe qu'on les pardonnoit, on leur a donné une chemise blanche, en leur recommandant d'avoir le cœur aussi blanc que leur chemise. On leur a donné la couverte, le brayet, un présent de tabac et de vermillon. MM. de Saint-Luc et Marin, officiers de la colonie, les ont présentés à toutes les nations, ont beaucoup fait valoir la clémence de M. le général, ont déclaré qu'une autre fois, ils sauroient rendre toute la nation responsable d'un pareil malheur. Les meurtriers qui avoient été prosternés par terre se sont relevés, et ayant été réhabilités, ils ont été prendre place dans la nation dont le chef a chanté une chanson de remerciement et la cérémonie a été terminée.

Du 23 et du 24 juin 1757. — On continue toujours à tenir des conseils avec les sauvages, tout se passe en compliments et en choses vagues.

Le régiment de Languedoc est parti le 24 pour aller camper entre la Prairie et Saint-Jean et travailler provisionnellement à un chemin que l'on pourra faire l'année prochaine à d meure, étant le plus nécessaire à la colonie.

J'ai toujours omis de marquer que les Onéyouts ont envoyé un collier pour déclarer qu'ils n'avoient aucune part au meurtre d'un Mississagué, dont il est parlé à l'article du 12 de ce mois, et qu'il avoit été tué par un parti Anglois.

Il est arrivé le 23 un courrier de Québec, qui nous a apporté quelques lettres de France venues par un bâtiment rochellois qui est en rivière. Ce qu'elles annoncent de plus intéressant pour cette colonie et pour le corps des troupes de terre, c'est beaucoup d'union entre M. le marquis de Paulmy et M. de Moras, ministres de la guerre et de la marine ; l'exemple de leurs prédécesseurs leur aura été une bonne leçon.

Du 24 au 28 juin 1757. — Continuation des danses, de chants et de conseils de la part des sauvages ; départ de quelques bandes de quelques-uns d'eux pour Carillon ; mais le gros continue de rester à Montréal. M. Martel, de retour de la tournée faite par ordre de M. le marquis de Vaudreuil pour trouver des vivres chez les habitants, a trouvé pour nourrir pendant un mois douze mille huit cents hommes, ce qui prouve que le marquis de Montcalm avoit grande raison de proposer une recherche, il y a trois mois ; on auroit primé l'Anglois et fait une campagne heureuse.

Du 28 au 30 juin 1757. — On a reçu le 28 des nouvelles du Détroit, en date du 15 mai. Les nations d'En-Haut sont toujours bien disposées ; on attendoit une seconde députation des Têtes-Plates et on espéroit les disposer à frapper sur les Anglois et les Catabas, les seuls sauvages des pays d'En-Haut qui paroissent attachés à l'Anglois.

On a reçu le 29 des nouvelles de Niagara, en date du 21. Il paroît que l'ennemi ne songe point à agir vers la Belle-Rivière, que cet amas de bateaux auprès du fort de Chamakin, n'est autre chose que les habitants des campagnes et habitations angloises qui s'y sont réfugiés avec leurs bestiaux et leurs effets. Les Cinq-Nations paroissent toujours dans de très bonnes dispositions pour la neutralité, mais craignent que nous ne portions la guerre de leurs côtés. Les Onontagués ont délibéré d'envoyer des colliers aux Agniers, pour appuyer ceux du Sault-Saint-Louis et les empêcher d'aller en guerre avec l'Anglois.

Il nous est arrivé des nouvelles de Carillon, en date des 24 et 25. On s'y occupe beaucoup de tous les détails relatifs à l'expédition projetée sur le fort George. Les Anglois paroissent aussi très actifs par leurs découvertes pour observer nos mouvements.

Il arrive successivement des sauvages des pays d'En-Haut. Il est arrivé le 29 des Outaouais et des Loups de Théoga, qui n'avoient jamais paru à Montréal.

On a envoyé les ordres pour le départ des troupes de terre, qui est fixé de Saint-Jean, savoir :

La Reine, le 1er,

La Sarre, le 2,

Languedoc, le 4,

Guyenne, le 6.

Les troupes de la colonie et les milices partiront de Saint-Jean, de même que les sauvages, du 8 au 14. On compte que l'armée sera composée, outre les six bataillons des troupes de terre, d'environ mille hommes de celles de la colonie, deux mille cinq cents Canadiens, dix-huit cents sauvages, indépendamment du corps des canonniers et d'une compagnie d'ouvriers avec un équipage d'artillerie. Les officiers principaux seront : M. le chevalier de Lévis, brigadier ; M. de Rigaud de Vaudreuil, gouverneur des Trois-Rivières, ayant en cette qualité rang de colonel ; et M. de Bourlamaque.

Du 1ᵉʳ juillet 1757. — Conseil des nations d'En-Haut. Les Outaouais ont présenté deux colliers, le premier au marquis de Montcalm pour le remercier de ce qu'il marche à leur tête et le prier d'avoir soin d'eux, le second pour demander à M. le marquis de Vaudreuil que, ne venant pas lui-même à la guerre, il donnât de sa propre chair, en envoyant sous les ordres du marquis de Montcalm, son frère. Ces deux compliments ont été accompagnés de demandes d'armes, de partir bientôt, et de M. Marin pour aller avec eux. Les nations ont toutes l'une après l'autre parlé dans l'ordre qui suit :

Les Folles-Avoines,

Les Sakis parlant en leur nom, celui des Puants et des Ayoas,

Les Poutéotamis,

Les Renards.

On eut pu répondre sur-le-champ à ces compliments ; mais ce n'est ni de dignité, ni l'usage ; on a indiqué un conseil à demain, neuf heures.

Les Sauteux de la pointe de Chouanugon n'ont pas paru à ce conseil, à cause qu'ils ont de l'inimitié contre les Renards qu'ils accusent de les avoir fait frapper par les Sioux. Il faudra avant de les mener, tenir un conseil pour rapatrier ces deux nations.

Du 2 juillet 1757. — Départ de M. le chevalier de Lévis pour aller prendre le commandement du camp de

Carillon. Nouvelles de Québec par lesquelles on apprend la nouvelle de l'arrivée de deux bâtiments dans la rade de Québec, portant quatre cents hommes de recrues, six officiers du corps royal d'artillerie et vingt canonniers. On a appris en même temps que l'escadre de M. Dubois de La Mothe étoit entrée à Louisbourg, conduisant le régiment de Berry en tout ou en partie.

Les Iroquois ont amené deux prisonniers qu'ils ont faits, ayant M. de Langy à leur tête. Il paroît, par leurs dispositions conformes aux nouvelles de Carillon du 28, que le général Webb devoit arriver ce jour-là ou le lendemain au fort George avec quatre mille hommes, et qu'avec ce qu'il y avoit déjà de campé aux forts George et Lydius, il pouvoit y avoir dans cette partie-là environ huit mille hommes.

Du 6 juillet 1757. — Extrait d'une lettre de Carillon du 2 juillet :

" Notre parti de deux cents sauvages auquel j'avois
" joint vingt-cinq Iroquois ou Abénaquis, est parti le 30
" juin avec M. Hertel, de Louisbourg, un de ses frères,
" M. de Linctot, et six cadets, en tout deux cent trente-
" cinq hommes. Les Iroquois dont étoit Ganactagon,
" menoient la marche. Ils ont pris le chemin du lieu
" où ils cachent ordinairement les canots ; mais, en
" entrant dans la rivière du Chicot qui est étroite et
" escarpée de rochers, ils ont été salués d'une mous-
" quetade qui a tué un cadet, le sieur de Richerville, et
" blessé à mort quelques sauvages. On ne pouvoit
" mettre à terre du côté de l'ennemi, il a fallu passer le
" reste de la nuit, la rivière entre deux. Au point du

15

" jour on l'a traversée. L'Anglois étoit délogé. On a
" donné sur les pistes et pris deux Moraïgans et un
" Anglois blessé. Les sauvages m'en ont amené deux
" et déchiré l'autre ; et comme il étoit bon, ils l'ont tout
" mangé. L'Anglois que j'ai interrogé parle peu ; il
" est fort blessé ; le Moraïgan est plus ouvert. Voici
" ce qu'il dit :

" Le détachement de soixante hommes dont il étoit
" est parti il y a huit jours, pour couper chemin à
" M. de Langy. Il a rôdé le long de la rivière et s'est
" embarqué au lieu où on l'a trouvé, sur le soupçon
" qu'ils avoient que nous cachions nos canots un peu
" au-dessous.

" Il y a tous les deux jours, plus ou moins souvent,
" des découvertes sur cette rivière, depuis cinquante
" jusqu'à cent hommes ; il y en a même une de trois
" cents ; point de poste fixe ni là, ni dans le fond de la
" baie.

" Il y avoit, lorsqu'il est parti de Lydius, cinq cents
" hommes de troupes réglées pour garnison, quinze cents
" hommes de milice de Boston, et onze cents de Connec-
" ticut ; il ne sait ce qui est au fort George.

" Au moment qu'il partoit de Lydius, l'on voyoit
" paroître de l'autre côté de la rivière le général Webb,
" et l'on disoit qu'il étoit suivi de trois ou quatre mille
" hommes de troupes réglées. Il ignore s'il est resté à
" Lydius ou s'il a été au fort George ; il n'a pas ouï
" parler d'artillerie.

" Il paroît que l'Anglois doit avoir dans les deux forts
" environ huit mille hommes, sans parler des milices
" commandées. Ce dernier article vient des prisonniers

" de M. de Langlade. Celui de M. de Langy qui m'avoit
" parlé des trois ou quatre mille hommes de M. Webb,
" m'avoit paru un menteur ; le concert de celui-ci donne
" plus de vraisemblance à cette déposition. Il l'a dit
" naturellement et sans aucun soupçon qu'on m'en eût
" déjà parlé.

" Vous n'aurez point ces prisonniers : l'Anglois est
" fort mal, le Moraigan sera brûlé ; la viande n'est pas
" bonne à être mangée ".

Un parti anglois est venu auprès du fort Saint-
Frédéric et a fait la chevelure si précipitamment à deux
hommes qui pêchoit, qu'un d'eux, malgré cette cruelle
opération, se porte bien et n'a même pas eu de fièvre.

Du 7 au 11 juillet 1757. — Continuation du départ
des Canadiens et des sauvages. Le marquis de Montcalm
est parti le 9 avec M. de Rigaud et plusieurs officiers,
tant des troupes de terre que de la colonie, pour aller,
suivant l'usage, rendre visite aux sauvages du lac des
Deux-Montagnes et les inviter à venir à la guerre. Les
cérémonies ordinaires y furent observées et le tout fut
terminé par un festin que le marquis de Montcalm
donna aux sauvages suivant l'usage. Le marquis de
Montcalm a été faire la même cérémonie au Sault-Saint-
Louis, et de plus, celle d'y rapporter un collier en réponse
à celui que ces mêmes sauvages lui avoient donné peu
après son arrivée en Amérique, pour le complimenter ;
il fit aussi la cérémonie de couvrir au nom de M. le
marquis de Vaudreuil, deux chefs iroquois morts dans
le courant de l'hiver. Le marquis de Montcalm a été
reçu au lac des Deux-Montagnes par les missionnaires

de Saint-Sulpice, et au Sault-Saint-Louis par le Père de la Neuville, jésuite.

M. de Mézières, capitaine des troupes de la colonie, qui a resté trois ans au poste des Oyatanons, est arrivé avec la fâcheuse nouvelle que MM. de la Saussaye, de Saint-Ours, de Bellestre ont été tués avec trois Canadiens, étant tombés à leur retour du fort de Cumberland, dans une embuscade de sauvages et de Catabas.

JOURNAL

12 JUILLET AU 31 AOUT 1757

***

Du 12 juillet 1757. — Partis de Montréal le 12, à cinq heures du soir, arrivés à huit heures à la Prairie, où nous avons couché ; trouvé une quarantaine de sauvages outaouais du parti de M. de Langlade ; c'étoient des traîneurs auxquels il a fallu faire donner du pain ; ils avoient laissé leurs vivres à leurs femmes.

Le 13 juillet 1757. — Partis de la Prairie à cinq heures et demie, arrivés à Saint-Jean à dix heures et demie ; nous y avons fait séjour.

Dans cette journée les Outaouais de M. de Langlade au nombre de cent cinquante en sont partis, et un peu après cinq cents Canadiens conduits par M. de Bécancour, lieutenant des troupes de la marine.

Le 14 juillet 1757. — Partis de Saint-Jean à huit heures et demie avec MM. de Rigaud, Dumas, de Saint-Ours, de Bonne et plusieurs officiers de la colonie, sous l'escorte de la compagnie de grenadiers de Guyenne et de quelques sauvages outaoüais ; fait halte à midi au lieu nommé le campement de Boileau, à quatre lieues de Saint-Jean. Il y avoit dans ce lieu un établissement appartenant à ce Boileau, qu'il a abandonné au commencement de la dernière guerre, ainsi que tous ceux situés sur les deux rives du lac Champlain. Campés au moulin Foucault à dix lieues de Saint-Jean ; nous y avons trouvé une grande quantité de tourtes.

Le 15. — Partis à quatre heures et demie du matin ; fait halte pour dîner à dix heures, repartis à midi. Le gros vent qui vient du sud-ouest nous a forcés à nous arrêter et à camper à la pointe Scononton, nom iroquois qui veut dire Chevreuil.

Nous y avons trouvé les Outaouais dégradés depuis hier au soir.

Ces Outaouais forment plusieurs bandes :

1^0 Les Outaouais proprement dits qui habitent Michil-limakinac.

2^0 D'autres nations adoptées par ces premiers et établies avec eux à Michillimakinac, savoir : Les Kaskakous, les Gros-Pieds, les Poissons - Blancs, les gens de l'Ile-au-Castor, lesquels habitent une île à quelque distance de Michillimakinac et les gens de la Fourche. Ces derniers ont fait avorter une conjuration formée en 1744 par tous les sauvages des pays d'En-Haut, pour égorger les François répandus dans les différents postes. Ils en avertirent le chevalier de Lon-gueuil, qui commandoit au Détroit, et ce complot n'eut aucune exécution.

Il y a encore des Outaouais établis au Détroit et à la Baie. Tous les villages de cette nation, qui a toujours été attachée aux François, peuvent fournir mille à douze cents guerriers.

Nous avons trouvé de plus, avec les Outaouaïs, des Sauteux de la pointe de Chouanugon située dans le lac Supérieur, trente lieues en deçà, et trois Micmacs.

Tous ces sauvages passent le temps, où ils sont arrêtés, à se baigner et à se divertir, ils nagent comme des poissons, plongent et restent longtemps sous l'eau.

Les anciens font aussi toutes les nuits la médecine, c'est-à-dire qu'ils consultent l'Esprit, pour savoir le succès de leur expédition ; ils lui ont aujourd'hui sacrifié un chien.

Les sauvages des pays d'En-Hant sont, de tous, les plus superstitieux. Il faut être extrêmement sur ses gardes, pour ne rien faire de ce qu'ils regardent comme présages funestes ; par exemple, si l'on touchoit aux armes d'un guerrier qui va en parti, ils se croiroient menacés de périr et ne prendroient aucune part à l'expédition.

Rencontré des bateaux venant de Carillon, qui nous ont appris la mort de M. de l'Hôpital, d'une attaque d'apoplexie, et que les sauvages, ayant envoyé après les restes d'un détachement anglois, ont fait sept chevelures et cinq prisonniers ; fait part de ces nouvelles aux sauvages avec lesquels on a tenu un conseil.

Le 16 juillet 1757. — Le gros vent qui a continué nous a forcés à rester toute cette journée campés. Les sauvages outaouais, ayant appris que M. Martin étoit parti de Carillon pour aller faire coup avec les Folles-Avoines, en murmuroient ; ils disoient qu'arrivés les premiers à Montréal, ils n'y étoient restés tranquilles que pour obéir aux ordres d'Ononthio ; que, de toutes les nations sauvages, ils étoient la plus docile ; ils se faisoient un devoir sacré de la volonté de leur père ; que pour cela, il n'étoit pas juste que d'autres sauvages, venus après eux, fissent les premiers pas dans la carrière de l'honneur, tandis que l'obéissance seule les avoit tenus dans l'inaction ; qu'à la fonte des glaces, le commandant de Michillimakinac leur avoit à peine laissé le temps de raccommoder leurs cabanes ; qu'instruits par lui que les François avoient besoin de leurs bras, ils avoient sur-le-champ pris sur leur dos leur natte de guerre et accouru à Montréal les premiers ; qu'ils auroient donc dû boire, les premiers, du bouillon.

Ces murmures font voir les délicatesses des sauvages. Ils ont un point d'honneur, et ce qui les blesse ou paroît les blesser, est parmi eux, un sujet de reproche éternel, et voilà ce qui cause les meurtres, dans la boisson.

Le marquis de Montcalm, averti par les interprètes de leur mécontentement, a fait appeler les chefs de guerre, les a consolés, loués d'avoir suivi la volonté de leur père, et leur a promis qu'aussitôt arrivés à Carillon, il leur permettroit d'aller seuls chercher un morceau de viande. Cette promesse les a apaisés. Ensuite, il a été question de vivres ; on leur en avoit donné pour huit jours ; mais ils ne savent pas les ménager et sont souvent forcés de jeûner. On a donné de la galette aux plus pressés, en leur faisant entendre, ce qui étoit vrai, qu'on se la retranchoit.

Pluie et orage toute la journée. Le soir, les jeunes gens ont chanté la guerre vis-à-vis les tentes de MM. de Montcalm et de Rigaud, ce qui leur a valu quelques bouteilles de vin.

Le 17 juillet 1757. — Partis à cinq heures du matin ; fait halte à la petite île Valcour, après avoir fait une traverse de trois lieues, pour entendre la messe.

Repartis aussitôt ; arrêtés pour dîner à la pointe aux Sables ; fait halte à trois heures vis-à-vis l'île aux Morpions ; passés à la vue d'une montagne plus élevée que la chaîne du Sud, au haut de laquelle est une espèce de statue de pierre, que les sauvages nomment Rozzio et regardent comme le maître du lac. Ils disent que quatre îles situées au-dessous et qu'on nomme île des Quatre-Vents, sont ses enfants. Quand ils passent à portée du Rozzio, ils lui envoient du tabac et des pierres à fusil, pour en obtenir un temps favorable.

Campé à cinq heures du soir à la rivière Boquet ; nos sauvages, pressés par la faim, ont été, sans s'arrêter, à Saint-Frédéric ; ils devoient même marcher la nuit, s'ils n'arrivoient pas de jour. Fait une garde et patrouille exacte.

Le 18 juillet 1757.—Partis à trois heures et demie, fait halte au rocher Fendu, ainsi nommé par la forme même de ce rocher. C'est ce rocher Fendu qui servoit autrefois de limites aux possessions des Cinq-Nations, dans cette partie. Fait halte à l'anse à la Bouteille. C'est dans ces environs que les Anglois, la campagne dernière, nous ont tué ou pris douze hommes ; ils étoient venus par la rivière à la Loutre qui prend sa source dans la Nouvelle-Angleterre.

Fait halte à la pointe à la Peur, ainsi nommée parce que, en 1709 ou 1710, avant l'établissement du fort Saint-Frédéric qui n'a été bâti qu'en 1737, quinze cents Canadiens, marchant vers le lac Saint-Sacrement, sous les ordres du sieur de Ramezay, avoient fait halte en cet endroit. On y entendit sur-le-champ un grand bruit qui fut pris pour celui d'un gros corps d'ennemis, et qui n'étoit occasionné que par des chevreuils courant dans le bois. La terreur s'empara des esprits ; on n'envoya point à la découverte ; on se rembarqua et on revînt à force de voiles et de rames, à Montréal. Arrivés au fort Saint-Frédéric, à midi, et à Carillon, à six heures. Nous avons eu du nord-est pendant deux heures ; c'est le seul qui ait soufflé pendant toute la route. Les vents du sud-ouest sont pour ainsi dire vents alisés dans cette saison. M. Marin est parti aujourd'hui d'ici avec trois cent quatre-vingts hommes dont trois cents sauvages des pays d'En-Haut. Il doit visiter le fond de la baie, la rivière au Chicot, où des rêves des sauvages, en des terreurs paniques, ont forgé un camp de quatre mille hommes retranchés ; de là, s'il ne rencontre pas de gros détachement ennemi, aller s'embusquer entre le fort George et le fort Lydius. Ce camp imaginaire de la rivière au Chicot avoit dégoûté les sauvages d'aller dans cette partie ; les Sauteux avoient jonglé et pendu un brayet dévoué au manitou, et ne vouloient pas partir que le manitou n'eût enlevé le brayet.

Cependant ils ont suivi M. Marin, bon gré, mal gré. Au reste, il me paroît que nous sommes encore fort peu instruits de la position des ennemis. Tous les rapports des sauvages sont faux ; ils ne vont pas où l'on veut qu'ils aillent, mais où ils veulent aller, c'est-à-dire où il n'y a aucun danger. Les dépositions des prisonniers sont incertaines, se contredisent, et on ne peut d'après elles, asseoir aucun jugement militaire. Le chemin le long du lac Saint-Sacrement, soit par la côte du Sud, soit par celle du Nord, n'est encore connu que par les sauvages.

Les ennemis sont-ils retranchés au fort George ? Ne le sont-ils pas ? Toutefois il faut agir ; l'ordre est formel d'aller à l'ennemi et de l'attaquer fort ou faible, à moins d'une impossibilité aussi claire que le jour, à laquelle encore les contemplatifs de Montréal ne croiront pas ou feront semblant de ne pas croire. *Audaces fortuna juvat.*

On fait tous les préparatifs du siège, et les travaux du fort de Carillon sont interrompus depuis quinze jours. Il n'y a plus campés sous ce fort, que les bataillons de Royal-Roussillon et de Béarn avec M. de Bourlamaque. M. le chevalier de Lévis occupe la Chute, avec les bataillons de la Reine, la Sarre, Guyenne et Languedoc. M. de Rigaud commande au Portage et aux postes avancés qui sont occupés par les troupes de la marine et les Canadiens. Les sauvages se placent où il leur plaît.

Depuis dix jours, on travaille à faire passer par le portage sur le lac Saint-Sacrement, les bateaux nécessaires aux transports des troupes, des munitions de guerre et de bouche et de l'artillerie. Ce portage se fait longuement et difficilement ; tout se passe à bras d'hommes ; ce n'est pas qu'il n'y ait ici des bœufs et des chevaux ; mais il n'y a pas de quoi les nourrir ; et faute de nourriture, ils n'ont pas assez de force pour faire leur métier.

Le 19 juillet 1757. — Un parti sauvage embusqué sur le lac est venu rapporter qu'il avoit vu dix berges angloises, à portée de nos postes avancés. Les ennemis sont fort alertes ; ils ont continuellement des découvreurs en campagne ; le mauvais succès de la plupart de ces détachements, la grande quantité de nos sauvages ne les dégoûtent pas de la petite guerre, avantage d'avoir des compagnies de volontaires, exemple que nous aurions dû suivre. Nous avons été visiter le poste de la Chute ; les sauvages outaouais qui nous escortoient y sont venus tenir conseil pour savoir s'ils marcheroient, et de quel côté. Il vaudroit mieux qu'ils attendissent le retour de M. Martin. Ils délibèreront ce soir sur cette proposition.

La milice de Montréal est arrivée à quatre heures du soir, faisant trois cents hommes ; ils campent ce soir ici et se rendront demain au Portage. Il y a maintenant cent soixante bateaux passés sur le lac Saint-Sacrement ; il en faut au moins deux cent cinquante. Les pluies continuelles ont fort gâté le chemin. Il est aussi arrivé une centaine de sauvages, dont quatre-vingts Poutéotamis.

Le 20 juillet 1757. — Les sauvages ne partent pas aujourd'hui ; on les a retenus, en leur donnant deux bœufs. Mais comme ils les ont trouvés maigres, ils en ont tué deux autres.

On continue les charrois du portage. M. Dumas, aide-major des troupes de la colonie, travaille actuellement à mettre de l'ordre dans les milices, à en former des brigades, à leur attacher des officiers ; il doit aussi, des compagnies de la marine, composer un bataillon de cinq cents hommes destiné à faire le service avec les troupes françoises. Les officiers qu'on attache à ce bataillon, sont ceux qu'on sait être les moins propres à marcher avec les sauvages et à faire le métier de partisans.

Sur les dix heures, la berge que nous envoyons tous les jours à la découverte, et qui étoit montée de neuf Canadiens et d'un cadet, aux ordres de M. de Saint-Ours, lieutenant des troupes de la marine, a rencontré des berges angloises, par le travers de l'île à la Barque. Je ne sais ce qu'ont fait ou ce que n'ont pas fait ces Canadiens ; ce qui est certain, c'est que notre berge est revenue, M. Gros-Bois, cadet, ayant été blessé à mort, M. de Saint-Ours l'ayant été légèrement à la main, et deux miliciens assez dangereusement. Deux conseils avec les sauvages, l'un avec des Outaouais et des Sauteux, l'autre avec des Poutéotamis. Les premiers sont décidés à partir demain soir, à partager leur troupe, partie sur la rive droite, partie sur la rive gauche du lac Saint-Sacrement, le reste sur le lac même, et à découvrir jusqu'au fort George, où ils tâcheront de faire coup. J'ai dit qu'ils étoient décidés à partir ; j'aimerois autant parier qu'ils ne partiront pas au jour qu'ils en sont convenus.

Les Poutéotamis, les plus sages et les plus obéissants de tous les sauvages, iront demain au camp du Portage pour y rester, faire la volonté de M. de Rigaud, et attendre le départ de M. de Villiers, sous la bannière duquel ils veulent marcher.

Seulement, pour remplir leurs engagements avec les autres nations, ils envoient quelques-uns de leurs jeunes gens avec les Outaouais. Les chefs de ceux qui marchent en découvertes, sont venus apporter au marquis de Montcalm autant de bûchettes qu'il y a d'hommes dans le parti, cérémonie qu'ils observent toujours, quand ils vont frapper. C'est le contrôle du détachement. Ainsi, dans les premiers temps de la monarchie des Perses, lorsqu'on marchoit à la guerre, chaque guerrier déposoit une flèche dans un lieu public ; au retour, chacun reprenoit la sienne, et le nombre de celles qui restoient indiquoit la perte qu'on avoit faite.

Je dirai ici une fois pour toutes, qu'indépendamment de l'obligation où l'on est d'être l'esclave de ces sauvages pour les entendre, jour et nuit, en conseils et en particulier, lorsque la fantaisie leur en prend, ou lorsqu'un rêve, un accès de vapeur et toujours l'objet de mendier de l'eau-de-vie ou du vin les amènent, il leur manque toujours quelque chose relatif à leur équipement, leur armure ou leur toilette, et que c'est au général de l'armée à donner des billets pour la plus petite partie de ces distributions, détail éternel, minutieux, et dont on n'a pas l'idée en Europe.

Le 21 juillet 1757. — Les Outaouais sont venus ce matin, demander au marquis de Montcalm deux équipements qu'ils doivent offrir en sacrifice au manitou, au moment où ils partiront.

Cette nuit, l'un d'eux avoit rêvé que le lac Saint-Sacrement étoit couvert d'Anglois. Alerte dans le camp sauvage ; il a fallu réveiller le marquis de Montcalm, qui les a envoyés coucher en les assurant qu'il n'en étoit rien. Au reste, la religion de ces sauvages des pays d'En-Haut est le paganisme brut et encore dans son enfance. Chacun d'eux se fait un dieu de l'objet qui le frappe, le soleil, la lune, les étoiles, un serpent, un orignal, enfin tous les êtres visibles, animés ou inanimés. Cependant, ils ont une façon de déterminer l'objet de leur culte. Ils jeûnent trois ou quatre jours ;

après cette préparation propre à faire rêver, le premier
être qui, dans le sommeil; se présente à leur imagination échauffée, c'est la divinité à laquelle ils dévouent
le reste de leurs jours ; c'est leur manitou. Ils l'invo-
quent à la pêche, à la chasse, à la guerre ; c'est à lui
qu'ils sacrifient ; heureux, quand l'objet de ce rêve
important est d'un petit volume, une mouche par
exemple, car alors : " Mon corps est une mouche,
" disent-ils ; je suis invulnérable. Quel homme assez
" adroit pour attraper un point " ?

La croyance de deux esprits, l'un bon, l'autre mauvais,
l'un habitant les cieux, l'autre les entrailles de la terre,
établie maintenant parmi eux, ne l'est que depuis qu'ils
commercent avec les Européens. Originairement, ils ne
reconnoissent que leur manitou. Au reste, ils disent que
le maître de la vie qui les a créés étoit brun et sans
barbe, tandis que celui qui a créé le François étoit blanc
et barbu.

Ils croient beaucoup aux sorciers, aux jongleurs, à
toutes ces divinations que, d'un terme général, on appelle
chez eux faire la médecine. Ils n'admettent point de
peines ni de récompenses après la mort ; seulement, un
état pareil à celui de la vie, un peu plus heureuse
toutefois, car ils pensent que leurs morts habitent des
villages situés au couchant où ils ont le vermillon et le
tabac en abondance.

Avant que de les enterrer, ils les exposent trois ou
quatre jours dans une cabane consacrée, les matachent,
leur servent à manger ce qu'ils ont de meilleur, usage
que nous observons en France pour la famille royale ;
ils les enterrent ensuite avec des vivres, des équipe-

ments de leurs armes. Ils disent que, sur le passage est une grande fraise d'un contour immense, dont les morts prennent un morceau pour leur servir de nourriture en chemin ; qu'au surplus, ils font plus ou moins bonne chère dans les Champs Elysées, suivant que leurs parents leur donnent plus ou moins de vivres tous les jours, et surtout les jours de repos des morts. La façon de leur en donner est de jeter dans le feu le premier massacré *(sic)*, ainsi que les anciens faisoient des libations aux mânes au commencement des repas. Chez ces sauvages, il n'y a qu'une subordination volontaire ; chacun en particulier est libre de faire ce qu'il lui plaît. Les chefs des villages et de guerre peuvent avoir du crédit, mais ils n'ont pas d'autorité ; encore leur crédit sur les jeunes gens est plus ou moins grand, suivant qu'ils donnent plus ou moins, qu'ils ont plus d'attention à tenir chaudière ouverte, pour ainsi dire.

A mesure que j'aurai occasion d'apprendre quelque chose concernant leur religion, leurs usages ou leurs mœurs, je ne négligerai pas un objet important aux yeux d'un philosophe et qui tient à l'étude la plus essentielle, celle de l'homme.

Les sauvages sont enfin passés cette après-midi au camp de M. de Rigaud ; ils font le portage de leurs canots, moyennant que ce transport leur sera payé.

Le marquis de Montcalm a été cette après-midi au camp de la Chute, et de là, à celui du portage où il a donné ses ordres pour la formation du bataillon de la marine, grande opération fort difficile, et dont ceux qui en sont chargés ont beaucoup de peine à venir à bout. Ensuite il a été visiter les postes avancés.

Il a fait cette traversée de Carillon à la Chute dans un canot de sauvages, seul avec eux.

J'ai fait le même trajet pareillement dans un canot à sauvages ; tant qu'il a duré, un chef de guerre debout dans le canot, le chichicoy à la main, a raconté pour ainsi dire en récitatif obligé, ses derniers rêves. " Le " manitou m'est apparu, chantoit-il, il m'a dit. De tous " ces jeunes gens qui te suivent à la guerre, tu n'en " perdras aucun ; ils réussiront, se couvriront de gloire, " et tu les ramèneras tous sur leur natte ". Des cris d'applaudissement l'interrompoient de temps en temps. Le père et le chef, vénérable vieillard assis derrière lui, dit alors à haute voix : " Mon fils, avois-je tort de " t'exhorter à jeûner ? Si, semblable aux autres, tu eusses " passé le temps à manger, à sacrifier à ton ventre, tu " ne te serois pas rendu le manitou favorable ; et voilà " qu'il t'a envoyé des rêves heureux et qui font la joie " de tes guerriers ".

L'on voit par là combien les chefs sont sans cesse occupés à se donner de la considération, et quelles choses sont capables de la leur procurer.

Les bateaux du munitionnaire, arrivés hier, sont repartis ce soir.

Le 22 juillet 1757. — Ce matin, environ cent sauvages et une vingtaine de Canadiens du parti de M. Marin, sont revenus. Il avoit envoyé des découvreurs en avant de lui de différents côtés ; huit d'entre eux ont rencontré vingt Anglois ; mutuellement, ils se sont fait peur et chacun s'est enfui de son côté ; les nôtres ayant cependant fait une décharge qui a tué un homme, c'étoit un

16

événement qui devoit produire quelque changement dans le parti.

Aussi, cent sauvages environ ont quitté M. Marin, qui a aussi renvoyé ceux des Canadiens qui n'avoient pas de souliers. Avec les plus ingambes et les mieux équipés, il est allé chercher fortune du côté des forts anglois.

Différents papiers ont été trouvés en suivant les pistes des fuyards, parmi lesquels est l'instruction donnée par le général Webb à l'officier commandant ce parti de vingt hommes, détachés de la compagnie des volontaires de West. Par cette instruction, il paroît que les Anglois entretiennent continuellement au fond de la baie, sur la rivière au Chicot, des découvreurs, que leur poste est derrière ces rochers, le long desquels M. de Langlade a été fusillé. Ils s'y tiennent embusqués deux jours. Leur ordre est d'observer les détachements françois qui passent de ce côté, de les attaquer s'ils sont plus faibles ; s'ils sont plus forts, de ne pas se découvrir et d'envoyer un homme au fort Lydius avertir de la route que prennent les François. Ils sont prévenus que les sauvages amis viendront à eux, un pavillon rouge à la main, qu'ils leur donneront le mot qui est *Johnson*, et leur montreront un passeport signé *Guillaume*.

Sur les onze heures, il est arrivé ici avec M. de Niverville et le Père Roubaud, jésuite, cent douze Abénaquis de Saint-François, vingt-six de Bécancour, dix-huit de Missiscouy avec M. de Saint-Luc, l'abbé Piquet et l'abbé Matavet, missionnaires, quarante-six Algonquins du Lac, cinquante-trois Népissings, quarante-sept Iroquois du Lac, et trois de la Présentation avec huit

Sauteux ; et, sur-le-champ, conseil, nation par nation, et compliment sur leur arrivée. On les a instruits des nouvelles de la position de l'armée, des projets pour le départ, et l'assemblée a fini par un coup de vin qu'on leur a fait boire, en les avertissant que c'étoit sans conséquence.

On a enfin pris le sage parti de ne point leur donner de boisson à l'armée ; c'est l'unique moyen de tirer au moins quelque chose d'une très mauvaise paye.

M. de Saint-Luc a apporté des nouvelles de Québec et de Montréal. Par les lettres de Monsieur l'intendant du 11 et du 14, Québec manque absolument de pain ; on y est dans une misère extrême ; le peu de provisions apportées par le petit nombre de bâtiments qui y sont parvenus est épuisé. Monsieur l'intendant a différé de faire tuer les bestiaux jusqu'à ce que quatre cents quintaux de riz arrivés de Marseille soient consommés. Le Roi a acheté ce riz cent livres le quintal, et on le distribue au peuple à raison de dix sols la livre ; les habitants de la campagne vivent de laitage.

M. de Montbeillard, officier détaché du corps royal, est venu de France le mois passé, et est resté à Québec pour reconnoître les environs de cette place, le bas de la rivière, faire les plans et dispositions relatifs à la défense de cette capitale. On auroit pu, dès à présent, commencer des travaux tendants à cet objet ; mais, faute de vivres, on ne peut pas employer de travailleurs. Le 14, on n'avoit aucune nouvelle de nouveaux vaisseaux en rivière, ce qui cause les plus grandes inquiétudes et avec fondement.

Par une lettre de la rivière Saint-Jean en date du 20 juin, M. de Boishébert mande que, pendant son quartier d'hiver passé à Miramichi, il avoit fait subsister sa troupe avec des peaux de bœufs ; que le convoi envoyé par le marquis de Vaudreuil étant enfin arrivé, il se préparoit à marcher du côté du fort Saint-George, lorsqu'il avoit reçu ordre de M. de Drucour de partir de Miramichi, avec son détachement composé de cent François et cent Micmacs, en prenant les sauvages du village d'Ocpack situé sur la rivière Saint-Jean, qui sont au nombre de soixante-dix guerriers, avec trente François, de se rendre ensuite au port Toulouse, de renforcer son monde des sauvages et des François qui occupent ce poste, et de passer à l'Ile-Royale avec cette troupe qui pourra être de cinq ou six cents hommes. Le courrier qui apportoit les dépêches de M. de Boishébert a rencontré le premier ou le 2 juillet, à quelques lieues en deça du village de Médoctec, douze sauvages de cet endroit, qui revenoient du fort Saint-George où ils avoient fait huit chevelures et quatre prisonniers. L'un des prisonniers lui a dit que la flotte angloise, au nombre de cent soixante voiles, s'étoit présentée devant Louisbourg, mais qu'on avoit appris par un petit bâtiment arrivé au fort George, que cette flotte étoit rentrée à Chibouctou et que la petite vérole continuoit à faire de grands ravages dans ce port.

Par une lettre de Niagara en date du 2 juillet, M. Pouchot mande que beaucoup d'Iroquois se rendent à Niagara, assurant qu'ils reviennent de la guerre, quoiqu'ils n'en apportent que peu de marques, parce que, disent-ils, ils laissent leurs captures en remplacement dans leurs villages; que les Anglois ont abandonné leurs frontières, et que partout l'on y trouve les maisons garnies sans aucun habitant.

Un Iroquois arrivé de Kanestio le 1er juillet, lui a dit que le gouverneur de Philadelphie leur avoit envoyé des colliers, médailles, hausse-cols et cercles d'argent avec un beau calumet, pour les inviter à venir en conseil chez lui; que ces présents promenés dans les villages de Tsonnonthouans, n'avoient produit aucun effet, et qu'ils avoient été partout rejetés.

A la Belle-Rivière, trois officiers de la colonie et sept miliciens ont donné dans une embuscade qui en a tué six, dont les trois officiers. Ils étoient partis du fort Duquesne avec soixante-dix-huit sauvages qui s'étoient ensuite séparés d'eux. Le 10 juin, cent soixante sauvages partis de ce même fort pour aller en guerre, y sont revenus le lendemain, parce que deux Iroquois traîneurs ont eu la chevelure levée par quatre Catabas. M. Des Ligneris avoit envoyé sur-le-champ quarante hommes à la découverte, avec ordre de s'avancer jusqu'à vingt lieues. Il se proposoit à leur retour, d'envoyer un gros détachement au fort de Cumberland, et même plus loin. Dans cette contrée, tous les chemins sont déserts; on n'y rencontre que quelques partis d'Anglois et de Catabas.

Un prisonnier amené le 13 juin par des Loups, à M. Des Ligneris, a déposé que les Anglois avaient ramassé beaucoup de monde, de chevaux, d'artillerie, de munitions de guerre et de bouche dans l'intention de venir au fort Duquesne. M. Des Ligneris ne mande pas à M. Pouchot quel est l'endroit où se faisoit cet amas.

Il est encore arrivé, sur les quatre heures, quarante sauvages du parti de M. Marin ; ils disent qu'ils ont faim et qu'ils n'ont pas de souliers.

On dit avoir vu sur le lac Saint-Sacrement plusieurs berges angloises ; trois cents hommes, sauvages et Canadiens, sont maintenant embusqués, partie en canot, partie par terre, qui se proposent de les prendre.

Il est arrivé sur les huit heures, un courrier qui nous a appris des nouvelles de la mer et de l'Ile-Royale, en date du 9 juin. Deux bataillons de Berry, destinés en premier lieu pour Louisbourg, qui maintenant n'en a plus besoin, passent dans cette colonie ; il y en a maintenant six compagnies en rivière, dans le vaisseau de guerre le *Bizarre,* et le *Célèbre* avec des poudres ; et Monsieur l'intendant a envoyé quatre bâtiments pour les amener à Québec. Le *Bizarre* et le *Célèbre* ont ordre de se tenir à l'Ile-aux-Coudres pour disputer le passage du gouffre ; s'ils sont repoussés, de se replier à la traverse et enfin sous le canon de Québec. Le reste des deux bataillons vient dans des vaisseaux de l'escadre de M. d'Aubigny. Les bataillons sont composés de neuf compagnies de soixante hommes chacun. Il y avoit aussi lors du départ du courrier, de Québec à Saint-Barnabé, plusieurs vaisseaux marchands chargés de vivres, dont deux, au moins, au munitionnaire général.

Trois escadres étoient destinées pour Louisbourg : deux de Brest et une de Toulon. Celle de Bauffremont est arrivée la première, le 2 juin celle de M. Dubois de La Mothe ensuite, et celle de Toulon, la dernière.

Voici la liste des vaisseaux de guerre maintenant à l'Ile-Royale, aux ordres de M. Dubois de La Mothe, général faisant fonction de vice-amiral pendant la campagne :

Le *Formidable*, quatre-vingts canons, M. Dubois de La Mothe ; pavillon de vice-amiral ;

Le *Tonnant*, quatre-vingts canons, M. de Bauffremont, chef d'escadre ; portant pavillon de lieutenant général ;

Le *Défenseur*, soixante-quatorze canons, M. de Blénac, chef d'escadre ;

Le *Duc de Bourgogne*, quatre-vingts canons, M. d'Aubigny, chef d'escadre ;

Le *Héros*, soixante-quatorze canons, M. de Chateloger, capitaine ;

Le *Diadème*, soixante-quatorze canons, M. de Rosily, capitaine ;

L'*Hector*, soixante-quatorze canons, M. Darvesse, capitaine ;

Le *Glorieux*, soixante-quatorze canons, M. de Chavagnac, capitaine ;

Le *Dauphin-Royal*, soixante-dix canons, M. Durtubie, capitaine ;

L'*Achille*, soixante-quatre canons, M. de Panat, capitaine ;

L'*Eveillé*, soixante-quatre canons, M. de Merville, capitaine ;

Le *Vaillant*, soixante-quatre canons, M. Saurin, capitaine ;

Le *Superbe*, soixante-dix canons, M. de Choiseul, capitaine ;

L'*Inflexible*, soixante-quatre canons, M. de Saint-Laurent, capitaine ;

Le *Belliqueux*, soixante-quatre canons, M. d'Orvillers, capitaine ;

Le *Sage*, soixante-quatre canons, M. d'Abon, capitaine.

FRÉGATES

La *Brume*, trente-deux canons, M. de la Prévalaye, capitaine ;

La *Fleur-de-Lys*, trente-deux canons, M. de Tourville, capitaine ;

L'*Abénaquise*, trente-six canons, M. MacCarthy, capitaine ;

La *Cornette*, trente-deux canons, M. de Brugnon, capitaine ;

L'*Hermione*, trente-deux canons, M. Du Bois, lieutenant.

Total : Seize gros vaisseaux et cinq frégates, plus un vaisseau anglois nommé le *Greenwich*, de soixante-quatre canons, pris par M. de Bauffremont, et les deux vaisseaux le *Bizarre*, de soixante-quatre canons, capitaine Montalet, et le *Célèbre*, capitaine la Jonquière, que nous avons déjà dit être en rivière.

Au reste, il ne falloit pas moins que ces escadres pour mettre Louisbourg en état de résister aux efforts de l'Angleterre. La place, abandonnée à ses propres forces, ne pouvoit faire une longue défense. Tout ce qu'on y a fait jusqu'à présent, c'est d'avoir palissadé et mis les chemins couverts en état. Quant au corps de la place, ni flancs, ni faces de bastions, ni courtines, ne sont revêtus ; c'est un délabrement total. M. de Franquet, ingénieur, y fut envoyé en 1750 pour les projets et

devis de la fortification. Pendant quatre ans on agita
ce que l'on feroit, et l'on ne travaille que depuis deux
ans; encore ne le peut-on que pendant cinq mois de
l'année. L'ordre de la cour est arrivé pour le règlement
et l'augmentation du corps de l'artillerie dans cette
colonie. Il sera composé de deux compagnies de cinquante hommes chacune avec un capitaine, un lieutenant, un enseigne en premier, un enseigne en second,
un commandant en chef à la tête de ce corps.

Le 23 juillet 1757. — Hier au soir la berge de la
découverte revint dire qu'elle avoit aperçu dans les
parages de l'île à la Barque, six berges angloises. Sur-
le-champ M. de Corbière partit avec environ quatre
cent cinquante hommes, presque tous sauvages, et
s'embusqua dans les îles dont cette partie du lac est
semée. Une de ces îles avoit envoyé à la découverte un
petit canot; une autre plus éloignée avoit fait la même
manœuvre. A la pointe du jour le premier canot revint,
et le second, passant à la vue des sauvages situés dans
l'île la plus avancée, fut pris pour ennemi; l'un d'eux
tira et son coup a blessé deux chefs outaouais, dont
l'un à mort. Grande désolation parmi les sauvages;
plusieurs ont relâché. M. de Langlade est cependant
resté dans son embuscade avec deux cent cinquante ou
trois cents hommes, que M. de Corbière a été rejoindre
et renforcer le soir même. On attend des nouvelles.
Cette méprise a été cause que les sauvages ont demandé
qu'on leur donnât un mot de ralliement. Ils envoient
à l'ordre.

Il est arrivé à midi les officiers et quatorze soldats
du corps royal de l'artillerie et du génie. On ne sait

pas encore quelle sera leur destination, s'ils seront incorporés ou non, les ordres de la cour qui les concernent
n'étant pas arrivés ; en attendant ils feront leur service
aux ordres du chevalier Le Mercier.

Sur les cinq heures une patrouille de dix grenadiers
du régiment de Guyenne, revenant au camp de la
Chute, a essuyé une décharge venant de sauvages
agniers embusqués à l'entrée du bois. L'un des grenadiers a eu la chevelure levée. Comme le coup s'est
fait à cent cinquante pas des tentes, on a sur-le-champ
couru après. M. de Villiers les poursuit avec environ
cent cinquante hommes ; je souhaite qu'on les atteigne ;
mais il y a tout à parier que ceux qui ont fait ce coup
sont sûrs de leurs jambes. Il paroît que ces sauvages
ont passé la nuit dans leur embuscade ; on y a trouvé
une pochetée de galettes.

Les transports du portage se font toujours avec la
plus grande vivacité.

Le 24 juillet 1757. — M. Marin est revenu ce matin
avec trente-deux chevelures et un prisonnier fait au
fort Lydius. Après la désertion d'une partie de ses
gens, il a marché vers ce fort avec environ cent cinquante hommes qui lui restoient ; il y est arrivé le 23
à huit heures du matin, a trouvé une patrouille de dix
hommes qui a été assommée sur-le-champ. La grande
garde accourue au bruit a eu le même sort. Alors tout
le camp a pris les armes ; les troupes sont sorties de
leurs retranchements et se sont avancées en bataille
jusqu'à l'entrée du bois, en faisant sans aucun effet
des décharges régulières. Les sauvages à l'abri de gros
arbres tiroient à coup sûr et ils disent en avoir beaucoup

tués.   La fusillade a duré quelque temps ; après quoi
ils ont fait leur retraite, poursuivis pendant plus d'une
lieue ; mais qui pourroit atteindre un sauvage qui fuit ?
Ils sont revenus à leurs canots d'une seule course.
Cette expédition n'a coûté qu'un Canadien mort de
fatigue ou de peur et deux sauvages légèrement blessés.
Avant que de frapper, ils avoient fait la médecine.
Voilà quel est le rapport de cet officier : l'exacte vérité
est que les piquets seuls se sont avancés hors des
retranchements à la première fusillade des sauvages,
que l'on a beaucoup tiré de part et d'autre et que les
Anglois ont eu onze hommes tués et quatre blessés,
dont deux morts depuis de leurs blessures.   Cependant
les sauvages rapportent trente-deux chevelures ; c'est
que d'une ils savent en faire deux et même trois.

Nous savons maintenant par cette découverte de
M. Marin que le fond de la baie est libre, que les ennemis
n'y ont aucun fort, ni retranchement, ni poste fixe, mais
qu'ils y envoient de temps en temps des découvreurs
qui s'embusquent pour observer nos mouvements dans
cette partie, que la rivière au Chicot est navigable, à
l'exception d'un rapide fort court, jusqu'au fort de la
Reine maintenant abandonné, et que, de ce fort à celui
de Lydius, est un grand chemin de cinq lieues très
praticable.   Le prisonnier fait à ce fort dit que les Anglois
y sont retranchés et peuvent y avoir quatre ou cinq
mille hommes toutes milices.

Notre détachement embusqué au-dessous du Pain-
de-Sucre est rentré successivement après une action
des plus heureuses.   Le colonel Parker étoit parti hier au
soir du fort George avec un détachement composé de

trois cent cinquante hommes, quatre lieutenants et un enseigne, sur vingt-deux berges dont deux esquifs ; son objet étoit de tâter nos postes avancés et de faire des prisonniers. A la pointe du jour trois des berges ont donné dans notre embuscade et se sont rendus sans tirer ; trois autres qui les suivoient à quelque distance ont eu le même sort. Les seize restantes se sont avancées en ordre ; les sauvages qui étoient à terre les ont fusillées et fait revirer. Quand ils les ont vues fuir ils se sont jetés dans leurs canots, les ont poursuivies, atteintes, coulées à fond ou prises, à l'exception de deux qui se sont échappées. Ils ont ramené près de deux cents prisonniers ; le reste a été noyé. Les sauvages plongeoient pour les darder dans l'eau, comme ils font le poisson, et aussi pour couler bas les berges, en les prenant par-dessous et les faisant chavirer. Nous n'avons eu qu'un seul homme blessé légèrement. Les Anglois, effrayés par le feu, la vue, les cris et l'agileté de ces monstres, se sont rendus presque sans tirer un seul coup. Le rhum qui étoit dans les berges et que les sauvages ont bu sur-le-champ, leur a fait faire de grandes ernantés. Ils ont mis à la chaudière et mangé trois prisonniers ; d'autres seront peut-être traités de même ; tous sont esclaves à moins qu'on ne les rachète, spectacle horrible aux yeux d'un Européen.

Ce détachement étoit pour la plus grande partie composé de New-Jersey, milices du pays ; c'étoit le reste de ce que nous en avions pris à Chouaguen. Le colonel Parker les commandoit à la place de M. Schuyler, prisonnier.

D'après le rapport assez uniforme des prisonniers ; il est certain que les îles du lac Saint-Sacrement ne sont point occupées par les Anglois ; qu'ils n'ont aucun poste avancé ; qu'au fort George il n'y a pas mille hommes, mais qu'on y attendoit avant trois jours le général Webb avec un renfort plus ou moins considérable, suivant les différents prisonniers ; que ces troupes sont campées derrière le fort, sur une éminence qui le domine, sans aucun fossé ni retranchement qui couvre leur camp ; qu'à l'exception de six cents hommes de troupes régulières tout le reste est de milices.

NOMS DES CHEFS DE GUERRE QUI ÉTOIENT A CE DÉTACHEMENT

Outaouais

La Fourche, Brisset, Pendaloux, le Poisson-Blanc, Hubarnois, le vieux Bouchard, Moillionita, Orgedau, le fils d'Aukaineuy Wiennago, Weawe, Aquinew, Sagué, le chef des Saguinans, Dakow.

Sauteux

Capipouerguen, Orquipéinose, Nanjeogachi, Gawchimagoné, Chabotiowawais.

Folles-Avoines

Le Chat.

Poutéotamis

Millionissilini, Naouakousy, Nanaquaibis, Oybischaganné, Nériowois.

De ces noms les uns sont sauvages, les autres la tra-
duction de ce qu'ils signifient dans leur langue.

M. de Villiers qui étoit à la poursuite des sauvages
qui ont fait la chevelure aux grenadiers de Guyenne,
est rentré sans avoir rien trouvé.

Il est arrivé aujourd'hui avec le sieur Perthuis interprète, deux cent soixante-dix-sept Iroquois domiciliés,
quatre Onéyouts, cinq Loups de la Belle-Rivière,
cinquante-deux Hurons du Détroit et de Lorette,
cinquante-huit Amalécites et onze Abénaquis du lac
Saint-François.

La journée s'est passée en conseils ; et les sauvages,
tant les vainqueurs que les autres, en conséquence de
la victoire, ont été insupportables.   On a besoin d'une
tête de fer pour qu'elle y résiste.

*Copie de la déposition de Louis Windiolette, pris au
lac Saint-Sacrement*

Elle est ci-jointe *.

J'ai placé ici cette déposition, parce qu'elle contient
plusieurs détails intéressants, entre autres, sur la four-
berie dont usent les Anglois pour peupler leurs colonies
d'étrangers abusés par des belles promesses ; d'où l'on
doit conclure le mécontentement et la mauvaise volonté
à la guerre de tous ces colons devenus, au bout de
quatre ans, d'esclaves habitants ; sur la manière dont
se lèvent les régiments de milices ; et sur les différents
postes intermédiaires entre New-York et le fort George.

---

* Cette pièce ne se trouve pas dans le volume.

Le 25 juillet 1757. — La journée, de la part du
général, s'est passée à tenir des conseils avec les sauvages.
Plusieurs vouloient retourner à Montréal, disant que
c'étoit tenter le maître de la vie que de s'exposer encore
aux hasards de la guerre après un aussi beau coup que
celui qu'ils venoient de faire ; les autres vouloient conduire leurs prisonniers à Montréal ; enfin tous vouloient
quelque chose, tous venoient à la fois, tous crioient en
même temps.

Ils ont fait des visiles fort tendres à leurs prisonniers,
les caressant, leur portant du pain blanc, voulant voir
s'ils ne manquoient de rien. Cependant ils en ont
mangé un dans ce camp. Il est impossible de l'empêcher.

Dans l'après-midi ils avoient consenti à ce que le
marquis de Montcalm envoyât à Montréal leurs prisonniers ; toutes les mesures étoient prises en conséquence ; deux heures après, ils ne l'ont plus voulu, et
il a fallu faire tenir un conseil à minuit pour décider
cette affaire importante. Ils y ont une deuxième fois
consenti à condition qu'on leur donneroit, par bandes
ou particuliers, des reçus de leurs esclaves, que le marquis de Vaudreuil leur donneroit du pain blanc et des
couvertes, et qu'à leur retour on les leur rendroit, à
moins qu'ils ne les vendissent. Point de milieu avec
ces barbares, ou des cruautés inouïes, ou les meilleurs
traitements qu'ils puissent imaginer.

Il est arrivé aujourd'hui trois officiers et cent cinquante hommes de recrues, tirés du régiment des volontaires étrangers et destinés à compléter les compagnies
de la marine.

On travaille toujours fortement à préparer ce qui est nécessaire pour le départ de l'armée.

Le 26 juillet 1757. — Les prisonniers sont enfin partis pour Montréal, escortés par un officier et des soldats de nos troupes ; plusieurs sauvages ont voulu conduire les leurs jusqu'aux bateaux.

Il est parti aussi quatre canots sauvages de blessés, d'enfants et de malades. Le marquis de Montcalm a été à la Chute tenir un conseil avec les chefs des différentes nations sauvages. Il leur a exposé son ordre de marche, le jour auquel il comptoit mettre l'armée en mouvement, ce qui les regardoit particulièrement et ce que l'on attendoit d'eux, et leur a annoncé pour demain le grand conseil, dans lequel il doit réunir et lier les nations les unes avec les autres. Les Abénaquis, parlant les premiers, ont approuvé tout ce que le marquis de Montcalm proposoit. Les Algonquins et les Népissings de même. Les Iroquois, dont les anciens n'étoient pas présents au conseil, lui ont dit : " Mon père, s'il s'agis- " soit d'un coup de main, nous serions bientôt décidés " à suivre ta parole. Nous l'approuverons sans doute. " Mais comme il s'agit d'affaires de la plus grande con- " séquence et que nos anciens ne sont pas ici, il ne " nous appartient pas de prononcer. Nous leur rendrons " un compte exact de ce que tu nous as dit et nous ne " doutons pas qu'ils ne fassent ta volonté ".

Lamotte, chef Folle-Avoine, parlant avec véhémence et tout le style figuré des orientaux, a approuvé la parole.

Comme le marquis de Montcalm avoit profité de la chute fortuite d'un gros arbre tombé pendant le conseil, pour en tirer ùn augure certain de la chute du fort George, Lamotte a accepté le présage au nom des sauvages des pays d'En-Haut.

Pennahouel, chef outaouais qui dans la guerre des Renards portoit la hache contre nous, constamment depuis dévoué à Ononthio, célèbre par son esprit, sa sagacité et ses conversations avec M. de la Galissonnière, Pennahouel, le plus vieux des sauvages dit : " Mon père, moi qui, de tous les sauvages, compte le " plus de révolutions de Pibukigus (c'est-à-dire la lune), " je te remercie, au nom de toutes les nations et au " mien, des bonnes paroles que tu viens de nous donner ; " je les approuve, et personne ne nous a jamais mieux " parlé que toi. C'est le manitou de la guerre qui " t'inspire "..

L'armée devant marcher sur deux divisions, dont l'une par terre aux ordres de M. le chevalier de Lévis, et l'autre en bateau, la division de terre qui a près de dix lieues à faire dans les bois et des montagnes très difficiles, doit partir deux jours avant l'autre, afin de se trouver en même temps à la baie de Ganaouské. Il avoit été décidé qu'elle se mettroit en mouvement le 29. Les sauvages ont demandé qu'elle ne partit que le 30, et on le leur a accordé.

Aujourd'hui nos sauvages avoient cru voir un pavillon blanc sur une montagne à quelque distance du portage ; ils ont pensé que ce pouvoit être une ruse des ennemis et y ont marché en force au nombre de cinq ou six cents. Ce pavillon étoit une pierre blanche. Les sauvages, afin de ne pas perdre leur repas, se sont amusés à ramasser des bluets, espèce de graine bonne

17

à manger et fort salutaire, et à faire des décharges dans le bois, qui ont fait prendre les armes aux troupes du portage.

Le 27 juillet 1757. — Aujourd'hui le marquis de Montcalm est allé se camper au portage, où sa présence étoit nécessaire pour accélérer l'arrangement des troupes de la marine, des milices en brigades, les distributions nécessaires, la distribution des bateaux, etc. Il y a tenu le grand conseil pour réunir et lier les quarante nations qui sont ici, par un collier de six mille grains. Les chefs et orateurs de ces nations composoient le conseil. Kisensik, fameux chef népissing, l'ouvrit : " Mes frères, dit-il, aux nations des pays d'En-Haut, " nous, sauvages domiciliés, vous remercions d'être " venus pour nous aider à défendre nos terres contre " l'Anglois qui les veut usurper. Notre cause est " bonne, et le maître de la vie la favorise. En pouvez- " vous douter, mes frères, après le beau coup que vous " venez de faire ? Nous l'avons admiré ; nous vous en " faisons notre compliment ; il vous couvre de gloire " et le lac Saint-Sacrement teint du sang de Corlar " attestera éternellement cet exploit. Que dis-je ? Il " couvrira aussi de gloire nous, vos frères, et nous en " tirons vanité. Notre joie doit encore être plus grande " que la tienne, mon père, dit-il, en s'adressant au " marquis de Montcalm, toi qui as passé le grand lac, " non pour ta propre cause ; car ce n'est pas sa cause " qu'il est venu défendre, c'est le grand Roi qui lui a " dit : Pars ; passe le grand lac, et va défendre mes " enfants. Il va vous réunir, mes frères, et vous lier " par le plus solennel des nœuds. Acceptez-le avec

" joie ce nœud sacré, et que rien ne puisse plus le
" rompre ".

Cette harangue fut rendue aux nations par les différents interprètes et reçue avec applaudissements.

Le marquis de Montcalm leur fit dire ensuite : " Mes
" enfants, je suis ravi de vous voir tous réunis pour les
" bonnes affaires. Tant que durera votre union, l'Anglois
" ne pourra vous résister. Je ne puis mieux vous parler
" que votre frère Kisensik vient de le faire. Le grand
" Roi m'a sans doute envoyé pour vous protéger et vous
" défendre, mais il m'a recommandé surtout de chercher
" à vous rendre heureux et invincibles en établissant
" entre vous cette amitié, cette union, ce concours pour
" opérer les bonnes affaires, qui doivent se trouver entre
" des frères, enfants du même père, du grand Ononthio.
" Par ce collier, gage sacré de sa parole, symbole de
" bonne intelligence et de force par la liaison des diffé-
" rents grains qui le composent, je vous lie tous les uns
" avec les autres, de manière qu'aucun de vous ne
" puisse se séparer avant la défaite de l'Anglois et la
" destruction du fort George ".

Cette parole fut alors rapportée par les différents
interprètes, et le collier jeté au milieu de l'assemblée.

Il a été relevé par les orateurs des différentes nations,
qui les exhortèrent à l'accepter, et Pennahouel, en le
présentant à celles des pays d'En-Haut, leur dit : " Voilà
" maintenant un cercle tracé autour de vous par le grand
" Ononthio, qu'aucun de nous n'en sorte ; tant que
" nous resterons dans son enceinte, le Maître de la vie
" sera notre guide, nous inspirera ce que nous devons
" faire, et favorisera toutes nos entreprises. Si quel-

" qu'un én sort avant le temps, le Maître de la vie ne
" répond plus des malheurs qui pourront le frapper ;
" que son infortune soit personnelle et ne retombe pas
" sur des nations qui se promettent ici une union indis-
" soluble et la plus grande obéissance à la volonté de
" leur père ".

A mesure que les orateurs avoient parlé en relevant
le collier, ils le remettoient au milieu de l'assemblée.
Ce collier, suivant les coutumes des nations, appartenoit
à celle qui avoit à l'armée le plus de guerriers. C'étoit
sans contredit, aux Iroquois qui étoient et qui presque
toujours sont les plus nombreux, et à qui leurs anciennes
victoires sur presque toutes les nations de l'Amérique
septentrionale ont donné un ton de supériorité qu'ils
conservent. Ils prirent le collier, et leur orateur,
s'adressant aux nations des pays d'En-Hant, leur dit que,
charmés de voir leurs frères réunis avec eux, reconnois-
sants du secours qu'ils venoient leur apporter pour la
défense de leurs terres, ils les prioient d'accepter ce
collier gage de leur union et de le porter dans leurs
villages, où il seroit un monument éternel de leur amitié,
de leurs succès communs, un témoin qui leur remettroit
devant les yeux les bonnes affaires opérées dans cette
campagne, et les avertiroit d'entretenir éternellement
cette liaison, la force des guerriers.

L'orateur népissing s'est alors levé pour dire aux
Iroquois : " Mes frères, nous vous savons bon gré de
" cette attention que vous marquez à nos frères d'En-
" Haut ; c'étoit aussi notre dessein et vous n'avez fait
" que nous prévenir ". Il faut observer cette démarche
des Népissings ; elle avoit pour objet de faire sentir aux

Iroquois qu'eux, Népissings, étóient les aînés de tous les sauvages ; et pour ne pas laisser prescrire le droit de préséance que leur donne leur ancienneté.

Pennahouel, au nom des sauvages d'En-Haut, a remercié les Iroquois et accepté le collier.   Ces nations différentes tiendront cette nuit un conseil pour savoir à laquelle il restera.

Cette grande affaire du collier terminée, le marquis de Montcalm a fait demander la réponse aux propositions que, la veille, il avoit faites dans le conseil tenu avec les chefs au sujet de la marche de l'armée, partir par terre, le reste en bateaux, de la route qu'il falloit tenir dans les bois, du jour du départ et des autres dispositions ; car il faut leur faire part de tous les projets, les consulter et souvent suivre ce qu'ils proposent.   C'est qu'au milieu des bois de l'Amérique, on ne peut pas plus se passer d'eux que de la cavalerie en plaine.

Les Iroquois ont répondu que, comme ils sont les enfants de cette contrée, le théâtre de la guerre, le marquis de Vaudreuil leur avoit dit qu'ils serviroient à l'armée de guides pour la route ; qu'ils exécuteroient avec plaisir la volonté de leur père ; que puisqu'il falloit qu'une partie allât par terre et l'autre en bateau, ils partageroient leurs guerriers en conséquence ; que de deux cent cinquante Iroquois du Sault qu'ils étoient, cent iroient par les bois et cent cinquante en canots ; qu'ils mèneroient la division de terre par le chemin le moins mauvais et le plus à portée de ne pas perdre le lac de vue, afin qu'en ayant fouillé les bords, ceux qui viendroient en bateau n'eussent à craindre aucune embuscade ; qu'à l'égard du jour du départ, ils seroient prêts au moment où leur père leur ordonneroit de marcher.

Cette réponse des Iroquois a été communiquée aux autres nations, que l'on a en même temps averties que la division qui va par terre aux ordres de M. le chevalier de Lévis, s'assembleroit le 29 au soir, en avant du camp du portage, à la côte du Nord, pour se mettre en marche à la pointe du jour.

Les nations ont répondu qu'elles donneroient un état de ceux de leurs guerriers qu'elles destineroient aux deux divisions ; cet état se donne par des bûchettes.

Les Iroquois, suivant leurs usages, auroient terminé ce conseil par la cérémonie de chanter la guerre ; mais comme ce n'est pas la coutume des nations d'En-Haut de finir par aucune chanson de guerre ces sortes de conseil dont l'objet est d'unir et de lier les esprits, on a suivi leurs mœurs en ce point, par égard à leur qualité d'étrangers.

Le marquis de Montcalm avant de séparer l'assemblée, a fait prier les chefs d'engager leurs jeunes gens à ne pas tirer continuellement, leur en représentant les inconvénients ; les chefs ont promis de faire tous leurs efforts à cet effet.

Les Folles-Avoines, Sakis et Renards avoient quitté la séance, parce que la foule d'officiers françois répandus dans le cercle les empêchoit de voir leur père et d'entendre sa parole. On les a envoyés prier de revenir, et on a fait retirer les curieux.

Le 28 juillet 1757. — Les sauvages ont donné les bûchettes pour les gens qu'ils comptent faire aller à pied. Les Népissings avoient voulu les détourner de cette division de leur monde, prétendant que c'étoit se fatiguer inutilement. Ils n'ont pas réussi.

Les Miamis, au nombre de huit, sont partis sans avertir personne; un chef poutéotamis en a informé le marquis de Montcalm, et s'est offert de tâcher de les ramener, on lui a donné un collier et des branches pour l'aider à y réussir.

Un cadavre anglois est venu flotter le long du camp des sauvages; ils se sont attroupés autour avec de grands cris, et ont bu le sang et mis les membres à la chaudière. Au reste ce ne sont que ceux d'En-Haut qui commettent ces cruautés; nos domiciliés n'y prennent aucune part. Ils se confessent toute la journée.

TABLEAU *des sauvages qui se trouvent à l'armée du marquis de Montcalm, le 28 juillet 1757, sous les ordres de MM. de La Corne et de Saint-Luc*

DOMICILIÉS.		OFFICIERS ATTACHÉS AUX SAUVAGES.	MISSIONNAIRES.	INTERPRÈTES.
Népissings	53	M. de Langy-Montégron	L'abbé Mathavet, sulpicien	Saint-Germain.
Algonquins du lac Idem des Trois-Rivières.	24 } 47 23			
Abénaquis de Saint-François " de Bécancour " de Missiskoué " de Panaouské	104 80 } 245 25 36	MM. le chevalier de Niverville, de Hertel	Le Père Roubaud, jésuite	Châteauvieux.
Iroquois du Sault-Saint-Louis. " du lac des Deux-Montagnes. " de la Présentation " Onéyouts	258 94 } 363 3 8	MM. de Longueuil Sabrevoix	L'abbé Piquet, sulpicien	{ Perthuis. { La Force.
Hurons du Détroit. " de Lorette.	26 } 52 26	M. de Longueuil	Idem	Saint-Martin.
Micmacs de l'Acadie Amalécites	4 } 60 56	MM. le chevalier de Niverville, de Hertel	Idem	Launière.
Total	820			

SAUVAGES DES PAYS D'EN-HAUT

SAUVAGES.	OFFICIERS ATTACHÉS AUX SAUVAGES.	MISSIONNAIRES.	INTERPRÈTES.
Têtes de boules, ou gens de terre 3			
Outaouais Kikapous ...... 94 Sinago ...... 35 de la Fourche ...... 70 Mignojan ...... 10 de l'île au Castor ...... 44 du Détroit ...... 30 du Saguinau ...... 54 } 337	MM. de Langlade, de Florimond, Herbin, cadet	L'abbé Mathavet, pour quelques-uns du Détroit et de Michillimakinae	Forly, Saint-Jean.
Sautoux de Chagoamigon ...... 32 du Castor ...... 24 de Carschimagan ...... 14 de la Carpe ...... 37 de Kabibonocki ...... 50 } 157	MM. de La Plante, de Lorimier	......	Chesne.
Mississagués de Toronto ...... 35 de la Carpe ...... 43 de la Loutre ...... 63 } 141	Idem		Idem.
Poutéotamis de Saint-Joseph ...... 70 du Détroit ...... 18 } 88	M. Marin		Dutailly.
Folles-Avoines de l'Orignal ...... 62 du Chat ...... 67 } 120	Le chevalier de Langy		Réaume.

SAUVAGES DES PAYS D'EN-HAUT. — *Suite*

SAUVAGES.	OFFICIERS ATTACHÉS AUX SAUVAGES.	MISSIONNAIRES.	INTERPRÈTES.
Miamis de Saint-Joseph 8			
Puants de la Baie 48			
Ayoas de la Mer d'Ouest ...... 10 } 124	Idem	....	Idem.
Renards du Mississipi......... 20			
Sakis et Loups 38			
Total......... 979			
Total des domiciliés....... 820			
Total des sauvages...........1,799			

De ce nombre il faut ôter une quarantaine d'Outaouais ou Mississagués partis il y a cinq ou six jours, et
les Miamis qui vraisemblablement ne reviendront pas.
Il y a quelques femmes et enfants qui ne sont pas
compris dans ce nombre.

Les brigades de milices sont enfin formées; il y en a
six qui ne sont pas de la même force. Elles sont commandées, savoir:

La première de quatre cent onze hommes,	par M. le cheva-lier de La Corne.	
La deuxième de quatre cent quarante-cinq,	M. de Vassan.	
La troisième de quatre cent soixante et un,	M. de Saint-Ours des Chaillons,	
La quatrième de quatre cent trente-deux,	M. de Repenti-gny,	Capitaines.
La cinquième de qua-tre cent soixante-treize,		
	M. de Courte-manche,	
La sixième de quatre cent vingt-quatre,	M. de Gaspé,	

Dans chacune de ces brigades il y a un certain
nombre de soldats de la marine.

M. de Villiers a de plus une troupe de trois cents
volontaires.

Le bataillon de la marine est aussi formé et fait
maintenant le service comme les nôtres; il est de cinq
cent vingt-cinq hommes.

Le 29 juillet 1757. — Les Miamis ne sont pas revenus; leur exemple a été contagieux, plusieurs autres
l'ont suivi. Quelques-uns pour n'être pas arrêtés ont
fait le portage de leurs canots par les bois. Ces déser-

teurs sont des Mississagués et des Outaouais. Il en est parti environ deux cents. Le moyen de les retenir ? ils avoient fait coup, et d'ailleurs ils manquent ici de tout ; ni couvertes, ni peaux de chevreuil autres que des mauvaises, ni mitasses, ni vermillon ; il faudroit que ceux qui envoient ainsi des sauvages à des armées où tout manque viennent les commander eux-mêmes.

Au reste cet inconvénient si préjudiciable au service du Roi, tient à la mauvaise constitution du gouvernement et est produit par l'avidité des sangsues de la colonie.

Armée du Roi en Canada, sur le lac Saint-Sacrement, dans les camps de Carillon, de la Chute et du Portage

Le 29 juillet 1757.

Le marquis de Montcalm, maréchal de camp ;
Le chevalier de Lévis, brigadier ;
Le sieur de Rigaud de Vaudreuil, gouverneur des Trois Rivières, commandant les troupes de la colonie ;
Le sieur de Bourlamaque, colonel ;
Le chevalier de Montreuil, major général.

TROUPES FRANÇOISES

La Reine	369	hommes.
La Sarre	451	"
Royal-Roussillon	472	"
Languedoc	322	..
Guyenne	492	..
Béarn	464	..
Total	2,570	"

TROUPES DE LA COLONIE

Bataillon de la marine................... 524

MILICES

Brigade de La Corne		411
"	de Vassan	445
"	de Saint-Ours	461
"	de Repentigny	432
"	de Courtemanche	473
"	de Gaspé.	424
Volontaires de Villiers		300

Total 3,470

SAUVAGES

Domiciliés	820
Des pays d'En-Haut	979

Total 1,799

ARTILLERIE

Le sieur Le Mercier, commandant.

Officiers	8
Canonniers, bombardiers, ouvriers	180

M. Desandrouins, ingénieur ;
Le sieur de Lotbinière, ingénieur.

Récapitulation de l'armée :

Troupes de terre	2,570
De la colonie et milices	3,470
Canonniers	180
Sauvages	1,799

Total de l'armée......... 8,019 hommes.

Le chevalier de Lévis, qui commande la division destinée à marcher par terre, s'est mis ce soir en mouvement avec son corps. Il s'est campé au bivouac au camp Brûlé, environ une demi-lieue en avant du Portage sur la rive gauche du lac Saint-Sacrement ; il en partira demain à la pointe du jour et arrivera le 1er août à la baie de Ganaouské, lieu marqué pour sa réunion avec la division qui va en bateaux. Celle-ci n'ayant besoin que de vingt-quatre heures pour faire cette route par eau, s'embarquera le 1er août après-midi pour arriver le 2 à la pointe du jour.

Détachement aux ordres de M. le chevalier de Lévis

M. le chevalier de Lévis, brigadier ;
M. de Senezergues, lieutenant-colonel ;
M. de Lapause, aide-major général.

Six compagnies de grenadiers........	300	hommes
Six piquets de troupes de terre....	300	"
Deux piquets de la marine...............	100	"
Volontaires de Villiers.........	300	"
" de la brigade de Vassan.......	311	"
" " de Repentigny..	332	"
Sauvages, environ........	500	"
Total........	2,143	"

Ce détachement marche sans tentes ni équipages ; c'est ainsi que se font dans ce pays les marches par terre.

Cinq cents hommes commandés pour travailler au Portage toute la nuit.

Le 30 juillet 1757. — M. le chevalier de Lévis est parti ce matin, les volontaires de Villiers et des sauvages faisant l'avant-garde, d'autres sauvages marchant sur les flancs et les troupes dans le centre sur trois colonnes, c'est-à-dire, files.

La brigade de Royal-Roussillon, composée de ce bataillon et de celui de Béarn, est venue de Carillon avec M. de Bourlamaque camper à la tête du Portage. La Reine, la Sarre, Languedoc et Guyenne sont venus de la Chute se camper au camp Brûlé, qu'a quitté ce matin le chevalier de Lévis.

Les sauvages s'ennuyoient, avoient du chagrin, trouvoient la nourriture mauvaise, vouloient de la chair fraîche. En conséquence, les jeunes gens ont tué hier quatorze bœufs et aujourd'hui quatre. Les chefs sont venus témoigner à ce sujet le chagrin qu'ils en ressentoient, que ce n'étoit que leur jeunesse et qu'ils leur en feroient des réprimandes. Les Népissings, Algonquins et Poutéotamis sont les seules nations qui n'aient pas eu part à cette Saint-Barthélemy de bœufs, qu'ils appellent une insulte faite à leur père. On leur a dit qu'on le leur pardonnoit. C'est bien le cas de faire de nécessité vertu.

Mille travailleurs commandés pour le Portage cette nuit.

Le 31 juillet 1757. — Aujourd'hui deux brigades et quatre piquets, aux ordres de M. de Bourlamaque, colonel, de M. de Bernetz, lieutenant-colonel, et de M. de Montredon, commandant le bataillon de Béarn, ont été commandés pour achever le Portage qui a enfin été terminé à six heures du soir. On ne conçoit pas quelle peine il faut pour voiturer une artillerie considérable, deux cent cinquante bateaux, des vivres pour six semaines pour dix mille hommes, le tout sans chevaux ni bœufs, à bras d'hommes.   Aussi ne pourra-t-on pas apprécier en Europe le mérite des opérations faites en Amérique ; la fatigue ne s'en conçoit pas, et il est impossible d'en donner une idée juste.

Les sauvages qui, depuis plusieurs jours, suppor-toient impatiemment leur oisiveté, dans un camp où il n'y a ni vin, ni eau-de-vie, dans lequel par conséquent ils ne peuvent s'enivrer, sont partis à trois heures pour se porter trois lieues en avant sur le lac Saint-Sacre-ment où ils nous attendront, ils ont avec eux trois cents Canadiens, restes des trois brigades qui ont été par terre.

En partant ils ont laissé à leur camp un capot, un brayet et une paire de mitasses, suspendus à un arbre en sacrifice au manitou. Deux Sulpiciens et un Jésuite missionnaires dans cette armée ont demandé s'il leur étoit permis de dire la messe dans un lieu où l'on sacri-fioit au diable ; répondu par le général de l'armée, casuiste militaire, qu'il valoit mieux la dire là que de ne pas la dire du tout.

On a aujourd'hui distribué les vivres aux bataillons et aux milices et fait le chargement des bateaux de vivres.

Ci-joint l'état de l'embarquement :

Etat de l'embarquement

Artillerie avec Royal-Roussillon et Béarn, cent quinze bateaux, mille trois cent trente hommes.

Vivres avec la brigade de Gaspé, trente-deux bateaux, quatre cent quarante hommes.

Hôpital ambulant, trois bateaux, quarante - cinq hommes.

Quartier général, état - major sept bateaux, cent hommes.

Brigade de la Reine, composée de la Reine, de Languedoc et du bataillon de la marine, quarante-deux bateaux, huit cent soixante-dix hommes.

Brigade de la Sarre, composée de la Sarre et de Guyenne, trente bateaux, six cent cinquante - sept hommes.

Brigade de Courtemanche, seize bateaux, quatre cents hommes.

Total des bateaux : deux cent quarante-cinq, plus partis avec les sauvages, deux ; en tout deux cent quarante-sept.

Total des hommes embarqués : trois mille huit cent quarante-deux.

Hommes embarqués dans les canots des sauvages, trois cents ; en tout, quatre mille cent quarante-deux.

Dans ce nombre des bateaux de l'artillerie sont trente et un pontons faits de deux bateaux accouplés avec une plate-forme par-dessus. Ces pontons portent les canons et mortiers montés sur leurs affûts ; ils sont très bien imaginés, pour un lac encaissé comme le lac Saint-Sacrement. Il y a aussi un bateau qui porte un canon de onze, et deux petits pierriers que M. Jacquot, lieutenant d'artillerie, a fait construire. J'en joins le plan à ce journal *.

---

* Ce plan ne se trouve pas dans le volume.

18

M. Wolff, officier réformé, est arrivé à cinq heures du
soir, envové par le chevalier de Lévis pour rendre
compte au marquis de Montcalm du premier jour de la
marche. Le détachement avoit passé hier au soir la
Montagne-Pelée, qui est le pas le plus difficile. Kanectagon fameux chasseur iroquois qui guide la route,
assure qu'ils arriveront au rendez-vous au jour convenu. .

Le marquis de Montcalm à laissé à Carillon une
garnison de cent hommes avec cent travailleurs armés,
aux ordres de M. d'Alquier, capitaine de grenadiers au
régiment de Béarn, commandant le dit régiment depuis
la mort de M. de l'Hôpital; un capitaine et cinquante
hommes à la Chute, occupant une redoute à la Chute
même ; un capitaine et cent cinquante hommes au
Portage où est une partie de notre dépôt de vivres.

Le 1er août 1757. — L'armée s'est embarquée à deux
heures après-midi dans l'ordre suivant : La brigade de
la Reine, celle de la Sarre, celle de Courtemanche,
milices, l'artillerie, l'hôpital ambulant, les vivres, un
piquet de Royal-Roussillon. Le bateau de M. Jacquot
étoit à la tête de la flotte composée de deux cent cinquante voiles.

Halte à cinq heures, à quatre lieues de Carillon,
au-dessus de l'île à la Barque, où les sauvages partis la
veille et qui nous attendoient, ont pris la tête dans cent
cinquante canots d'écorce. Le coup d'œil étoit curieux,
même pour un militaire accoutumé à voir les armées
européennes, mais qui ne peut se représenter le spectacle de quinze cents sauvages nus dans leurs canots.

Le lac Saint-Sacrement peut avoir douze lieues,
depuis le fort George où il commence jusqu'à la Chute ;

il n'a pas plus d'une lieue dans sa plus grande largeur et d'une demi-lieue dans les autres endroits.   Il est semé d'une très grande quantité d'îles, une chaîne de montagnes le bordant à l'est et à l'ouest, et j'ai eu occasion de remarquer en le parcourant, combien est juste l'observation de M. Buffon sur la correspondance des angles, les saillants opposés aux rentrants.   C'est que la nature par ses grandes opérations, est la même ici que dans l'ancien monde.

Le 2 août 1757. — A deux heures du matin, le marquis de Montcalm est arrivé à la baie de Ganaouské, rendez-vous donné à la division de terre pour la rejoindre.   Trois feux allumés sur le rivage qui étoient le signal convenu, nous ont assurés que le chevalier de Lévis avoit pris poste.   Il étoit arrivé hier à deux heures après-midi, après une marche que les chaleurs aussi fortes ici, depuis six semaines, qu'en Italie, les montagnes continuelles, les arbres renversés, la nécessité de porter tout sur soi, avoient rendue extrêmement pénible.

On a envoyé quelques sauvages à la découverte ; l'armée a fait halte ; on a distribué les vivres aux troupes venues par terre, pour les égaliser aux autres.

Comme nous étions à portée des découvreurs ennemis, on avoit défendu de tirer et de faire du feu, ni battre la caisse, dans la crainte d'être découverts.   Le François qui ne doute de rien, a tiré, fait du feu, et même sonné du cor comme pour une partie de chasse ; ce sont, je crois, les premiers cors qui aient encore retenti dans les bois de l'Amérique.

Le chevalier de Lévis à la tête de son détachement s'est remis en marche par le bois à midi, et s'est porté à une anse éloignée de la baie d'environ trois lieues, pour y favoriser le débarquement de l'armée de mer. Elle s'est embarquée à midi et est arrivée, après plusieurs haltes, à deux lieues du fort, où l'on s'est mis au bivouac. Sur-le-champ on a envoyé découvrir les environs du fort, sa position, celle des ennemis, et une anse propre à débarquer l'artillerie. A dix heures du soir, deux berges ennemies, qui venoient à la découverte, se sont approchées de la côte où les canots sauvages étoient rangés; ceux qui étoient à portée ont fait le cri aceontumé et poursuivi les Anglois qui se sont sauvés à la côte du Sud où ils ont abandonné leurs berges et gagné le bois. Les sauvages ont perdu deux hommes et fait trois prisonniers.

Suivant leur déposition, les ennemis venoient de recevoir un renfort de douze cents hommes; ils savoient de la veille que nous étions en marche pour les attaquer. Ces prisonniers ont été massacrés la nuit même par les sauvages parents des morts. Reçu à minuit des nouvelles de Montréal par M. de Bellestre, lieutenant des troupes de la marine, qui revient des Miamis et qui nous amène dix-sept sauvages ouiltas et miamis.

Au milieu de la nuit, le marquis de Montcalm donna l'ordre pour approcher du fort George à la pointe du jour. Un des prisonniers dit qu'au signal d'un coup de canon, toutes les troupes du camp devoient prendre les armes. Le coup de canon venoit de se tirer, et des découvreurs abénaquis nous avertissoient dans le même moment que les ennemis faisoient des mouvements.

Conséquemment, l'ordre de la marche fut doublé pour recevoir l'ennemi en cas qu'il vînt à nous, ou pour faire l'investissement de la place, en cas qu'il ne vînt pas. On laissa pour la garde des bateaux deux hommes par bateau, aux ordres du sieur Privas, lieutenant-colonel. L'armée se mit en mouvement. Le chevalier de Lévis faisoit l'avant-garde avec son détachement et tous les sauvages ; les brigades marchoient ensuite en colonne par bataillon, le marquis de Montcalm à leur tête. Cette marche de plus de trois lieues s'est faite à travers les montagnes et les bois presque inaccessibles.

Le chevalier de Lévis étant arrivé prit poste sur le chemin de Lydius, investissant le fort George dans toute cette partie. Le corps de l'armée forma le reste de l'investissement. Le marquis de Montcalm s'étant de sa personne porté à l'avant-garde, reconnut qu'on ne pourroit attaquer le retranchement des ennemis sans compromettre toutes les forces de la colonie.

En même temps, comme le poste qu'occupoit l'avant-garde, quoique le meilleur possible pour couper la communication, n'étoit pas une position de guerre et se trouvoit trop éloigné du siège, des bateaux, des vivres et des autres munitions, le marquis de Montcalm envoya ordre au sieur de Bourlamaque de choisir un terrain pour camper l'armée, la gauche appuyée au lac, la droite à des ravins inabordables, et d'y conduire sur-le-champ les deux brigades de la Sarre et de Royal-Roussillon. Ces brigades furent y camper dans l'après-midi et travaillèrent aussitôt à faire des fascines et gabions. Le marquis de Montcalm avec la brigade de la Reine et celles de Gaspé et de Saint-Ours,

milices, resta au bivouac, à portée de soutenir le corps
du chevalier de Lévis.

Toute la journée, les sauvages firent le coup de fusil
dans le désert du fort à l'abri des troncs d'arbres.   On
leur répondoit par quelques décharges de mousqueterie
et de canon ; il y en eut sept tués ou blessés, trois
bles-és.

Ils ont tué dans cette journée plus de cent cinquante
bœufs ; ils en ont amené vingt-cinq au marquis de
Montcalm, en lui disant que c'étoit pour tirer son
canon, en place de ceux qu'ils lui avoient tués à
Carillon et au Portage.

A trois heures après-midi le marquis de Montcalm a
fait dire au commandant du fort, que l'humanité l'obli-
geoit à l'avertir, qu'une fois nos batteries établies et le
canon tiré, peut-être ne seroit-il plus en notre pouvoir
d'arrêter la cruauté d'une foule de sauvages de tant de
nations différentes. Il a répondu comme il le devoit, que
ses troupes étoient déterminées à se défendre jusqu'à
l'extrémité.   Pendant le pourparler, les sauvages se
montrèrent en foule dans le désert du fort, et un Abénaquis parlant mauvais françois, quoique très clair, à
l'otage anglois : "Ah ! toi, ne pas te rendre, lui dit-il,
"Eh bien ! tire le premier ; mon père tirera ensuite ses
"gros fusils ; alors, toi te bien défendre ; car, si je te
"prends, point de quartier à toi" !

Je ne veux pas omettre un trait du fameux Kisensik,
dont j'ai déjà eu plusieurs fois occasion de parler *.

---

* Bougainville, qui a redigé cette partie du *Journal de
Montcalm*, parle ici en son nom. — Note de l'éditeur.

Chargé d'aller, du chemin de Lydius, rendre compte au marquis de Montcalm que l'avant-garde avoit prix poste, j'étois fort embarrassé pour le trouver, attendu qu'il étoit en marche dans des montagnes fourrées de bois, où tout est chemin, parce qu'il n'y en a aucun de tracé. Je rencontre Kisensik à qui je conte la peine que j'avois à trouver le général, dans des bois qui m'étoient inconnus. "Je vais, me dit-il, chercher mon fils qui a "été blessé; sans cela, volontiers, je te servirois de "guide". "Le chirurgien qui l'a pansé, lui répondis-je, "m'a assuré que sa blessure étoit légère". "Tu m'en "réponds, Eh bien! je vais te conduire; le service "d'Ononthio l'exige; je verrai ensuite mon fils". Au reste qu'on ne s'y méprenne pas, ce sauvage pensant et agissant ainsi est presque l'unique de son espèce, *rara avis in terris*.

Le 4 août 1757. — A la pointe du jour les troupes avancées sur le chemin de Lydius se rapprochèrent du lac; le marquis de Montcalm ramena la brigade de la Reine, et prit sa place dans le camp marqué par le sieur de Bourlamaque. Les camps des grenadiers et les piquets du détachement du chevalier de Lévis rentrèrent dans leurs bataillons, et l'armée du siège fut composée des sept bataillons et des brigades de Saint-Ours et de Gaspé. Le chevalier de Lévis avec les brigades de La Corne, de Vassan, de Repentigny et de Courte-manche, les volontaires de Villiers et tous les sauvages, fut chargé de couvrir la droite de l'armée, d'envoyer les découvertes sur le chemin de Lydius, d'observer les ennemis de ce côté, et de leur faire croire par des mouvements continuels dans cette partie que nous occu-

pions encore cette communication ; car il étoit de toute
impossibilité d'investir entièrement la place.

A onze heures du matin, l'armée fut entièrement
établie, et le marquis de Montcalm ayant résolu d'ouvrir la tranchée cette nuit même, alla reconnoître avec
les ingénieurs et les officiers d'artillerie, le côté de
l'attaque et l'emplacement des batteries. Il fut décidé
que l'attaque embrasseroit le front du nord et qu'on
établiroit deux batteries, l'une pour·battre directement
le bastion du nord et l'autre pour croiser sur ce même
front, toutes les deux en même temps ricochant sur
le retranchement. A l'égard du débarquement de l'artillerie, ce qui fut jugé le plus facile et de la plus prompte
expédition fut d'amener la nuit, à une petite anse à
laquelle aboutit le dépôt de la tranchée, les pontons et
de les décharger à mesure. Le marquis de Montcalm
chargea le sieur de Bourlamaque de la direction du
siège.

Dans la journée, fusillade autour du fort de la part
des sauvages. Les Anglois l'ont employée à faire un
second retranchement dans le premier, à voiturer de
l'eau dans la place, à découvrir les toits de leurs
casernes et hangars, à jeter dans le lac tout leur bois de
chauffage et les planches inutiles. Les sauvages qui,
de loin, croyoient qu'ils jetoient des effets plus précieux,
sont venus se plaindre au marquis de Montcalm de ce
procédé des ennemis et lui demander des troupes pour
l'empêcher.

Cette après-midi, un grand nombre de travailleurs
ont été employés à établir le dépôt de la tranchée, à
rendre praticable le chemin du camp à ce dépôt de la

tranchée ; et huit cents autres, protégés par six piquets, à l'ouvrir, à commencer à trois cent cinquante toises du fort une parallèle, les deux batteries projetées, et la continuation de cette parallèle aux batteries. On a profité de tout ce que le terrain offroit d'avantageux, et vaincu les difficultés que présentoient les abattis et les souches d'abres qui le couvroient. L'ouvrage a fort avancé, et au point du jour, on étoit enterré partout, .excepté à la batterie de la droite, où le travail avoit été plus lent, parce qu'il étoit plus difficile. On a aussi débarqué au dépôt douze pièces de canons, quelques mortiers, et les munitions nécessaires pour le service. Le feu des ennemis n'a pas été vif cette première nuit.

Le 5 août 1757. — A quatre heures du matin, les travailleurs de jour ont relevé ceux de la nuit, perfectionné la tranchée et travaillé fortement à la batterie de la gauche. Celle de la droite, le boyau de communication n'étant que commencé, a été remise à la nuit suivante ; seulement, on a perfectionné ce qui étoit commencé de ce boyau.

Comme la garnison est de deux mille hommes, par conséquent fort en état de faire des sorties, que les chemins dans ces bois sont très difficiles, on s'étoit campé assez près de la tranchée pour être à portée de la soutenir. Cependant, les troupes dans cette position étant trop incommodées par le feu des ennemis dont les boulets et les bombes ont tué du monde dans les tentes, le marquis de Montcalm a fait reculer le camp de la brigade de la Sarre, et porté celle de Royal-Roussillon en potence, derrière la brigade de la Reine qui est restée dans son premier terrain.

Kanectagon, parti le 3 pour faire un prisonnier sur
le chemin de Lydius, est revenu aujourd'hui. Il y a
rencontré hier trois hommes, dont un a été pris, un
autre tué, et le troisième s'est échappé. Il a amené ici
le prisonnier et la veste de l'homme tué ; dans la dou-
blure de cette veste nous avons trouvé une lettre, en
date du quatre, à minuit, que le général Webb, qui est
au fort Lydius, écrit au lieutenant - colonel Monro,
comme à tout autre officier commandant au fort George.
Il mande qu'il ne pourra secourir la place jusqu'à ce
qu'il ait été joint par les milices des colonies, auxquelles
il a envoyé ordre de se mettre en marche sur-le-champ ;
qu'un Canadien pris le 4 par un de ses partisans lui a
dit que l'armée françoise étoit de onze mille hommes,
qu'elle avoit un train considérable d'artillerie, et qu'elle
investissoit tous les environs du fort, jusqu'à l'étendue
de cinq milles ; qu'il lui fait part de ces détails, afin
que si les milices commandées arrivent trop tard pour
qu'il puisse marcher au secours de la place, le commandant voie à obtenir les meilleures conditions qu'il
pourra.

Cette lettre tombée aussi heureusement entre nos
mains, a déterminé le marquis de Montcalm de pousser
encore plus la construction des batteries. Le nombre
des travailleurs a été augmenté, et l'on compte être en
état de faire tirer demain la batterie de la gauche, qui
est de six pièces de canon et de un mortier.

Les sauvages, au lieu de rester campés avec le chevalier de Lévis et de faire des découvertes continuelles,
passoient toute la journée au camp, témoignant une vive
impatience de voir tirer les gros fusils et allant fusiller

dans les jardins qui sont autour du fort ; quelques-uns
même, à l'imitation de nos tranchées, qu'ils viennent
voir avec la plus grande curiosité, s'étoient approchés
des jardins en remuant de la terre et se couvrant. Ces
fusillades sans doute incommodent les ennemis, gênent
leurs travailleurs et artilleurs, leur tuent même quelque
monde ; mais ce n'est pas l'objet essentiel. La grande
utilité dont les sauvages nous doivent être, c'est d'inon-
der de petits partis le chemin de Lydius et les bois
voisins, d'intercepter tout courrier ou convoi peu considérable et de nous avertir des grands mouvements
qui pourroient se faire au fort Lydius, assez à temps
pour nous mettre en état de prendre un parti sans être
surpris. Le marquis de Montcalm a fait convoquer un
conseil général qui s'est tenu à cinq heures du soir.
Dans ce conseil, il s'est plaint de ce que les sauvages ne
restoient point au camp de M. le chevalier de Lévis,
de ce que les découvertes ne se faisoient pas ; qu'il
paroissoit que ses enfants avoient perdu l'esprit, qu'il
ne régnoit plus de concert entre eux ; qu'ils négligeoient
de faire sa volonté ; qu'au lieu de suivre sa parole, ils
alloient dans le désert du fort s'exposer sans nécessité ;
que la perte de plusieurs sauvages tués dans ces fusillades lui avoit été extrêmement sensible, le moindre
d'entre eux lui étant précieux ; qu'il étoit avantageux
sans doute d'incommoder l'Anglois par le feu de la
mousqueterie, mais que ce n'étoit pas leur objet principal ; que leur grande occupation devoit être de
l'instruire de toutes les démarches de l'ennemi et d'entretenir sur la communication des partis continuels,
concertés, et pour leur nombre, et pour leur marche,

entre toùtes les nations ; que, dans cette vue, ils devoient
tous se réunir au camp du chevalier de Lévis ; qu'ils y
trouveroient tous leurs besoins, les munitions de guerre
et de bouche ; que même, les missionnaires alloient s'y
établir et que c'étoit là où les enfants de la prière les
trouveroient ; que le chevalier de Lévis leur y expli-
queroit la volonté de leur père, et que, lui-même seroit
toujours prêt à écouter les avis et les représentations
de leurs chefs ; qu'enfin, pour leur remettre l'esprit, les
faire rentrer dans la bonne voie, effacer le passé et
répandre sur l'avenir la lumière des bonnes affaires, il
leur donnoit deux colliers et dix branches de porcelaine.

Le marquis de Montcalm ajouta qu'il avoit reçu avec
plaisir les bœufs dont ils lui avoient fait présent, mais
que, comme fort différent en cela d'eux qui ne s'ocen-
pent que du moment présent, il songeoit à l'avenir et
savoit le prévoir, il les avoit réservés pour leurs besoins
futurs et surtout pour donner du bouillon à leurs
malades et blessés. Ensuite, il leur a fait part des
nouvelles du contenu de la lettre du général Webb et
des mesures qu'il comptoit prendre en conséquence.

Les sauvages ont reçu les colliers et branches, promis
de mieux observer à l'avenir la volonté de leur père,
d'agir suivant sa parole et de concert entre eux, de ne
plus se séparer, de demeurer tous au camp du chevalier
de Lévis et de s'occuper continuellement des découvertes. Ils ont ensuite ajouté que, de leur côté, ils
avoient quelque chose sur le cœur ; qu'on ne leur disoit
plus rien ; qu'on ne rendoit à leurs chefs aucun compte
des mouvements qui se faisoient ; que non seulement
on ne suivoit pas leurs avis, mais qu'on ne leur

exposoit pas même les raisons pour lesquelles on ne les
suivoit pas ; qu'on ne les consultoit plus sur les découvertes ; mais que, comme s'ils étoient des esclaves, on
prétendoit les faire marcher sans avoir délibéré avec
leurs chefs et s'être concertés avec eux. " Mon père,
" dirent-ils, tu as apporté dans ces lieux l'art de la
" guerre, de ce monde qui est au delà du grand lac.
" Nous savons que, dans cet art, tu es un grand maître ;
" mais pour la science et la ruse des découvertes, pour
" la connoissance de ces bois et la façon d'y faire la
" guerre, nous l'emportons sur toi. Consulte-nous, et tu
" t'en trouveras bien ".

Le marquis de Montcalm a répondu que ce dont ils
se plaignoient, ne pouvoit être arrivé que par quelques-
unes des méprises inévitables dans le tumulte d'affaires
aussi considérables que celles dont il étoit accablé ; que
par sa façon d'agir avec eux, et dans cette campagne et
dans la précédente, ils devoient sentir combien il connoissoit leurs talents, quel cas il faisoit de leurs avis
pour les découvertes et qu'il aimoit à les suivre et à
consulter leurs chefs ; qu'il alloit prendre les meilleures
mesures pour qu'à l'avenir, il n'y eût plus de méprises
pareilles et que rien n'arrêtât le cours des bonnes
affaires. Il a fini en leur disant que le lendemain le
canon commenceroit à tirer. Cette nouvelle a répandu
une grande joie dans l'assemblée qui s'est séparée fort
contente.

Comme on avoit observé que les Anglois faisoient
beaucoup de mouvements sur leurs barques, on a pour
cette nuit, renforcé la garde des bateaux, de trois compagnies de grenadiers, Mille travailleurs employés cette

nuit à la tranchée, ont fini la batterie de la gauche, y
ont charrié les pièces, ont achevé la communication
avec la batterie de la droite et fort avancé cette batterie.

Le 6 août 1757. — A six heures du matin, la batterie
de la gauche, qui est de huit pièces de canon, dont trois
de dix-huit, et de un mortier de neuf pouces, a commencé
à tirer.   Cette batterie bat, soit parallèlement, soit en
écharpant, les défenses du front de l'ouest et la rade où
sont les barques.

Les travailleurs de jour ont été employés à finir la
batterie de la droite et à perfectionner le boyau de communication qui mène à cette batterie.   Il nous est arrivé
aujourd'hui des bateaux de Carillon.

Ces jours passés dix Agniers ont paru au Portage et
n'y ont fait d'autre mal que de tuer un cheval et un
bœuf.   M. ..., cadet s'est mis à leur poursuite.   Pendant
la nuit, cinq cents travailleurs ont achevé la batterie de
la droite et conduit un boyau en avant, sur la capitale
du bastion de l'ouest. Ils ont fait cent cinquante toises
d'ouvrage.   On a aussi rétabli ce que le feu de la place
avoit endommagé à la batterie de la gauche.

Le 7 août 1757. — A six heures du matin la batterie
de la droite, qui est de deux pièces de dix-huit, cinq de
de douze, une de huit, deux obusiers de sept pouces et
d'un mortier de six, a commencé à tirer ; elle bat un
peu obliquement le front d'attaque, et à ricochet le camp
retranché.

Deux cents travailleurs de jour ont perfectionné le
boyau ouvert la nuit. A neuf heures du matin, après une
double salve des batteries de la droite et de la gauche,

le marquis de Montcalm m'a envoyé * porter au commandant du fort la lettre du général Webb interceptée
le 28. J'ai débouché de la tranchée, laissant porter
devant moi un pavillon rouge accompagné d'un tambour
qui rappeloit, et d'une escorte de dix-huit grenadiers.
Les Anglois m'ont crié de faire halte au pied du glacis ;
un officier et quinze grenadiers sont venus à moi et m'ont
demandé ce que je voulois. Sur ce que j'ai dit, que
j'avois une lettre de mon général à remettre au commandant anglois, deux autres officiers sont sortis de la place,
dont l'un est resté à la garde de mes grenadiers, et
l'autre m'ayant bandé les yeux, m'a conduit d'abord au
fort, ensuite au camp retranché, où j'ai remis au commandant la lettre du marquis de Montcalm et celle du
général Webb.

Grands remerciements de la politesse françoise, protestations de joie d'avoir affaire à un ennemi aussi
généreux, tel est le contenu de la réponse du lieutenant
colonel Monro au marquis de Montcalm.

L'on m'a ramené, les yeux toujours bandés, où l'on
m'avoit pris, et nos batteries ont commencé à tirer
quand on a jugé que les grenadiers anglois avoient eu
le temps de rentrer dans le fort.

Je souhaite que la lecture de la lettre du général
Webb, dont j'ai donné plus haut le précis, engage les
Anglois à se rendre plus tôt.

Depuis le commencement du siège, les ennemis vont
sans cesse cacher dans le bois à la rive du sud, diffé-

---

* Bougainville parle ici en son nom.

rents effets et observer de là nos mouvemeǹts différents.
Plusieurs sauvages ont tombé sur une de ces troupes,
ont tué et blessé q̃uelques-uns et fait deux prisonniers
qui ne nous ont rien appris.

Le sieur de Villiers, avec ses volontaires et des sauvages, est allé fusiller sous le retranchement les ennemis. Ils ont fait une sortie, ont été repoussés, et la
fusillade a duré fort longtemps. Nous avons eu dans
cette affaire inutile vingt et un sauvages ou Canadiens
tués ou blessés. Les Anglois en ont, dit-on, perdu un
plus grand nombre. Aujourd'hui l'officier que le marquis de Montcalm avoit envoyé de Carillon, conduire à
Montréal les Anglois pris dans la dernière affaire du
lac en est revenu, et nous a apporté ici des nouvelles
de France, de Louisbourg, de Québec, de Niagara et de
la Belle-Rivière. Je remets à un autre temps le détail
de la partie de ces nouvelles qui regarde ce continent ;
ce sont les seules qui doivent avoir place dans un
journal fait pour les Européens.

Cette nuit, les travailleurs ont cheminé sur la place,
en continuant le boyau commencé la veille, qu'ils ont
conduit jusqu'à cent toises environ du fort. Ils ont
aussi ouvert à l'extrémité de ce boyau, un crochet pour
établir une batterie et y loger de la mousqueterie qui
tirera sur les parapets du front de l'attaque.

Les sauvages et les Canadiens ont été placés cette
nuit dans les jardins du fort, ventre à terre, en avant
des travailleurs. La garde de la tranchée étoit de sept
piquets et de trois compagnies de grenadiers. Ainsi, nous
étions prêts à recevoir l'ennemi, s'il eut voulu faire une
sortie. Sur les onze heures, deux soldats anglois qui

venoient, ont-ils dit, pour déserter, mais plutôt, je crois, pour reconnoître ce que nous faisions, ont donné dans l'embuscade de sauvages qui les ont pris tous deux, l'un ayant eu l'épaule cassée de plusieurs coups de fusils. Après cette décharge, toutes les montagnes qui environnent le fort ont retenti du cri des sauvages, dont les chefs s'appeloient et se répondoient. Cette petite aventure a peut-être dégoûté les ennemis d'une sortie qu'ils étoient bien à portée de faire.

Le froid est aussi vif la nuit que la chaleur est extrême le jour ; les bois et la proximité du lac occasionnent sans doute cette incommode température.

Le 8 août 1757. — Cette nuit on étoit parvenu à un marais d'environ cinquante toises de passage à cause des contours à faire pour éviter les mauvais pas. Pour y déboucher, il falloit cheminer huit ou dix toises de longueur entièrement à découvert. Quoique en plein jour, afin d'accélérer l'ouvrage, on se détermina à faire ce passage comme celui d'un fossé de place rempli d'eau. Les travailleurs s'y portèrent avec tant d'ardeur qu'il fut exécuté dans la matinée même, malgré le feu très vif du canon et de la mousqueterie des ennemis ; ce qui nous donne la facilité de pratiquer dans le marais à force de fascines et de rondins, une chaussée capable de supporter l'artillerie.

Sur les quatre heures, des sauvages découvreurs rapportèrent qu'il venoit un corps considérable d'ennemis par le chemin de Lydius. Le chevalier de Lévis s'y porta sur-le-champ avec la plus grande partie des Canadiens et les sauvages ; le marquis de Montcalm le suivit avec la brigade de la Reine et trois compagnies

19

de grenadiers ; les trois autres et les brigades de la Sarre et de Royal-Roussillon restèrent aux ordres de M. de Bourlamaque pour couvrir nos tranchées et le camp.

La brigade de Saint-Ours fut aussi envoyée à la garde. A cinq heures et demie, le marquis de Montcalm étoit rendu sur le chemin de Lydius, où il se joignit au chevalier de Lévis. Malheureusement, la nouvelle de la marche des ennemis étoit fausse. Un sauvage avoit eu peur et cru voir. La promptitude de notre mouvement a du moins servi à montrer aux sauvages, qu'avec raison, ils comptoient autant sur la vigilance que sur la valeur des troupes françoises. A la fin du jour, toutes les troupes étoient rentrées dans leur camp et le travail du siège ne fut en rien dérangé.

Cette nuit, on a débouché du marais par un boyau servant de communication à une parallèle qui fut ouverte sur la crête d'un coteau qui borde ce marais. C'est de cette parallèle, d'environ cent cinquante toises de longueur, qu'on devoit partir pour établir les batteries de brêche. Ce travail fut fort avancé dans la nuit même, malgré le feu de la place qui n'avoit pas encore été aussi vif.

La garde de la tranchée étoit de sept piquets de trois compagnies de grenadiers ; trente Iroquois avoient aussi demandé à se mêler aux grenadiers, afin de servir de découvreurs pour avertir en cas que l'ennemi voulût tenter une sortie.

Le 9 août 1757. — Deux cents travailleurs furent commandés pour perfectionner l'ouvrage de la nuit. A sept heures du matin, le fort arbora le drapeau blanc et demanda à capituler.

Le lieutenant-colonel Young vint proposer au marquis de Montcalm les articles de la capitulation. Je * fus envoyé pour la rédiger et ordonner les premières mesures à prendre en conséquence.

La capitulation porte en substance que les troupes, tant du fort que du camp retranché, au nombre de deux mille hommes, sortiront avec les honneurs de la guerre, le bagage des officiers et celui des soldats; qu'ils seront conduits au fort Lydius, escortés par un détachement de nos troupes et par les principaux officiers et interprètes attachés aux sauvages ; que, jusqu'au retour de cette escorte, un officier restera en otage entre mes mains ; que ces troupes ne pourront servir de dix-huit mois, ni contre Sa Majesté Très Chrétienne, ni contre ses alliés; que dans l'espace de trois mois, tous les prisonniers françois, canadiens et sauvages, faits par terre dans l'Amérique septentrionale, depuis le commencement de la guerre, seront ramenés aux forts françois ; que l'artillerie, les barques et toutes les munitions de guerre et de bouche appartiendront à Sa Majesté Très Chrétienne, à l'exception d'une pièce de canon de calibre de six livres de balles, que le marquis de Montcalm a accordée au colonel Monro et à la garnison, pour leur témoigner son estime au sujet de la belle défense qu'ils ont faite.

* Bougainville.

Je pense qu'on eût pu avoir ces troupes prisonnières
de guerre et peut-être à discrétion. Mais dans le premier
cas, c'eût été deux mille hommes de plus à nourrir, et
la colonie manque de vivres ; dans le second, on n'eût
pu retenir la barbarie des sauvages, et il n'est jamais
permis de sacrifier l'humanité à ce qui n'est que l'ombre
de la gloire.

Avant de signer la capitulation, le marquis de Montcalm a assemblé un conseil où ont été appelés les chefs
de toutes les nations. Il leur a fait part des articles
qu'il accordoit aux assiégés, des motifs qui le détermi-
noient à les leur accorder. Il leur a demandé leur
consentement et leur parole que leurs jeunes gens ne
commettroient aucun désordre ; les chefs ont consenti
à tout et promis de contenir leurs jeunes gens.

L'on voit par cette démarche du marquis de Montcalm, à quel point on est, dans ce pays, esclave des
sauvages, ils sont un mal nécessaire.

A midi le fort fut livré aux troupes de la tranchée,
et la garnison en étant sortie avec les bagages, il fallut
y laisser entrer les sauvages et les Canadiens pour piller
tous les effets restant. A grand'peine on a conservé les
vivres et munitions de guerre.

Les troupes angloises doivent rester dans le camp
retranché jusqu'à demain. Malgré une garde de nos
troupes que nous y avons mise, on n'a pu empêcher les
sauvages d'y pénétrer et de piller. Tout a été employé
pour les arrêter : conseils avec les chefs, caresses de
notre part, autorité qu'ont sur eux les officiers et inter-
prêtes qui leur sont attachés. Nous serons trop heureux
si nous obtenons qu'il n'y ait point de massacre ; détes-

table situation dont on ne peut donner une idée à ceux qui ne s'y sont pas trouvés, et qui rend la victoire même douloureuse aux vainqueurs.

Le marquis de Montcalm s'est de sa personne porté au retranchement ; il y a fait les plus grands efforts pour empêcher que l'avidité des sauvages, et je le dirai ici, de quelques gens qui leur sont attachés, ne fût pas la cause de malheurs plus grands encore que le pillage.

Enfin à neuf heures du soir, il a paru que l'ordre étoit rétabli dans le retranchement. Le marquis de Montcalm a même obtenu, qu'ontre l'escorte convenue par la capitulation, deux chefs par chaque nation escorteroient les Anglois jusqu'auprès du fort Edouard. J'avois eu soin en entrant dans le camp anglois de recommander aux officiers et soldats de faire jeter le vin, l'eau-de-vie et toutes les liqueurs enivrantes ; eux-mêmes avoient senti de quelle conséquence il étoit pour eux de prendre cette précaution.

A dix heures du soir, je suis parti par ordre du marquis de Montcalm, pour porter au marquis de Vaudreuil la nouvelle de la reddition du fort Guillaume-Henry et la capitulation *.

Ci-joint les états de la garnison angloise, de l'artillerie et des munitions de guerre et de bouche trouvées dans le fort Guillaume-Henry :

---

* Après le départ de Bougainville, Montcalm ne le fit pas remplacer comme secrétaire de son Journal. Bougainville fut de retour à Carillon le 25 août. — NOTE DE L'ÉDITEUR.

ÉTAT DE LA GARNISON

TROUPES RÉGLÉES

Détachement du 50ème régiment

Lieutenant-colonel	1
Capitaines	5
Lieutenants..............................	13
Enseignes................................	6
Chirurgiens..............................	2
Sergents	22
Caporaux	24
Tambours................................	11
Soldats..................................	507
Total............	591

Détachement du 60ème régiment

Lieutenant-colonel........................	1
Capitaine	1
Lieutenant	1
Enseignes................................	2
Sergents.................................	7
Caporaux	5
Tambour	1
Soldats..................................	104
Total............	122

MILICES

Régiment de New-Jersey

Colonel	1
Capitaines	2
Lieutenants	2
Enseignes	3
Sergents	20
Tambours	7
Soldats	267
Total	302

Régiment de New-Hampshire

Lieutenant-colonel	1
Capitaines	5
Lieutenants	5
Enseignes	3
Sergents	12
Tambours	3
Soldats	202
Total	231

Régiment de Massachusetts

Capitaines	13
Lieutenants	21
Enseignes	8

Sergents..................................... 23
Caporaux................................... 19
Soldats 714

Total........... 798

Détachement du régiment de New-York

Capitaine................................... 1
Lieutenant.................................. 1
Sergents 4
Tambour.. 1
Soldats 50

Total............ 57

Détachement de deux compagnies indépendantes

Capitaine................................... 1
Lieutenants................................. 3
Sergents.................................... 5
Tambour.................................... 1
Soldats 103

Total............ 113

Compagnie de Rangers

Lieutenants................................. 2
Enseigne 1
Sergents.................................... 4
Soldats..................................... 88

Total............ 95

Détachement du régiment d'artillerie

Capitaine...............................	1
Lieutenant	1
Caporal	1
Canonniers, bombardiers, etc..............	21
Ecrivains........	4

Total........... 28

Ingénieurs..........	2

Total de la garnison..............2,241

ÉTAT DE L'ARTILLERIE TROUVÉE DANS LE FORT

23 canons dont 8 en fonte,
1 obusier de fer,
2 mortiers,
17 pierriers,
35,835 livres de poudre,
2,522 boulets,
545 bombes,
1,400 livres de balles,
1 caisse de grenades,
6 caisses d'artifices,
Des raisins de différents calibres.

ÉTAT DES VIVRES

1,237 quarts de lard, pesant 230 livres, remises au munitionnaire sur le pied de 170 livres net.
1,237 quarts de farine d'environ 200 livres, remis au munitionnaire sur le pied de 180.

Au reste, il y a une grande différence entre le lard anglois et le nôtre : ce dernier est infiniment meilleur, et la différence vient de ce que, dans les colonies angloises, les cochons vivent dans les bois, et qu'ils ont en Canada une nourriture domestique.

ÉTAT DES SOLDATS TUÉS ET BLESSÉS PENDANT LE SIÈGE

Régiments	Tués	Blessés
La Reine	0	6
La Sarre	0	3
Royal-Roussillon	1	4
Languedoc	2	1
Guyènne	1	3
Béarn	1	1
La marine	1	1
Milices	4	3
Sauvages	5	18
Canonniers	2	0
Total	17	40

Un seul officier blessé, M. Le Fèvre, lieutenant des grenadiers du régiment de Royal-Roussillon.

Le 14. — On a cassé la tête à un soldat de la Sarre, qui avoit manqué au sieur de Langy, officier de la colonie.

Le même jour 14, on a fait passer par les verges un homme de Royal-Roussillon pour avoir vendu de l'eau-de-vie aux sauvages.

Le 29. — Le marquis de Montcalm est parti de Carillon et a remis au chevalier de Lévis le commandement de l'armée, avec ordre de faire achever le Portage, d'aller avec un gros détachement reconnoître le fond de la baie et la rivière au Chicot. Le chevalier de Lévis repartira ensuite avec les bataillons de la Reine, la Sarre, Languedoc et Guyenne, qu'il viendra établir à Saint-Jean et à Sainte-Thérèse, pour continuer les travaux de ce fort et les chemins. Le sieur de Bourlamaque, avec les bataillons de Royal-Roussillon et Béarn, continuera le fort de Carillon et y finira la campagne sur la défensive. Hotchig est revenu le 30 avec trois prisonniers faits auprès de Boston.

Sur la fin de ce mois, les sauvages ont eu leurs audiences de congé à Montréal; ils ont remis tous ou presque tous les Anglois pris au fort Guillaume-Henry. Ils ont reçu des équipements complets par tête, différents suivant le rang que chacun d'eux tient dans la cabane dont il est. On a de plus donné ce qu'on appelle les présents du village, qui consistent en tabac, vermillon, tarcette et eau-de-vie.

A Lachine, lieu d'assemblée pour le départ, ils nageoient dans cette liqueur à pleins barils et ne quittoient le baril que lorsqu'ils tomboient ivres-morts. Selon eux, ce seroit une belle mort que de mourir d'ivresse; leur paradis est de boire: j'aime mieux celui de Mahomet!

Avant de quitter Montréal, un Outaouais avoit tué un François dans une ferme appartenant à l'Hôpital-Général. Le marquis de Vaudreuil a fait demander le meurtrier. Les nations l'ont livré au sieur de Saint-Luc, qui l'étoit allé chercher à Lachine avec un détachement de trente hommes. Le grand chef des Sauteux l'a lui-même amené à Montréal, où on l'a mis au cachot. Les nations sont parties persuadées que son procès lui sera fait et qu'il aura la tête cassée.

Le marquis de Vaudreuil a accommodé le différend qui subsistoit entre les Sauteux et les Renards ; ces deux nations ont accepté sa médiation et sont parties amies.

JOURNAL

1ᵉʳ SEPTEMBRE 1757 AU 31 MAI 1758

Du 1ᵉʳ au 8 septembre 1757. — Les Anglois repris et rachetés à grands frais des sauvages, ont été conduits à Québec pour être de là envoyés en paquebot à Halifax. M. le chevalier de Lévis est parti de Carillon, après avoir fait faire un détachement pour reconnoître si les ennemis n'auroient point fait quelque mouvement vers le fort George. Il a été lui-même avec un détachement de six compagnies de grenadiers, sept piquets et cent Canadiens, reconnoître le fond de la baie ; il a démoli un retranchement que les Anglois y avoit fait et brûlé les baraques d'un ancien camp.

Par les nouvelles de la Belle-Rivière et de Niagara, il paroît qu'il n'est question que de quelques courses qui aboutissent toutes à quelques chevelures. L'on a ramené trois Anabaptistes établis sur la frontière de la Virginie. Les Canadiens les ont d'abord pris pour des Augustins. Ces trois Anabaptistes vivoient depuis longtemps dans les bois, dans une espèce d'hermitage, donnant indifféremment des vivres aux Anglois, aux François et aux Chaouénons qui les aimoient beaucoup ; ce sont des Outaouais qui les ont pris.

Pendant la campagne du fort George on a eu des nouvelles de l'Acadie, de la fin de mai, par lesquelles on a appris que M. de Boishébert avoit passé à l'Ile-Royale avec une partie des Acadiens, et que ceux qui étoient restés avoient fait un parti pour aller en guerre du côté de Beauséjour, au nombre de cinquante, et avoient défait entièrement, sans perdre un seul homme, un détachement de quarante-cinq Anglois, dont vingt-sept tués et dix-huit prisonniers.

Pendant l'expédition du fort George, le grand Ouontagué, dont il est parlé à l'article du 24 avril, étant allé en guerre avec des Iroquois de la Présentation, s'est emparé d'une maison angloise à portée de celle de Johnson ; il y a tué quatre hommes et fait huit prisonniers.

M. le chevalier de Lévis est arrivé aujourd'hui après avoir établi les bataillons de la Sarre, la Reine et Languedoc à Saint-Jean, et Guyenne à Chambly.

Par les nouvelles que l'on a des déserteurs, il paroît que le général Webb a renvoyé du fort Edouard les milices, et est occupé à se tenir sur la défensive et à élever les retranchements du fort.

Du 9 au 26 septembre 1757. — Départ du marquis de Montcalm pour se rendre à Québec, pour y faire la revue des deux bataillons de Berry, des compagnies nouvelles créées par ordre du 25 janvier, pour remplacer les huit compagnies de la Reine et de Languedoc, prises par les Anglois sur l'*Alcide* et le *Lys* en 1755, et pour voir les recrues envoyées de France. Sur deux mille deux cents qui étoient annoncées, il n'en est pas arrivé plus de onze cents, en général de chétive espèce. Les troupes de la colonie en ayant pris sept cent cinquante pour se compléter et former leurs dix compagnies nouvelles, les compagnies des six bataillons des troupes de terre ne pourront être mises qu'à trente-neuf, et le régiment de Berry sera fort au-dessous du complet.

Les deux bataillons du régiment de Berry dont la composition avoit été ordonnée pour aller servir aux Indes, sout composés de neuf compagnies de soixante hommes chacune, y compris la compagnie de grenadiers, et de trois officiers par compagnie.

On a eu des nouvelles que l'escadre angloise avoit paru le 20 devant Louisbourg. Sur cela, M. le comte Dubois de La Mothe qui y commande la flotte, a envoyé ordre à MM. de Montalet et de la Jonquière, commandant les vaisseaux le *Célèbre* et le *Bizarre*, détachés à Québec, de venir le joindre.

On a fait partir le 25, les paquebots portant les Anglois de la capitulation du fort George, et deux bâtiments dunkerquois.

La *Nouvelle-Société*, navire chargé de vin et d'eau-de-vie, expédié de la Rochelle, a péri à trois lieues d'ici sur une batture ; il y a eu treize hommes de l'équipage de noyés.

Les maladies sont considérables à l'Hôpital-Général ; elles sont occasionnées par les matelots et les soldats de Berry.

La misère est très grande, la disette de pain extrême, la récolte mauvaise ; le peuple est réduit à un quarteron de pain. Monsieur l'intendant et le marquis de Montcalm donnent l'exemple sur cet article ; on n'en sert pas davantage aux courriers.

M. de Sermonville, aide-major de Montréal, est arrivé pour instruire le procès des officiers qui ont rendu en 1755 les forts de Beauséjour et de Gaspareau. M. de Vaudreuil avoit ordre dès le mois de mai 1756, de tenir conseil de guerre ; il a différé jusqu'à présent ; on ne sait pas pourquoi il le tient actuellement, n'ayant pas eu des ordres nouveaux.

Du 26 septembre au 1ᵉʳ octobre. — On a fait partir deux bâtiments dunkerquois par lesquels on a écrit en France. La *Liberté* et le *Bristol* sont arrivés, après cent douze jours de navigation ; le premier porte l'habillement pour trois mille neuf cents hommes des troupes de terre. Il auroit dû porter aussi cinq cents quarts de farine, objet qui auroit été bien précieux dans les circonstances présentes ; mais par une fatalité sans exemple, par ordre de la cour, on l'a fait décharger sans que l'on puisse en pénétrer la raison, le ministère aura pensé que ce bâtiment ne pouvant arriver qu'après la récolte, elle auroit été assez abondante pour suppléer à nos malheurs.

Le *Bristol* n'étoit chargé que des effets pour les particuliers, de vin et d'eau-de-vie.

On compte reprendre tous les effets de la *Nouvelle-Société* sans perte.

On n'a eu aucune nouvelle ni de Louisbourg, ni des pays d'En-Hant, ce qui fait présumer une grande tranquillité.

Du 1ᵉʳ au 15 octobre 1757. — Le séjour du *Bizarre* et du *Célèbre*, vaisseaux de soixante-quatre canons, a été inutile au Canada, nuisible même au pays par la consommation qu'ils y ont faite. La position qu'on leur avoit fait prendre d'après l'avis de M. de Périer de Salvert, à l'Ile-aux-Coudres, étoit la plus mauvaise ; ils ne pouvoient y servir pour défendre le pays, et cette position avoit le désavantage que le vent qui auroit amené l'Anglois, ne pouvoit leur servir à en sortir. Les craintes de la cour pour Québec, étoient fondées sur l'opinion que les Anglois avoient un projet de surprise par huit cents hommes, dont quatre cents sauvages et quatre cents habillés et peints en sauvages, lesquels sous le prétexte de la traite, viendroient à Québec, y mettroient le feu, en massacreroient les habitants, et de là, porteroient le carnage et le feu dans le reste du pays. Ce projet avoit effectivement été donné en Angleterre, et l'on pense que l'Angleterre pourroit l'adopter.

Il faut convenir que la crainte d'un pareil projet prouve que notre ministère n'est pas instruit sur ce qui concerne le Canada.

Le *Rameau* est parti en paquebot, pour conduire à la Vieille-Angleterre deux cents prisonniers de ceux de Chouaguen. Il part de temps en temps quelques bâtiments marchands qui vont dans nos îles chercher du fret.

M. de Bellestre, lieutenant des troupes de la marine, est parti dans les premiers jours de ce mois, de Montréal, avec huit officiers, douze cadets, deux cents sauvages domiciliés, quinze soldats et trente Canadiens, pour aller par la rivière de Chouaguen du côté de Corlar. Ce détachement est trop considérable pour faire quelques chevelures, et trop faible pour un coup de quelque importance. M. de Charly, second officier de ce détachement, doit s'avancer pour faire approuver le passage du déta-

20

chement aux Cinq-Nations et engager quelques-uns de leurs jeunes gens à le suivre.

Depuis le 1ᵉʳ septembre, la ville de Québec a l'air d'une ville très commerçante et très agiotante.

Depuis le 1ᵉʳ septembre jusqu'au 20, on a donné des bons pour la monnaie de papier rapportée au trésor, et c'est sur ces bons que l'on a distribué des lettres de change du 1ᵉʳ au 20 octobre. C'est l'intendant qui règle les termes des paiements. L'année passée, elles étoient données payables d'année en année et par tiers. Cette année il les a données payables en trois ans, savoir : un quart en 1758, moitié en 1759, et un quart en 1760. Il a été porté au trésor treize millions passés * ; il faut encore supposer au moins trois millions restant dans les mains des particuliers, compris un million de cartes, cent cinquante mille livres de billets de castors, huit cent mille livres d'espèces or et argent, ce qui fait aujourd'hui plus de dix-sept millions, deux cent mille livres circulant dans un pays où, en 1730, il y avoit à peine huit cent mille livres. D'où est donc provenue cette quantité d'argent répandue en si peu de temps ? Des dépenses énormes que le Roi a faites dans la colonie. Du temps de M. Hocquart, lorsque les dépenses du Roi montoient à deux millions, le ministre étoit embarrassé pour y faire face ; et l'on fût obligé une année de suspendre à cet effet le paiement des rentes de l'hôtel

---

* Au-dessus de ce dernier mot, le marquis de Montcalm a écrit *300 m. livres*, ce qui veut dire sans doute, *13 millions 300 mille livres* en tout.—NOTE DE L'ÉDITEUR.

de ville de Paris. Aujourd'hui, elles passent neuf millions, et la cour n'en est plus étonnée.

M. Bigot a su l'y accoutumer.

M. le marquis de Montcalm est parti le 10 avec MM. Pellegrin, de Montbeillard et de Bougainville, pour visiter la côte du Nord depuis Québec jusqu'au Cap-Tourmente. Il a reconnu à ce Cap un emplacement propre à établir une batterie de quatre pièces et de deux mortiers; elle seroit hors d'insulte, ce pays étant presque inabordable, et elle battroit les vaisseaux faisant la traverse, pendant près d'un quart d'heure; ils sont forcés de passer à la portée. Il faudroit peu de dépenses pour sa construction. Depuis ce Cap jusqu'à Beauport, il est impossible de faire aucune descente. Le Sault seul de Montmorency est une barrière presque invincible; il faut conclure que, comme la côte du Sud est pareillement impraticable pour une descente, à cause des bois qui la couvrent et des rivières sans nombre qui la coupent, et parce que d'ailleurs il faudroit, pour assiéger Québec, faire la traverse du fleuve, les Anglois ne peuvent que doubler la pointe de l'Ile-d'Orléans et venir mouiller dans le bassin de Beauport, à la vue, mais hors de la portée du canon de la place. Plusieurs redoutes, placées depuis la pointe Délaissée *(sic)* jusqu'à la petite rivière Saint-Charles, un bon ouvrage déjà à moitié fait à l'Hôpital-Général, et de cet ouvrage à la côte d'Abraham d'une part, et de l'autre à la Basse-Ville, des lignes en coupant une presqu'île, autour de laquelle tourne la rivière Saint-Charles, afin d'accourcir le front de ces lignes, ces travaux aisés à faire promptement et avec peu de frais, qui se garderoient avec trois ou

quatre mille hommes, mettroient, je crois, la ville en
sûreté. Il n'y a d'autre moyen de la défendre que
d'empêcher les ennemis d'en approcher ; les fortifications en sont si ridicules et si mauvaises qu'elle seroit
prise aussitôt qu'assiégée. M. le marquis de Montcalm
a reconnu l'emplacement de presque toutes les redoutes.

M. le marquis de Vaudreuil est arrivé le 13, après
avoir donné les ordres à M. le chevalier de Lévis pour
que les piquets qui doivent composer la garnison de
Carillon partent de Saint-Jean le 12 ; que les régiments
de Royal-Roussillon et de Béarn, campés à Carillon,
ainsi que les troupes de la marine, en partent le 20 ; la
Reine le 24 ; Languedoc le 25 ; la Sarre et Guyenne
le 28 ; en sorte que toutes les troupes pourront être
dans leurs quartiers le 1er novembre.

Du 14 octobre 1757. — M. Bigot ayant fait l'exposi-
tion de la situation de la colonie à M. le marquis de
Vaudreuil et à M. le marquis de Montcalm, dans un
conseil où on a appelé le sieur Péan et le munitionnaire général, comme il a assuré que le munitionnaire
n'avoit que quinze cents quarts de farine, que les
recherches de la côte du Sud ne pourroient produire
que deux mille quintaux, et que le gouvernement de
Montréal ne pouvoit aider la ville de Québec que de
six cents, il a été arrêté qu'à commencer le 1er novembre,
la distribution des vivres se feroit au soldat pour huit
jours, savoir : à raison d'une demi-livre de pain par
jour et un quarteron de pois, six livres de bœuf et deux
livres de morue pour huit jours, et qu'en décembre, on
commenceroit à donner du cheval ; ce qui sera continué
janvier et février, et on gardera le lard pour l'arrière-

saison. On commence par le bœuf, parce que dans ce temps-ci, les bœufs sont plus gras et rendent davantage, la colonie a heureusement, indépendamment de la provision des particuliers, cinq mille quintaux de morue.

Le marquis de Montcalm a proposé premièrement, qu'on envoie un ou deux bataillons à Louisbourg; deuxièmement, il a offert de disperser les soldats dans tous les villages où il n'y en auroit point; troisièmement, il a accepté la réduction de la ration et a assuré que les troupes de terre donneroient un bon exemple sur cet article; quatrièmement, de distribuer une once d'huile par livre de morue; on lui a répondu que la colonie n'en avoit pas assez; cinquièmement, il a conseillé de fairé le pain, qui en seroit moins blanc, avec le gruau et la plus grande partie du son; sixièmement, il a demandé si l'on étoit bien assuré des recherches de la colonie, et s'il ne seroit pas convenable de faire faire des visites par des officiers des troupes de terre et de la colonie; il a cité l'exemple du maréchal de Belle-Isle en Provence en 1746; septièmement, il a proposé que le gouverneur général et l'intendant donnassent l'exemple du retranchement des tables et de la frugalité, et s'y est déterminé pour ce qui le regarde.

Du 16 octobre 1757. — M. de Pontleroy, nommé par la cour ingénieur en chef de la Nouvelle-France, est arrivé sur un brigantin parti de Louisbourg, avec vingt milliers de poudre, deux cent cinquante quarts de bœuf salé et des soldats de Berry; il étoit parti de Louisbourg le 27 septembre.

Les nouvelles sont que l'escadre angloise parut le 19 août, forte de vingt et une voiles, sans aucun bâtiment de transport. Sur-le-champ, on fit marcher le détachement destiné à la défense des retranchements que l'on a faits le long de la côte, M. de Saint-Julhien avec seize cents hommes du côté de l'ouest; M. de Castillon, capitaine de vaisseau, avec neuf ceu's, dont cinq cent cinquante tirés de l'escadre, du côté de l'est. Même manœuvre le 20 et le 21. Après quoi ils n'ont paru que le 16 septembre, au nombre de vingt-trois voiles, et sont rentrés.

La cour a donné avis que deux vaisseaux chargés de deux régiments écossois étoient partis de la Vieille-Angleterre pour la Nouvelle.

Un brigantin arrivé à Louisbourg le 14 septembre, après trente-six jours de navigation, a appris la défaite du roi de Prusse près Prague par le général Dawn et le prince Charles, celle du duc de Cumberland le 26 juillet par le maréchal d'Estrées, l'invasion de l'électorat de Hanovre, l'entrée de soixante-dix mille Prussiens dans la Prusse ducale, l'assemblée d'une armée de quarante mille hommes sous Landau commandée par le maréchal de Richelieu, la fermentation qu'il y a en Angleterre, la retraite de M. de Rouillé, ministre des Affaires Etrangères remplacé par M. l'abbé de Bernis, la cession d'Ostende et de Newport, où nous avons envoyé six bataillons et établi un département de marine.

Coup de vent à Louisbourg, le 25 septembre ; on présume que les Anglois y auront perdu quelques bâtiments. Le *Tonnant*, vaisseau de quatre-vingts canons, et l'*Abénaquise*, frégate de trente-six, ont été fort endommagés, le premier étant abordé par le *Glorieux* de soixante-quatorze, et la seconde étant allée à la côte.

On a eu des lettres du ministre de la marine qui accusent simplement la réception des lettres du 24 avril et annoncent une grande abondance, parce que les ordres donnés une fois pour le départ des secours, on ne doute pas de leur arrivée.

Il y a toujours de la désunion entre les troupes de terre, le commissaire-ordonnateur et le gouverneur à Louisbourg.

Suivant les nouvelles de Montréal du 13, il y est arrivé trente Onontagués, hommes, femmes et enfants ; ils viennent demander de la poudre et des balles, craignant que les Anglois ne soient mal intentionnés. Ils disent que l'on construit beaucoup de bateaux à Corlar, que l'on y travaille le jour et la nuit, que le colonel Johnson y est, qu'il y a un magasin rempli de selles. Si cette nouvelle est vraie, car les nouvelles sauvages sont toujours incertaines, il y auroit apparence que ce seroit pour le rétablissement de Chouaguen, et que les prétendues selles seroient des bâts pour le transport. Un chef onontagué du nombre de ces ambassadeurs est reparti pour accompagner M. de Bellestre ; on le dit accrédité dans son village ; il a promis de lever un parti.

Du 13 octobre 1757. — Il est arrivé un courrier des pays d'En-Haut. Par les nouvelles de la Louisiane du mois d'avril, tout y étoit tranquille, et on n'y avoit reçu aucune dépêche du ministre depuis dix-huit mois. Le sieur d'Amberville, commissaire-ordonnateur, y est mort.

Par les nouvelles du fort Duquesne du 7 septembre, les sauvages de la Belle-Rivière redoublent de zèle pour les courses. Depuis le commencement de la campagne, les sauvages ont amené au fort Duquesne plus de deux cents prisonniers ou chevelures. Ils désolent les pays par la quantité étonnante de chevaux ou bestiaux qu'ils tuent ou enlèvent. Il y a peu de monde auprès du fort Cumberland. Les déseiteurs assurent que les Anglois n'ont aucun projet pour cette année, mais qu'ils parlent d'une entreprise sur le fort Duquesne au printemps. Sur un avis que les Anglois ont un petit camp à Skaendoka, village en Pensylvanie, on y a envoyé à la découverte.

Par les nouvelles de Niagara du 19 septembre, les ouvrages y sont pour ainsi dire finis, les dispositions des sauvages admirables, au point que le sieur Ponchot estime que l'année prochaine, avec des marchandises et de la poudre, on fera désoler les colonies angloises par trois cents sauvages. On venoit d'amener à Niagara une famille allemande enlevée à quatre lieues de Philadelphie, à Telbac. Tous les prisonniers assurent que si les François paroissaient en Pensylvanie, cette province se mettroit en république indépendante sous la protection de la France. Suivant les nouvelles de M. Pouchot, le gouverneur particulier de la Pensylvanie offre aux sauvages de les laisser aller librement en Virginie, pourvu que sa province soit épargnée. M. Ponchot a été averti par des sauvages que l'Anglois avoit quelques projets de surprise, avec l'aide de quelques sauvages des Cinq-Nations qui viendroient sous prétexte de la traite ; on a sur-le-champ dépêché un courrier à Montréal, avec ordre de faire partir un canot pour avertir tous les commandants des postes, depuis la Présentation, d'être sur leurs gardes.

Du 19 octobre 1757. — Le marquis de Montcalm a remis à M. le marquis de Vaudreuil un *Mémoire* de toutes les mesures à prendre, si l'ennemi vouloit faire une entreprise sur Québec; reste à savoir si on suivra les dispositions et avec l'activité nécessaire.

On a appris que le sieur de Villejoin, enseigne des troupes de la colonie, jeune officier de beaucoup d'expérience, s'est noyé en allant au Détroit.

Du 20 octobre au 1ᵉʳ novembre 1757. — Il est arrivé une goélette de Louisbourg, avec soixante-dix soldats du régiment de Berry, et l'on a appris que le coup de vent du 25 septembre avoit été funeste aux Anglois, ce qui doit mettre leur escadre hors d'état d'agir. On dit qu'ils font hiverner huit mille hommes de leurs troupes à Halifax. Les nôtres ont défilé du 20 octobre au 1ᵉʳ novembre pour se rendre à leurs quartiers. M. de Bourlamaque, qui commandoit le camp de Carillon, est arrivé à Québec le 29. Les Agniers ont paru deux fois auprès de Carillon; nous y avons perdu sept hommes et eu deux de blessés.

ÉTAT DES QUARTIERS D'HIVER

La Reine à Québec.

La Sarre à l'Ile-Jésus.

Royal-Roussillon à Boucherville, Varennes, La Prairie, Longueuil, Verchères, Contrecœur.

Guyenne à Chambly, Saint-Antoine, Saint-Denis, Sorel.

Languedoc, neuf compagnies de grenadiers à Saint-Augustin, quatre de la pointe de Lévis à Saint-Jean-Deschaillons.

Berry, le deuxième bataillon à la côte de Beaupré, le troisième bataillon à l'Ile-d'Orléans.

Béarn à Montréal, Lachine, la Pointe-Claire, Sainte-Geneviève, Sainte-Anne.

M. le marquis de Vaudreuil a tenu le 22 et le 24, un conseil de guerre ordonné contre le sieur de Vergor, commandant du fort de Beauséjour et ses officiers, et contre le sieur de Villeray, commandant de Gaspareau. Quoique le cas ne regardât que des officiers de la colonie et ne fut pas mixte, M. le marquis de Vaudreuil a demandé qu'on y fit entrer trois officiers principaux des troupes de terre, attendu la permission qu'il en avoit par une lettre particulière du ministre de la marine. Les juges ont été :

Le marquis de Vaudreuil, président ;

M. Bigot, intendant ;

M. de Longueuil, lieutenant de Roi de Québec ;

M. le chevalier de Montreuil, aide-major général et lieutenant-colonel ;

M. de Trivio, commandant du bataillon de Berry, lieutenant-colonel ;

M. de Noyelles, major des Trois-Rivières ;

M. d'Aiguebelle, capitaine des grenadiers du régiment de Languedoc ;

MM. Dumas et de Saint-Vincent, capitaines de la colonie ;

M. de Sermonville, aide-major de Montréal, faisant fonction de procureur du Roi.

Le conseil de guerre, par son jugement prononcé le 24, a déclaré, qu'attendu le peu de défense dont le fort de Beauséjour étoit susceptible, la faiblesse de la garnison, et en ce qu'il résulte des informations, que le sieur de Vergor, commandant de Beauséjour, a été forcé par les Acadiens de capituler, pour leur assurer leur état et leur vie, le conseil de guerre a déclaré n'y avoir lieu de blâmer la conduite du sieur de Vergor, commandant de Beauséjour, et, ce faisant, l'a renvoyé absous de toute accusation contre lui intentée pour la reddition de la dite place ; et quant à ce qui concerne les officiers de la dite garnison, a déclaré leur conduite irréprochable, attendu le zèle qu'ils ont montré pour la défense de la place et l'obéissance aux ordres du commandant.

Quant à ce qui regarde le sieur de Villeray, le conseil de guerre a ordonné que la procédure seroit continuée à effet d'être mis en état.

Le conseil de guerre s'étant rassemblé le 28, a prononcé qu'attendu que Gaspareau n'a jamais été considéré que comme un entrepôt, pour y déposer les vivres qu'on débarquoit pour Beauséjour, attendu que le dit Villeray n'y étoit qu'avec dix-neuf hommes, le conseil de guerre a déclaré n'y avoir lieu de blâmer la conduite du sieur de Villeray, et, ce faisant, l'a renvoyé absous de toute accusation contre lui et intentée au sujet de la reddition de Gaspareau.

Du 1ᵉʳ novembre 1757. — Le soldat s'est prêté de bonne grâce à la réduction de la ration, ainsi qu'il est dit à l'article du 14 octobre.

Du 3. — M. le marquis de Vaudreuil est parti pour s'en retourner à Montréal.

Du 5. — Le *Robuste*, armé en paquebot, a mis à la voile pour mener à Londres deux cent cinquante prison-

niers anglois de Chouaguen ; il est parti aussi quelques
bâtiments pour aller chercher un fret à Saint-Domingue.

Du 6 novembre 1757. — Les derniers bâtiments
partent aujourd'hui pour la France, avec les dépêches
pour la cour à bord des navires les *Deux-Frères*, le
Diamant, la *Sauvage* et le *Chouaguen*.

On écrit de Montréal que le 1ᵉʳ novembre, jour de la
distribution des vivres sur le pied de la réduction, les
soldats de la marine ayant refusé, par le peu d'adresse
et d'attention de leurs officiers, malgré le bon exemple
de ceux de Béarn, M. Duplessis, commandant de Montréal ayant prié M. le chevalier de Lévis de leur parler,
le ton ferme de cet officier les fit rentrer très vite dans
leur devoir, et les soldats de la marine tinrent alors de
très bons propos et obéirent comme ceux des troupes de
terre.

La disette paroît encore plus grande qu'on le croiroit.
Le Canadien a un mauvais ton à cette occasion ; il y est
un peu excité par quelques curés ; on se plaint nommé-
ment de celui de l'Assomption. Le grand mal vient de
ce que le Canadien n'a pas de confiance dans le gouvernement, et reste toujours persuadé que la disette est
artificielle et suggérée par l'avidité de certaines personnes. Je pense que le fait n'est pas vrai ; mais le
malheur est que l'opinion du peuple est fondée sur
l'expérience du passé.

Le sieur de Villiers, l'un des meilleurs officiers de la
colonie et des plus connus par ses actions, est mort de
la petite vérole le 3, universellement regretté.

Du 7 novembre 1757. — Par les nouvelles que l'on a
eues de Carillon, un de nos partis d'Iroquois a rapporté

deux chevelures faites auprès du fort Lydius, où les ennemis étoient encore campés le 26.

Du 8 novembre 1757. — Il nous est arrivé cent trente-sept Acadiens de l'île Saint-Jean, qu'on nous a envoyés parce qu'on ne sait plus comment les y nourrir ; la récolte y a manqué ainsi qu'en Canada, et on y va de même manger les animaux pour s'y soutenir.

Du 13 novembre 1757. — La petite vérole qui n'est regardée en Canada que comme une maladie populaire qui prend tous les vingt ans, fait du ravage cette année, quoiqu'on l'ait eue il y a deux ans. Elle a été communiquée par les Acadiens et les Anglois pris au fort Guillaume-Henry.

Les Anglois ayant pris quarante mille souliers que l'on envoyoit dans la colonie, les souliers et le cuir manquent ; on tâche d'y suppléer en faisant faire aux soldats des souliers avec de la peau de loup marin pour la pluie et de peau de chevreuil pour la gelée.

Du 17 novembre 1757. — Il s'est fait cette année pour quatre-vingt-seize mille livres d'outils en Canada, et il ne s'en trouvera peut-être point l'année prochaine. Le sieur Mercier, commandant de l'artillerie, les a fait faire à un ouvrier, et il est prétendu qu'il s'est fait donner un bénéfice de trente pour cent. La partie de l'artillerie ainsi que toutes celles de l'administration publique, est remplie d'abus à réformer ; il n'y a ni inventaires, ni état exacts ; toutes les fois que les chefs . n'auront pas les mains nettes, ils ne pourront pas remédier aux abus. Les dépenses du Canada, qui se portent de douze à treize millions, pourroient être faites avec l'économie d'un quart au moins ; mais il semble que

l'on ne veuille donner qu'occasion de s'enrichir aux
subalternes. L'article des fortifications, des achats pour
le Roi, des présents aux sauvages, des dépenses à leur
occasion ne finit pas ; aussi a-t-on dépensé cette année
douze à treize millions en Canada.

Du 19 novembre 1757. — Comme on s'est aperçu
que les vaisseaux qui arrivent toutes les années à
Québec, apportent souvent des maladies qui deviennent
épidémiques, par leur communication dans les hôpitaux
affectés à la colonie, M. de Pontleroy a été reconnoître
le terrain pour y construire un hôpital ou lazaret qui
ne sera destiné que pour les équipages des bâtiments.
Il y aura deux corps de logis séparés, pour éviter la
communication des diverses maladies et pour empêcher
qu'il n'y ait communication de cet hôpital avec la ville
de Québec, il sera placé à la pointe de Lévis à la côte
du Nord.

Du 22 novembre 1757. — Par le retour du sieur de
Langy, qui avoit été conduire M. Schuyler, lieutenant-
colonel, et le sieur Martin, capitaine d'artillerie, au fort
Edouard, on a eu des lettres de milord Loudon, qui
assure être dans le dessein d'observer la capitulation du
fort Guillaume-Henry. Mais dans le même temps, ils
forment des difficultés qui ne peuvent avoir lieu en
Amérique, où la nécessité de se servir de sauvages
empêche que le droit des gens ne s'y règle sur le même
pied qu'en Europe. Le général et l'armée ne peuvent
être responsables de la conduite de ces alliés indociles.
Il y a à présumer, par la lettre de milord Loudon, que
la capitulation s'exécutera pour la clause principale de
ne pas servir de dix-huit mois, et qu'il disputera sur

la restitution des prisonniers, objet de peu de conséquence pour le Canada, puisque, depuis le commencement de cette guerre, y compris ceux de l'affaire de
M. de Dieskau, les Anglois n'ont à nous que cet officier
général, son aide de camp, le sieur de Bellestre, enseigne
de la colonie, le sieur La Force, qui accompagnoit
· M. de Jumonville, deux officiers de milices, une femme
et quarante et un soldats ou miliciens.

Du 23 novembre 1757. — Il a été expédié un courrier pour Montréal, avec des réponses à milord Loudon,
au cas que M. de Vaudreuil veuille répondre, ce qu'il
doit faire. Il lui a été envoyé aussi un *Mémoire* des
précautions à prendre pour éviter toute surprise et
entreprise de la part des Anglois, sur la frontière du lac
Saint-Sacrement. Les Anglois étoient encore campés
le 8 novembre. On a fait partir huit canonniers pour
cette frontière. M. le marquis de Vaudreuil craignant
que les subsistances manquassent à Montréal, et peut-
être encore plus les murmures et les jérémiades de ses
chers Canadiens, a envoyé chercher deux cents quarts
de farine dans les magasins de Carillon, ce qui nous
prive de vingt-huit mille rations pour l'entrée de campagne.

Du 27 novembre 1757. — On a eu des nouvelles de
Michillimakinac en date des 25 et 30 octobre. La
petite vérole n'a pas laissé que de faire de grands
ravages à Michillimakinac ; d'ailleurs, les sauvages
paroissent très contents de la campagne et des attentions qu'on a eues pour eux.

Du 30 novembre 1757. — J'ai vu le commandant
des barques du lac Champlain et j'ai appris qu'on en

construisoit une nouvelle à Saint-Jean, du port de soixante tonneaux, celle construite l'année dernière n'est que du port d'environ cinquante tonneaux, et l'ancienne qui sert depuis dix-sept ou dix-huit ans doit être condamnée.

Du 1er décembre 1757. — On a eu des nouvelles de Niagara du 12 novembre et de Frontenac du 19. Par les premières, Kouindy, fameux chef des Cinq-Nations, devoit aller en guerre frapper sur l'Anglois; la petite vérole faisoit toujours des ravages parmi les sauvages d'En-Haut, dont partie sera obligée d'hiverner à Niagara.

Du 2 décembre 1757. — On a eu des nouvelles du fort de Carillon en date du 21. Les ennemis ont paru le 14 du côté de ce que l'on appelle la Basse-Ville. Notre artillerie fit retirer les berges au nombre de deux. Le 19, ils ont paru au nombre de trois cents et sont venus jusqu'au débouché du bois. Un petit poste d'un sergent et seize hommes qui couvroit des bûcheurs de bois et charbonniers, a fait une très bonne contenance et s'est retiré en fusillant. M. Wolff, détaché avec soixante hommes du fort, favorisa leur retraite. Il paroît que les ennemis comptoient amorcer une partie de notre garnison et l'obliger à sortir, et qu'ils avoient un gros corps pour soutenir les trois cents hommes. Nous ne pouvons pas savoir si le feu de notre canon les aura incommodés, nous n'avons eu qu'un soldat de Béarn tué d'un éclat de nos propres canons.

Les nouvelles, de deux déserteurs arrivés du fort Lydius, sont que les troupes, qui étoient à Halifax, sont dispersées pour hiverner dans les diverses villes de la Nonvelle-Angleterre; que le lieutenant-colonel Monro,

qui commandoit au fort George, est mort ; que la garnison de Lydius doit être de six cents hommes et quatre
cents Ecossois campés dans la Presqu'île aux ordres du
colonel des Ecossois appelé Awellin ; et qu'on parle chez
eux de rétablir à l'entrée de la rivière au Chicot le fort
la Reine.   Ces mêmes déserteurs parlent de la perte de
quinze vaisseaux de leur escadre, du coup de vent du
27 septembre.   Il faut attendre, pour cette nouvelle, la
confirmation par celles de Louisbourg.

On a eu des nouvelles du détachement de M. de
Bellestre, qui étant parvenu avec beaucoup de peines
au village des Palatins, à un quart de lieue du fort de
Kouari, a surpris ces habitations le 12 au matin.   Rien
n'a échappé à la fureur des sauvages qui ont tout ravagé,
pillé et brûlé, maisons, grains et bestiaux.   Ils ont enlevé
cent cinquante hommes, femmes et enfants, et amené le
maire appelé Jean Pétrie ; le reste a péri.   Telle a été la
destruction d'un malheureux canton composé de familles
allemandes, qui sembloit avoir désiré une espèce de neutralité, lors de l'ambassade des Cinq-Nations au mois de
décembre dernier.   Les sauvages ont fait un butin considérable.   Nous n'en avons eu que trois blessés légèrement, et le sieur Lorimier, fils.   Cette perte peut être
de quelque considération pour l'Anglois, dans le cas où
il voudroit se rétablir vers Chouaguen ; elle entretient
toujours la confiance de nos sauvages et Canadiens, la
crainte des colons anglois, et sert à brouiller les Cinq-
Nations avec les Anglois.

Si l'on vouloit s'en rapporter à une relation canadienne, la perte seroit immense ; mais quelle apparence
que, dans soixante maisons, on ait pu brûler plus de

21

grains que l'île de Montréal n'en fournit dans les années
les plus abondantes, des cochons dans cette proportion,
trois mille bêtes à corne, trois mille moutons, mille cinq
cents chevaux, des effets, meubles, hardes, marchandises
et boissons pour un million cinq cent mille livres, plus
cent mille livres d'argent comptant et quatre-vingt
mille livres en porcelaine et écarlatines. Les nouvel-
listes du Palais-Royal adopteront ces nouvelles sans
réflexions, ainsi que la prise de cinq forts dont il est
parlé dans la relation canadienne ; ces prétendus forts
ne sont autre chose que de grandes fermes entourées de
mauvais pieux.

Du 7 décembre 1757. — Les maladies ont cessé ; le
nombre des malades a été d'environ sept cents ; pendant
plusieurs mois, la mortalité a été grande ; elle n'a pas
été cependant dans la proportion où elle auroit été dans
les hôpitaux d'Europe. Il y a eu à l'Hôpital-Général
depuis le ... jusqu'au premier décembre ... malades, et
il n'est mort que ... ; à l'Hôtel-Dieu ... malades et il
n'est mort que ... *.

La petite vérole continue à faire de grands ravages
parmi les Acadiens, ces malheureuses victimes de leur
attachement pour la France ; de dix-huit cents qu'ils
étoient, le nombre se réduira à bien peu, si cette affreuse
maladie continue. Depuis quelques jours on les enterre
par quinze et par vingt.

---

* Tous ces blancs existent dans le manuscrit. Le marquis
de Montcalm a ajouté en interligne la phrase suivante : " Aux
deux hôpitaux de deux mille cinq cents à deux mille six
cents, dont un cinquième mort ". — Note de l'éditeur.

L'hiver jusqu'à présent a été aussi doux pour ce pays-ci que celui de l'année dernière fut neigeux et froid. On pourroit encore partir pour la France, la rivière étant navigable ; on cite comme mémorable qu'une année, du temps de M. Hocquart, on expédia un bâtiment le 3 décembre.

Du 9 décembre 1757. — On a commencé aujourd'hui la distribution aux soldats de la chair de cheval. Sur huit jours on donne trois en bœuf, trois en cheval et deux en morue. Il y a longtemps qu'on en distribue aux Acadiens et au peuple de Québec et de Montréal. C'est pour ne pas détruire entièrement l'espèce des bœufs, et il est de l'intérêt politique de la colonie de diminuer celle des chevaux, les habitants en ont un trop grand nombre et ne s'adonnent pas assez à élever des bœufs. Suivant M. Bigot, cette distribution de cheval en fera employer mille à douze cents, et il prétend que, sans qu'on s'en aperçut en Canada, on pourroit en détruire trois mille. En effet, on ne voit pas que cet achat extraordinaire de chevaux pour la boucherie les ait fait renchérir. M. l'intendant se propose un règlement très rigoureux pour empêcher que l'on ne mange des veaux ; reste à savoir s'il sera bien exécuté ; car on a accoutumé le peuple à avoir un grand esprit d'indépendance, et à ne connoître ni règle ni règlement.

Du 10 décembre 1757. — M. de Pontleroy voyant que l'on avoit fait un marché extraordinaire pour l'entreprise de l'hôpital projeté à la pointe de Lévis, a cru devoir suivre les règles qui s'observent en France, de faire une adjudication, ce qui a été exécuté hier ; et tous les principaux chefs de travaux, entrepreneurs et ouvriers s'y étant trouvés, se sont tous retirés, après lecture du devis, sans faire aucune offre, par un esprit de cabale qui leur avoit été suggéré. On va prendre le parti de demander en France des maçons et charpentiers, comme on a fait pour Louisbourg, qui seront payés à tant par mois, pour être employés par le Roi quand il voudra. Le marquis de Montcalm a proposé de former dès à présent, une compagnie de pareils ouvriers, en les ramassant dans les troupes.

J'ai toujours oublié de marquer dans son temps que, suivant les nouvelles que l'on a eues au mois de septembre des Illinois, les Anglois construisent quelques forts qui donnent de l'inquiétude et de l'ombrage au sieur de MacCarthy, commandant des Illinois. Il a écrit au commandant des postes voisins pour lui envoyer des sauvages, voulant, dit-il, marcher du côté du fort et reconnoître ce que c'est. Ce doit être vers la Caroline ou Géorgie, colonies angloises que l'on détruiroit avec facilité, si le gouvernement envoyoit deux bataillons à la Louisiane.

M. Bigot m'a dit que le détachement de M. de Rigaud, de l'hiver dernier, avoit coûté deux cent mille livres de dépenses extraordinaires. L'Acadie, où nous n'avons rien pour ainsi dire, coûte encore, suivant lui, huit cent mille livres au Roi ; il m'a aussi annoncé que, si l'on n'y prend pas garde, on va commencer dans la Louisiane à grossir les dépenses comme en Canada, à faire des certificats et à tirer des lettres de change en plusieurs termes.

Du 14 décembre 1757. — Par les nouvelles de Montréal, il y a toujours de la fermentation dans les esprits au sujet de la réduction de la ration et de la distribution de cheval. Le soldat y est moins docile qu'à Québec, parce qu'au lieu d'être caserné, il est logé chez l'habitant qui l'excite. Cependant il ne s'est rien passé à cet égard, grâce à la vigilance et aux attentions de M. le chevalier de Lévis et des officiers particuliers. Il y a eu une espèce de petite émeute de la part des femmes du peuple qui ont été assez séditieusement faire une représentation à M. de Vaudreuil. Il a dû partir de Montréal, le lundi 11, un détachement de quatre-vingts sauvages, trente soldats ou Canadiens, aux ordres de M. de Langy de Montégron, pour aller à la guerre du côté de Lydius.

Du 15 décembre 1757. — M. le marquis de Montcalm, ayant appris qu'il devoit y avoir dimanche une fête chez M. l'intendant, où il devoit y avoir un gros lansquenet, a cru devoir renouveler, sous les défenses les plus sévères, de jouer à la Basse-Ville dans des tripots ; la tolérance pour les jeux de hasard ne doit avoir lieu que pour des maisons particulières ; et, en même temps, les exhorter paternellement à ne pas se déranger.

Du 18 décembre 1757. — L'intendant a rassemblé, à l'occasion du concert exécuté par des officiers et des dames, nombreuse compagnie. Il y a eu d'aussi bonne musique qu'il soit possible d'en exécuter dans un pays où le goût des arts ne peut avoir gagné. Il y a eu un jeu si considérable et si fort au-dessus des moyens des particuliers que j'ai cru voir des fous ou, pour mieux dire, des gens qui avoient la fièvre chaude ; car je ne sache pas avoir jamais vu une plus grosse partie, à l'exception de celle du Roi. Si tous ces joueurs qui

semblent jeter leur argent par la fenêtre, vouloient se
scruter, ils verroient, malgré l'amour de quelques-uns
pour la dépense, que cet amour excessif du jeu n'est
produit que par l'avarice et la cupidité. Il y a eu trois
tables faisant quatre-vingts couverts, les appartements
bien illuminés, et rien n'auroit manqué à une aussi
belle fête, si le maître de la maison, magnifique en tout,
eut eu plus de goût et d'attention pour faire servir un
souper immense à propos ; mais le jeu est sa passion
dominante ; et, malgré son goût noble pour lés fêtes et
l'amusement du public, on voit toujours que le jeu
en faisoit l'objet principal ; aussi, pour ne pas interrompre une grande partie de lansquenet, un souper
préparé pour neuf heures n'a été servi qu'à minuit.

NOTES TIRÉES D'UNE RELATION DE L'EXPÉDITION DE M. DE BELLESTRE

Départ du détachement le 4 octobre, de Montréal ;
Le 7, du Sault-Saint-Louis ;
Le 14, à la Présentation ;
Séjour le 15, le 16, le 17, le 18, le 19, le 20, le 21.
Le 22, départ ;
Le 29, arrivée au-dessus de la baie de Niaouré ;
Surprise du village des Palatins le 12 novembre au
matin ;
Pillage le 12 et le 13 ;
Départ pour s'en retourner le 14 ;
Arrivée à Montréal, le 28 novembre.

Du 25 décembre 1757. — Le détachement commandé
par M. de Langy, qui avoit dû partir le lundi 11, a été

différé jusqu'au mardi 27, Sarégoa, le chef des sauvages du Sault-Saint-Louis, qui devoit suivre ce détachement, ayant fait une chute. Un parti de sauvages de la Présentation doit aller frapper, au-dessus du fort de Kouari, sur les habitations qui sont entre Corlar et le dit fort. Le peuple à Montréal fermente toujours et excite les soldats de Béarn à une sédition. La seule vigilance, activité et prévoyance de M. le chevalier de Lévis y a remédié jusqu'à présent. M. le marquis de Vaudreuil soutient trop le peuple, et, dans le temps que l'on ménage ici les bœufs, il en fait trop détruire l'espèce dans le gouvernement de Montréal. On va enfin travailler à un recensement des grains qu'il y a dans le gouvernement de Montréal, M. de Montrepos, lieutenant général de police, et M. de Contrecœur, capitaine de la colonie, en doivent être chargés. Monsieur l'intendant vient de rendre une ordonnance pour empêcher tous les moulins de moudre, à commencer du 1ᵉʳ janvier, et on a scellé à cet effet, parce que la cherté de la farine et l'avidité du propriétaire fait que, pour l'appât d'un gain présent, l'habitant vendroit jusqu'aux blés et semences.

Monsieur l'intendant se plaint amèrement des abus et malversations dans la partie de l'Acadie. M. de Vaudreuil répond qu'il y remédiera et qu'il en a eu des conversations avec M. de Boishébert. Cet officier a du talent; mais il est quasi reçu de principe dans la colonie, qu'il n'y a point de mal à beaucoup prendre au Roi.

Du 29 décembre 1757. — J'ai appris aujourd'hui d'une façon sûre qu'il a été question l'hiver dernier de faire embarquer aux ordres de M. le prince de Croy, maréchal des camps, un corps de troupes pour aller faire une incursion par la Louisiane vers la Caroline et la Géorgie ; je ne sais s'il ne seroit pas aussi bien d'y aller débarquer directement que de vouloir passer par la Louisiane.

L'ordonnance pour sceller les moulins et ne pas moudre à commencer au premier janvier, a paru et n'a pas laissé que de paroître dure. Les dépenses du Roi deviennent si considérables que l'intendant a jugé à propos de faire des ordonnances de cent pistoles.

Janvier 1758. — M. de Langy Montégron est parti de Saint-Jean, le 1er, avec un détachement de cent hommes. L'ordonnance de Monsieur l'intendant pour faire distribuer au peuple du cheval, n'a pas été suivie à Montréal par la faiblesse du gouvernement, et la haute taxe du bœuf à dix sols a engagé l'habitant à tuer les bœufs.

Les bâtiments pour loger la garnison à Saint-Jean étant en partie finis, on y a mis cent cinquante hommes. Jusqu'à présent cet entrepôt général de vivres, aisé à brûler, a été souvent avec une garnison de onze hommes ou trente au plus.

Par les nouvelles de Carillon et de Saint-Frédéric du 18 décembre, les commandants paroissent y craindre mutinerie et désertion ; sous prétexte d'escorter les munitionnaires, on y enverra des sergents et soldats sûrs.

L'ennemi y a paru le 4 et le 5. La nuit même, les ennemis sont venus sur le chemin couvert du côté du bastion de la citerne. On leur a tiré quelques coups de fusil, et la garnison qui sert exactement étoit très alerte. Les nouvelles de la Belle-Rivière sont la conti-

nuation de la petite guerre, les Catabas continuent à
l'y faire en faveur de l'Anglois, un de nos partis a été
repoussé avec perte du sieur de Chauvigny, cadet, et
quatre ou cinq sauvages blessés. Le sieur de la Chau-
viguerie, fils, a été d'un détachement qui a ramené huit
prisonniers et vingt chevelures.

Du 21 janvier 1758. — Visite du marquis de Montcalm aux Hurons de Lorette. Comme c'étoit la première
fois qu'il y avoit été, il a fait festin.   Ces sauvages ont
témoigné beaucoup de satisfaction de cette visite ; ils
ont dansé les danses de Chaouénons, celle du calumet,
de la découverte, frappé au poteau, et des danses
lubriques appelées danses de la nuit et du bœuf, quoique
défendues par les saints missionnaires. Ce village de
Lorette, où les Jésuites sont missionnaires, commence à
avoir l'air et les manières françoises, leurs maisons sont
assez commodes et propres ; il peut y avoir une centaine
de personnes, faisant quarante guerriers.   L'église est
assez bien ; la façon dont les sauvages prient est capable
d'inspirer de la dévotion ; les femmes sont toujours
séparées des hommes ; elles ont toutes des voix mélo-
dieuses et chantent des cantiques pendant la messe.

La langue huronne est difficile à apprendre ; elle est
gutturale et une des quatre langues-mères de l'Amérique,
qui sont le huron, l'iroquois, l'abénaquis, l'algonquin
ou l'Outaouais ; car c'est la même langue.   Une chose
curieuse c'est de voir deux sauvages, avec leurs figures
barbouillées, servir à l'autel en enfant de chœur.

Par les nouvelles de Carillon du 6 janvier, on apprend
que les Anglois y sont venus au nombre de quatre
cents ; tuer quelques bœufs, prendre un malheureux

soldat écarté, sont le seul fruit qu'ils ont retiré de cette course.

M. de Contrecœur, capitaine de la colonie, et M. de Montrepos, lieutenant général de Montréal, ont été faire une recherche de grains dans le gouvernement de Montréal, opération tardive, mal faite, proposée par le marquis de Montcalm dès le mois d'octobre, et sur la forme de laquelle M. de Lapause a donné un très bon *Mémoire* à Monsieur l'intendant. Mais les officiers de terre doivent-ils être crus ? Cette recherche a abouti à assurer la subsistance à lèche doigt jusqu'au 31 mai. On a écrit à l'évêque pour qu'il engage les curés décimateurs à donner de leur superflu ; mais les ecclésiastiques ont peur de manquer. Les commissaires chargés de la recherche de ces grains ont imaginé de faire prêter serment sur les Evangiles aux habitants de dire vérité dans leurs déclarations, et les curés, attentifs au salut de leurs paroissiens, les ont de suite relevés du serment et permis de faire telle déclaration qu'ils voudroient.

Du 7 février 1758. — Nouvelles de Louisbourg en date du 6 novembre, avec des lettres du ministre de la marine du 27 mai et 3 août. Il demande qu'on lui envoie le détail des conseils tenus depuis M. de la Galissonnière avec les Cinq-Nations, pour établir leur indépendance vis-à-vis les Anglois qui, lors du traité d'Utrecht, en ont parlé comme sujets. Il demande aussi un *Mémoire* sur les limites à régler entre les deux couronnes, et il a envoyé une ordonnance du Roi pour défendre les jeux de hasard, ce qui est arrivé à propos, vu l'excès où la fureur du jeu s'étoit portée, par l'exemple de M. Bigot et la tolérance du marquis de Vaudreuil.

Cet intendant a perdu deux cent quatre mille livres, ce qui n'a pas empêché que plusieurs officiers ne se soient encore dérangés. Cette somme n'est rien pour un intendant du Canada qui n'est pas scrupuleux sur les moyens. Les moindres coups aux dés ou au trente et quarante décidoient de la perte ou du gain de neuf cents louis, et cela a été poussé jusqu'à quinze cents.

Les nouvelles de Louisbourg sont le départ de la flotte de M. Dubois de La Mothe, dans les premiers jours de novembre pour retourner en France. Le *Bizarre* et le *Célèbre*, partis de Québec en septembre, au lieu d'aller joindre l'escadre de M. Dubois de La Mothe, comme ils en avoient l'ordre, ont été directement en France, sur un ordre surpris à M. le marquis de Vaudreuil. Ces deux vaisseaux en passant à hauteur d'Anticosti, ont pris un petit bâtiment anglois qui sondoit.

Par les nouvelles de l'Acadie, nos sauvages et Acadiens y font de temps en temps quelques courses; ils ont en dernier lieu enlevé quelques anglois et un maître charpentier auprès du Port-Royal. Ils ont aussi pris une goélette. Ces débris d'Acadiens qui nous restent à Pécoudiac, Miramichi, la rivière Saint-Jean, le cap de Sable et l'île Saint-Jean, peuvent faire quatre cents familles; le surplus a été retiré par nous en Canada, ou enlevé par les Anglois. Les sauvages qui nous restent affectionnés dans cette partie sont au nombre de cinq ou six cents. Le P. Germain, jésuite, et les prêtres des Missions Etrangères les maintiennent dans ces sentiments. Le sieur de Boishébert, capitaine des troupes de la colonie, y commande.

L'Acadie, où nous n'avons plus d'établissement solide, et où nous n'avons que le peu d'Acadiens et ces sauvages qu'on vient de détailler, a coûté l'année dernière au Roi huit cent mille livres.

Les nouvelles de France venues par la voie de Louisbourg sout en date du 29 septembre ; les principales sont l'électorat de Hanovre conquis, le Roi de Prusse battu par les Moscovites et les Autrichiens et pressé de toutes parts, l'île d'Aix occupée par les Anglois.

Du 12 février 1758. — Mandement de Monseigneur l'évêque de Québec, pour ordonner des prières publiques à l'occasion de la disette et pour le succès de la campagne prochaine ; il y recommande beaucoup de dire l'oraison dominicale. En effet, dans quel temps avons-nous jamais eu plus besoin de dire : " Seigneur, donnez-nous notre pain quotidien " ?

Du 14 février 1758. — Nouvelles du fort Duquesne du 1er janvier. Le gouverneur de la Virginie cherche à négocier avec les Loups, Chaouénons et Têtes-Plates, pour obtenir d'eux la neutralité. Nous manquons de marchandises ; on les vole dans les portages ; on ne punit personne ; on ne remédie à rien. *Cara patria !* Quand serons-nous dans le vieux monde pour parler des désordres du nouveau ? Le fort Duquesne, qui a coûté des sommes immenses et qui ne vaut rien, croule de tous côtés.

Du 20 février 1758. — Départ du marquis de Montcalm pour Montréal.

Du 22 février 1758. — Arrivée du marquis de Montcalm à Montréal. Retour d'une partie du détachement du sieur de Langy, qui a frappé le 8, dans le désert du fort de Lydius, sur un détachement de bûcheurs. Nous avons fait vingt-trois chevelures et trois prisonniers qui n'apprennent rien d'intéressant. Nous avons actuellement deux détachements de sauvages qui doivent frapper du côté de Corlar. On a appris depuis, par un journal anglois, que les ennemis avoient perdu dix hommes de plus, qui auroient péri, s'étant égarés dans les bois.

Du 23 février 1758. — Départ du courrier qu'on dépêche à Louisbourg, avec ordre de faire partir de suite un bâtiment pour France.

Conseil avec les Iroquois du Sault pour les envoyer en guerre du côté de Sarasto, avec une vingtaine de Canadiens et quelques cadets ; ils ont promis de partir dans six jours.

Du 24 février 1758. — Conseil avec les Iroquois de la Présentation, qui redemandent l'abbé Piquet et se plaignent du sieur de Lorimier, commandant. Les altercations entre ce missionnaire et ce commandant sont contraires au service du Roi. Cet établissement, très utile à la religion et à l'Etat, se détruit ; il falloit au contraire le rendre plus considérable, ce qu'il y auroit de mieux à faire, seroit de n'y entretenir ni commandant, ni garnison. Les Anglois y viendront-ils en force, la petite garnison n'y servira de rien, et les sauvages seront sûrs de se retirer ; n'y viendra-t-il qu'un parti anglois, les sauvages suffisent. Ce seroit l'avis de l'abbé Piquet qui a raison ; mais le marquis de Vaudreuil pense différemment.

Du 26 février 1758. — Nouvelles de la rivière de Saint-Joseph et du Détroit du 14 janvier. Les sauvages ont perdu plusieurs d'entre eux de la petite vérole ; c'est fâcheux ; ils seront dégoûtés de venir en guerre de nos côtés, et il en coûtera d'autant plus cher au Roi, pour couvrir les morts et autres cérémonies accoutumées, que les commandants des postes auront une belle occasion pour faire des *Mémoires*.

Du 28 février 1758. — Départ des sieurs de Richerville et de la Durantaye, cadets de la colonie, avec deux cents sauvages du Sault-Saint-Louis, y compris une vingtaine de Canadiens, pour aller à Carillon et de là frapper entre Orange et Sarasto. Outre ce parti, nous en avons un vers la même frontière, qui doit opérer actuellement, deux du côté de Corlar, et un troisième, qui part ces jours-ci pour aller du même côté. Ces trois derniers partis ne sont composés que de sauvages de la Présentation ou des Cinq-Nations.

Mars 1758. — Le courrier qui porte les dépêches de Louisbourg et pour la France est parti de Québec le 26. Monsieur i'intendant croit qu'il n'arrivera à l'Ile-Royale que vers le 20 avril. M. de Vaudreuil est persuadé qu'il y arrivera dans quinze jours, et c'est sur ce fondement qu'il donne ordre à M. de Drucour de faire trouver des vivres à Miramichi, pour que M. de Boishébert puisse se rendre avec les Acadiens à l'Ile-Royale. Il a été question d'envoyer M. de Boishébert sur les glaces. M. le marquis de Vaudreuil a cru être arrêté par les vivres, au moyen de quoi M. de Boishébert court risque de ne pouvoir entrer dans Louisbourg avec ce secours, si l'Anglois l'investit de bonne heure.

Les Jésuites, avec l'agrément de M. le général, ayant affermé à M. de Musseau, officier réformé de la colonie, le privilège exclusif d'avoir un magasin au Sault-Saint-Louis, moyennant cent pistoles de rente, cela a donné lieu à plusieurs contestations qui ont été apaisées par M. le marquis de Vaudreuil. On s'est servi, pour y parvenir, de l'entremise des dames iroquoises qui ont elles-mêmes présenté un collier à leurs époux pour les adoucir.

Le zèle prématuré des révérends PP. Jésuites, ou leur envie de s'établir partout, et la bonté du marquis de Vaudreuil ont fait envoyer prématurément un missionnaire à la Belle-Rivière avec douze Abénaquis de la prière, qui ont été comme douze apôtres. Les Loups et les Chaouénous se sont écriés : " On ne nous envoie ni " troupes ni marchandises, mais on nous envoie une " robe noire et des apôtres ". Les gouverneurs de la Virginie et de la Pensylvanie font tous leurs efforts pour détacher ces sauvages et en obtenir au moins la neutralité ; ils ne négligent ni prières, ni caresses, ni offres de marchandises et d'eau-de-vie ; et, si cela arrive, on court risque de perdre la Belle-Rivière sans espoir de la reprendre, et peut-être n'y faisons-nous pas assez d'attention. Los sauvages appellent le gouverneur de la Virginie le Grand-Sabre.

Du 3 mars 1758. — On a reçu nouvelle que le parti de vingt-cinq sauvages de la Présentation, qui étoit allé en guerre du côté de Corlar, avoit frappé entre cette ville et le fort de Quaris, et avoit brûlé deux habitations, tué hommes, femmes et enfants.

Du 10 mars 1758. — L'Onontagué, chef du parti qui a frappé auprès de Corlar, est venu rendre compte de son détachement. Les Tsonnonthouans, qui étoient avec eux, n'ont pas voulu permettre qu'on fît des prisonniers ; on leur a cassé la tête. Nous attendons des nouvelles des deux autres partis qui ont été vers Corlar, bourg très considérable de la Nouvelle-York, qui a pris le nom d'un Hollandois qui a fait les premiers établissements de cette colonie. Il étoit très accrédité et considéré parmi les sauvages qui depuis, ont donné à tous les gouverneurs anglois le nom de Corlar, comme il donne le nom d'Ononthio à tous les gouverneurs de la Nouvelle-France depuis M. de Montmagny. On leur a dit que ce nom vouloit dire Grande-Montagne, et Ononthio dit la même chose en langue iroquoise. Les noms d'Ononthio et de Corlar sont devenus aussi pour les sauvages les noms dont ils appellent les Rois de France et d'Angleterre. Ils disent toujours en parlant du Roi et de ses gouverneurs : *Mon père Ononthio ;* et souvent *le grand Ononthio*, et en parlant de l'Anglois : *Mon frère Corlar.*

Du 12 mars 1758. — M. le marquis de Montcalm a remis à M. le marquis de Vaudreuil un *Mémoire* concernant l'équipage d'artillerie à former pour le siège du fort Lydius. Les prêtres, qui ont de grandes décimes en Canada, ne s'exécutent pas et ne donnent aucuns grains, malgré les lettres circulaires du gouverneur général et de l'évêque. Le pain commence à être mauvais ; on emploie du mauvais blé mêlé avec de l'avoine et des pois, ce qui est affligeant pour des soldats réduits à la demi-livre ; et le défaut de matière empêche qu'on se plaigne.

Du 13 mars 1758. — M. de Boishébert, capitaine des troupes de la colonie, est parti pour Québec, d'où, suivant les instructions de M. le marquis de Vaudreuil, il doit partir à la première navigation pour se rendre à Miramichi. Il amènera avec lui un détachement de cent cinquante hommes, tant Acadiens que Canadiens et soldats de la colonie, plusieurs officiers et cadets ; ce qui, joint à ce qui est déjà dans l'Acadie, fera un corps de six cents hommes destinés à passer à Louisbourg. Et, au cas que ce corps n'y soit pas nécessaire ou ne puisse pas y passer, M. le marquis de Vaudreuil le destine à inquiéter les Anglois vers la rivière Saint-Jean. Ce projet, qui exigeroit un officier plus intelligent et plus actif, et plus de moyens, se réduira à détruire quelques mauvaises habitations aux environs du fort George, au lieu qu'en combinant ce projet, en donnant un officier d'artillerie, quatre mortiers de huit pouces, quatre pièces de canon, on se rendroit maître de trois forts que les Anglois ont dans cette partie. Ces forts sont occupés par des compagnies franches d'habitants de Boston. M. de Boishébert, qui, lors de la prise de Beauséjour, commandoit à un mauvais petit fort appelé Sainte-Anne, ayant eu le bon esprit de le brûler dans le temps que M. de Vergor venoit de rendre mal à propos celui de Beauséjour, et que M. de Villeray n'avoit pas su brûler celui de Gaspareau, se retira dans les bois, aidé du P. Germain qui lui a ramassé et contenu les débris des Acadiens. Il a depuis commandé dans le canton de Miramichi et de la rivière Saint-Jean, sans y avoir rien entrepris ; les Anglois, occupés ailleurs, n'ont pas daigné l'y aller chercher. On lui a su beaucoup de gré de sa conduite ; elle lui a fait honneur, donné de la réputation, et le P. Germain, à ce qu'on prétend, n'a pas laissé

22

que d'avoir grande part à cette bonne conduite. Le peu
qui nous reste dans l'Acadie, a coûté horriblement au
Roi, qu'on est occupé de voler de toutes parts. Les
dépenses se sont portées l'année dernière à huit cent
mille livres, suivant ce que m'a dit Monsieur l'inten-
daut. Les officiers, les gardes-magasins et tous les
employés dans cette partie ne se sont pas oubliés. Pour
qu'en Europe, un maréchal de France commandant les
armées pendant plusieurs campagnes, gagne cinq ou six
cent mille livres, il faut qu'il ait la réputation d'être
aussi pillard que les maréchaux de Saxe et de Lowen-
dahl, respectables d'ailleurs par leurs talents et leurs
services. En Amérique, un capitaine de la colonie qui
est favorisé et protégé, rapporte au bout de quelques
années de commandement, cinquante mille écus, deux
cent mille livres, même cent mille écus. Au reste, ces
fortunes rapides, ces abus énormes, qu'on aura tant de
peine à réprimer, doivent leur origine à l'époque du
gouvernement de M. de la Jonquière, avare et intéressé,
et à l'intendance de M. Bigot, avide de gagner, et ces
deux hommes s'étoient bien connus lors de la malheureuse expédition du duc d'Anville.

Du 15 mars 1758. — M. le marquis de Montcalm a
remis un *Mémoire* à M. le marquis de Vaudreuil, contenant son avis relativement aux circonstances sur la
campagne, des difficultés à entreprendre le siège du
fort de Lydius, et la nécessité de ménager les vivres,
quand même il en arriveroit de France, pour ne pas se
trouver l'année prochaine dans les mêmes circonstances.

Du 16. — Nouvelles de Carillon du 6 mars. Le
sieur Wolff a été bien reçu au fort Lydius par le

colonel Awellin (Haviland), qui y commande, et il lui a remis les lettres du marquis de Vaudreuil et du marquis de Montcalm pour le comte de Loudon. Cet officier a répondu qu'ils les feroient passer à ce général, à New-York.

Le sieur de Langy-Montégron, qui est allé à la guerre avec les Iroquois, a fait un prisonnier ; trois Outaouais qui ont resté en arrière de ce détachement, ont mis en désordre un convoi de trois cents traînes et ont rapporté deux chevelures.

Du 19 mars 1758. — Nouvelles de Carillon du 15. Le sieur d'Hébécourt, capitaine au régiment de la Reine, commandant à Carillon, ayant été averti, le 13 au matin, par deux Abénaquis, qu'ils avoient découvert des pistes fraîches, envoya une vingtaine de découvreurs, qui ne tardèrent pas à rapporter qu'un gros détachement d'Anglois étoit en marche tirant vers Saint-Frédéric.

Le sieur de la Durantaye, cadet de la colonie, étoit arrivé la veille à Carillon avec plusieurs autres jeunes gens et un détachement de deux cents hommes, presque tous Iroquois du Sault-Saiut-Louis. M. de Langy, qui étoit déjà à Carillon avec quelques sauvages, se joignit à ce détachement ; les sieurs de Fourrat et Darenne, officiers des troupes de terre, y marchèrent de bonne volonté. On atteignit l'ennemi vers la Montagne-Pelée. Les Anglois, qui s'étoient embusqués, firent une décharge à bout portant ; mais le sieur de Langy les ayant tournés, le détachement, qui, suivant l'ordre du capitaine Rogers, fameux partisan, devoit être de deux cents hommes, fut entièrement défait. Les sauvages ont rapporté cent quarante-quatre chevelures et fait sept prisonniers ; le reste, qui s'est enfui, aura péri misérablement dans les bois en s'y égarant et faute de vivres. Le détachement, composé des troupes d'élite, avoit douze officiers. On ne peut pas douter qu'il n'y en ait eu au moins six de tués, y compris le capitaine Rogers, les commissions et ordres de ces officiers nous ayant été rapportés par les sauvages. Nous avons eu deux cadets de la colonie blessés assez dangereusement, les sieurs de La Chevrotière et de Richerville, un Canadien blessé, cinq Iroquois tués, douze de blessés dangereusement, un Népissing de tué, un Abénaquis à qui il a fallu couper le bras.

D'après les diverses nouvelles des prisonniers, on ne peut encore rien statuer sur les projets des ennemis. Ils font des amas de vivres considérables à Orange ; ils y ont beaucoup de bateaux ; ils en construisent encore, ce qui sembleroit indiquer un projet d'offensive sur notre frontière. Cependant tout paroît indiquer qu'ils sont dans la résolution, comme l'année dernière, de porter la plus grande partie de leurs forces vers Louis-bourg. Il paroîtroit, par le rapport des prisonniers, qu'ils ont eu cet hiver quelque projet d'entreprendre sur Carillon et d'y conduire des mortiers sur la glace.

Par un état exact des forces de l'ennemi remis par leurs prisonniers, ils ont vingt-trois bataillons de troupes réglées qui, étant complets, feroient vingt-trois mille hommes et qui doivent faire au moins dix-huit mille, et nous n'avons à leur opposer de troupes réglées que huit bataillons faisant sur le pied du complet quatre mille deux cents hommes, et deux mille six cents hommes des troupes de la colonie.

Quoiqu'il y ait une ordonnance du Roi pour porter les bataillons à six cent cinquante, ce qui feroit une augmentation de mille hommes, le manque de recrues (les Anglois en ayant beaucoup pris l'année dernière) n'a pas permis de faire cette augmentation.

Du 24 mars 1758. — Le parti de sept Abénaquis de Missiskoui arrive, ayant pénétré dans les terres jusqu'à vingt lieues de Boston ; il ont pillé et brûlé une maison de campagne, tué trois hommes et emmené la femme et les deux enfants ; un des Abénaquis a été blessé légèrement.

Il a été remis un *Mémoire* à M. le marquis de Vaudreuil pour lui proposer les moyens d'avoir des nouvelles des ennemis ; il a paru le goûter. Il y a cependant apparence qu'il n'en exécutera pas le contenu ou qu'il l'exécutera médiocrement.

Du 27 mars 1758. — Trois prisonniers de la dernière affaire avec les Anglois sont arrivés ce soir ; il paroîtroit, par leurs dépositions, qu'il court des bruits parmi eux que milord Loudon seroit rappelé ; ils ont même nommé milord Lawthies, lieutenant général, pour son successeur.

Il paroît que l'ennemi a eu des projets de surprise sur Carillon pendant l'hiver ; la bonne garde et la vigilance de M. d'Hébécourt, qui y commande, les en a empêchés.

Du 30 mars 1758. — Le sieur de Montdardier, jeune homme de condition du Languedoc, lieutenant au régiment de Berry, ayant eu une conduite indigne de son nom, avoit abandonné son emploi et étoit réduit à être maître d'école à Kamouraska ; voulant aller à Gaspé, il a été assassiné par un soldat déserteur du même régiment, qui ensuite est mort lui-même ·dans les bois de froid et de faim.

Du 3 mars 1758. — Conseil tenu avec les Iroquois du Sault-Saint-Louis. Le marquis de Vaudreuil a couvert les cinq Iroquois tués à la dernière affaire, en leur présentant cinq colliers et cinq aouapons *(wampums)*, et on leur a promis cinq panis ou esclaves pour faire revivre les guerriers tués. Ils ont beaucoup remercié des soins que le gouverneur général fait prendre de leurs blessés.

Du 2 avril 1758. — Hier et avant-hier au soir il a paru une aurore boréale. Nous n'avons pas d'astronome dans cette colonie depuis le départ du P. Bonneau, professeur d'hydrographie ; ainsi on n'a pu faire aucune observation.

Du 7 avril 1758. — Nouvelles de Carillon du 29 mars. Retour de M. Wolff, qui a été, avec trente Abénaquis, brûler deux maisons auprès de Machasousel (Massachusetts). Deux officiers d'un détachement anglois se sont rendus prisonniers de guerre à Carillon ; ils avoient erré pendant cinq jours dans les bois, et leur guide étoit mort, la veille, de faim, à la Chute.

Du 9 avril 1758. — Nouvelles de Québec. La misère augmente ; le peuple, qui étoit réduit à un quarteron de pain, vient d'être réduit à deux onces du 1er avril.

Du 10 avril 1758. — Nouvelles de Niagara. Grande assemblée chez le gouverneur de la Philadelphie, où l'on a invité des sauvages des Cinq-Nations et des Loups.

Il leur a beaucoup parlé de la misère à laquelle nous étions réduits; il leur a distribué une quarantaine de médailles et de hausse-cols. Quelques-uns de ces sauvages les ont rapportés au commandant de Niagara et lui ont promis de continuer à frapper. Ces hausse-cols sont gravés; on y voit d'un côté un Anglois qui fume avec le calumet de paix, et qui le présente à un sauvage qui est assis auprès d'un feu que le soleil éclaire, et l'Anglois est assis à l'ombre de l'arbre de paix.

Du 13 avril 1758. — Le dégel est venu assez rapidement; la rivière est quasi navigable; le premier canot du côté du sud est arrivé. On a commencé, il y a huit jours, les semailles dans les terres hautes qui sont ordinairement plus tôt découvertes que les autres; il y a cependant des terres basses où l'on ne pourra semer que dans une douzaine de jours.

Du 18 avril 1758. — Le peuple a été réduit, à Québec, à deux onces de pain; il y a eu un attroupement de femmes à la porte du lieutenant général de police.

Du 19 avril 1758. — Le marquis de Montcalm a remis un *Mémoire* pour prouver l'impossibilité que le soldat pût vivre avec une demi-livre de pain, et demander qu'on donne au moins une demi-livre de pain, un quarteron de lard et une demi-livre de bœuf ou de cheval.

Nouvelles de Frontenac, par lesquelles on apprend que les Agniers ont répondu, le 10 novembre, au collier envoyé par les Iroquois du Sault-Saint-Louis au mois de juillet dernier, qu'ils se tiendront dans la neutralité, et ils invitent les Iroquois du Sault à envoyer des députés à un conseil général que l'on tiendroit à la cabane des Onontagués. Le marquis de Vaudreuil compte y envoyer des députés du Sault-Saint-Louis. Le colonel Johnson a tenu un grand conseil pour persuader aux Cinq-Nations que la perte du village des Palatins le touche peu, que nos misères sont grandes, qu'ils intercepteront tout secours ; mais il n'a pu s'empêcher de paroître affligé de la grande perte qu'ils ont faite devant Louisbourg.

Nouvelles de la Présentation, qui apprennent le retour d'un de nos partis qui a fait trois chevelures, brûlé trois habitations et tué les bestiaux du côté de Corlar.

Départ de quatre-vingts guerriers de la Présentation avec MM. de Lorimier et de Sacquespée.

Du 22 avril 1758. — Départ des cinq Outaouais et Iroquois du lac pour Carillon, et qui promettoient de faire un prisonnier du côté de Lydius pour avoir, s'il est possible, quelques nouvelles des mouvements de l'ennemi.

Du 23 avril 1758. — Départ du courrier qui porte à Québec les lettres de France, avec ordre d'expédier de suite une goélette commandée par le sieur de Boucherville, capitaine marchand. La navigation a été cette année beaucoup plus tôt libre que l'année dernière.

Du 25 avril 1758. — Départ de M. Chabert, officier de la colonie, qui va chez les Cinq-Nations et les Loups avec quatre-vingt mille livres de marchandises pour leurs besoins, trente mille livres de présents, et des armuriers que le Roi doit établir et payer dans les villages des Cinq-Nations et des Loups. Ce départ est annoncé depuis six semaines comme de la plus grande conséquence, et, pour qu'il eût plus de célérité, on a fait traîner à grands frais sur les glaces les bateaux jusqu'à la Pointe-Claire, afin de profiter du premier instant où la navigation seroit favorable ; mais, par une suite de la lenteur avec laquelle tout se fait, cet officier n'est parti qu'aujourd'hui.

Il se fait continuellement des vols, suite de l'impunité et de l'habitude que l'on contracte de croire qu'il est permis de voler le Roi.

Les sieurs d'Entrée et de la Noye, gardes-magasins ou commis employés, ont été mis en prison pour avoir voulu exiger deux fois le payement d'un billet de vingt mille livres. Ce sera la seule punition qu'ils auront. On ne rétablira jamais l'ordre qu'en envoyant un gouverneur général ferme, éclairé, désintéressé, un intendant honnête homme, sévère. Sans les friponneries, la dépense que le Roi y fait, qui se monte à quatorze millions, n'iroit pas à plus de neuf ou dix.

Soixante-quinze hommes du régiment de Guyenne, en garnison à Chambly, sont réduits à vivre de la pêche, et on a eu de la peine à obtenir qu'il leur fût envoyé ou donné des lignes.

Du 26 avril 1758. — M. le marquis de Vaudreuil vouloit que des soldats qui ont pris des terres à défricher dans la terre de Kinchen *(sic)*, qui lui appartient et qu'il voudroit établir, fussent également exempts de faire le service et de le faire faire, en payant, par leurs camarades. Le marquis de Montcalm a été obligé de lui faire à cette occasion des représentations aussi vives que respectueuses, et que cette prétention de sa part étoit d'autant plus singulière que l'on exigeoit, pour le service des soldats, que leur paye se montât à huit livres cinq sols, tandis qu'il y a une ordonnance particulière à la colonie, observée parmi les troupes de la colonie, pour que tout soldat qui travaillera, ou défrichera une terre, laisse ses vivres à la compagnie pour tenir lieu de service, et que le décompte des vivres se faisant sur le pied de dix sols la ration, cette retenue se porteroit à quinze sols.

Du 29 avril 1758. — Les premières barques qui avoient hiverné à Sorel, sont arrivées à Montréal ; aussi voilà notre communication avec Québec entièrement ouverte ; il n'y a plus qu'à désirer l'arrivée des vivres de France.

Du 2 mai 1758. — Départ d'un convoi de vingt-cinq bateaux pour conduire les marchandises, quelques officiers, cadets et soldats aux postes de Niagara et du fort Duquesne.

Départ du sieur d'Espinassy, lieutenant du corps royal, pour être chargé de ce qui concerne l'artillerie et les fortifications à Niagara. Si la célérité étoit la vertu de la colonie, il y a trois semaines que ce convoi auroit dû partir.

Nouvelles de Frontenac et de la Présentation ; les mêmes dont on a déjà parlé à l'article du 18. L'Anglois n'oublie ni menaces, ni importunités pour les détacher de nous, jusqu'à dire qu'ils avoient intercepté une lettre du gouverneur général à la cour pour proposer d'exterminer les Cinq-Nations. Comme il faut que ce peuple belliqueux aille toujours en guerre, quelques-uns d'eux vouloient aller frapper sur la nation du Chien ; mais nos partisans les en ont empêchés, afin que nous les eussions plus à portée de frapper sur l'Anglois. Ils demandent du secours pour les soutenir ; le manque de vivres empêche d'en envoyer.

Du 3 mai 1758. — Nouvelles de Québec. Nulle nouvelle des bâtiments en rivière. Le peuple est réduit à deux onces de pain par jour ; on continue aux soldats la demi-livre de pain ; mais au lieu de la livre de bœuf ou cheval, on ne lui donne que la demi-livre de lard. Sur les représentations du marquis de Montcalm, on a ajouté un quarteron de morue.

Du 5 mai 1758. — Départ du courrier portant des ordres pour que le bataillon de la Reine, qu'on ne peut plus garder à Québec, faute de subsistance, en parte pour s'acheminer à Carillon, où il y a un dépôt de vivres qu'il faut extrêmement ménager et auquel la dure nécessité force de toucher. Ordre en même temps à M. de Bourlamaque de former des pelotons ou détachements des soldats de Languedoc ou de Berry, qui ne trouveront plus à subsister chez les habitants, et de les faire partir avec des officiers qu'on leur donnera en proportion de leur nombre pour travailler au fort Saint-Jean, si on peut y ramasser quelques vivres, ou les faire passer tous à Carillon.

Du 6 mai 1758. — Arrivée de deux officiers anglois, prisonniers de l'affaire du 13 mars.

Détachement de M. de Langy, qui a rapporté quatre chevelures. Le lieutenant-colonel Haviland, qui commandoit au fort Lydius, a été relevé par le lieutenant-colonel Grant, ainsi que toute la garnison.

Du 7 mai 1758. — Courrier de Québec : nulle nouvelle de bâtiments en rivière.

Du 9 mai 1758. — Nouvelles de la Présentation. Un parti de quatre-vingts sauvages a été frapper auprès du fort de Kouariné *(sic)*, sur la rivière de Mohawk, a rapporté quarante-six chevelures, trois prisonniers, un sauvage de la Présentation de tué, un Ouontagué blessé. Les Anglois font un fort, et y ont mené même du canon, au village de Théoga, brûlé l'automne dernier par le parti de M. de Bellestre. M. l'intendant Bigot, alarmé de la disette, effrayé à l'apparence d'une mauvaise récolte, vu que beaucoup d'habitants n'ont pu semer, quoique le Roi ait distribué quatre mille minots de blé dans le gouvernement de Québec, a cru faire partir un second bâtiment pour informer la cour de l'état de cette colonie. Le premier est parti de Québec le 4, commandé par le sieur de Boucherville, capitaine marchand ; celui-ci doit l'être par le sieur Volant. Le courrier qui porte les dépêches est parti ce soir. Les divers vols faits dans les envois des effets du Roi, des magasins de Québec et Montréal aux divers magasins de Chambly, Saint-Jean, Saint-Frédéric, Carillon, viennent d'obliger Monsieur l'intendant à révoquer tous ceux de ces quatre forts et à faire un règlement sur l'exactitude des envois des factures de vérifications, et conforme à des observations de M. Lapause, aide - major du régiment de Guyenne. Le remède à ces friponneries, c'est l'exemple, toujours plus puissant chez les hommes que la loi.

Toutes les apparences sont que les Anglois vont à Louisbourg. M. de Boishébert, qui auroit pu s'y rendre avec environ sept cents hommes, auroit pu y aller, comme le désiroit M. de Drucour, sur les glaces, au moins partir vers le 25 avril ; il n'est parti que le 8.

C'est l'*uso del pœsi* et de son gouverneur général. Ces retardements peuvent décider du sort de cette importante place et par là l'espoir d'une paix plus ou moins avantageuse.

Du 12 mai 1758. — Nouvelles de Québec du 9 : nulle de bâtiments en rivière. La misère augmente ; la colonie, si les secours n'arrivent pas, va se trouver, après deux campagnes brillantes, dans la situation la plus critique.

Du 13 mai 1758. — Nouvelles de Frontenac. L'Anglois paroît vouloir se rétablir auprès des Cinq-Nations. Il bâtit un fort à Théoga ; il augmente celui de Kouari et en refait un au fort Bull, à ce que disent les sauvages. C'est un acheminement pour rétablir Chouaguen. On y suppléera par ces forts qui, quoique moins commodes et plus éloignés, serviront d'entrepôts pour le commerce des pelleteries.

Du 14 mai 1758. — L'abbé de la Vallinière, prêtre de Saint-Sulpice, a prêché à la paroisse, avec plus de vérité que d'éloquence, contre le crime de voler le Roi et sur l'obligation de la restitution. Cette opinion que de voler le Roi est licite, est dans la tête de tous les Canadiens depuis que MM. de la Jonquière et Bigot sont en place, et en donnent l'exemple pour eux et leurs créatures. M. de la Jonquière, au lit de mort, en fit une espèce d'amende honorable devant l'évêque qui lui portoit le saint-sacrement, et l'évêque monta le lendemain en chaire pour en faire part au public.

Du 15 mai 1758. — Nouvelles de la Louisiane du mois d'août 1756. On y manque de marchandises pour les sauvages ; on n'y reçoit aucune nouvelle de France ;

les Chaetas y sont mécontents de ce retard ; il y a eu des démêlés avec les Chaouénons, amis' des Chicachas qui les menacent de ceux du Canada.

Nouvelles des Illinois. Les Anglois ont bâti un fort Loudon sur la rivière des Chéroquis, qui sont contre nous, ont tué deux François et fait un officier prisonnier. On a fait partir les secours pour la Belle-Rivière.

Nouvelles du Détroit. M. Dumuys, qui y commande, est assez mal.

Nouvelles des postes de la baie : grande fermentation, dix François de tués pendant l'hivernement et trente mille livres de marchandises pillées.

Les Folles-Avoines contre nous ; les Puants et les Sakis paroissent pour nous.

Fermentation dans les esprits à Michillimakinac et à Saint-Joseph ; le seul poste des Miamis paroît tranquille. Diverses causes de cette fermentation : la petite vérole de l'année dernière, "médecine que le François leur a donnée", mauvais choix des commandants, commerce livré à l'avidité de l'officier, grand mouvement de la part de l'Anglois, qui fait courir des colliers chez les nations.

Les nouvelles de la Belle-Rivière sont nulles ou tenues cachées ; on n'y parle que d'un nègre fait prisonnier.

Les Cinq-Nations ne fréquentent plus le poste de Niagara. La morgue du commandant les rebute ; ils regrettent le sieur Ponchot, capitaine au régiment de Béarn, qui en étoit adoré. Incertitude si les Anglois se rétablissent à Chouaguen ou non.

La triste et critique situation de la colonie pour les vivres, a engagé le marquis de Montcalm à donner sur cet objet au marquis de Vaudreuil un *Mémoire* fondé en calculs. La colonie est à deux doigts de sa perte ; la faute en est au mauvais gouvernement : ignorance, nulle prévoyance et grande avidité. Les vivres manqueroient à la Louisiane sans les Espagnols ; la barrique de vin y vaut cinq cents livres, le quintal de farine soixante livres.

Du 16 mai 1758. — Nouvelles de Carillon du 13. Le 4, un détachement des troupes de terre est tombé dans une embuscade, de l'autre côté de la rivière, de quarante Agniers, qui, à la première décharge, ont tué dix-sept hommes dans un bateau, savoir :

La Reine........................ 1
Royal-Roussillon 1
Languedoc 5
Guyenne .... 3 y compris le sergent.
Béarn 3
Marins........................... 2
François employé................. 1
Habitant 1

Le 3 au soir, un autre parti a fait trois prisonniers auprès de Saint-Frédéric. M. de Langy de retour le 13 avec deux prisonniers.

Le sieur Dufay, volontaire de la Reine, avec trois chevelures, rapporte avoir vu un convoi allant au fort Edouard ou Lydius.

Arrivée de Québec de M. Desandrouins, qui assure la désolation grande dans les côtes, où l'habitant vit d'avoine bouillie.

Du 17 mai 1758. — Courrier de Québec : nulle nouvelle de bâtiments en rivière. Le marquis de Vaudreuil, sur les représentations qui lui ont été faites et sur le manque de vivres, s'est déterminé à renvoyer les ouvriers destinés au radoub de l'artillerie et aux travaux de Carillon, pour ne pas y consommer le peu de vivres qui se trouve dans ce fort.

Le commerce du Détroit, qui avoit été libre jusqu'à présent, vient d'être mis en commerce exclusif ; la grande société s'emparant de tout, le Roi n'est que plus mal servi.

Du 18 mai 1758. — Arrivée d'un parti de vingt-cinq Népissings, commandé par Kisensik ; ils demandent d'aller en guerre vers Carillon. Kisensik, aussi bon guerrier qu'orateur fort accrédité dans sa nation, et très attaché à nos intérêts, a perdu cet automne son père, qui avoit eu l'honneur d'être présenté au feu Roi, qui lui avoit donné de sa propre main un hausse-col. Le fils espère d'obtenir de Monsieur le général la permission de porter ce même hausse-col, sur lequel on a gravé une inscription pour apprendre que le feu Roi l'avoit donné. Comme les sauvages ont la superstition de croire que le temps de grand deuil est un temps de malheur, où ils ne sauroient réussir dans leurs entreprises, il s'est présenté au marquis de Vaudreuil en habit de deuil, et ce général a fait la cérémonie de le complimenter sur la mort de son père et de le relever de son deuil en lui présentant un équipement de guerre.

Kisensik n'a pas voulu encore accepter le hausse-col donné par le feu Roi à son père, disant au marquis de

Vaudreuil qu'il veut avoir été en guerre et l'avoir encore mieux mérité.

Du 21 mai 1758. — Le nord-est dure depuis quatre jours, ce qui, avec le temps des grandes marées, doit nous aire espérer des bâtiments en rivière, où ils viennent en flotte avec une escorte. Le munitionnaire a demandé quarante mille quarts et l'intendant douze mille ; arrivassent-ils, on ne seroit pas encore dans l'abondance.

Le sieur Péan (ce Verrès de Sicile) a été passer quelques jours à Lachine pour le départ des canots qui vont dans les divers postes dont jouit ce qui est connu en Canada sous le nom de Grande-Société. Où est-ce que, pour le bien de l'Etat, on trouvera un Cicéron dont la voix puisse se faire écouter ?

On disoit hier que l'on avoit vu des berges du côté de Missiskoui, sur le lac Champlain, nouvelle peu vraisemblable ; elle pourroit cependant être, et exige que l'on marche toujours avec précaution.

Courrier de Québec : nulle nouvelle de bâtiments en rivière ; augmentation de misère des particuliers, réduits à brouter l'herbe. Le bâtiment de M. de Boishébert, parti le 9, avoit été repoussé par un coup de nord-est à quatre lieues de Québec ; le second bâtiment à expédier pour la France n'étoit pas encore parti le 17, et ne l'aura pu à cause de la continuation du nord-est.

Du 22 mai 1758. — Enfin arrivée d'un courrier à dix heures et demie du matin. On apprend que le ministre est dans l'intention d'envoyer tout ce que l'on a demandé et de faire partir trois convois de Bordeaux avec trois frégates. Le premier composé de douze vaisseaux, a

23

mis à la voile le 7 mars ; deux bâtiments s'en sont séparés à hauteur d'Ouessant, deux sur le Grand-Banc et les huit autres, avec la frégate et une prise angloise, sont entrés à Québec le 19 au soir. M. de Beaussier, avec cinq vaisseaux de guerre, avoit passé le Grand-Banc, allant à Louisbourg, deux jours avant ces bâtiments qui n'avoient rencontré aucun vaisseau anglois. Nulle lettre du ministre de la guerre ; sept de celui de la marine, dont la plus récente est du 10 février ; les lettres des particuliers sont les plus récentes, de la fin de février.

Les principales nouvelles sont :

Le cardinal de Tavannes, grand aumônier du Roi ;

L'évêque de Laon, grand aumônier de la Reine ;

La feuille des bénéfices à l'évêque de Digne ;

Le Roi toujours tenant les sceaux ;

La naissance du comte d'Artois ;

M. Molé, premier président sur la démission de M. de Meaupeou :

M. de Paulmy, retiré du ministère de la guerre, qu'on dit donné à M. le maréchal de Belle-Isle avec M. de Saint-Priest, chargé de plusieurs détails ;

La mort du maréchal de Mirepoix ;

Le maréchal de Conflans, promotion pour la marine ;

Le maréchal de Richelieu rappelé, remplacé par M. le comte de Clermont ;

La mort du duc de Gesvres ; le gouvernement de Paris, donné à M. le duc de Chevreuse ; la place de gentilhomme de la Chambre, au duc de Duras ; le gouvernement de l'Ile-de-France, au nouveau duc de Gesvres ;

La compagnie des gardes du corps vacante par la mort du maréchal de Mirepoix, ou prince de Beauvau ; le commandement du Languedoc à milord Thomond ; la lieutenance générale du Languedoc au marquis de Gontaut ; bataille perdue contre le Roi de Prusse, l'Alexandre du Nord, par Monsieur le prince de Saxe, Hilburghausen, et le prince de Soubise. Ce même Roi bat les Autrichiens vers Breslau, marche dans l'électorat d'Hanovre pour rompre la capitulation, ce qui met tous nos quartiers en mouvement et sur les dents ; entreprise des Anglois sur nos côtes échouée.

Du 23 mai 1758. — Départ d'un courrier pour Québec, pour porter des ordres pour mettre en mouvement les régiments de Berry et Languedoc ; celui de la Reine ne s'arrêtera plus à Saint-Jean et passera de suite à Carillon. On a aussi envoyé ordre aux ouvriers d'artillerie et à ceux du génie de revenir, attendu que les bâtiments portent sept mille cinq cents quarts de farine.

Du 25 mai 1758. — Nouvelles de Louisbourg par deux bâtiments chargés de farine, lard, blé-d'Inde, huit cents quintaux de morue ; les Anglois paroissent vers cette place où MM. Desgouttes et Beaussier, capitaines de vaisseaux, sont entrés et ont débarqué un bataillon de Volontaires Etrangers.

ESCADRE QUI EST DANS LOUISBOURG

M. Desgouttes... Le *Prudent*,
L'*Apollon*,
La *Fidèle*,
La *Chèvre*, chebec.

M. Beaussier......
$$\begin{cases} \text{L'}Entreprenant, \text{ 74 canons} \\ \text{Le } Célèbre, \qquad 64 \quad " \\ \text{Le } Capricieux, \quad 64 \quad " \\ \text{Le } Bienfaisant, \quad 64 \quad " \\ \text{La } Comète, \qquad 30 \end{cases}$$

On envoie une forte escadre en Amérique et le deuxième bataillon de Cambis à Louisbourg.

Du 26 mai 1758. — Courrier de Québec pour apprendre qu'il vient d'entrer à Québec deux bâtiments chargés de vivres, l'un faisant partie du premier convoi de douze, l'autre étant un second convoi et s'étant sauvé des pattes de cinq corsaires anglois, qu'il a laissés aux prises avec la frégate. Il y a actuellement, à Québec, douze navires, une frégate et une prise angloise, dix mille quarts de farine, du lard en proportion, ce qui, sur le pied de deux livres, ne feroit des vivres pour douze mille hommes que pour cent cinq jours ; sur le pied d'une livre, pour deux cents jours. Ce calcul est fait en supposant qu'on fasse deux cent quarante livres de pain par quart, ce qui doit être ; à compter deux cent vingt, il y auroit quelque diminution à faire.

Du 27 mai 1758. — Nouvelles de Carillon : lettres du général Abercromby ; affaires de prisonniers. Ce général major notifie en même temps le départ du comte de Loudun et qu'il a le commandement des forces de Sa Majesté Britannique dans l'Amérique septentrionale. Les ennemis ont un régiment d'Ecossois au fort Lydius ; ils font sortir force partis. Des dix-sept soldats que l'on croyoit tués à la rencontre du 4 mai, dix sont prisonniers, dont deux blessés. Robert Rogers s'est remis en mouvement et s'est sauvé, lui, vingtième à l'action du 13 mars. M. de Langy à la guerre depuis le 17.

Du 29 mai 1758.—Nouvelles du Détroit: M. Dumuys assez mal ; les Hurons, peuple toujours suspect, tenant de mauvais propos ; il faudroit que M. le marquis de Vaudreuil y envoyât dès à présent le successeur de. M. Dumuys.

Nouvelles du fort Duquesne, 11 avril et 7 mai. Par les dernières, on parle, d'après le dire des prisonniers, d'une marche de l'ennemi sur l'Ohio avec quatre mille hommes et des chariots. Les sauvages anglois ont tué en deux fois trois hommes à portée du fort.

Nos sauvages paroissent toujours bien intentionnés, mais voudroient des hommes de France (qu'on ne leur envoyera pas). Ils continuent à désoler les colonies angloises ; depuis le 2 mars, ils ont amené au fort Duquesne cent quarante prisonniers ou chevelures. Les coups les plus considérables sont ceux du sieur de Normandville, qui a pris et brûlé, style du pays, un fort, c'est-à-dire une maison avec de mauvais pieux debout. On craint au fort Duquesne pour le convoi des Illinois, que l'Anglois ne le fût attaquer.

Nouvelles du Niagara du 20 mai : le sieur d'Espinassy a trouvé, et cela devoit être, tout ce qui concerne l'artillerie en désordre, soit à Frontenac, soit à Niagara et une garnison trop faible de cent trente hommes. Pour faire des fortifications, ils demanderoient quatre cents hommes. Plusieurs partis mississagués en campagne, entre autres Bakous qu'on dit sauvages très affidés. M. de Joncaire, qui est aux Cinq-Nations depuis deux mois, assure que tous les Iroquois ont été en guerre ;

mais, par le détail d'un homme qui ne manque pas
d'esprit, ce dernier estime que ces divers partis ont été
frapper vers la Belle-Rivière, et assure qu'il lui a paru
que la politique des Cinq-Nations seroit de ne jamais
frapper vers Corlar, pour trouver toujours, en cas d'événement avec l'Anglois, au moins moyen de se raccommoder; il lui a paru que c'étoit l'avis des Tsounou-
thouans et Goyogouins, les seuls qu'il ait vus.

Du 30 mai 1758. — Courrier de Québec, le *Lion-
d'Or*, navire de la seconde division, parti de Bordeaux,
a échoué entre l'Ile-aux-Coudres et l'Ile-aux-Basques:
nul de l'équipage ne s'est sauvé; on espère sauver la
cargaison de mille six cents quarts de farine.   Ordres
donnés au régiment de Languedoc pour partir des
Grondines le 3; au troisième de Berry de Québec le
même jour, au second le 5; les ouvriers et cadets de
l'artillerie, renvoyés à Québec, sont repartis du 29.

Arrivée d'un Iroquois de la cabane des Goyogouins
qui assure être venu avec un Iroquois qui a été à
Orange et avoir appris que l'Anglois ne songe pas à se
rétablir ni à Théoga, comme on l'avoit dit, ni à Chouaguen, mais fait des mouvements pour se renforcer vers
la frontière de Lydius.

Plusieurs vols faits dans les convois de la Belle-
Rivière; des quarts de lard qui arrivent remplis de bois
pourri. *O tempora ! O mores !* Impunité, exemple
funeste, par l'opinion que le vol des effets du Roi est
licite.

Depuis l'arrivée des farines, on a remis le peuple de
Québec, qui étoit à deux onces, au quarteron de pain.

Un des petits partis abénaquis, allé à la guerre, partie chasse, partie guerre, est de retour après avoir fait trois chevelures dans un moulin où nous avions neuf de nos malheureux Acadiens travaillant pour les Angleis. Les Abénaquis au moment de les tuer, les tenant en joue, entendent avec surprise crier : Vive le Roi françois ! Ils les accueillent avec toute l'affection possible et nous les ont ramenés de Dingerfil sur la rivière de Massachusetts. L'Anglois a cru bien disperser ce peuple fidèle, il n'en a pas changé le cœur.

JOURNAL

DU

1ᵉʳ JUIN AU 12 AOUT 1758

Du 1ᵉʳ juin 1758. — Conseil des Iroquois du lac qui arrivent successivement en trois bandes ; pour éviter, disent-ils, l'ivrognerie, ils offrent d'aller en guerre où leur père voudra.

Arrivée du sieur de Langy-Montégron, qui a été à sa dernière course jusque vis-à-vis le fort Milcen ; on a jugé d'un camp d'une centaine de tentes, beaucoup de petits arbres et branches coupés lui ont fait juger que les ennemis font des fascines pour se retrancher à la tête du petit Portage, à deux heures de Lydius, vis-à-vis un rapide.

Du 2 juin 1758. — Nouvelles de Carillon du 30. Le parti de quarante Népissings, commandé par le sieur Outelas et Kisensik, a rencontré, à la hauteur de la Chute et de la rivière au Chicot sur la droite, un parti de dix-huit sauvages et cinq Anglois ; il y en a eu neuf de prisonniers, savoir : deux Anglois et sept sauvages, dont on dit deux Loups, un Moraïgan et quatre Agniers, et quatre chevelures, dont deux de sauvages et deux angloises.

Les dépositions des deux prisonniers varient considérablement sur la disposition des forces de l'ennemi ; il paroîtroit qu'outre les cinq compagnies franches de

Robert Rogers, les ennemis ont deux compagnies de sauvages.

Nouvelles de Québec : un nouveau bâtiment en rivière appelé le *Zélindor*, chargé de vivres et d'effets pour le Roi ; on dit un brigantin venant de Louisbourg en rivière.

Du 3 juin 1758. — Nouvelles de Québec : La *Judith*, vaisseau du second convoi, chargé pour le compte du Roi, arrivée à Québec, a laissé la frégate qui escortoit le second convoi aux prises avec cinq corsaires anglois à soixante lieues des atterrages de France ; le capitaine Du Bois qui la commandoit se battoit encore à onze heures. La *Judith* a fait deux petites prises angloises, en a brûlé une et rançonné l'autre. D'après les nouvelles que lui ont données les prises angloises, il paroît que tous les vaisseaux et bâtiments des Anglois sont rassemblés à Halifax, et que le *Foudroyant*, vaisseau richement chargé pour le compte du Roi, portant des recrues, et où j'avois la plus grande partie de mes provisions, ainsi que le marquis de Vaudreuil et M. Bigot, a péri sur la côte de Terreneuve. Ce bâtiment étoit de la première division ; son conducteur, le capitaine ..., a déjà perdu un vaisseau l'année dernière.

Le sieur de Boishébert, capitaine des troupes de là colonie, parti le 8, et ayant été contrarié par le veut de nord-est et manquant de vivres, est rentré le 29 à Québec pour en repartir de suite mieux approvisionné en vivres, ce qui confirme ce que j'ai dit et écrit sur là nécessité qu'il y avoit eu de faire repartir cet officier sur les glaces, et l'inutilité dont il sera à Louisbourg.

Nota bene. — Cette dernière nouvelle est fausse. Boishébert a continué sa route ; il n'y a qu'un bâtiment portant une partie du détachement, qui est rentré faute de vivres. Les pêches de nos postes du nord-est sont d'un grand produit.

Du 4 juin 1758. — Arrivée de la bande de la Tortue des Iroquois du lac qui passent à Saint-Jean, où il se rassemble un parti de quatre-vingts guerriers, qui doit partir dans quelques jours pour Carillon avec le sieur de Langy-Montégron. Arrivée d'un parti de Népissings et Algonquins avec Kisensik ramenant les neuf prisonniers, dont sept sauvages, Loups et Abénaquis. Les Outaouais et Iroquois des Cinq-Nations vouloient les tuer à leur arrivée ; c'étoit même l'avis d'Hotchig, Népissing ; mais les autres s'y sont opposés, principalement les Abénaquis qui se sont écriés : " Ce sont nos frères ; c'est notre propre sang ". Ce petit différend a été au moment d'avoir des suites très fâcheuses, parce que les sauvages avoient perdu l'esprit, c'est-à-dire s'étoient enivrés.

Du 7 juin 1758. — Les sept compagnies du régiment de Béarn, qui ont passé l'hiver à Montréal, et un piquet de cinquante hommes de la colonie sont partis pour aller camper, quatre compagnies et le piquet de la colonie à Saint-Gabriel à un quart de lieue de la ville, les trois autres près de Lachine, pour y réparer le chemin d'ici à Lachine, qui est abîmé par les charrois, et parce qu'il n'y a nulle police en Canada sur l'article des chemins qui devroient être à l'entretien. On ne songe aux choses qu'au moment qu'on a besoin ; on fait alors de grosses dépenses et puis on néglige les ouvrages commencés. Faute de prévoyance, on songe seulement, pour donner de la célérité aux opérations de la campagne, à acheter des bœufs pour accélérer le portage de Chambly, et, ce qui est plus étonnant encore, à envoyer des charrons faire les charrettes. Ne pouvoit-on pas y songer plus tôt ? Heureusement, il a paru jusques à présent qu'il n'y a pas plus de prévoyance ni plus d'activité de la part de nos antagonistes, les Anglois de l'Amérique septentrionale.

Du 8 au 15 juin 1758. — Détermination du marquis de Vaudreuil pour assembler l'armée à Carillon, d'environ cinq mille hommes, et détacher MM. de Lévis et de Rigaud avec seize cents hommes et des sauvages. En conséquence, ordre donné aux troupes de terre pour se rendre à Carillon, où le bataillon de la Reine est déjà.

Départ de Languedoc de Saint-Jean le 11.

Départ du troisième bataillon de Berry de Saint-Jean le 12.

Départ de M. de Bourlamaque de Saint-Jean le 13, pour aller commander les troupes de Carillon.

Le second bataillon de Berry en marche pour se rendre à Carillon.

Ordre au régiment de Guyenne de partir de Chambly le 18.

Ordre au régiment de Royal-Roussillon de partir de ses quartiers le 16 ; au régiment de la Sarre d'en partir le 18 ; au régiment de Béarn d'en partir le 20. Le détachement destiné à M. le chevalier de Lévis doit être de seize cents hommes, dont huit cents Canadiens, quatre cents hommes des troupes de terre et quatre cents de celles de la colonie.

COMPOSITION DU DÉTACHEMENT DES TROUPES DE TERRE

La Sarre, 67..............
{
Volontaires, y compris deux sergents et un tambour.
M. de Beauchamp, capitaine ;
MM. de Savournin et Lenoir, lieutenants.
}

Royal-Roussillon, 67...
{
M. Ducros, capitaine ;
MM. de Saint-Alembert et de Saint-Privat, lieutenants.
}

Languedoc, 67..........
{
M..Duchat, capitaine ;
MM. de la Miletière et Cléricy, lieutenants.
}

Guyenne, 67...........
{
M. de Lorimier, capitaine ;
MM. de Fouquet et Du Pont, lieutenants.
}

Berry, 67...............
{
M. de Cadillac, capitaine ;
MM. de Guernée et de Beaupré, lieutenants.
}

Béarn, 67..............
{
M. Ponchot, capitaine ;
MM. de Pensens et Totabelles, lieutenants.
}

M. de Senezergues, lieutenant-colonel ; M. de Raymond, lieutenant au régiment de Béarn, officier major.

Du 13. — Départ de M. de Langy, avec un parti de

quatre-vingts Népissings, Iroquois du lac et quelques Canadiens, pour se rendre à Carillon.

Quelques sauvages ont paru vers le lac Saint-Frauçois, au-dessus des Cèdres, et ont enlevé un Canadien.

Nouvelles que l'on avoit vu des traces de sauvages du côté des Cèdres. On a de suite fait partir MM. de Langy, Sabrevoix, Bleury et Longueuil pour donner après, avec cinquante sauvages du Sault-Saint-Louis.

Nouvelles du Détroit ; M. Dumuys, bon officier, qui y commandoit, est mort ; d'ailleurs tout y paroît bien.

Nouvelles du fort Duquesne et du fort Machault ; on parle de mouvements de la part des Anglois dans cette partie ; mais on ne peut faire aucun fond sur cette nouvelle.

On écrit de la Louisiane qu'on y manque de marchandises et de poudre.

Le chevalier de Villiers est en marche des Illinois pour conduire à la Belle-Rivière les vivres demandés.

M. le marquis de Vaudreuil se propose d'envoyer un détachement de vingt bons Canadiens pour garnison à Saint-Régis.

Du 16 juin 1758. — Nouvelles que la flûte le *Rhinocéros* est en rivière chargée de lard et munitions, et que l'on a vu un bâtiment à trois mâts vers Kamouraska.

Continuation de mauvaises nouvelles pour la France d'Europe. L'électorat d'Hanovre évacué ; M. Duquesne pris ;

Arrivée de la promotion du 1ᵉʳ mai 1756 :

M. de Rigaud de Vaudreuil, gouverneur de Montréal ;

Le chevalier de Longueuil, gouverneur des Trois-Rivières ;

M. de Ramezay, lieutenant de Roi de Québec ;

M. Dumas, major ;

MM. de Repentigny,

d'Hugues,

de Bellestre,

de Ranville,

de l'ortneuf-Bécancourt,

Benoist,   } Capitaines.

de Saint-Martin,

de Léry,

de Montesson,

de Montigny,

de Corbière,

de Saint-Laurent,

de Lanoue, cadet,

de Rigoville,

de Joncaire-Clauson dit

    Chabert,

Godefroy,   } Lieutenants.

de Portneuf-Neuvillers,

Du Verger-Saiut-Bléry,

de Méloise,

chevalier de la Vérenderie,

Tournery de Réson,

Valawken,

Sauveur de Nigen,

de Meray,

Brunet de Saint-Epvre,

Talassus,

de Dusy,

Lerminat.

Vingt et un enseignes, y compris trois qui passent de Louisbourg et M. de Pécaudy qui l'étoit déjà ;

Vingt-quatre enseignes en second, y compris deux ou trois qui l'étoient déjà.

Une promotion ou avancement fait autant de bruit en Canada qu'une d'officiers généraux en France. Les gouverneurs généraux s'accoutument à un despostisme qui n'est connu que dans les colonies. Celle-ci a fait nombre de plaignants mécontents, et il semble, pour les inepties qu'on y trouve, que ce soit le juge Bridoye qui l'ait faite.

Les Iroquois du Sault sont venus demander au marquis de Montcalm d'aller en guerre, et de le suivre, et les a renvoyés à la parole d'Ononthio, leur disant que ce n'étoit qu'à l'armée qu'il la leur donnoit, qu'ici, comme eux, il n'étoit occupé que de faire la parole d'Ononthio.

On a reçu des nouvelles de Louisbourg par la rivière Saint-Jean, du 5 décembre ; elles sont surannées. On apprend que les corsaires ont amené beaucoup de prises.

Les nouvelles venues par le *Rhinocéros* apprennent que le second bataillon de Cambis a été embarqué pour Louisbourg.

Conseil des Têtes-de-Boules amenés par les Népissings. Ce sont des sauvages autrement appelés Gens-des-terres, qui, au nombre de douze à quinze cents, errent dans les bois sans cabanes ; grands chasseurs, médiocres guerriers, commerçant encore plus avec les Anglois du côté de la baie d'Hudson qu'avec nons ; même langue et même nation que les Népissings, Algonquins, Outaouais. A proprement parler, il n'y a dans cette Amérique que quatre peuples et quatre

langues : iroquois, hurons, outaouais et abénaquis ; tous
les autres, dialectes. Ces Têtes-de-Boules ont demandé
qu'Ononthio redonnât un hausse-col,leur chef étant mort.
Ces sauvages ont peu d'idée et peu de mots, et n'ont ni
l'esprit, ni la police des autres peuples ; nulle prévoyance ; quand la chasse manque, on mange les vieillards, qui se laissent tuer avec tranquillité.

Du 17 juin 1758. — Départ du courrier pour porter
à Québec les paquets pour la France et l'ordre pour le
départ de la frégate la *Sirène,* commandée par M. de
Beaussier, lieutenant. Nouvelles de Carillon ; on y voit
rôder beaucoup de partis anglois ; désertion de deux
soldats de la Reine ; il est à craindre que le mal-être de
l'hiver dernier et la crainte de l'hiver prochain n'en
fassent beaucoup déserter.

Retour de quelques Abénaquis de la Belle-Rivière,
qui avoient été l'année dernière avec le P. Virot, prê-
cher l'Evangile aux Loups ; ils s'ennuyoient et viennent
faire la guerre ici.

Les sauvages des environs du Détroit, ainsi que les
habitants, redemandent par colliers M. Dumas, à qui
on doit la justice d'avoir toujours bien rempli parmi
ces nations, malgré ce que les Canadiens voudroient
persuader qu'un François n'entend pas à mener ces
nations. Le poste du Détroit exige un homme de tête,
vaut à un galant homme six mille livres de rente et
exige qu'on en fasse un gouvernement particulier.
Grande brigue dans la colonie pour cette place. Les
vœux de la colonie seroient qu'on y renvoyât M. de
Céloron, disgracié sous MM. de la Jonquière et

24

Duquesne et qui ne paroît pas prendre faveur sous celui-ci.

Emeute des femmes de Montréal mourant de faim et se plaignant hautement qu'on vend de la farine vingt sols la livre; le commissaire Martel s'enferma, Montrepos lâcha de grandes phrases, et le marquis de Vaudreuil promit d'augmenter de trente livres les soixante-quinze qu'il distribue pour les pauvres familles.

Du 18 juin 1758. — M. le général a été réveillé à onze heures du soir par un courrier portant des nouvelles de la Belle-Rivière et de la Presqu'île; il en a transpiré dans le public que les Anglois marchoient sur cette partie.   On sera peut-être étonné, et c'est un fait qui mérite d'être consigné dans ce journal, que le marquis de Vaudreuil n'en ait point parlé au marquis de Montcalm, ne lui ait rien communiqué.   Il s'est contenté de dire vaguement à table au public qu'il avoit reçu des nouvelles du commandant de la Presqu'île, qui, d'après la déposition de quelques Loups, lui parloit bien confusément de la marche des Anglois, et qu'il n'en avoit point reçu de M. Des Ligneris, commandant au fort Duquesne. Il est cependant certain que M. Des Ligneris a écrit, qu'il paroît fort alarmé, qu'il a eu deux habitants tués à la porte de son fort, que la sentinelle avancée a été presque enlevée, et que, sur la demande qu'il a faite, M. de Vassan, commandant de Niagara, lui envoyoit cent hommes de sa garnison, qui doit par là se trouver réduite à bien peu.   M. d'Espinassy, officier d'artillerie destiné à travailler aux fortifications, s'y trouve, par ce détachement, sans ouvriers et, suivant la prévoyance qu'en avoit eue le marquis de Montcalm, qui lui avoit donné une instruction particulière, il travaille à mettre en état les pièces de six, quatre, trois et deux pouces et à former une espèce d'équipage d'artillerie de campagne, en cas que M. le marquis de Vaudreuil jugeât à propos qu'on y marche ; car ce dernier, qui n'a prévoyance de rien, ne songe qu'au moment. Aussi faut-il que les Anglois soient maîtres du Canada avant trois ans, si la paix n'arrive au secours de nos fautes, et si les Anglois ne continuent pas à en faire de plus grandes que nous.

Du 19 juin 1758. — Le détachement commandé par M. de Langy, envoyé après des pistes de sauvages que l'on disoit avoir aperçues au-dessus des Cèdres, est de retour. M. de Langy, qui est un bon officier qui connoît les bois, assure que ce sont des pistes d'ours, et comme il n'y a pas longtemps que les sauvages sont venus prendre un meunier appelé Roland, la peur aura fait croire que ce sont des pistes d'hommes ; d'ailleurs le lac Saint-François est dans ce moment-ci rempli de nos sauvages domiciliés qui chassent et pêchent.

Nota bene. — Je viens d'être informé dans le moment que les nouvelles de M. Des Ligneris sont arrivées cette nuit ; nous verrons si M. le général en parlera plus que des précédentes.

Le marquis de Montcalm a remis au marquis de Vaudreuil un *Mémoire* qu'il lui avoit demandé pour faire rendre une ordonnance, à la paix et au départ des bataillons, contenant les dispositions pour augmenter la population de la colonie, et engager les soldats à s'établir dans la colonie.

Suivant les nouvelles que le marquis de Vaudreuil a dites du fort Duquesne, il paroît qu'il y a des bruits vagues de la marche des Anglois pour cette année au fort Duquesne, suivant la déposition des prisonniers ; mais on ne peut rien en inférer de positif, et l'année dernière les mêmes nouvelles se débitoient. Ce qu'il y a de sûr, c'est que les Catabas ont fait deux chevelures et ont perdu un homme, et que nos partis amènent tous les jours nombre de prisonniers. Les Loups attachés aux Anglois ont envoyé un collier et des médailles pour inviter ceux qui nous sont attachés à la neutralité, leur disant que, pourvu qu'ils rendent les prisonniers, les Anglois oublieroient le passé, et que les Anglois devoient venir cette année au fort Duquesne. Nos Loups ont répondu qu'ils resteroient attachés aux François, qu'à l'égard des prisonniers, ils les avoient adoptés et que l'Anglois n'avoit qu'à les venir chercher, mais qu'eux avoient perdu l'esprit de rester avec les Anglois et qu'ils les exhortoient à se rejoindre à eux.

Nouvelles de Carillon du 17 ;

Arrivée de M. de Bourlamaque avec Languedoc du 15 ;

Espèce de naufrage arrivé au troisième bataillon de Berry ;

Coup de M. Wolff avec trente soldats et six sauvages ; trois prisonniers, dont un enseigne du cinquante-cinquième régiment et sept hommes tués ; le reste s'est sauvé.

M. Wolff parti pour porter au général Abercromby des lettres des officiers anglois prisonniers. Nouvelles des ennemis suivant les prisonniers :

Projet de venir à Carillon ; Abercromby à **Lydius**

avec trois régiments, celui d'Abercromby, Murray, lord Howe, les Montagnards écossois, cinq compagnies de rôdeurs de bois ; le régiment de Blackney y arrivoit ; on y attendoit celui de Webb et Royal-Américain ; de plus, douze mille hommes milices ; et on alloit former un camp retranché au fort George, des camps pour couvrir des convois et des travailleurs, et des partis continuels.

Du 20 juin 1758. — Courrier de Québec : arrivée de six navires en rivière, dont quatre de Bordeaux et deux Bayonnois, ces deux derniers, sous pavillon espagnol, portant dix-huit cents quarts de farine, beaucoup de blé-d'Inde et des marchandises. Les quatre navires de Bordeaux étant du troisième convoi qui a décapé sous l'escorte d'un vaisseau de guerre et de deux frégates, il y a lieu de présumer que nous en aurons encore. Le régiment de Béarn est parti ce matin pour Carillon.

Du 21 juin 1758. — Le marquis de Montcalm a remis un *Mémoire* au marquis de Vaudreuil sur les opérations dont il va être chargé sur la frontière, vers le lac Saint-Sacrement.

Du 22 juin 1758. — M. Daine, receveur du domaine, qui doit être instruit par là du nombre de bâtiments qui entrent dans le port de Québec, m'a assuré que, l'année dernière, il y en étoit entré cinquante et un, dont dix-sept pour le compte du munitionnaire. Cela prouve que le munitionnaire s'est plus occupé l'année dernière des boissons et des marchandises que des farines.

Les piquets des régiments de Languedoc, Guyenne et Berry qui doivent faire partie du détachement aux

ordres de M. le chevalier de Lévis, sont arrivés de
Chambly, et il vient d'être arrêté que ce détachement
s'assembleroit le 28 à Lachine.

Du 23 juin 1758. — J'ai appris en faisant une visite
aux dames Hospitalières que le munitionnaire général
leur fournit la farine pour la subsistance des soldats
malades sur le pied de vingt-quatre livres le quintal.
Il est bon d'observer que le munitionnaire général a été
autorisé de prendre, sous le nom du Roi et des habitants, le blé sur le pied de sept livres le minot, et que
deux minots pesant cent livres produisent cent vingt
livres de farine.

Ceux qui liront ce journal ne seront peut-être pas
fâchés de trouver ici deux lettres écrites par M. de
Dieskau à M. le marquis de Vaudreuil, après son affaire
du 8 septembre 1755, où il eut le malheur d'être fait
prisonnier.

AU CAMP DE L'ARMÉE ANGLOISE, SUR LE LAC SAINT-
SACREMENT, CE 15 SEPTEMBRE 1755.

" Je suis défait; mon détachement est en déroute,
" nombre de gens de tués, et trente ou quarante de pri-
" sonniers, m'a-t-on dit, au nombre desquels je suis,
" avec M. Bernier, mon aide de camp. J'ai eu pour ma
" part quatre coups de feu, dont un est mortel. C'est la
" trahison des Iroquois qui m'a attiré ce malheur. Notre
" affaire avoit très bien commencé; mais, dès que les
" Iroquois ont vu les Agniers, ils se sont arrêtés tout
" court. Les Abénaquis et les autres sauvages ont con-
" tinué quelque temps; mais insensiblement ils ont

" disparu aussi, ce qui a fait perdre contenance aux Cana-
" diens, en sorte que je me suis trouvé engagé dans
" l'attaque avec presque les seules troupes de France.
" Je l'ai soutenue, croyant faire revenir les Canadiens,
" et peut-être les sauvages. Ce qui n'a point réussi.
" Tout le feu et le canon ennemi est tombé sur les
" troupes réglées, et elles ont été presque toutes échar-
" pées. Je vous avois prédit d'avance que les Iroquois
" me joueroient quelque mauvais tour. Il est malheu-
" reux pour moi d'avoir été si bon prophète. Je ne puis
" trop reconnoître les bontés et les attentions de M. de
" Johnson pour moi ; il doit me faire transporter demain
" à Orange ; j'ignore mon sort, soit par rapport à ma
" santé, soit par rapport à la disposition qu'on fera de
" ma personne ".

AUTRE LETTRE D'ORANGE

Le 12 octobre 1755.

" J'ai eu l'honneur de vous écrire, le 15 septembre, du
" camp anglois, la veille de mon transport pour Orange.
" Depuis que j'y suis, j'y ai été souvent très mal et rare-
" ment sans souffrir de très vives douleurs, en sorte
" qu'il paroît que je suis toujours flottant entre la vie
" et la mort. Toutes mes blessures guérissent à l'excep-
" tion de celle qui traverse les deux cuisses et passe
" par la vessie. L'urine, qui coule toujours par une des
" ouvertures, et quelquefois par toutes les deux à la fois,
" en empêche la guérison et rend mon état très incer-
" tain, de façon qu'il paroît que, jusqu'à présent, je ne
" vis que par la force de mon tempérament et par les

" grands soins qu'on a pour moi. C'est une justice que
" je dois rendre à M. de Johnson et à Monsieur le
" gouverneur de la Nouvelle-York, qu'il ne m'a rien
" manqué, par les soins obligeants de l'un et de l'autre,
" de tous les secours qu'on a pu me procurer.

" Demain on me transporte d'ici à New-York ; c'est
" une grâce que j'ai demandée, aussitôt que mes forces
" pourroient me le permettre ".

Le 23 juin 1758. — Le marquis de Vaudreuil m'a
remis, ce soir à dix heures, ses instructions ridicules,
obscures et captieuses. Si je m'en fusse chargé, elles
étoient tournées de façon que tout événement malheureux m'étoit jeté aux jambes, quelque parti que
j'eusse pris. Je les ai rendues à M. de Vaudreuil avec
un *Mémoire* justificatif de ma conduite à cet égard.
Grande répugnance du marquis de Vaudreuil à m'en
donner d'autres, nettes et simples ; il s'est surtout
attaché à un préambule dans lequel il avance qu'il a
délibéré avec moi sur toutes les affaires de la colonie,
et pris mes avis sur tout.

J'avoue qu'il l'auroit dû faire, que mon rang, ma
réputation et les ordres du Roi l'exigeoient. Mais,
comme il ne m'a jamais consulté sur rien, qu'il ne m'a
jamais fait part, ni des nouvelles, ni de ses projets, ni de
ses démarches, je lui ai déclaré positivement que je ne
souffrirois jamais que ce préambule frauduleux existât
à la tête de ses instructions, comme un monument contraire à ma réputation. Si ce gouverneur général eût
insisté, ma protestation contre cette fausse assertion
étoit prête. C'est bien assez qu'une basse jalousie
empêche l'effet du zèle et, j'ose dire, de quelques talents,

sans souffrir encore qu'un manège sourd et noir vous associe à des sottises dont on gémit sans les pouvoir arrêter.

Le 24 juin 1758. — Parti de Montréal à cinq heures du soir avec M. de Pontleroy, ingénieur en chef de la Nouvelle-France, qui a enfin obtenu, après beaucoup de débats, la permission de faire sa charge et de visiter les ouvrages de Carillon. Il est dur qu'un citoyen intègre et clairvoyant aille éclairer des friponneries que la faveur permet à un ignorant afin de l'enrichir.

M. X... est parent et courtisan ; comment souffrir que sa conduite puisse être contre-carrée ?

Couché à la Prairie.

25 juin 1758. — Parti à cinq heures du matin ; halte à la petite rivière de Montréal, où nous nous sommes embarqués jusqu'à trois quarts de lieues de Chambly ; fait à pied le Portage jusqu'au fort. C'est M. de Beaucourt qui l'a fait construire sur la rive gauche de la rivière Sorel ; quatre bastions de pierre, place d'armes dans l'intérieur, assez spacieux ; le plus joli fort du Canada, avant que M. Pouchot eût construit Niagara, et, chose qui tient du prodige. M. de Beaucourt n'a pas volé le Roi en le faisant construire.

De Chambly à Sainte-Thérèse, à cheval ; de Sainte-Thérèse à Saint-Jean, en bateau ; nous y avons couché.

Deux rapides dans la rivière Sorel, un entre Chambly et Sainte-Thérèse, l'autre entre Sainte-Thérèse et Saint-Jean. Examiner à la paix, si, en extirpant les roches, on ne pourroit pas y rendre la navigation aisée.

Communication de Montréal à Saint-Jean, dans l'état présent, lente, difficile et dispendieuse ; à examiner à la

paix, s'il faudroit faire le chemin de la Prairie à Saint-
Jean directement par les savannes, ou de la Prairie, ou
en prenant plus bas, de Longueuil à Chambly, et, de
ce fort à Saint-Jean, par terre ou en accommodant la
rivière ; ou s'il ne seroit pas plus avantageux, en cas
que cela soit possible, de faire un canal de la Prairie ou
de Longueuil à Saint-Jean. Plusieurs rivières dans
cette partie ; terres excellentes, inutiles par les inonda-
tions, seroient désséchées par le canal, deviendroient un
grenier a grain suffisant pour nourrir une grande armée.

Le marquis de Vaudreuil m'a remis l'état des officiers
de la colonie destinés à la partie de Carillon ; c'est une
disgrâce de n'être pas employé à l'expédition de M. le
chevalier de Lévis.

Le 26 juin 1758. — Courrier de Montréal à trois
heures du matin ; le *Bizarre*, en rivière.

Nouvelles de Louisbourg : il est assiégé ; descente
faite à Gabarus le 8, jour fatal à l'Etat (ce sont les
termes de M. Franquet dans la lettre qu'il m'a écrite).
Comment s'est pu faire cette descente sans résistance
de notre part avec soixante à soixante-dix berges seulement, ce qui peut faire trois mille cinq cents hommes
au plus, une berge n'en pouvant porter plus de cinquante.

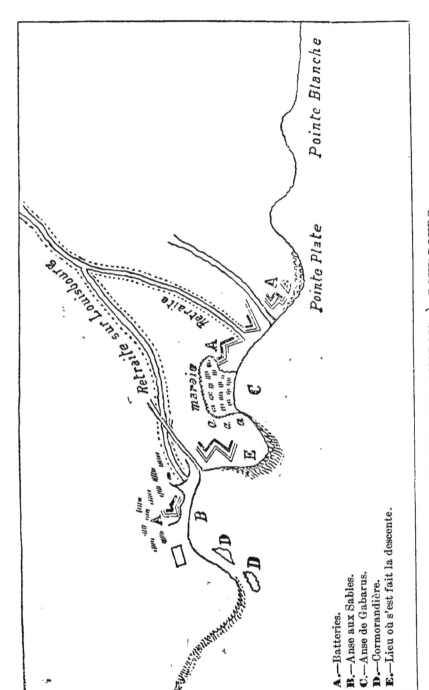

A.—Batteries.
B.—Anse aux Sables.
C.—Anse de Gabarus.
D.—Cormorandière.
E.—Lieu où s'est fait la descente.

DESCENTE DES ANGLOIS À LOUISBOURG

Tel est le croquis de la côte de Gabarus ; on dit que
c'est à l'endroit marqué E, que la descente s'est faite ;
mais comment les troupes chargées de défendre les
retranchements de cette partie, après les premières
décharges de l'artillerie et de la mousqueterie, n'ont-
elles pas marché, baïonnettes au bout du fusil, sur les
Anglois, qu'elles eussent dû culbuter ? Comment celles
du retranchement C, n'ont-elles pas aussi marché ?
La mésintelligence entre les deux corps, et l'avidité de
M. Prévost, qui gouverne M. de Drucour, feront perdre
Louisbourg au Roi.   Je dis l'avidité de M. Prévost et
voici de quelle façon :

Les magasins du Roi sont derrière un des points
d'attaque ; on en transporte donc presque tous les effets
dans les magasins des particuliers ; on rend la place
plus tôt afin d'obtenir, par la capitulation, que les habitants conservent leurs effets et puissent, ou les faire
passer en France, ou les vendre aux assiégeants.   Le
commissaire ne fait inventaire que de ce qui se trouve
dans les magasins reconnus au Roi, lors de la reddition,
et ne fait aucune mention des effets répandus dans la
ville, lesquels tournent à son profit.   Ainsi fit M. B... *
en 1745 ; il avoit engagé les habitants à présenter au
commandant une requête pour lui demander de se
rendre, et le commandant se rendit en conséquence,
sous le prétexte de ne pouvoir contenir les habitants
soulevés avec une garnison aussi révoltée.   M. Prévost,

---

* En blanc dans le manuscrit ; mais il est évident que c'est
de M. Bigot que Montcalm parle. — NOTE DE L'ÉDITEUR.

élève de M. Bigot, marche à grands pas sur les traces de son maître.

On mande au marquis de Vaudreuil qu'on lui envoie les paquets de la cour, de Louisbourg par terre.

M. de Lahoulière, commandant de Salce en Roussillon, ci-devant major de Lyonnois, avec brevet de colonel, est arrivé sur le *Bizarre* à Louisbourg, pour commander les troupes françoises dans la place. Je ne sais si elles l'auront vu de bon œil et si leur mécontentement à cet égard ne nuira pas au service.

On écrit aussi qu'on nous envoie deux bâtiments malouins chargés de vivres pour Louisbourg ; où ils en ont immensément dans la place, où ils comptent être pris. On se défend mal, quand, à peine attaqués, on a l'idée qu'on sera vaincus. M. de Boishébert, parti trop tard, s'amusera sans doute encore à faire la traite à Miramichi. Cependant, arrivé à l'Ile-Royale et tenant les bois avec ses Acadiens, les Micmacs, les habitants de l'île Saint-Jean, les habitants et garnison du port Toulouse et du port Dauphin, avec lesquels il formeroit un corps de quinze cents ou deux mille hommes, il pourroit inquiéter la marche des ennemis et leurs mouvements de Gabarus aux tranchées qui en sont à une grande lieue, et concerter par des signaux convenus, des attaques extérieures, avec des sorties des assiégés ; mais je crains·fort que rien de tout cela ne se fasse, et que la ville ne soit prise.

On écrit depuis de Louisbourg, que les Anglois doivent se tenir sur la défensive vers le lac Saint-Sacrement et attaquer la Belle-Rivière. Je ne sais quel fonds on fera sur cet avis ; on se plaira peut-être à le croire vrai, afin de laisser faible le corps qui m'est confié.

Partis de Saint-Jean à onze heures et demie ; le nord-est nous a conduits à la Pointe-au-Fer, où nous avons passé la nuit.

Je n'entre point dans les détails d'une route déjà décrite dans les journaux des campagnes précédentes.

Le 27 juin 1758. — Je partis à la pointe du jour ; rencontré sur le lac, Ignace, chef des Hurons de Lorette, dépêché par M. de Bourlamaque pour donner avis de l'établissement des ennemis au fond du lac Saint-Sacrement sur les ruines du fort George. Leur projet peut être ou de marcher à nous, ou simplement rétablir ce fort. Rencontré aussi un convoi de bateaux qu'on renvoie à Saint-Jean pour conduire à Carillon les troupes de la colonie ; il y avoit sur ces bateaux un détachement de miliciens du gouvernement de Montréal, qui y retournent. Ils sont trop bons pour qu'on nous les laisse ; on les destine à l'armée de faveur.

Dégradé par un gros vent de sud-ouest à l'Ile-aux-Chapons, où nous avons passé la nuit.

Il a passé le soir et toute la nuit plusieurs canots de sauvages algonquins, népissings, iroquois du lac, qui retournent à Montréal, et de là, dans leurs villages avec dix-neuf prisonniers faits par eux, M. de Langy à leur tête, dans une île du lac Saint-Sacrement. Ils m'ont promis de revenir me joindre aussitôt après qu'ils auroient vu leurs champs de blé-d'Inde. Reste à savoir si le marquis de Vaudreuil ne les engagera pas à marcher du côté des Cinq-Nations.

Cette chimérique expédition de Corlar (ainsi la nomment les courtisans) sera peut-être cause de la perte de la colonie. Il faudroit marcher sur-le-champ aux ennemis avec les sauvages, l'élite des Canadiens, des troupes de terre et de la colonie. Ils ne sont pas encore retranchés, persuadés, suivant le rapport des prisonniers, que la disette des vivres nous met hors d'état de rassembler un corps d'armée ; ils se tiennent moins sur leurs gardes, et ne pensent qu'à accélérer leurs travaux. Une attaque imprévue et vigoureuse les culbuteroit et finiroit la campagne de ce côté. Le marquis de Vaudreuil pourroit alors s'occuper, ou d'envoyer des secours à la Belle-Rivière, ou de ses prétendues négociations avec les Cinq-Nations ; mais qui sait s'il est désireux d'un succès décisif pour cette colonie, mais dont le général des troupes de terre seroit l'agent.

M. de Bourlamaque a envoyé M. d'Hébécourt avec un détachement françois et des guides sauvages pour reconnoître le fond de la baie.

Le 28 juin 1758. — Restés dégradés toute la journée par un sud-ouest violent.

Le 29 juin 1758. — Partis de calme à trois heures du matin ; le gros temps et le vent contraire nous ont pris à la hauteur de la rivière Boquet ; forcés par le sud-ouest de relâcher à l'Ile-aux-Boiteux.

J'ai remarqué dans toute cette partie du lac, dont les côtes sont escarpées et de roc, les lits des rochers horizontaux et les angles saillants opposés presque partout aux rentrants. A douze, même à quinze lieues de Saint-Frédéric, commence une chaîne de montagnes qui, du côté du nord, va gagner le pays des Cinq-Nations, et, du côté du sud, traverse la Nouvelle-Angleterre, et s'étend presque jusques à la mer.

Passé la journée à l'Ile-aux-Boiteux, le vent contraire durant toujours de la même force.

Le 30 juin 1758. — Partis à trois heures du matin d'un vent nord-ouest ; arrivés à huit heures à Saint-Frédéric, où nous sommes restés jusqu'à onze heures, pour donner à M. de Pontleroy le temps de reconnoître ce fort et les positions voisines.

Arrivés à trois heures après-midi à Carillon.

Nous y avons trouvé les huit bataillons françois très faibles par eux-mêmes à cause de la quantité de mauvaises recrues, très affaiblis encore par les piquets des volontaires qu'on en a tirés pour le détachement du chevalier de Lévis ; quarante hommes de là marine, trente Canadiens en état d'aller à la guerre et quatorze sauvages ; des vivres pour neuf jours seulement, et pour un cas urgent, trente-six mille boucauts de biscuit.

Le nombre des ennemis grossissant tous les jours à la tête du lac Saint-Sacrement ; leur portage très avancé ; mille chevaux et une quantité de bœufs proportionnés employés à le faire ; les dépositions des prisonniers unanimes sur un projet de leur part d'assiéger Carillon et de commencer leurs mouvements dans les premiers jours de juillet. Vingt ou vingt-cinq mille hommes destinés selon leur rapport à cette expédition, voilà notre position. Le marquis de Montcalm a dépêché ce soir au marquis de Vaudreuil, pour lui en rendre compte. Les lettres de M. de Bourlamaque doivent déjà l'en avoir instruit. Persistera-t-il dans son aveugle sécurité pour cette frontière ? S'opiniâtrera-t-il à sa don Quichotterie de Corlar ? Se hâtera-t-il au moins de nous faire parvenir des vivres, des sauvages et les secours de la colonie qu'il nous a promis ? Les ennemis pourroient bien le mettre dans le cas où il a annoncé qu'il marcheroit en personne. Qu'il vienne ! Qu'il voie ! et j'ajouterai de tout mon cœur : qu'il vainque !

Le petit nombre de sauvages que nous avons ici, sentant le besoin qu'on a d'eux, sont d'une insolence extrême ; ils en vouloient ce soir à nos volailles. Ils enlèvent de force les barils de vin, tuent les bestiaux et il faut tout endurer. Quels pays ! Quelle guerre !

M. d'Hébécourt, revenu depuis deux jours du fond de la baie, n'a trouvé aucune piste dans toute cette partie.

Le 1ᵉʳ juillet 1758. — La générale ce matin à la pointe du jour ; sept bataillons ont marché en avant ; la Reine, Guyenne et Béarn pour occuper la tête du Portage ; la Sarre, Royal-Roussillon, Languedoc et le deuxième bataillon de Berry pour occuper les rives droite et gauche de la chute du lac Saint-Sacrement. Le troisième bataillon de Berry est venu se placer dans le camp que la Reine a quitté, entre le fort de Carillon et une redoute qui commande le confluent de la rivière du fond de la baie et de celle de la Chute.

Ce mouvement hardi sans doute, étoit nécessaire pour donner de la considération aux ennemis, leur en imposer et leur faire perdre l'idée qu'ils ont de notre faiblesse, et en même temps pour empêcher qu'ils ne se fussent emparés à l'improviste du Portage ; ce qu'ils pouvoient faire par une marche de dix ou douze heures seulement sur le lac.

25

J'ai été ce matin avec MM. de Pontleroy, Desandrouins, Jacquot et d'Hébécourt reconnoitre les environs du fort de Carillon pour déterminer un champ de bataille et la position d'un camp retranché. Nous manquons de bras, et peut-être le temps nous manquera-t-il aussi. Notre situation est critique. Activité et audace, voilà nos seules ressources.

Conseils avec une douzaine d'Outaouais qui demandent à retourner à Montréal et de là à Michillimakinac, avec des brayets, des mitasses, des chemises, des fusils. Je les ai arrêtés ; ils ont promis de faire en ma faveur un détachement de guerre, et d'attendre qu'il vienne d'autres sauvages, trop heureux qu'ils veuillent bien rester !

Il est arrivé ce soir un convoi portant trente mille rations, c'est-à-dire des vivres pour sept ou huit jours, au nombre que nous sommes aujourd'hui.

Dépêché un courrier au marquis de Vaudreuil.

Le 2 juillet 1758. — Il a été décidé d'occuper les hauteurs qui dominent Carillon par un camp retranché avec des redans et des abattis ; la gauche, appuyée à la rivière de la Chute, et la droite, à celle qui va à Saint-Frédéric, de faire, de plus, un retranchement en arrière appuyé par la gauche à Carillon, par la droite à une grosse redoute que flanquera un abattis prolongé jusqu'à la rivière. Mais, pour exécuter ces ouvrages, il faut des bras, et que les troupes de la colonie et Canadiens arrivent, et que l'ennemi nous en donne le temps. Tout ce qu'on peut faire dans le moment présent et que l'on fait, c'est de tracer ces travaux et de faire faire aux troupes de la Chute et du Portage autant de fascines et de palissades, que le service de ces camps le leur permettra. Le troisième bataillon de Berry, qui est à Carillon, ne peut fournir que quatre-vingt-dix travailleurs. Qu'exécuter avec aussi peu de monde ?

Conseil avec les Iroquois, les Népissings et les Outaouais ; ils sont encore venus demander à partir pour Montréal ; c'étoit pour se faire valoir et tirer des couvertes, mitasses, etc. Ils se sont engagés à rester jusqu'à ce qu'il arrive d'autres sauvages.

Parti de ma personne pour aller camper à la Chute, pour être plus à portée de la tête du Portage et des mouvements de l'ennemi.

Une de nos gardes avancées a rencontré une découverte ennemie ; coups de fusils de part et d'autre. L'Agnier a pris la fuite.

Le 3 juillet 1758. — M. de Raymond, capitaine de la marine, est arrivé avec cent dix-huit hommes, dont quatre-vingts Canadiens, le reste soldats de la marine.

M. Mercier est aussi arrivé pour prendre le commandement de l'artillerie ; il m'a apporté des lettres du marquis de Vaudreuil qui annoncent l'arrivée de puissants secours et du détachement de M. le chevalier de Lévis destiné à l'expédition de Corlar, à laquelle renonce le général américain. Je ne sais s'il y renonce de manière à m'envoyer absolument personne ni aux Cinq-Nations, ni à la Belle-Rivière. Ce seroit le cas de dire que les extrémités se touchent. On assure ici que M. de Longueuil ira porter des paroles aux Cinq-Nations, accompagné par un détachement qui passera de suite à la Belle-Rivière, aux ordres de M. de Saint-Ours, lieutenant. Cette nouvelle paroît sûre, quoique M. de Vaudreuil ne m'en écrive rien.

Arrivée de quelques bâtiments de convois et de quelques vaisseaux de guerre à Québec. Ces derniers destinés à Louisbourg, ont descendu au port Toulouse le bataillon du régiment de Cambis, qui a gagné Louisbourg, par terre, et n'ont point entré dans le port à cause du siège commencé.

J'ai reçu un brevet d'aide-maréchal général des logis des troupes qui sont à mes ordres pour M. de Bougainville, mon premier aide de camp.

Nouvelles de Niagara, les sauvages continuent à bien faire. On n'y a reçu aucune lettre de M. Des Legneris qui indique qu'il appréhende d'être attaqué. Le convoi des Illinois arrive enfin au fort Duquesne.

Le 4 juillet 1758. — Services, gardes et patrouilles ordinaires. Notre position, forcément hasardée, nous oblige aux plus grandes précautions.

Pont au Portage avec un petit redan pour en couvrir la tête.

Pont au-dessus de la Chute pour la communication des troupes campées sur les deux rives de la rivière.

Il est parti ce soir, aux ordres du sieur de Langy, un détachement, d'environ cent cinquante hommes, don cent quatre volontaires de nos bataillons, vingt-cinq Canadiens et une vingtaine de sauvages. Un fait digne de remarque et qui nous fait honneur, c'est qu'à ce détachement, il marche un capitaine et sept lieutenants de nos troupes, aux ordres d'un enseigne ; M. de Langy n'a que ce grade. Son instruction est d'aller observer la position, le nombre et les mouvements des ennemis au fond du lac Saint-Sacrement, et de faire des prisonniers, s'il lui est possible.

Une cérémonie lugubre a pensé faire manquer le détachement. Un Iroquois, de sang-froid et sans nul sujet apparent, a assassiné publiquement, d'un coup de couteau, un de ses frères. Le meurtrier s'est aussitôt enfui. Les sauvages l'ont cherché pour le tuer. Il a trois autres frères, dont un est ici et veut venger le défunt sur l'assassin. On ne sait encore ce que deviendra cette affaire. Ils se pardonnent entre eux les meurtres commis dans l'ivresse. Un homme ivre est une personne sacrée ; c'est selon eux un état si délicieux qu'il est permis de s'y mettre, et qu'alors on n'est plus responsable de ses actions. Mais ordinairement, ils punissent eux-mêmes les assassins de sens rassis, d'une mort prompte et qui n'est précédée ni suivie d'aucune formalité.

Il a fallu couvrir le mort par un ouapon, c'est-à-dire un équipement complet donné à la famille ; six branches de porcelaine ont essuyé les larmes, débouché le gosier et mis les guerriers en état d'aller à la guerre. Détachement de cent trente hommes qui avoit mené les bateaux à Saint-Jean, rentré hier.

Reçu avis de Saint-Frédéric que le 3 et le 4, M. de Lusignan a eu indices de partis ennemis à la droite de la rivière, vis-à-vis Saint-Frédéric, et à la gauche dans la baie qui est derrière le fort.

Le 5 juillet 1758. — Arrivée de trois capitaines de la colonie avec environ cent cinquante Canadiens ou soldats de la marine ; formation de deux compagnies de volontaires tirés de nos bataillons, aux ordres du sieur

Bernard, capitaine au régiment de Béarn, et du sieur Duprat, capitaine dans celui de la Sarre.

Départ du sauvage meurtrier avec ses deux frères. Ils vont à la cabane pleurer le mort et peut-être le venger

Détachement envoyé à la Montagne-Pelée, revient sans avoir rien vu.

La première division du détachement de M. de Lévis a dû arriver aujourd'hui à Saint-Jean ; il est temps que les secours promis nous joignent.

A cinq heures du soir, le détachement du sieur de Langy rentra, ayant aperçu sur le lac un gros de berges ennemies qui ne pouvoit être que, et qui étoit en effet, l'avant-garde de leur armée conduite par le colonel Bradstreet et le major Rogers.

Ordre sur-le-champ aux troupes de la Chute que, la retraite servant de générale, elles passassent la nuit au bivouac et qu'on commençât à déblayer les équipages ; le même ordre envoyé au Portage, et de tenir des détachements au nord et au sud pour éclairer le débarquement des ennemis. En conséquence, le sieur de Langy fut détaché avec cent trente volontaires pour se porter entre la Montagne-Pelée et le lac, et le sieur de Trépezec, capitaine au régiment de Béarn, le soutint avec trois piquets (cent cinquante hommes) aux ordres du sieur Germain, capitaine du régiment de la Reine, postés au camp de Contrecœur, une patrouille de grenadiers et de volontaires du côté du sud. Les volontaires de Bernard furent envoyés sur la rivière de Bernetz qui vient, entre les montagnes dont ce pays est couvert, se jeter dans celle de la Chute, pour être avertis en cas que les ennemis voulussent nous tourner par le derrière de ces montagnes.

M. de Bourlamaque n'a pas jugé à propos de faire déblayer les équipages de son camp ; il croignoit que cette manœuvre eût un air de timidité ; cependant toutes troupes, même supérieures, qui se préparent au combat, se débarrassent de leurs équipages.

La nuit, fusillade entre les patrouilles du sieur Germain et celle des ennemis, qui avoient mis des découvreurs à terre.

Le 6 juillet 1758. — Les troupes sous les armes ; berges ennemies sont aperçues au large vers les quatre heures du matin ; renvoi des équipages des bataillons de la Chute et de leurs bateaux à Carillon ; ordre aux sieurs de Pontleroy et Desandrouins de tracer de suite des retranchements en abattis sur les hauteurs déterminées, le 1er de ce mois ; au sieur de Trécesson d'y faire travailler le troisième bataillon de Berry avec ses drapeaux.

Le sieur Germain rentre au camp après avoir fusillé les berges qui passent à portée de lui ; les volontaires de Bernard se replient aussi, après avoir fusillé quelque temps. L'armée ennemie commence à débarquer au camp de Contrecœur sur les neuf heures. La retraite du sieur de Bourlamaque se fait eu bon ordre, sans perdre un seul homme, quoique en présence des ennemis ; il se joint à moi, et les cinq bataillons réunis passent la rivière de la Chute, en rompent le pont et, avec ceux de la Sarre et Languedoc, occupent en bataille les hauteurs situées vis-à-vis et à la gauche de cette rivière.

FORCE ET COMPOSITION DE L'ARMÉE ANGLOISE

Le général major Abercromby, commandant en chef ;
Milord Howe, aide de camp général ;
Le sieur Spithall, major général ;
Le colonel Bradstreet, commandant des berges.

Troupes de la Vieille-Angleterre

Deux bataillons d'Ecossois,
Deux bataillons du régiment de Royal-Américain,
Le régiment de Young Murray,
Régiment du général Blackney,
Régiment de milord Howe.

Milices des différentes provinces

Milices de la Nouvelle-York,
  "   de la Longue-Ile,
  "   de la Nouvelle-Angleterre,
  "   du Rhode-Island,
  "   de Connecticut,
  "   de New-Jersey,
  "   de Massachusetts.

Quatre compagnies de Rangers ou rôdeurs de bois
du major Rogers, avec des sauvages incorporés dans
cette compagnie.

Un corps de soldats canoteurs du colonel Bradstreet.

Artillerie et génie.

Toutes ces milices formoient une armée de vingt
mille hommes, comme on n'en sauroit douter, d'après

l'acte publié le 24 mars 1758, dans les différentes colonies, et dont voici l'intitulé traduit pour le contingent de la Nouvelle-York :

" Acte pour lever, payer et habiller deux millè six
" cents quatre-vingts hommes effectifs, y compris les
" officiers, afin de former, avec les forces des colonies
" voisines, une armée de vingt mille hommes pour
" envahir les possessions françoises en Canada, conjoin-
" tement avec un corps des troupes régulières de Sa
" Majesté, et autre règlement à cet effet ".

On peut défalquer de ce nombre ce qui a dû être laissé pour la garde de quelques forts de cette frontière et du dépôt laissé au fond du lac Saint-Sacrement.

Cependant le détachement de trois cent cinquante hommes, dont le sieur de Langy avoit la conduite, abandonné du petit nombre de sauvages qui lui servoit de guide, s'égara dans les montagnes, et vint, après douze heures de marche, tomber dans une colonne angloise qui marchoit vers la rivière de Bernetz.

Sur les quatre heures du soir, nous entendîmes un grand feu de mousqueterie, et nous aperçûmes une heure après, les débris de ce malheureux détachement poursuivis par les Anglois. Quelques compagnies de grenadiers bordèrent aussitôt le rapide de la Chute, pour ralentir la poursuite de l'ennemi, et plusieurs de nos gens favorisés par leur feu, la passèrent à la nage.

Nous avons perdu, de ce détachement, un officier, le sieur de Trépezec, mort le lendemain de ses blessures ; les sieurs Bonneau, capitaine dans Guyenne, La Rochette, lieutenant au même régiment, Bernard, lieutenant de la

Reine, Jàubert *, lieutenant dans Béarn, et le chevalier de Résy, officiers des troupes de la colonie prisonniers, et cent soixante soldats ou Canadiens tués ou prisonniers. Les ennemis y ont fait une perte considérable dans la personne de milord Howe, qui y fut tué. Sur les six heures du soir, le sieur Duprat m'ayant fait avertir que les ennemis poussoient une tête vers la rivière de Bernetz avec des travailleurs, et que leur dessein étoit évidemment d'y jeter un pont, je lui envoyai ordre de se replier et ne balançai pas à me retirer de ma personne, avec toutes les troupes, sur les hauteurs de Carillon, les ennemis, par la route qu'ils prenoient, pouvant, en tournant quelques montagnes, se venir poster entre nous et le fort. L'armée entra dans le camp de Carillon à huit heures du soir ; les corps des grenadiers et les volontaires faisoient l'arrière-garde.

Ce même soir, une partie des troupes régulières des ennemis et leurs troupes légères vinrent occuper les deux rives de la rivière de la Chute, longeant jusqu'à celle de Bernetz, et s'y retranchèrent. Le général Abercromby, avec toutes les milices, occupa le camp de Contrecœur, le Portage, et s'y retrancha pareillement.

Le 7 juillet 1758. — L'armée fut toute employée au travail des abattis ébauchés la veille par le troisième bataillon de Berry. Elle étoit couverte par les compa-

---

* On peut voir dans l'ouvrage intitulé, *Montcalm et Lévis*, par l'Abbé H. R. Casgrain, Vol. II, *Appendice*, Page 452, deux lettres fort curieuses de cet officier.

gnies de grenadiers et les volontaires. Les officiers eux-mêmes, la hache à la main, donnoient l'exemple et les drapeaux étoient placés sur l'ouvrage.

Il avoit été, comme nous l'avons dit, tracé la veille sur les hauteurs, à peu près à six cent cinquante toises du fort de Carillon.

La gauche appuyoit à un escarpement distant de quatre-vingts toises de la rivière de la Chute, et dont le sommet étoit couronné par un abattis. Cet abattis flanquoit une trouée, derrière laquelle on devoit placer six pièces de canon pour la battre ainsi que la rivière.

La droite appuyoit également à une hauteur dont la pente n'étoit pas si roide que celle de la gauche. La plaine, entre cette hauteur et la rivière de Saint-Frédéric, étoit flanquée par une branche de nos abattis de la droite, et devoit l'être par une batterie de quatre pièces de canon qui n'a été finie qu'après l'action du 8. De plus, le canon du fort étoit dirigé sur cette plaine, ainsi que sur le débarquement, qui se pouvoit faire à notre gauche.

Le centre suivoit les sinuosités du terrain, conservant le sommet des hauteurs, et toutes les parties se flanquoient réciproquement. Plusieurs, à la vérité, y furent, ainsi qu'à la droite, battus en écharpe par les ennemis ; mais c'est qu'ils ne nous donnèrent pas le temps d'y élever des traverses.

Ces espèces de retranchements étoient faits de troncs d'arbres couchés les uns sur les autres, ayant en avant des arbres renversés, dont les branches coupées et appointies produisaient l'effet de chevaux de frise.

L'armée y travailla avec une telle ardeur incroyable
que la ligne se trouva le soir même en état de défense.

Entre six et huit heures du soir, les piquets de nos
troupes détachés avec le chevalier de Lévis, arrivèrent
au camp; ils avoient fait la plus grande diligence, marchant jour et nuit malgré les vents contraires, pour
joindre leurs camarades qu'ils avoient su à la veille
d'être attaqués; aussi, furent-ils reçus de notre petite
armée avec la même joie que les légions de Labiénus
le furent par ces cohortes romaines bloquées avec
Quintus Cicéron, par un essaim de Gaulois. Le chevalier de Lévis arriva dans la nuit.

Toute la journée nos volontaires firent le coup de
fusil avec les troupes légères des ennemis.

Le général Abercromby s'étoit de sa personne, avec
une grande partie des milices et le reste des troupes
réglées, avancé jusqu'à la Chute. Il y avoit fait passer
plusieurs berges et des pontons montés de deux pièces
de canon chacun; ses troupes élevèrent aussi dans cette
journée plusieurs retranchements, les uns devant les
autres, et dont les plus près de nous n'étoient pas à une
portée de canon de nos abattis.

L'armée coucha au bivouac le long des retranchements.

Le 8 juillet 1758. — On battit la générale à la pointe
du jour, afin que tous les soldats puissent connoître
leurs postes pour la défense du retranchement, suivant
la disposition ci-jointe, qui étoit à peu près celle dans
laquelle ils y avoient travaillé.

A la gauche de la ligne étoient les bataillons de la
Sarre et Languedoc et deux piquets arrivés la veille;

les volontaires de Bernard et de Duprat gardoient la trouée percée sur la rivière de la Chute.

Le centre étoit occupé par le bataillon de Royal-Roussillon, le premier de Berry, et le reste des piquets du chevalier de Lévis.

La Reine, Béarn et Guyenne défendoient la droite ; et dans la plaine, entre l'escarpement de cette droite et la rivière de Saint-Frédéric, on avoit posté les Canadiens et troupes de la marine, qui s'y étoient aussi retranchés par des abattis. Dans tout le front de la ligne, chaque bataillon avoit derrière lui une compagnie de grenadiers et un piquet en réserve, tant pour soutenir leur bataillon que pour se porter où il seroit nécessaire. Le chevalier de Lévis fut chargé de la droite, le sieur de Bourlamaque de la gauche, et le marquis de Montcalm se réserva de rester au centre pour être à portée de toutes les parties.

La disposition réglée comme dessus, les troupes se remirent aussitôt au travail ; une partie s'occupa à perfectionner l'abattis, le reste à construire les deux batteries mentionnées ci-dessus, et une redoute qui devoit encore protéger la droite.

ETAT ET COMPOSITION DE L'ARMÉE FRANÇOISE, LE 8 JUILLET

Le marquis de Montcalm, maréchal des camps ;
Le chevalier de Lévis, brigadier ;
Le sieur de Bourlamaque, colonel ;
Le sieur de Bougainville, aide-maréchal des logis ;
Le chevalier de Montreuil, aide-major général.

Brigade de la Reine.	La Reine............... 345 hommes.
	Béarn................... 410 "
	Guyenne............... 470 "
Brigade de la Sarre.	La Sarre............... 460 "
	Languedoc............ 426 "
Brigade de Royal-Roussillon.	Royal-Roussillon... 480 "
	Le 1ᵉʳ bataillon de Berry............ 450 "

Deuxième bataillon de Berry détaché pour la·garde du fort de Carillon, excepté la compagnie de grenadiers, qui a servi dans la ligne et faisoit.................... 50

Troupes de la marine 150

Canadiens 250

Sauvages.. 15

3,506 "

Le matin de ce jour, le colonel Johnson arriva à l'armée ennemie avec trois cents sauvages, Chaetas, Loups et des Cinq-Nations, et le capitaine Jacob avec cent cinquante autres. Sur les dix heures, nous les vîmes, ainsi que quelques troupes légères, sur la montagne qui est vis-à-vis de Carillon, de l'autre côté de la rivière de la Chute. Ils firent une grande fusillade qui n'interrompit point le travail ; on ne s'amusa pas à y répondre.

A midi et demi, l'armée angloise déboucha sur nous ; les compagnies de grenadiers, les volontaires de gardes avancées, firent leur décharge, se replièrent en bon ordre et rentrèrent dans la ligne sans avoir perdu un seul homme. Dans le moment même, au signàl convenu, toutes les troupes furent à leurs armes et à leurs postes.

La gauche fut la première attaquée par deux colonnes, dont l'une cherchoit à tourner le retranchement et se trouva soûs le feu du régiment de la Sarre ; l'autre dirigea ses efforts sur un saillant, entre Languedoc et Berry.

Le centre où étoit Royal-Roussillon fut attaqué presque en même temps par une troisième colonne ; et une quatrième porta son attaque vers la droite entre Béarn et la Reine. Ces différentes colonnes étaient entremêlées de leurs troupes légères et meilleurs tireurs, lesquels couverts par les arbres, firent sur nous le feu le plus meurtrier.

Au commencement de l'affaire quelques berges et pontons des ennemis s'avançèrent sur la rivière de la Chute. Les volontaires de Bernard et Duprat, postés en cette partie, les reçurent de bonne grâce. Le sieur de Poulhariez, à la tête d'une compagnie de grenadiers et d'un piquet de Royal-Roussillon, s'y présenta aussi ; et, le canon du fort ayant brisé deux de ces berges, elles se retirèrent et n'ont plus reparu de toute l'action.

Ces différentes attaques furent, presque toute l'après-midi et presque partout, de la plus grande vivacité.

Comme les Canadiens et troupes de la colonie ne furent point attaqués, ils dirigèrent, à l'abri du retranchement qui les couvroit, leur feu sur la colonne qui attaquoit notre droite, et qui se trouvoit quelquefois à portée d'eux. Le chevalier de Lévis leur envoya successivement les sieurs d'Hert, capitaine aide-major, et Desnoes, aussi capitaine au régiment de la Reine, pour

ordonner aux plus ingambes d'entre eux de faire deux sorties et de prendre cette colonne en flanc.

Cette colonne, composée de grenadiers anglois et Montagnards d'Ecosse, revenoit sans cesse à la charge, sans se rebuter ni se rompre; et plusieurs se sont fait tuer à quinze pas de notre abattis. Le chevalier envoya deux fois ordre aux Canadiens et aux troupes de la marine de faire des sorties et de la prendre en flanc.

Sur les cinq heures, la colonne qui avoit attaqué vivement Royal-Roussillon, se rejeta sur le saillant défendu par le régiment de Guyenne et par la gauche de celui de Béarn. La colonne qui avoit attaqué la Reine et Béarn avec le plus grand acharnement s'y rejeta aussi, en sorte que le danger devint urgent à cette attaque.

Le chevalier de Lévis s'y porta avec quelques troupes de la droite que les ennemis ne faisoient plus que fusiller.

Le marquis de Montcalm y accourut aussi avec quelques troupes de réserve, et les ennemis éprouvèrent une résistance qui ralentit enfin leur ardeur.

La gauche soutenoit toujours le feu des deux colonnes, qui tentoient de percer dans cette partie, dans laquelle même étoit leur dépôt. M. de Bourlamaque y avoit été dangereusement blessé sur les quatre heures, et les sieurs de Senezergues et de Privas, lieutenants-colonels de la Sarre et Languedoc, suppléoient à son absence, en continuant à donner les meilleurs ordres. Le marquis de Montcalm s'y porta plusieurs fois et fut attentif à y faire passer du renfort dans tous les moments de crise; car pendant toute l'affaire, les compagnies de grenadiers et les piquets de réserve accoururent toujours aux endroits les plus pressés.

Sur les six heures, les deux colonnes de la droite abandonnèrent l'attaque de Guyenne, vinrent faire encore une tentative au centre contre Royal-Roussillon et Berry, enfin un dernier effort à la gauche. A sept heures, l'armée ennemie ne s'occupa plus que de sa retraite, favorisée par le feu des troupes légères, lequel s'entretint jusqu'à la nuit.

Pendant l'action, le feu prit plusieurs fois en dehors de notre abattis; mais il fut éteint sur-le-champ, les soldats passant courageusement par-dessus le revers pour en arrêter le progrès. Outre les munitions en poudre et balles, on envoyoit continuellement des barriques pleines d'eau, et le sieur de Trécesson a, dans cette occasion, ainsi que son bataillon, rendu les plus grands services par leur activité à nous faire passer les munitions et rafraîchissements si nécessaires dans un combat aussi long.

L'obscurité de la nuit, l'épuisement et le petit nombre de nos troupes, les forces de l'ennemi, qui, malgré sa défaite, étoit encore infiniment supérieur à nous, la nature de ces bois dans lesquels on ne pouvoit s'engager sans sauvages, contre une armée qui en avoit quatre ou cinq cents, plusieurs retranchements que les ennemis avoient élevés les uns derrière les autres depuis le champ de bataille jusqu'à leur camp, voilà les obstacles qui nous ont empêchés de les suivre dans leur retraite. Nous comptions même qu'ils tenteroient le lendemain de prendre leur revanche, et, en conséquence, nous travaillâmes toute la nuit à nous défiler des hauteurs

26

voisines par des traverses, à perfectionner l'abattis des Canadiens, et à finir les batteries de la droite et de la gauche commencées le matin.

Le 9 juillet 1758. — La journée fut employée à ces mêmes travaux, et à enterrer nos morts et ceux que les ennemis avoient laissés sur le champ de bataille. Nos compagnies de volontaires sortirent, s'avancèrent jusqu'à la Chute et donnèrent avis que les ennemis avoient abandonné les postes de la Chute et même du Portage.

Le 10 juillet 1758. — A la pointe du jour, je détachai le chevalier de Lévis avec les huit compagnies de grenadiers, les volontaires et une cinquantaine de Canadiens pour reconnoître ce qu'étoit devenue l'armée ennemie.

Le chevalier de Lévis s'avança jusqu'au delà du Portage; il trouva partout les traces d'une fuite précipitée, des blessés, des vivres, des équipages abandonnés, des charrettes laissées dans les endroits marécageux, des débris de berges et de pontons brûlés, preuve incontestable de la grande perte que les ennemis ont faite. Nous l'estimons, d'après ce que nous avons vu et leurs prisonniers, à cinq mille hommes tués ou blessés. S'il en falloit croire quelques-uns d'entre eux et la promptitude de leur retraite, leur perte seroit encore plus considérable. Ils ont perdu plusieurs officiers principaux, milord Howe, aide de camp général et colonel d'un régiment, le commandant en chef des forces de la Nouvelle-York, et plusieurs autres.

La plus grande partie de leurs sauvages, ceux surtout des Cinq-Nations, sont restés comme spectateurs à la queue des colonnes. Ils attendoient sans doute, pour se déclarer, l'événement d'un combat qui ne paroissoit pas aux Anglois devoir être douteux.

L'acte du 24 mars et l'*Invasion générale du Canada* du même temps, sont exprimés dans toutes les commissions de leurs officiers de milice. Il leur est dû la justice qu'ils nous ont attaqués avec la plus vive opiniâtreté. Il n'est pas ordinaire que des retranchements soient attaqués sept heures de suite, et presque sans aucune relâche.

Cette victoire, qui, pour le moment a sauvé le Canada, est due à la sagesse des dispositions, aux bonnes manœuvres des officiers principaux, avant et pendant l'action, et principalement à la valeur incroyable des troupes. Tous les officiers de l'armée se sont conduits de façon que chacun d'eux mériteroit un éloge particulier.

Nous avons eu quarante-quatre officiers et près de quatre cents soldats tués ou blessés.

ÉTAT DES OFFICIERS TUÉS ET BLESSÉS AU COMBAT DU 8 JUILLET

Le sieur de Bourlamaque, colonel, blessé dangereusement.

Le sieur ne Bougainville, aide maréchal des logis, blessé légèrement.

La Reine :   MM. Daudin, lieutenant, tué.

Blessés.
{
MM. D'Hébécourt, capitaine,
    Lecomte, capitaine,
    Massias, lieutenant,
    Filoid, lieutenant.

La Sarre : tués...... { MM. le chevalier de Moran, capitaine.
Du Mesnil, aide-major,
Champredon, capitaine.

Blessés. { MM. de Beauclair, capitaine,
Fourmet, lieutenant.

Royal-Roussillon : M. Ducoin, capitaine, tué.

Laguedoc : tués.... { MM. de Fréville, capitaine,
chevalier de Parfourru, lieute-
nant.

Blessés. { MM. De Basserode,
Marillac,
Douglas, } capitaines.

Blanchard,
De Courcy, } lieutenants.

M. le chevalier d'Arenne, sous-lieutenant de génie, un bras coupé.

Guyenne .... { MM. de Patris, capitaine, tué,
de Saint-Vincent, capitaine,
mort de sa blessure.

Blessés... { MM. La Bretèche, capitaine,
de Restauran, lieutenant.

Berry : tués...... { MM. de la Bresme, capitaine,
Pymeric, sous-lieutenant de
génie,
Châteauneuf, capitaine, mort de
sa blessure.

Blessés... { MM. Carlan, aide-major,
Chavimond, lieutenant en second.

Béarn : tués...... $\left\{\begin{array}{l}\text{MM. Pons, lieutenant,}\\ \text{Douay, lieutenant.}\end{array}\right.$

Blessés... $\left\{\begin{array}{l}\text{MM. de Malartic, aide-major,}\\ \text{de Montgay, capitaine,}\\ \text{Roux, capitaine.}\end{array}\right.$

Colonie : blessés.. $\left\{\begin{array}{l}\text{MM. de Nigon, lieutenant,}\\ \text{de Langy-Montégron, enseigne.}\end{array}\right.$

Sur la nouvelle que les Canadiens avoient vu ou cru voir quelques berges angloises à l'entrée du lac Champlain, ordre au sieur de Carlan, lieutenant au régiment de Languedoc, d'aller avec un bateau du sieur Jacquot et quelques autres, s'établir quelques jours en croisière devant la rivière à la Loutre, et de faire quelques découvertes dans cette rivière.

Le 11 juillet 1758. — Camp pris par toute l'armée entre le retranchement et le fort, le front de bandière suivant la disposition et le pied des hauteurs. Les deux bataillons de Berry campés sur la hauteur même de Carillon entre le fort et l'Hôpital. Arrivée de M. de Rigaud avec plusieurs officiers de la colonie, beaucoup de Canadiens et de sauvages. Compliments de leur part sur la victoire, plus forcés que sincères.

Le 12 juillet 1758. — Conseil tenu pour réunir et lier ensemble les sauvages des différentes nations, Iroquois, Abénaquis, Hurons, Outaouais, etc., ils sont consternés de ne s'être pas trouvés à l'affaire. Beaucoup de butin manqué, et l'occasion d'acquérir une grande renommée, en levant une quantité prodigieuse de chevelures. Il y auroit eu de quoi en tapisser toutes les cabanes de leurs villages. Ce sont là leurs trophées, leurs obélisques, leurs arcs de triomphe, les monuments qui attestent aux autres nations et consignent à la postérité la valeur, les exploits des guerriers et la gloire de la cabane. Les sauvages disent hautement que c'est le marquis de Vaudreuil qui les a retenus, et, quelles qu'aient pu en être les raisons, il est cause qu'ils sont arrivés trop tard ; ils en ont beaucoup d'humeur.

L'usage est, en Amérique, que les troupes qui ont eu un avantage en chantent elles-mêmes le *Te Deum*, et j'approuve cet usage. Clovis se fit baptiser et remercia Dieu de sa victoire, à la tête de ses troupes, sur le champ de bataille de Tolbiac.

L'armée a pris les armes aujourd'hui et a chanté le *Te Deum*. Jamais victoire n'a été plus spécialement due au doigt marqué de la Providence.

Le 13 juillet 1758. — Vols et pilleries faits par les Abénaquis surtout. De toutes les nations sauvages, l'abénaquise est celle dont les jeunes gens ont le moins de soumission aux vieillards et aux chefs, soit du conseil, soit de guerre. Conseil tenu avec les chefs pour leur reprocher ces désordres. Grande difficulté, impossibilité presque de les arrêter ; les interprètes en sont souvent la cause.

Grand vice, dans la constitution de ces pays, que ce ne soient pas des officiers, c'est-à-dire des gens qui en aient les sentiments avec le nom, qui servent d'interprètes. C'étoit ainsi autrefois ; maintenant cette fonction qui donne le plus grand crédit sur les sauvages est abondonnée à des âmes viles, mercenaires, cruelles, qui ne sont occupées qu'à entretenir leur crédit auprès des sauvages dont ils tirent un grand profit, en se prêtant à tous leurs vices, et même en leur fournissant les occasions de se satisfaire.

Etrange situation de l'officier françois ! Il lui est défendu de se préserver des rapines sauvages par les voies de fait qui seules les arrêteroient. Les sauvages le savent et en abusent, prennent toutes leurs provisions ; il faut le voir ne rien dire et se réduire au lard et à l'eau.

Suite du conseil pour régler les détachements et découvertes. Travaux recommencés. Les premiers sont de perfectionner le retranchement et de faire les batteries de la droite et de la gauche.

Arrivée de la colonie en foule. Le ban, l'arrière-ban, tout vient. Départ de vingt-trois Abénaquis pour aller faire coup.

Lettre du marquis de Vaudreuil ; suite des dépêches captieuses, piège tendu, maladroitement à la vérité, car on est averti et sur ses gardes.

Ononthio dit : " Cette victoire, il faut en profiter. Je " vous envoie toutes les forces. Occasion presque sûre " de faire quitter aux ennemis leur position au fond du " lac Saint-Sacrement, d'enrichir la colonie de leur artil- " lerie, berges, munitions de guerre et de bouche, etc... "

Quels moyens donne Ononthio pour chasser de leur position douze à quatorze mille hommes qui s'y retranchent et qui ont pour deux ou trois mois de munitions de toutes espèces ? Une armée sans doute supérieure en nombre, bien munie de vivres, d'artillerie, de moyens de faire des portages, en état de tenir long-temps la campagne.

Non : ni vivres, ni moyens de faire de portage.

ETAT DE L'ARMÉE DE CARILLON LE 13 JUILLET

Bataillons françois....................,........	3,528
Troupes de la marine et milices.........	2,671
Sauvages...................	470
Total.................	6,669

NOTA. — Cet état est pris d'après le tableau signé par le commissaire pour le prêt de ce jour. L'on sait que, pour cette distribution, plusieurs augmentent plutôt le nombre qu'ils ne le diminuent ; et, en matière de friponneries, ce qui est petit en Europe se fait grandement ici.

Des Canadiens et des sauvages dont on redemande les premiers au 15 août pour les récoltes, et dont on sait que les seconds ne sont jamais restés après avoir fait coup.

Mais on donne un bon moyen pour parvenir à l'objet présenté. Le voici pour l'instruction des gens de guerre : d'envoyer pendant une quinzaine de jours de gros partis sur la communication, pour interrompre des convois de vivres qui ne se font pas ; les seuls convois qui se font au fort Edouard, au fond du lac, sont presque tous en vin, liqueurs et rafraîchissements que les vivandiers des différents corps font venir à l'armée pour leur compte.

Quel est donc le but des lettres du marquis de Vaudreuil ? et pourquoi, manquant de vivres, s'obstine-t-il à envoyer après coup, cette foule' de passagers qui ne sauroient plus servir qu'à occasionner une affreuse consommation ? Afin de pouvoir écrire à la cour : " Le marquis de Montcalm avoit battu les ennemis ; ils s'étoient retirés au fond du lac Saint-Sacrement consternés et en désordre ; sur-le-champ, je lui ai envoyé toutes les forces de la colonie, afin qu'il les chassât de leur position et qu'il tirât parti de sa victoire. Il le pouvoit ; il ne l'a pas fait ".

Voilà le but ; telle est la botte secrète de cette année ; celle de l'année précédente étoit de dire : " Il pouvoit prendre le fort Edouard ; je lui en avois donné les moyens ; il ne l'a pas voulu ".

Du 14 au 24 juillet 1758. — La défensive de Carillon et le projet des ouvrages extérieurs à y faire, a été arrêté. On va s'occuper le reste de la campagne à y travailler. Les ouvrages ont été tracés par les sieurs de Pontleroy et Desandrouins. On tâchera aussi de finir le fort. Le sieur X..., sous le prétexte de rétablir une santé délabrée, part le 15 pour Québec. Quelques gens pensent que c'est un quinze-vingts qui n'a pas pu rester avec des gens qui voient clair.

Il se proposoit de tracer une méridienne à Carillon ; car cet homme, grand ingénieur parmi les astronomes, n'est plus qu'astronome parmi les ingénieurs.

Nota. — J'ai entre les mains une lettre de M. Duhamel, grand physicien. et l'homme de l'Académie des sciences le plus habile pour la culture des arbres et des terres, lequel m'éerit que M. X... est un fort bon ingénieur.

Conseils sur conseils avec les sauvages. Maringouins plus incommodes mille fois que les véritables qui le sont horriblement. Guerre cruelle de leur part aux moutons, poules, vin, et à tout ce qui en a l'air.

M. de Courtemanche part enfin le 16, avec un détachement de près de six cents hommes dont plus de quatre cents sauvages iroquois, abénaquis, outaouais. Il prend sa route par le fond de la baie, pour se porter sur la communication et commencer par là l'exécution des grands projets du marquis de Vaudreuil. Il vient tomber, sans le savoir, sur un fort que les Anglois ont construit cette année, à moitié chemin du fort Edouard au lac Saint-Sacrement. Ils y ont un amas considérable de vivres, et leur projet paroît être d'y faire le reste de la campagne sans songer à y rebâtir un fort. Sept cents hommes gardent le fort d'Halfway's Brook. Il n'y passe plus que des convois de rhum et autres liqueurs. Johnson est reparti avec tous les sauvages ; un corps de trois mille hommes et cinq pièces de six livres de balles l'ont suivi vers la rivière des Agniers. Peut-être craignent-ils qu'on ne veuille reprendre aujourd'hui la secrète expédition de Corlar ; peut-être aussi, nous présenteront-ils ici toute la campagne, une démonstration d'offensive, afin de nous forcer d'y rester en force, et, pendant ce temps, le corps qui file vers la rivière des Agniers, fera sans obstacles, les dispositions pour le rétablissement de Chouaguen. Le général Abercromby est toujours à l'armée. Reviendra-t-il nous attaquer ? Attendra-t-il pour s'y déterminer, la décision du siège de Louisbourg et le temps de nos récoltes, pour lesquelles il sait bien que nous sommes obligés de renvoyer les Canadiens ? A tout événement ; nous nous préparons à le recevoir autant bien qu'une position fort mauvaise, sans une marine supérieure, peut nous le permettre.

Les Anglois nous donnent des lumières et des excuples dont nous ne savons ou nous ne voulons pas profiter. Les lacs et les rivières sont les seuls débouchés, les seules routes ouvertes dans ce pays. Aussi l'Angleterre commençoit-elle à avoir une véritable marine sur le lac Ontario, et si nous lui en eussions laissé quelques mois de plus, cette marine nous chassoit des pays d'En-Haut. Comment nous eut-il été possible d'empêcher la prise de Niagara, qui en est la clef ?

Carillon est une mauvaise place : Saint-Frédéric, Saint-Jean, Chambly ne méritent pas même les noms de mauvais forts. Voilà cependant les seules barrières qui ferment à l'ennemi la route de Montréal et des Trois-Rivières. Si nous voulons éviter la perte de la colonie qui, cette fois encore, n'a été sauvée que par un miracle (et il en faudra toujours un pour la sauver, dans l'état où elle est, toutes les fois qu'elle sera attaquée), le seul moyen est de nous assurer la possession du lac Champlain et de la rivière de Saint-Frédéric par une forte marine ; j'entends des chebecs et des demi-galères, des bateaux pareils à celui de M. Jacquot, des officiers et des équipages expérimentés. Alors tout portage de berges devient inutile aux Anglois ; elles sont écrasées aussitôt qu'elles paroissent. Il faut alors qu'à l'abri d'un fort construit dans quelque partie du fond de la baie, ils forment une marine de l'espèce de la nôtre. Mais comment soutiendront-ils ce fort éloigné de leurs autres places ? D'ailleurs, il est facile d'empêcher un établissement nouveau aussi à portée de nous. *Principiis obsta ;* c'est pour cela que nous avons assez de force et non pour conquérir.

NOTA. — Voilà ce que le marquis de Montcalm écrit depuis le premier juillet, par presque tous les courriers, au marquis de Vaudreuil. Il lui en avoit déjà souvent parlé ; mais, comme le danger n'étoit pas aussi urgent, on ne pouvoit espérer que ces raisonnements clairs, et qui n'avoient que la démonstration de la raison, pussent alors l'affecter beaucoup.

Les vingt-trois Abénaquis reviennent avec quelques chevelures faites entre Orange et le fort Edouard. Le sieur Outlas, cadet de la colonie, est envoyé à la découverte au fond du lac Saint-Sacrement ; il s'en tient à cinq lieues, en revient et dit : " J'ai découvert ". Voilà comme se font ici les découvertes par la plupart de ces Messieurs.

Le 18, M. de Rigaud va s'établir à la Chute avec une partie des Canadiens et troupes de la marine. Le chevalier de La Corne occupe le 19, avec presque tout le reste, le camp du Portage. Le sieur de Saint-Luc étoit arrivé le 16 avec les Népissings, Algonquins, Iroquois du lac, et il avoit fallu tenir conseil.

Tous ces sauvages sont désespérés de ne s'être point trouvés à l'affaire du 8. Quand une idée les occupe, elle les occupe longtemps et fortement ; ils la creusent ; ils y viennent ; ils jonglent. Voilà une grande victoire remportée sans eux.

On pensera peut-être qu'on est en état de se passer d'eux ; et de ce qu'on peut le croire, ils en concluent qu'on le croit, et ils en prennent de l'humeur. Les interprètes les aigrissent encore et les exhortent toujours à s'en retourner.

Le marquis de Montcalm avoit solennellement couvert l'Iroquois tué, et consolé les blessés, par des équipements. Il leur propose de rester et est refusé. Le gosier est bouché, les oreilles fermées, la vue trouble. Beaucoup de répétitions et de phrases inutiles de part et d'autre. . Ils s'expliquent enfin et se plaignent de ce qu'on ne les a pas reçus comme à l'ordinaire, qu'il semble que la victoire remportée sans eux ait enorgueilli les François, qu'on croit pouvoir se passer d'eux, etc., etc. Voilà ce qu'ils ont cru voir. Il a été facile de leur rendre la bonne humeur; tout s'est accommodé; ils sont convenus de rester presque tous. Une centaine sont partis le 24, pour retourner à Montréal, avec promesse de revenir et d'arranger la marche de leurs guerriers, de façon qu'il y en auroit toujours à l'armée un certain nombre jusqu'à la fin de la campagne. Tel devroit être l'objet du marquis de Vaudreuil, qu'une armée ne fut jamais sans sauvages, au lieu de les envoyer tous ensemble. Fussent-ils mille à un détachement de guerre, pour quatre chevelures faites, ils retournent tous à la cabane.

Le 24.—Les sieurs Schuyler et Martin, qui avoient eu permission d'aller sur leur parole dans leur pays, sont renvoyés par le général Abercromby, sous l'escorte d'un lieutenant de grenadiers écossois et trente hommes. Proposition de la part du général anglois au marquis de Montcalm, d'établir un cartel pour l'échange des prisonniers faits de part et d'autre. Le marquis de Montcalm renvoie l'affaire au marquis de Vaudreuil, en lui faisant observer que, comme les prisonniers françois faits dans ce continent avant la prise du fort Guillaume-

Henry, doivent être libres aux termes de cette capitulation, jusqu'à ce que les deux cours ayant prononcé sur
cette validité; le cartel ne doit avoir lieu que pour les
prisonniers françois faits depuis.

Le parlementaire anglois renvoyé à leur armée et les
sieurs Schuyler et Martin à Montréal.   Il a fallu les
dérober à la vue des sauvages ; aucune précaution n'eut
pu contenir leurs jeunes gens.

Nota. — L'officier anglois a redemandé un portrait
de Mᵐᵉ de Bever, laissé sur le champ de bataille, son
mari, colonel, ayant été tué.   Il étoit entre les mains
du sieur d'Aubrespy, capitaine dans Béarn, qui le lui a
rendu aussitôt.   M. Rigaud de Vaudreuil, gouverneur
de Montréal, frère du gouverneur du Canada, né et
baptisé ainsi que lui dans cette colonie, lui conseilla de
vendre le portrait fort cher.   On ne sera pas embarrassé
en France de la réponse que lui aura faite un homme
de condition, officier et François.

M. de Saint-Luc parti le 24, avec un détachement de
près de quatre cents sauvages et deux cents François,
c'est-à-dire Canadiens.   Il passa aussi par le fond de la
baie.   Tout avoit été disposé pour que le détachement
se mit en marche dès le 22.   Des parties de crosse
entre les Iroquois et les Abénaquis ont retardé le départ.
Il y avoit d'enjeu pour mille écus de colliers et porce-
laines.   Ce jeu se joue avec une balle et des bâtons
recourbés en forme de crosse, la balle se place entre les
deux partis ; chacun d'eux a un but ; et l'objet est de
mener la balle à son but, en empêchant que les antagonistes ne la mènent au leur.

Le 25 juillet 1758. — Nouvelles dépêches du marquis de Vaudreuil. Il compte toujours que les détachements, les convois coupés, les cris des sauvages, les marches canadiennes, le souvenir de leur défaite, la peur, la confusion feront abandonner aux Anglois leur position au fond du lac ; qu'ils laisseront même pour se retirer plus vite, et parce que la colonie en a besoin, vivres, berges, pontons, canons, mortiers, boulets, bombes, train d'artillerie de ses campagnes, etc. Le marquis de Vaudreuil est si assuré que cela doit être, qu'il me mande qu'il a différé le départ de la frégate qui doit porter la nouvelle de la victoire du 8, afin qu'elle porte en même temps celle de la poursuite des ennemis ; il m'assure que cela fera au Roi un grand plaisir.

Je ne sais à qui pensoit La Fontaine, quand il fit la fable du pot-au-lait. Que n'est-il ici ? Quel pot-au-lait de fer ! Quelle tête !

Desandrouins a trouvé au-dessus du camp Brûlé un grand nombre de cadavres, sur des civières. Ce sont sans doute des blessés que les ennemis ont abandonnés dans leur retraite.

RÉFLEXION GÉNÉRALE

On seroit souvent obligé de s'interrompre pour avertir que ce qui n'est pas vraisemblable est souvent vrai, et c'est presque toujours dans ce pays.

Le 26 juillet 1758. — Départ de M. Mercier pour Montréal. Il y a sans doute des affaires. Tel est le train de la colonie : les sauvages viennent faire coup et s'en retournent ; les miliciens font de même ; les officiers des troupes de la marine aussi. D'ici à quinze jours ils

viendront tous demander à partir, sous le prétexte de
mauvaise santé, d'affaires, de traites, de négoce, de lettres
de change ; ils auront fait trois semaines ou un mois de
campagne. En vérité, cela est fort long.

Le 27 juillet 1758. —

ÉTAT DES RÉGIMENTS DE TROUPES DE LA VIEILLE-
ANGLETERRE QUI ÉTOIENT DANS L'AMÉRIQUE,
LE 1er JANVIER 1758, D'APRÈS UN ALMA-
NACH IMPRIMÉ A NEW-YORK

Deuxième bataillon du régiment de Royal-Ecossois,
colonel Jacques Saint-Clair, lieutenant général.

XVIme régiment, colonel Handacide (?).

XVIIme régiment, colonel Jean Forbes.

XXIIme régiment, colonel Edouard Witmore.

XXVIIme régiment, colonel le général Blackuey.

XXVIIIme régiment, colonel Philippe Bragg, lieutenant
général.

XXXVme régiment, colonel Thomas Otway, lieutenant
général.

XLme régiment, colonel Périgrine Thomas Hopson.

XLIIme régiment, colonel Jean Lord Murray, général
major.

XLIIIme régiment, colonel Jacques Kennedy.

XLIVme régiment, colonel Jacques Abercromby,
général major.

XLVme régiment, colonel Hugh Warburton, général
major.

XLVIme régiment, colonel Thomas Murray, général
major.

XLVIIme régiment, colonel Peregrine Lascelles, général major.

XLVIIIme régiment, colonel Daniel Webb.

LVme régiment, colonel milord Howe, brigadier général, tué ; lieutenant-colonel Jacob Donaldson.

LXIIme ou Royal-Américain, colonel Jacques Abercromby, à quatre bataillons de mille hommes au complet, quatre colonels commandants, savoir : Jean Stanwix, brigadier général, Jacques Prévost ; le deuxième et le quatrième vaquent ; quatre lieutenants-colonels, Henry Bocquet, Frédéric Haldimand, Jean Young, le chevalier de Saint-Clair.

Un régiment de Montagnards nouvellement levé, de deux bataillons, lieutenants - colonels commandants, Archibald Montgomery, Simon Fraser.

Total. — Bataillons : vingt ; lesquels au complet font vingt mille hommes.

Quatre compagnies indépendantes ou étrangères à la Nouvelle-York..., quatre cents.

Trois à la Caroline.

Une aux Bermudes.

Une aux îles de Bahama.

Deux compagnies de Royale-Artillerie, colonel commandant Guillaume Bedford.

Il est encore arrivé des troupes de la Vieille-Angleterre pour le siège de Louisbourg. Quelle qu'en soit l'issue, leur fera-t-on repasser la mer ? Ou les laissera-t-on dans ce continent ?

27

Les seules provinces les plus septentrionales ont cette année fourni vingt mille hommes de milices. Quelles forces en comparaison de notre faiblesse ? D'ailleurs ces provinces sont abondantes en vivres et provisions de toutes espèces. Qu'il arrive une tête à ce grand corps, que devient le Canada ?

FORCES FRANÇOISES DANS L'AMÉRIQUE SEPTENTRIONALE.

Douze bataillons au complet feroient six mille trois cents hommes. Ils n'ont jamais été au complet.

Troupes de la marine, environ trois mille neuf cents;
Compagnie d'artillerie cent vingt hommes.

Milices : cette année ou après la retraite des ennemis, le marquis de Vaudreuil a fait marcher ici le ban et l'arrière-ban, il n'ÿ est arrivé que deux mille cent huit miliciens ; sur quoi, quatre bataillons à Louisbourg ne peuvent être d'aucun secours dans cette place ; tous les postes d'En-Haut sont à garnir. Donc à pouvoir mettre en campagne restent... *

Départ de M. Bellot, capitaine au régiment de Guyenne, pour aller chercher à Québec nos recrues ; il y porte nos dépêches pour France.

Le 28 juillet 1758. — Rien de nouveau ; beaucoup de terreurs paniques dans les camps avancés. En 1756, où les mêmes troupes occupoient les mêmes postes, on fut obligé d'y établir un détachement de nos bataillons, qu'on relevoit tous les quatre jours pour mettre fin aux fausses alarmes.

---

* Un blanc dans le manuscrit.

Le 29 juillet 1758. — Certaines gens parlent beaucoup de retourner sur la natte. Jamais encore, avant 1755, on n'avoit fait la guerre en Canada ; jamais on n'avoit campé. Partir de Montréal avec un détachement, s'en aller à travers les bois, faire quelques chevelures, revenir à toutes jambes quand on avoit frappé, voilà ce qu'on appeloit guerre, campagne, succès, victoire. On assembla en... un corps de... * et l'objet de cette armée étoit de détruire les Renards, c'est la première et seule campagne du marquis de Vaudreuil ; c'est où il s'est formé dans l'art difficile de Mars. Le succès fut brillant et instructif.

La guerre de Chicachas, pour laquelle des détachements, partis de Montréal, du Détroit, des Illinois, de la Nouvelle-Orléans, se réunirent sur le Mississipi, qui a coûté plus de deux millions au Roi et duré un an, se termina à un chemin commencé pour conduire de l'artillerie devant les villages entourés de palissades, à deux ou trois prisonniers et quelques colliers. Maintenant, la guerre s'établit ici sur le pied Européen, des projets de campagne, des armées, de l'artillerie, des sièges, des batailles. Il ne s'agit pas de faire coup, mais de conquérir ou d'être conquis. Etre conquis ! Quelle révolution ! Quel changement ! On croiroit que les gens de ce pays, étonnés de la nouveauté de ces objets, demanderoient quelque temps pour y accoutumer leurs yeux, quelque temps ensuite pour réfléchir sur ce qu'ils avoient vu, quelque temps encore pour effacer leurs premières idées, devenues idées fausses, dangereuses, préjugés de

* Un blanc dans le manuscrit.

l'enfance, enfin beaucoup de temps pour apprendre des principes, tirer des conjectures, se mettre à l'école de l'expérience. Au contraire, bourgeois, financiers, marchauds, officiers, évêques, curés, jésuites, tout celà projette, disserte, parle, déparle, prononce sur la guerre. Tout est Turenne ou Villars. Grand malheur pour ce pays ; il périra victime de ses préjugés, de la confiance aveugle, de la stupidité, ou de la friponnerie de ses chefs. Cet oracle est plus sûr que celui de Chalcas.

Le 30 juillet 1758. — Départ de quatre bateaux pour Montréal.

M. de Saint-Luc revient, ayant frappé le 28, à midi. Sa troupe embusquée entre le fort Edouard et Halfway's Brook, a détruit un convoi de quarante ou cinquante charriots escortés par un enseigne de Blackney et cinquante hommes. Plusieurs femmes, enfants, marchands, faisoient route en même temps. Tout a été pris ou tué. Nous avons eu un Iroquois tué et deux blessés. Toujours les Iroquois perdent quelqu'un ; c'est que, de tous les sauvages, ils sont les plus braves. Sarégoa leur chef de guerre, est celui qui a conduit l'entreprise. Lorsque, dans un détachement, les sauvages sont les plus nombreux, ils donnent la loi et décident sans appel. Bonheur quand celui d'entre eux qui est le plus accrédité a une bonne tête ; et celle de Sarégoa est très bien organisée.

Les dépositions des prisonniers sont à peu près les mêmes que celles du 21 : les ennemis, au nombre de dix ou douze mille hommes, retranchés au fond du lac Saint-Sacrement occupent par des détachements les îles voisines. Il est incertain s'ils veulent y rebâtir un fort ou y tenir simplement la campagne ; si leur projet est de venir encore nous attaquer, ou la défensive. Suivant les dernières nouvelles qu'ils ont reçues de Louisbourg, la place se défendoit toujours.

Sauvages saoûls dans les camps ; grande brocanterie pour leur acheter le pillage qu'ils ont fait ; le vin est la monnaie qui facilite les marchés ; peu de gens ici scrupuleux sur cet article.

Le 31 juillet 1758. — Arrivée d'un courrier de Montréal. Lettres du marquis de Vaudreuil à l'ordinaire, c'est-à-dire, vagues, ridicules ou captieuses, ne répondant point aux raisonnements, aux faits, à la démonstration.

Nouvelles de la Belle-Rivière ; tout y étoit tranquille.

On dit à Montréal qu'il y avoit ici, le jour de l'affaire, dix-huit cents Canadiens ou soldats de la marine et que maintenant nous sommes ici douze mille hommes ; il faut expliquer comment cela peut se dire ou se prouver.

Premièrement, on commande un certain nombre d'habitants de la meilleure espèce, pour aller à la guerre ; on les inscrit sur les rôles ; on les équipe en conséquence. Les voilà prêts à partir ; alors on leur offre le choix, ou de s'engager à un très bas prix pour aller à la mer d'Ouest, à la baie, etc... ou de " marcher au feu " : c'est le terme dont on se sert ici et qu'on trouve fort expressif. Leur choix n'est ni long, ni douteux. Ils s'engagent pour les postes et l'on dit qu'ils sont à la guerre, les rôles en font foi.

Deuxièmement, le munitionnaire a besoin de monde et même en grande quantité pour ses transports. Au lieu d'avoir évalué le nombre nécessaire, de l'avoir tiré

de la totalité des milices et engagé pour toute la campagne, on commande des miliciens pour la guerre ; on
les met sur les rôles de l'armée ; ensuite on les
exempte d'y aller, à condition qu'ils feront gratis deux
ou trois voyages pour le munitionnaire. De là s'ensuit
que l'armée paroît nombreuse et qu'il n'y marche réellement que la plus mauvaise espèce d'hommes et que les
paroisses sont foulées.

Tantum potuit suadere malorum auri sacra fames.

Si les gens en place tolèrent de pareils abus, décisifs
pour la perte de la colonie, il faut qu'ils leur soient pro-
fitables ; s'ils les ignorent, pourquoi sont-ils en place ?

ÉTAT DES SOLDATS DE LA COLONIE ET MILICIENS QUI
ÉTOIENT A CARILLON LE 8 JUILLET A MIDI

Arrivés le 1ᵉʳ juillet................................. 110
" avec M. de Raymond, capitaine de la
colonie, le 3................................ 118
" avec MM. de la Naudière, de Saint-Ours,
et de Gaspé, capitaines, le 5.......... 180
" avec M. de Gannes, capitaine, le 6...... 183

Total............ 591

Sur quoi, il faut défalquer environ cent quarante
hommes, malades, détachés pour ramener des bateaux à
Saint-Jean, tués ou pris au combat du 6. Restent
quatre cents cinquante et un soldats de la colonie ou
Canadiens, lorsque l'affaire du 8 a commencé.

Le 8, à quatre heures du soir, est arrivé M. Duplessis
avec quatre-vingt-cinq hommes, Boisvert, commis du

munitionnaire, avec cent soixante-huit ; une grande partie s'est portée sur le champ de bataille. Il y a bien loin de ce nombre à celui de dix-huit cents.

ÉTAT DES MILICES ET TROUPES DE TERRE DE LA COLONIE LE 31 JUILLET 1758

Troupes de terre......................................	3,528
Soldats de la marine....................................	1,112
Miliciens..	2,108
	6,748
Sauvages, environ.....................................	300

Conseil avec les sauvages, cérémonie pour couvrir l'Iroquois tué. Ils demandent de retourner à Montréal et promettent de revenir. Cependant ils laissent un certain nombre d'entre eux.

Le 1ᵉʳ août 1758. — Départ d'environ cent cinquante sauvages ; il reste encore ici quinze Iroquois du Sault et sept du lac, quelques Algonquins et Népissings, quelques Abénaquis, six Hurons, et tous les Outaouais, en tout environ cent cinquante sauvages.

Arrivée de trente ou quarante Mississagués.

Découverte faite sur le lac Saint-Sacrement par M. le chevalier de Lévis jusqu'à l'île à la Barque ; détachement marche en même temps par terre.

Courrier envoyé à Montréal. Arrivée d'un déserteur ; les nouvelles qu'il a données de l'ennemi sont les mêmes que ci-dessus.

Le 2. — On trouvera singulier qu'aujourd'hui que l'impossibilité d'entreprendre une campagne et le siège du fort Edouard est bien démontrée, on continue d'amener toujours ici les trains d'artillerie et autres munitions, de faire les charrettes à bras, roues et outils nécessaires pour le portage en cas de siège ; on ne sera plus surpris quand on en saura la raison.

Le sieur Mercier et compagnie a l'entreprise des transports d'artillerie et d'autres portages relatifs aux expéditions de guerre, des fournitures d'outils, charrettes, rouages, etc., cela dit tout.

On objectera qu'il est toujours avantageux de disposer ici les préparatifs d'un siège, que, si on n'en fait pas un cette année, ils serviront la campagne prochaine.

L'objection seroit sensée dans l'autre monde ; elle ne l'est pas dans celui-ci. A la fin de la campagne, on ramènera à Montréal, et même à Québec, les équipages et munitions d'artillerie qui seront à peine arrivés ici. Les charrettes, outils seront brûlés pendant l'hiver, parce que personne n'en prendra soin. Nouveaux transports, nouvelles fournitures à faire la campagne prochaine.

Nota. — En 1757, M. Mercier a payé aux ouvriers pour quatre-vingt-dix-huit mille livres d'outils sans leur retenir les quatre deniers, preuve qu'il les payoit pour son compte. L'intendant lui a passé trente-six pour cent de profit.

Toutes les haches étoient de fer brut sans acier ; aussi toutes plient comme des oublies aux premiers coups. La colonie a failli périr par la mauvaise qualité des haches. Que fussions-nous devenus sans notre abattis ? C'étoit M. Mercier qui en étoit l'entrepre-

neur, qui les recevoit.   Remarquez comme ici tout est
dirigé.   *Ad majus lucrum.*

En général tout est ici donné à l'entreprise, et voilà
pourquoi toutes les fournitures sont détestables et les
dépenses énormes.   Le Roi n'a rien de la première main ;
les chefs, les protégés, les protégés des protégés, tout
cela doit gagner sur le prix que coûte chaque chose à
l'Etat.   Les sauvages et soldats se plaignent de la
mauvaise qualité des vivres ; les vivres sont à l'entreprise, etc.   C'est le seul pays où le gouvernement
autorise le munitionnaire à en fournir de mauvais.   Les
peaux de chevreuils, les souliers tannés, le tabac sont à
l'entreprise.   Les capotes, brayets, mitasses sont d'une
mauvaise étoffe, trop courts, trop étroits ; aussi sont-ils
à l'entreprise.   Les haches, pelles, pioches sont à l'entreprise.   Ce n'est pas tout encore : ces entrepreneurs
se servent des ouvriers du Roi, et leur payement
passe sur le compte des articles que le Roi doit payer ;
on ne fait qu'allonger les chapitres.

Par le marché du Roi avec le munitionnaire, il s'est
obligé à lui fournir tout ce qui est nécessaire à l'exploi-
tation de la denrée.   Si un particulier eût fait avec qui
que ce soit un marché pareil à celui-là, la justice civile
l'eût sur-le-champ interdit.   C'est à la justice crimi-
nelle à jouer ici son rôle.

Quand une troupe n'est plus sous un fort, qu'elle se
campe ou marche, alors ce n'est plus le munitionnaire
qui fournit les rations ; c'est au Roi à nourrir.   Comme
le munitionnaire a seul les denrées, il vend au Roi, le
prix qu'il veut, et les transports se donnent à l'entre-

prise.   Les camps de la Chute et du Portage sont dans ce cas.

Dans un fort que l'on construit, il faut des chevaux pour charrier.   Il seroit tout simple que le Roi en eût à lui qu'il nourriroit, que des gens payés par lui soigne-roient.   Ce n'est pas cela.   La fourniture des chevaux se donne à l'entreprise.   Le privilégié a des chevaux à lui que le Roi paye au voyage.   Quelques particuliers en ont aussi ; le privilégié les prend, les paye aux parti-culiers sept livres dix sols par journée, prix fixé par l'intendant, se les fait payer par le Roi au voyage, et par cet arrangement, chacun de ces chevaux gague par jour de vingt-deux à vingt-quatre livres.

Nota. — 1⁰ On a fait payer par le Roi, comme char-pentiers ou autres ouvriers, les charretiers du sieur X..., depuis le commencement des ouvrages jusqu'au 1$^{er.}$ juillet.   On a présenté le certificat à M. de Pontleroy, qui a refusé de le signer ; il en a même écrit à Monsieur l'intendant pour lui demander ses ordres à cet égard.

Dix-sept chevaux, du 10 au 31, ont gagné à Carillon six mille sept cent quarante-huit livres, suivant les cer-tificats signés et payés.   Ils gagnent à peu près autant l'hiver comme l'été.   Donc dépense pour le Roi de cent vingt mille livres par an.

2⁰ J'ai dit : par cet arrangement.   Je m'explique ; le commis de M. X... avoit ordre de faire les certifi-cats de plus de voyages que les charretiers n'en faisoient réellement, en sorte que chaque cheval gagne au moins vingt livres par jour ; et c'étoit M. X... qui signoit les certificats.   Maintenant qu'il est parti, il a fallu révéler à M. de Pontleroy ce mystère d'iniquité et les preuves qu'on en a sont authentiques, et par écrit.

De plus, le Roi paye tous les voyages que les chevaux font pour le munitionnaire, et ils ont encore le temps d'en faire beaucoup. Quels chevaux ! ceux de Castor et Pollux n'étoient auprès d'eux que des rosses.

M. X... et compagnie a, de cette sorte, le privilège des chevaux pour les ouvrages de Carillon ; or c'est lui qui y fait la monnaie et qui paye les différentes dépenses en sa qualité d'ingénieur.

Il est donc bien vrai de dire que le pays périra après avoir ruiné la France par monstrueux abus des privilèges excessifs.

Départ d'un courrier pour Montréal.

Le 3 août 1758. — Conseil avec les Mississagués. Arrivée d'une vingtaine d'Abénaquis de Panaouské. Conseil avec eux. Courrier de Montréal, nous a donné des nouvelles de Louisbourg ; la tranchée n'étoit pas ouverte le 28 juin.

Le 4 août 1758. — Départ de M. Marin pour le fond de la baie, avec un parti de deux cent dix-neuf sauvages et deux cent vingt-cinq Canadiens. On a pris des vivres et des équipements pour ce nombre d'hommes ; plusieurs les vendent après l'avoir reçu, et reviennent en demander d'autres. Il n'y a ni compte, ni rôle, car des quatre cent quarante-quatre hommes équipés sous le prétexte de ce parti, il n'y en a peut-être pas trois cents qui marchent. Quiconque prouvera qu'il est possible de remédier à cet abus, prouvera qu'il n'est jamais venu dans ce pays.

Le 5 août 1758. — Titus disoit qu'il avoit perdu sa journée, quand il l'avoit passée sans accorder un bienfait. Un Européen a ici bien employé la sienne, quand il la passe sans apprendre une concussion ou friponnerie nouvelle.

Lorsque les troupes ont marché vers cette frontière, on a commandé les habitants voisins du portage de Chambly, pour qu'ils y amenassent leurs charrettes. Le munitionnaire a fait payer, à ceux qui n'avoient pas apporté leurs vivres avec eux, la ration une livre dix sols. "Eh quoi! disoit l'habitant, ce même munitionnaire ne nous a donné tout l'hiver que dix sols par jour pour la nourriture du soldat, et il nous retient une livre dix sols pour cette même ration". L'ordre du marquis de Vaudreuil y étoit précis.

Quand les Canadiens sont à l'armée, ils souffrent la même diminution dans la ration que le reste des troupes. Mais le munitionnaire ne leur fait pas le décompte de l'économie ; elle tourne entièrement à son profit. C'est dans cette colonie que Juvénal s'écrieroit : *Difficile est satyram non scribere : nam quis iniquæ tam patiens gentis tam ferrens, ut teneat se.*

Rien de nouveau à l'armée.

Le 6 août 1758. — Courrier de Montréal. Lettres de M. le marquis de Vaudreuil par lesquelles il m'avertit que la colonie doit son salut aux sauvages, que ces nations exigent beaucoup de douceur et de complaisance, qu'elles se sont plaintes en plein conseil de ce que je les avois traitées rudement et avoient déclaré qu'elles ne retourneroient plus en guerre de ce côté tant que j'y commanderois.

Voilà donc un grief qu'on peut former contre moi ; dans tout le reste, je crois que ma conduite est irréprochable. Les faits parlent, et ce qu'ils disent est plus clair que le jour. Cet objet inique enveloppé de ténèbres épaisses est l'objet qui présente matière à reproches. Il en est des sauvages et des interprètes comme des oracles du paganisme, auxquels leurs prêtres faisoient dire ce qu'ils jugeoient à propos, ce qui étoit favorable à leurs intérêts, à leurs vues, ou conforme aux désirs de ceux qui les payoient ou qu'ils vouloient flatter.

On a dit à quelques sauvages du Sault-Saint-Louis, de se plaindre du général françois. Ils s'en sont plaints, ou du moins l'interprète a dans le conseil, rendu des paroles de plaintes. Cependant ces sauvages si mécontents ont fait, chose inouïe dans cette saison, deux partis de guerre considérables, de suite et sans retourner à la cabane, et un certain nombre d'eux marchent encore à un troisième détachement avec M. Marin. Les faits sont de toute langue ; mais leur langage ne s'entend pas ; on le suppose tel qu'on le veut.

Aujourd'hui dimanche, relâche aux travaux. Quelques sauvages du parti de M. Marin sont revenus, se disant incommodés.

Du 7 au 12 août 1758. — J'ai envoyé M. de Bougainville à M. le marquis de Vaudreuil, avec ordre d'étouffer, s'il étoit possible, ce levain de discorde qui fermentoit et qui peut-être auroit nui au bien du service. Ainsi, je fais encore les avances ; l'intérêt public est la règle de mes démarches, et j'ai sans cesse dans l'esprit ce mot de Thémistocle : Frappe, mais écoute. Il paroît

que le marquis de Vaudreuil a plutôt suivi dans toutes
ces tracasseries les impressions de subalternes intéressés
à brouiller, que ses propres idées : ce qui est cependant
de lui dans cette affaire, c'est l'amour-propre et une
jalousie de rivalité, fondement sur lequel bâtissent les
brouillons. Les apparences sont que le voyage de M. de
Bougainville n'a pas été infructueux; je souhaite que
les faits y répondent.

JOURNAL

DU

13 AOUT 1758 AU 17 MARS 1759

———

M. Péan est parti pour Québec, d'où il doit passer en France, sur la flûte du capitaine Canon, qui est prête à mettre à la voile. Il portera la nouvelle de notre victoire. Il ne manquera à son récit que de pouvoir dire : j'ai vu. Le prétexte de ce voyage est une douleur de rhumatisme dans le bras, qui demande le secours des eaux. Le motif véritable est la nécessité de prévenir et tâter un ministre nouveau et qui peut encore changer. Pour que le marquis de Vaudreuil ne reste pas seul, le sieur Mercier vient tenir auprès de lui la place qu'occupoit Péan. Il faut bien que M. l'intendant ait toujours un résident auprès de la personne du gouverneur général.

M. Martel, ancien garde-magasin de Montréal, membre de la Grande-Société, passe en France avec lui ; il va voir comment il y placera les sommes immenses exprimées par cette terre malheureuse.

Le munitionnaire a prêté sept hommes à M. de Bougainville pour le ramener de Saint-Jean à Carillon ;

ils lui ont dit qu'ils avoient été commandés pour la
guerre, choisis ensuite sur toutes les levées, livrés
ensuite au munitionnaire pour conduire ses bateaux,
qu'ils en étoient à leur cinquième ou sixième voyage et
qu'aucun d'eux n'avoit encore été payé. Le munitionnaire prétend que cette friponnerie vient de ses commis
qui ont les charrois à l'entreprise.

Les Folles-Avoines ont envoyé prisonniers à Montréal les sept sauvages de leur nation, qui avoient cet
hiver assassiné à la Baie une famille françoise. Trois
ont été passés par les armes sur la place de la ville, et
les quatre autres doivent venir à la guerre jeter leur
corps pour expier leurs crimes. Cette soumission d'une
nation indépendante, éloignée de plus de cinq cents
lieues, fait grand honneur au nom françois.

M. Marin est revenu le 10. Il a rencontré Rogers
avec cinq cents hommes, soutenu par le major Putnam
à la tête de deux cent cinquante hommes d'un nouveau
corps, composé de gens d'élite, sous le nom d'infanterie
légère, aux ordres du sieur Gage, brigadier général. La
partie n'étoit pas égale. Nos gens se sont retirés en bon
ordre, laissant sur le champ de bataille treize hommes
tués, dont cinq sauvages, et emmenant leurs blessés au
nombre de 10. Ils ont fait cinq prisonniers dont est le
major Putnam. Une grande partie des Canadiens du
détachement de M. Marin étoit de la mauvaise espèce.
On prétend que le commandant des milices les lui
avoit donnés tels par jalousie de métier; d'ailleurs,
des affaires d'intérêt pour société de poste ont indisposé
M. de Rigaud contre son beau-frère.

Le 10 et le 12, cinq cents miliciens du gouvernement de Montréal sont partis pour retourner chez eux.
Ordre de s'arrêter à Saint-Frédéric, afin d'y faire du
bois pour la garnison.

Départ de la plus grande partie des sauvages.   Il en
reste soixante-quinze, savoir :

Iroquois ....,......	9
Abénaquis......	18
Micmacs	2
Népissings........	4
Mississagués	42
	—
	75

M. Wolff, envoyé pour porter au général anglois les
propositions du marquis de Vaudreuil au sujet de
l'échange des prisonniers, est revenu le 12, avec une
réponse de ce général qui semble indiquer qu'il n'a pas
compris le sens de ces propositions.

C'est à ce sujet que j'ai dépêché M. de Bougainville
au général anglois pour lui présenter nettement les
intentions du gouverneur général.   L'Anglois n'a rien
changé à sa réponse.   Il paroît qu'il veut retenir nos
soldats, dont il croit que nous avons besoin ; il ne parle
que d'échanger les officiers.   Il est convenu de la justice de la clause du marquis de Vaudreuil de tenir en
séquestre jusqu'à une décision des deux cours, les
Canadiens et soldats pris avant le 9 août, que nous
prétendons devoir nous être rendus par la capitulation

du fort Guillaume-Henry ; cependant cette clause sert de prétexte aux difficultés qu'il fait.

M. de Bougainville a été reçu et traité avec la plus grande politesse. Il n'y a pas apparence qu'ils veuillent rebâtir le fort Guillaume-Henry.

M. de Longueuil est revenu de son ambassade des Cinq-Nations. Il s'est arrêté à l'embouchure du lac de Chouaguen. Les sauvages l'ont averti qu'il ne pouvoit, sans courir de grands risques, s'avancer au-delà. Ils y sont venus conférer avec lui et lui ont dit qu'ils alloient envoyer des députés à Montréal. Les Anglois, au nombre de cinq ou six mille hommes, ont déjà reconstruits le fort de Bull. Ils faisoient le portage des matériaux nécessaires pour rebâtir celui qui étoit à la tête de la rivière de Chouaguen. Il paroît que les Cinq-Nations ont consenti à ce rétablissement; les Onontagués seuls s'y sont opposés. Tous ces sauvages seront enchantés de voir Chouaguen rétabli, et je pense qu'il se fera cette année. Nous n'avons en vérité rien fait de ce qui pouvoit empêcher ces sauvages de regretter ce comptoir, où la traite leur étoit avantageuse.

Le 17 août 1758. — Départ du reste des miliciens marqués pour être renvoyés. On a replié le camp du Portage sur la Chute. Il y reste un poste de deux cents hommes dans une redoute : ce poste est relevé toutes les vingt-quatre heures. Il entretient une découverte sur le lac Saint-Sacrement. L'armée est réduite à dix-neuf cent trente-trois hommes de la colonie dont six cents miliciens et deux cents malades.

Ouvriers canonniers, environ deux cent cinquante.

COMBATTANTS.		Hôpitaux à Carillon.	Hôpitaux externes.	Absents ou détachés.	Domestiques.
La Reine	370	17	23	7	13
La Sarre	436	14	15	0	9
Royal-Roussillon	460	14	12	0	12
Languedoc	418	20	23	15	9
Guyenne	393	23	32	5	0
Berry	723	77	48	0	12
Béarn	393	8	24	9	21
	3193	173	177	36	176

Total : 3,655, réduits à 3,193 combattants.

Il a paru du côté de Saint-Frédéric un parti ennemi qui a enlevé un habitant.

Le 19 août 1858. — Départ de trente Abénaquis pour aller frapper entre Orange et Sarestoga (Saratoga), et de vingt-trois Iroquois qui tournent leurs pas vers Connecticut.

Le 20 août 1758. — Il devoit partir avec M. Marin une trentaine de Mississagués. Un d'eux malade a jonglé qu'il falloit, pour le guérir, sacrifier un chien. Le chien a été acheté, mis à la chaudière ; le festin s'est fait ; un sénateur a jonglé, et le malade se meurt.

Le 21 août 1758. — Départ de M. Marin, avec une

cinquantaine d'hommes dont vingt sauvages en canot sur le lac Saint-Sacrement.

Croix plantée au pied des retranchements avec cette inscription :

> Chrétien! ce ne fut point Montcalm et sa prudence,
> Ces arbres renversés, ces héros, leurs exploits
> Qui, des Anglois confus, ont brisé l'espérance,
> C'est le bras de ton Dieu vainqueur sur cette croix.

———

> Quid dux ? Quid miles ? Quid strata ingentia ligna ?
> En signum ! En victor ! Deus hic, Deus ipse triumphat.

Le 22 et 23 août 1758. — Retour des Iroquois et Hurons du parti de M. Marin. Ils n'ont pas voulu s'avancer au delà de l'île à la Barque. On ne leur avoit parlé que d'une découverte et non de frapper. Si on les en eût avertis avant que de quitter la natte, ils eussent pris d'autres mesures. M. Marin est allé par terre, avec des Mississagués et trois François, tenter aventure au fond du lac Saint-Sacrement.

Arrivée d'un convoi de vingt bateaux.

Du 24 au 31 août 1758. — Le marquis de Montcalm envoie à la guerre le sieur de la Miletière, officier au régiment de Languedoc, adopté par les sauvages, destiné par le marquis de Vaudreuil à suivre les traces de M. de Joncaire, dont il a épousé la nièce. Avec seize Iroquois de sa cabane qui l'avoient demandé pour chef d'une course, il part, arrive à la Chute ; M. de Rigaud le retient et me fait des représentations. C'est un attentat contre les droits de la colonie ! Envoyer un officier françois avec des sauvages ! C'est Catilina qui

se déguise en femme pour entrer dans les mystères de
la bonne déesse.   Je réponds avec douceurs aux représentations, en insistant sur le départ du détachement.
On croit qu'il partira. Non, l'affaire reste indécise deux
jours, et pendant ce temps, on cabale auprès des sauvages qui disent enfin qu'ils ont changé d'idée et qu'ils
ne veulent plus partir.   C'est ainsi qu'on sert le Roi.
Arrivée d'un déserteur.   Le résultat de ses dépositions
est que, les ennemis travaillent à nettoyer la rivière au
Chicot, pour aller ensuite assiéger, dans le lac Ontario
un fort françois qui ne peut être que Frontenac ; qu'ils
ont construit et laissé à l'eau sur le lac Saint-Sacrement une barque de dix-huit canons ; qu'ils ont un
four à chaux très vaste ; que leur retranchement est
crénelé partout ; ce qui prouve que leur projet est de
faire passer l'hiver dans ce retranchement à un corps de
troupes barraquées.   Il paroît aussi que les renforts
qu'ils recevront, soit de Louisbourg, de la Belle-Rivière,
ou de Germainflex (German Flats) décideront une
nouvelle tentative de leur part sur Carillon.   Nous les
attendons de pied ferme, et nous travaillons constamment à rendre notre position meilleure.   Les soldats
sont de la meilleure volonté et désirent avec ardeur le
retour des ennemis.   Ils sont sûrs de la victoire ; c'est
un heureux présage de succès.

Retour du sieur Marin. Il est resté trois jours
embusqué autour du campement, sans trouver occasion
de faire chevelure ni prisonniers.

Départ du sieur de Sabrevoix, enseigne de la colonie,
avec un petit parti pour tenter même aventure entre le
fort Lydius et le lac Saint-Sacrement.   Deux Iroquois

qui boudent dans leur cabane sont aussi allés seuls du même côté.

Arrivée de quelques Iroquois ; les Mississagués demandent à partir et on ne peut guère le leur refuser. Il y a longtemps qu'ils sont ici.

M. de Bougainville a été, avec quarante volontaires et quelques guides sauvages, reconnoître un chemin pour aller, en débarquant à une lieue et demie de Carillon, entre ce fort et celui de Saint-Frédéric, et passant par la profondeur des terres, tomber sur le camp de Contrecœur. Ce chemin a été trouvé à onze mille cinq cent soixante-deux pas de trois pieds, de l'endroit où le détachement a débarqué, et la rivière de Bernetz à six mille deux cents pas. Ce détachement a passé presque à pied sec cette rivière. Il a laissé toujours à un quart de lieue de sa droite la chaîne de montagnes qui règne le long des lacs Saint-Sacrement et Champlain, derrière laquelle passe le chemin des Agniers.

Courrier de Montréal ; nulle nouvelle de Louisbourg ; un bâtiment espàgnol, chargé à Bordeaux, arrivé à Québec.

Le 1er septembre 1758. — Courrier de Montréal. Le détachement ennemi, parti le 12 juillet du lac Saint-Sacrement, s'est porté sur le lac Ontario et étoit à trois lieues de Frontenac, quand le courrier en étoit parti pour porter cette nouvelle à Montréal. On y est avec raison dans la plus grande inquiétude. Il n'y a que quarante hommes de garnison dans le fort qui est l'entrepôt de l'artillerie, des munitions de guerre et de bouche des pays d'En-Haut. Les barques ne sont point armées, leurs agrès ont été employés aux goélettes de M. Péan, et, si ces barques, hors d'état de gagner le large, tombent entre les mains des ennemis, qui les empêchera de s'emparer de Niagara, dont la garnison est aussi faible que celle de Frontenac. Ils en sont bien instruits. Les mêmes sauvages des Cinq-Nations, qui les ont infailliblement avertis de la faiblesse du poste et de la garnison de Frontenac, ne leur auront pas laissé ignorer qu'il n'y avoit que trente hommes à Niagara. Ces deux forts étoient leurs galeries (sic); on étoit sûr de leur fidélité. M. Duplessis, major de Montréal, âgé de quatre-vingts ans en est parti avec quinze cents hommes pour se porter de ce côté. On fait aussi des commandements du côté de Québec ; mais on ignore encore quel effet produiront ces tardifs secours. Voilà donc enfin le mal tant prévu arrivé. Les ennemis ouvrent les yeux, sentent l'avantage que doit donner aux talents même bornés, le grand nombre et l'abondance en tout genre. Qu'ils ont beau jeu contre nos misères et nos sottises ! Nous ne serions pas dans ces critiques circonstances, si après avoir pris Chouaguen, on en eût rendu la rivière innavigable et construit sur le terrain du fort Ontario, ou à la baie des Goyogouins, ou du moins à la baie de Niaouré, un poste capable de contenir cinq cents hommes, comme il fut alors plusieurs fois proposé. Si l'on eût au moins établi toute la campagne, les barques bien armées en croisière dans les parages de la rivière de Chouaguen ; si du moins Frontenac et Niagara eussent été mis en état de n'être pas enlevés d'un coup de main, vu la faiblesse du poste ou le défaut de défenseurs ; si, du moins cette campagne, après l'affaire du 8 et la retraite des ennemis, au lieu de nous envoyer ici une troupe inutile et passagère, qui n'a servi qu'à consommer sans fruit une grande quantité de vivres, on eût sur-le-champ envoyé sur les ruines de Choua-guen un corps de quinze ou dix-huit cents hommes, soutenu par des barques bien armées, lequel y fut arrivé avant les ennemis, partis seulement le 12 juillet du lac Saint-Sacrement, eût comblé le port, barré la rivière, et fini la campagne dans cette position ; alors, en cas d'attaque des ennemis, leur supériorité seule étoit pour eux, et non notre négligence, à laquelle il n'y a pas de remède, au lieu que la sagesse corrige l'infériorité des forces.   Mais toutes ces réflexions sur le passé ne sont bonnes que pour les lecteurs à venir ; il faut des res-sources, et non des élégies ou des philippiques.

Vaisseaux nouveaux à Québec ; nouvelles de France du mois de juin peu consolantes.   De Louisbourg du 25 juillet ; peuvent donner quelques lueurs d'espérance aux esprits qui se leurrent aisément.

Quelques Iroquois et Abénaquis ont fait une cheve-lure et deux prisonniers auprès du fort Number-Fourth, situé à la tête de la rivière de Connecticut, au-dessus de l'embouchure de Black-River.   Ce fort est de pièces sur pièces, à quatre canons et cent hommes de milice pour garnison.   Cependant il est moins exposé que Frontenac, puisqu'on ne peut y aller que par les bois.

Le 2 septembre 1758. — Le sieur Wolff, envoyé au camp anglois porter les dépêches du marquis de Vau-dreuil, qui refuse tout échange, à moins qu'on ne fasse celui des soldats en même temps que des officiers, es revenu le 3.

Le général Abercomby qui avoit fait beaucoup de

politesses à M. de Bougainville, lorsqu'il fut au camp
anglois, lui a dit que Louisbourg s'étoit rendu le 26
juillet. Malgré la gazette de la Nouvelle-York qu'il
lui envoie, et sa lettre qui la copie littéralement, je
crois la nouvelle fausse et publiée dans leur colonie
pour encourager les habitants et les soldats. Selon eux,
Louisbourg s'est rendu le 26, pour ainsi dire à discrétion ; et suivant des lettres que nous en avons du 24,
la place n'étoit encore battue que de deux cents toises ;
on avoit fait des coupures pour soutenir l'assaut ; toutes
les rues étoient barricadées, les maisons crénelées, et
quasi fortifiées ; tout enfin annonçoit la résolution de
vaincre ou de périr. La capitulation comprend, dit
cette gazette, les habitants de l'île et rivière Saint-Jean.
Et le P. Germain, missionnaire de cette contrée, ne
l'eût pas su le 7 août, jour auquel il m'écrit ici que
Louisbourg se défendoit bien ? D'ailleurs, si cette place
eût été prise le 26 juillet, des bâtiments ou des chaloupes, ou même des gens de pied, en eussent certainement, avant le 1er septembre, apporté la nouvelle à
Québec. Mille autres circonstances me font persister à
croire que la gazette de la Nouvelle-York est fausse et
illusoire.

M. de Sabrevoix, enseigne de la colonie, revenu le 4
d'une découverte faite par terre, avec dix ou douze
hommes, au fond du lac Saint-Sacrement, rapporte que
le camp anglois est fort diminué, qu'il lui a paru moins
nombreux que le nôtre sous Carillon, qu'il n'y a plus
que cent cinquante ou deux cents berges. D'un autre
côté, M. Wolff, qui a vu ce camp d'une lieue environ,
dans le lac, en plein jour, auquel on n'a bandé les yeux

qu'au pied du retranchement, la nuit à la vérité, mais
après avoir passé pour débarquer sur plusieurs rangs
de bateaux, soutient que toutes les apparences sont
exactement les mêmes qu'à son premier voyage à ce
camp. Il me semble qu'en supposant même que
MM. de Sabrevoix et Wolff méritassent dans des circonstances ordinaires même degré de confiance, dans
celle-ci, il en faut croire plutôt le rapport de celui des
deux, qui certainement a vu de sang-froid, parce que le
pavillon qu'il portoit le mettoit à l'abri de tout danger.
Quelques gens prétendent que le jeune Canadien n'a
dit que ce que ses supérieurs compatriotes lui ont dit
de dire, et cela pour qu'en conséquence on le rappelât
de cette partie qui n'est plus menacée, pour marcher
sans doute au secours de l'autre frontière ; c'est que,
pour y arriver, l'on passe et l'on séjourne à Montréal,
et voici le temps des affaires ; car, passé le 8 septembre,
on ne délivrera plus de lettres de change au trésor.

Nota. — On a donné un terme si court à la réception
du papier pour être converti en lettres de change.
1^0 Afin de masquer l'énormité de la dépense ; car,
depuis quatre mois, on n'a payé aucun de ceux qui
travaillent pour le Roi. 2^0 Afin que les partisans et
ceux de la Grande-Société qui sentent le danger où est
la colonie, qui craignent l'anéantissement de la monnaie
et du papier, aient plus beau jeu pour la convertir en
lettres de change, dans un temps où les affaires ne sont
pas encore faites et où les officiers, tous négociants, sont
à l'armée. Effectivement, M. de Rigaud écrit à son
frère que c'est la seule découverte qui, jusqu'à présent,
ait été bien faite ; que les ennemis ne sont plus en

force au lac Saint-Sacrement, et qu'ainsi il n'est plus
nécessaire de laisser ici celles qui y sont.

M. le marquis de Montcalm avoit demandé à
M. l'intendant que tous les ans il assignât aux troupes
françoises un fonds de quatre-vingt mille livres, en
lettres de change du premier terme.

Cette demande étoit d'autant plus juste que nos fonds
sont sur-le-champ payés en argent comptant par le
trésorier de l'extraordinaire des guerres à celui des
colonies.   M. l'intendant a refusé net.

NOTA. — Depuis que nous sommes en Canada, notre
traitement a diminué de près d'un sixième. Au lieu de
nous payer en argent comme les premières années,
depuis dix-huit mois, on nous paye en papier. On a
retranché une partie de ce qu'on donnoit aux troupes
en campagne. Cependant, tout est ici devenu d'un prix
si excessif qu'on auroit peine à en croire le détail. Je
parle des choses nécessaires à la vie. Qui voudroit
ensuite détailler les désagréments de tout genre qui
nous accablent ici, feroit une élégie dont peu de gens
sentiroient la force.

M. de Bougainville a écrit une lettre à Montréal pour
être montrée au marquis de Vaudreuil, dans laquelle il
dit qu'à sa place, il feroit sur-le-champ à la Présentation, s'il en est temps encore, aux Cèdres au moins,
tous les préparatifs pour une expédition d'automne,
d'hiver ou de printemps ; qu'il retiendroit tous les
voyageurs et engagés des pays d'En-Haut, objet de
deux mille excellents hommes ; qu'il feroit dire aux
sauvages de ces cantons qu'ils viennent eux-mêmes
chercher leurs besoins à Montréal, où on les leur donne-

roit, au lieu de les leur vendre ; qu'il arrêteroit tous les pêcheurs du fleuve et golfe Saint-Laurent, dont il feroit des matelots sur les lacs Ontario et Champlain ; qu'il prendroit même sur lui, pour remplir le même objet, de faire rester en hivernement quelques-uns des vaisseaux marchands aujourd'hui à Québec, et leurs équipages, mâtures, etc., serviroient à la marine des lacs ; qu'il ordonneroit sur-le-champ au sieur Levasseur de ne plus employer tous ses ouvriers qu'à construire à Saint-Jean et à la Présentation, des chcbees, une goélette et un brigantin ; qu'il feroit faire force bateaux, canots d'écorce et achèteroit tous ceux des particuliers ; qu'il employeroit à la guerre et aux travaux militaires tous les ouvriers des villes et campagnes ; qu'il chargeroit de commander les miliciens dans les côtes les officiers qui doivent marcher à la guerre avec eux ; qu'il porteroit toutes les compagnies de terre et de la marine à soixante hommes, en y incorporant des Canadiens d'élite qui serviroient toute la campagne avec une paye fournie par le Roi, ou même par les paroisses ; ce mélange donneroit à chaque troupe de bons tireurs, de bons canotiers, de bons ouvriers en tout genre, et dont l'émulation réciproque feroit d'excellents guerriers ; qu'il mettroit l'ordre et la police dans les convois du munitionnaire qui enlèvent les meilleurs hommes ; qu'enfin, par l'emploi et l'économie des hommes et du temps, il chercheroit à se tirer de la plus critique position où l'on se soit jamais trouvé.

Les sauvages ont demandé à partir ; ces messieurs n'aiment pas les mauvaises nouvelles. Des colliers, un hymne de guerre que je leur ai chanté, un cochon donné pour faire festin, un coup d'eau-de-vie ; ces grands mobiles les ont arrêtés ; ils ont promis de rester encore huit jours. Leur nombre est de cent environ.

Le 5 septembre 1758. — Continuation des travaux du retranchement par les huit bataillons entiers. On eût peut-être pu trouver assez de terre pour former en avant un fossé qui eût amélioré la défense du retranchement, l'eût garanti du feu ; ce qui nous eût épargné de le défaire cet automne pour le refaire au printemps. Mais on a cru que l'ennemi ne nous donneroit pas le temps de le finir, et qu'ébauché seulement, en cas d'attaque, il seroit plus *(sic)* pour les assaillants que pour nous.

On fait les dispositions pour replier le camp de la Chute, c'est-à-dire qu'on transporte à Carillon les pieux, rames, avirons, bois de chauffage, que les troupes de ce camp ont fait, et qu'on va dès aujourd'hui, commencer à barrer la rivière de la Chute par une digue à portée du canon du fort. M. de Bougainville est chargé de cet ouvrage, qui n'est autre chose qu'une espèce de chaussée de castors faite d'arbres couchés dans l'eau, troncs et branches, et liés par divers rangs de pilotis enfoncés à fleur d'eau.

Quelques sauvages, qui étoient à la chasse sur les bords de la rivière au Pendu, ont été attaqués par un parti ennemi ; un sauvage a été légèrement blessé ; les autres se sont sauvés à Carillon. M. de Saint-Luc a marché sur les pistes des ennemis avec presque tous les sauvages du camp et est revenu deux heures après nous dire qu'elles paroissent être celles d'une trentaine d'hommes, dont plusieurs avec des souliers françois, le reste sauvages.

Trente des nôtres partiront demain matin pour courir après ce parti qu'ils comptent joindre après-demain et ne pas trouver sur leurs gardes, attendu qu'ils ne s'attendront plus à être poursuivis.

M. de Charly, beau-fils de M. de Noyan, commandant de Frontenac, est parti hier pour Montréal.

Le 6 septembre 1758. — Nouvelles de Québec qui annoncent la prise de Louisbourg ; de Montréal, qui apprennent celle de Frontenac.

Louisbourg s'est effectivement rendu le 26 juillet, ainsi que l'avoit écrit le général Abercromby à M. de Bougainville. Nous ignorons absolument le détail et du siège et de la reddition. Il en coûte avec cette place six ou huit vaisseaux de guerre à la France. Si M. de Drucour eût été plus citoyen qu'occupé de son intérêt particulier, il lui eût épargné cette perte. Effectivement ces vaisseaux gardés dens le port, ne pouvant sauver la place, le frivole honneur d'une défense un peu plus longue ne valoit pas de les sacrifier. Je pense que si l'Ile-Royale est rendue à la France, ce sera un simple poste avec un commandement de cent hommes pour la police de la pêche ; quelques ouvrages qu'on y fasse, la place sera prise, parce qu'on ne sauroit empêcher la descente. Ainsi c'est une dépense énorme pour la fortification, son entretien et celui d'une grosse garnison qui tombent à pure perte. Je rappellerois en Canada les compagnies détachées à Louisbourg, lesquelles seroient une forte et bonne augmentation aux troupes de la colonie. Comme nous n'avons point d'autres détails jusques ici, (voici) les articles principaux de la capitulation suivant la lettre du capitaine Abercomby. La place s'est rendue aux conditions suivantes :

Premièrement, la garnison sera prisonnière de guerre et transportée en Angleterre dans des vaisseaux de Sa Majesté Britannique.

Secondement, toute l'artillerie, munitions de guerre et de bouche, et armes seront remis aux commissaires de Sa Majesté Britannique.

Troisièmement, le gouverneur donnera ordre que les troupes qui sont dans l'île Saint-Jean et dépendances se rendent à bord de tel vaisseau que l'amiral enverra pour les recevoir.

Quatrièmement, les négociants et leurs commis qui n'ont point porté les armes seront renvoyés en France, etc.

On a mandé ici que la ville de Louisbourg s'étoit rachetée de tout pillage et confiscation pour la somme de cent cinquante mille livres, que tous les habitants étoient tranquilles dans leurs maisons et jouissant de leurs effets jusqu'au temps de l'embarquement, et que l'amiral avoit fait pendre un soldat anglois qui avoit volé un habitant.

Le 12, on a reçu à Montréal un journal de M. de Boishébert qui contient le détail de ses manœuvres depuis le 8 juillet, jour auquel il est arrivé à l'Ile-Royale, jusqu'au 30, jour auquel il en est parti. Il paroît par ce journal qu'il s'est toujours tenu très fort sur les derrières de l'armée angloise, qu'il n'a pas ou peu incommodé; que son détachement étoit faible et d'une médiocre volonté; qu'en un mot il auroit mieux

valu épargner au Roi cinq ou six cent mille livres de
frais, en ne l'envoyant point à l'Ile-Royale.   Il est allé
faire coup du côté du fort George, dans les environs de
la rivière Saint-Jean.

Du 6 septembre 1758. —

DÉTAIL DE LA PRISE DE FRONTENAC

Le sieur d'Espinassy, lieutenant du corps royal, étoit
arrivé le 22 à Frontenac, étant parti le 20 de Niagara
dans la barque la *Marquise*.   L'objet de son voyage
avoit été de choisir des pierres à chaux, pour le revêtement des ouvrages de Niagara.

Le 22 au soir, le chef des Iroquois de la Présentation
vint avertir M. de Noyan, que les Anglois venoient en
force pour l'attaquer.   La nuit se passa à mettre en état
le peu d'artillerie qu'il y avoit sur les remparts.   La
garnison n'étoit que de quatre-vingts hommes ; deux
barques étoient armées, ayant seulement dix ou douze
hommes d'équipage chacune ; les quatre ou cinq autres
étoient sans agrès.   Le jeudi 24 au soir, les ennemis
débarquèrent quelques troupes.   Le vendredi toute leur
armée, qui étoit de quatre mille hommes, débarqua et
ouvrit une tranchée assez près du fort.   Le samedi, ils
vinrent en colonne, soutenus de quatre pièces de 12
et de deux mortiers, s'établir dans les retranchements
que nous avions commencés, en 1756, pour couvrir
Frontenac ; ils en firent aisément une parallèle et commencèrent à tirer.

La nuit du vendredi au samedi, les deux barques
furent tâtées par une trentaine de berges angloises qui

furent repoussées avec perte d'une vingtaine d'hommes de leur part.

Le samedi se passa à se canonner réciproquement.

La nuit du samedi au dimanche, les Anglois établirent une batterie de brèche ; les barques sortirent du port pour essayer de démonter cette batterie par leur feu ; mais elles en furent tellement incommodées qu'il fallut les abandonner.

La brèche s'étant trouvée praticable, le dimanche, au bastion de la droite, une partie des canons démontée, la poudrière découverte, les barques hors de service et la garnison hors d'état de soutenir un assaut, M. de Noyan se rendit à neuf heures du matin. La garnison fut faite prisonnière de guerre et renvoyée le lendemain à Montréal pour être échangée. Les Anglois se sont conduits avec la plus grande humanité, je dirai même avec beaucoup de politesse.

Nous avons eu sept ou huit hommes tués ou blessés. Notre grande perte est :

Premièrement, celle des barques qu'il eût fallu sauver, attendu qu'elles ne pouvoient sauver la place, et que, le vendredi, il souffla un vent de nord-est propre à les mettre en sûreté.

Deuxièmement, celle de près de quatre-vingts pièces d'artillerie prises à Chouaguen, qui étoient restées à Frontenac on ne sait trop pourquoi ni comment. Nous les avons à la vérité enclouées ; mais elles n'en sont pas moins perdues pour nous.

Troisièmement, celle de beaucoup de munitions de guerre et de bouche destinées à l'approvisionnement des pays d'En-Haut, perte irréparable dans les circonstances

29

présentes. Les Anglois ont emmené la *Marquise* et un senau de seize canons, et brûlé les autres bâtiments. Les voilà encore maîtres du lac Ontario. Dieu veuille qu'ils ne se portent pas sur-le-champ à Niagara ! Le marquis de Vaudreuil a envoyé ordre au sieur de Montigny, capitaine de la marine, de s'y rendre avec cinq cents hommes d'élite et de faire la plus grande diligence.

M. le marquis de Vaudreuil m'ayant aussi mandé pour conférer avec lui sur l'état actuel de la colonie, ou plutôt pour me faire part de ses projets, je suis parti incognito de Carillon, le 6 au soir, avec le sieur de Pontleroy, aussi mandé. N'est-ce pas le cas de dire : Après la mort, le médecin ?

Arrivé le 8 au soir à Saint-Jean. Quelques jours auparavant, on y avoit eu une terreur panique au sujet de dix-huit miliciens déserteurs de Carillon qui furent pris presque pour une armée angloise. Il s'étoit rassemblé à Saint-Jean trois ou quatre cents hommes de Chambly et de la Prairie pour s'opposer aux progrès des ennemis ; la marche avoit été assurément bien secrète jusqu'à Saint-Jean.

Arrivé le 9 à Montréal, j'en suis reparti le 13. Dans cet intervalle, j'ai donné au marquis de Vaudreuil trois *Mémoires :* un sur la frontière du lac Ontario, un sur celle du lac Champlain et le troisième sur la défense de Québec, et les opérations et règlements généraux à faire. Ces trois *Mémoires* sont dans mon registre des *Mémoires et Lettres.*

Il a été décidé que M. de Pontleroy iroit rétablir un poste retranché à Frontenac, que les ennemis ont abandonné ; qu'on y construiroit de suite un bâtiment de

vingt canons ; et qu'on assembleroit sur cette frontière
un corps de trois mille hommes, soit pour entreprendre
de chasser les ennemis de Chouaguen, supposé qu'ils
n'y soient pas en force, soit pour finir la campagne dans
cette partie et travailler aux ouvrages projetés. La
lecture des *Mémoires* que j'ai remis à M. de Vaudreuil
montrera quel a été mon avis sur ces différents objets.
C'est bien le cas de dire comme Ovide :

> *Principiis obsta ; sero medicina paratur,*
> *Cum mala... pro longas invaluere moras.*

M. de Vaudreuil, sentant la position critique de la
colonie, s'est déterminé à envoyer en France un officier,
à la fin de la campagne, pour en rendre compte à la
cour. J'ai fait choix de M. de Bougainville pour cette
commission importante et délicate.

Le 12, il est arrivé un courrier de Québec qui nous
a appris l'entrée de deux vaisseaux en rivière, du convoi de la Rochelle, le *Prince-de-Condé* et le senau le
Saint-Dominique. Le capitaine du premier bâtiment
a écrit qu'il avoit vu prendre le *Gédéon* et *Les-Deux-
Amis*, vaisseaux du même convoi.

Le même jour au soir le sieur Godefroy, capitaine
de la colonie, est arrivé du Détroit. Il avoit passé, le
31 août, à Niagara où l'on ignoroit que les Anglois
fussent à Frontenac, et le 9 septembre à la Présentation, d'où le sieur de Montigny n'étoit pas encore parti.
Le détachement du sieur Duplessis étoit en fort mauvais état, presque nu, mal armé, beaucoup de maladies,
point de bateaux. Tant qu'on ne changera pas la forme
des commandants de milice, on n'en tirera jamais aucun
service,

Partis le 13 de Montréal, nous sommes arrivés à Carillon. Pendant mon absence, il ne s'est rien passé de considérable. Le travail du retranchement a été achevé : on fait une batterie à la droite ; relâche aux travaux le 13 et le 14.

Le 10, il y a eu une alerte donnée à toute l'armée ; l'occasion, huit berges qu'on a prises pour trente, quarante, soixante, innombrables. Le poste du Portage se replie, les ennemis débarquent ; on envoie les compagnies de volontaires ; elles ne voient rien ; les postes se rétablissent à l'ordre.

Du 15 au 25 septembre 1758. — On a travaillé à fermer l'intervalle des redoutes de la seconde ligne par un fossé et des palissades. On a aussi commencé le chemin couvert et le glacis. Le soldat y travaille avec une grande vitesse, parce que ce travail lui sera payé à la toise et non à la journée. Il y a longtemps que le fort seroit achevé si on eût suivi cette méthode. Le sieur X... ne l'a jamais voulu ; il n'étoit pas de l'intérêt du cantinier que l'ouvrage finit si promptement.

Le 13, on avoit envoyé trois cents hommes sur le lac Saint-Sacrement aux ordres du sieur de Repentigny, capitaine de la colonie ; il est rentré le 17, sans avoir rien vu.

Le 24, l'arrivée d'un convoi. Nouvelles de Montréal, qui nous en ont donné du lac Ontario. Le sieur de Langy-Levrault, qui avoit été envoyé de la Présentation à la découverte, du côté de la baie de Niaouré et de Chouaguen, a rapporté qu'il n'y avoit aucun Anglois dans ces deux postes, qu'il avoit vu auprès de Chouaguen les débris de berges et d'une de nos barques brûlées et beaucoup d'agrès dispersés. Cependant je voudrois des nouvelles directes de Niagara. Peut-être l'armée angloise, contente de son expédition de Frontenac, s'occupe-t-elle aujourd'hui à établir solidement le fort de Bull. Cette position rempliroit pour eux l'objet de la traite avec les sauvages comme celle de Chouaguen ; seulement elle ne leur donneroit pas la clef de la colonie par la facilité d'être les maîtres du lac Ontario, au moyen d'une marine supérieure à la nôtre. Mais aussi, comme nous ne pouvons leur contester ce fort, à la hauteur des terres, son établissement ne leur tiendra lieu de rien dans le traité de paix. Je ne doute pas qu'elle ne se fasse cet hiver. La France fait communément des paix peu avantageuses, parce qu'elle ne la fait jamais à propos. Son moment étoit à la fin de 1756. Voici le beau moment de l'Angleterre, et l'Angleterre le saisira. Notre marine est écrasée, et cet objet seul a causé cette guerre. Elle est écrasée, sans qu'il coûte aux Anglois aucun démembrement, puisque Louisbourg sera l'équivalent de Port-Mahon. Les Anglois feront la paix cet hiver. D'ailleurs le Roi de Prusse est peut-être aujourd'hui pressé de faire la sienne ; il ne peut se soutenir que par des victoires continuelles. Une fois battu, c'est comme s'il n'avoit jamais vaincu.

M. le marquis de Vaudreuil s'occupe à envoyer de gros convois à Niagara ; nous avons aussi repris possession de Frontenac, et le sieur de Pontleroy s'y est porté pour en faire un poste retranché ; les constructeurs doivent y commencer aussi les deux barques.

On nous annonce un renfort ici de Canadiens et de sauvages. Je le crois fort inutile.

Premièrement, je ne pense pas que les ennemis reviennent; deuxièmement, quand ils reviendront, nous serons assez de monde pour les bien recevoir et les empêcher de faire aucun progrès. La saison a augmenté et va tous les jours augmenter de plus en plus nos forces.

. Du 25 au 30 septembre 1758. — Le 25 au soir, il nous est arrivé un déserteur du quatrième bataillon du Royal-Américain. Telle est sa déposition :

Le 21 septembre, jour auquel il a déserté, l'armée du fort George étoit composée de cinq à six mille hommes, savoir : le quarante-quatrième et le quarante-sixième régiment d'Young Murray, le quatrième bataillon de Royal-Américain, un d'Écossois, deux régiments de milices, des levées de la Vieille-Angleterre, cinq compagnies de Rogers et quatre cents hommes du corps de l'infanterie légère. Le 20, ils avoient eu nouvelle qu'il étoit arrivé à Orange cinq régiments de l'armée de l'Ile-Royale, lesquels étoient en marche pour se rendre au lac. On attendoit pour toute l'armée des équipements chauds, tel qu'il en faut pour une opération en temps froid. Il y avoit vingt-quatre pièces de canon, dont six de 24, vingt ou vingt-cinq mortiers, dont plusieurs de gros calibres, une barque portant douze canons de 4, cinq bateaux montés, un de deux pièces, les quatre autres d'une pièce de canon, bordant vingt-quatre rames. Depuis trois semaines on travailloit à mettre les berges en état de marcher, et le bruit du camp est qu'on doit venir nous attaquer dans le commencement d'octobre, et l'intention du général est de nous assiéger dans nos retranchements. Il y a, rendue au camp, une immense quantité de vivres.   On a déjà construit un magasin de trois cent cinquante pieds de long pour les contenir, et on en bâtit un second pareil.   Ces deux magasins sont dans l'intérieur du camp retranché, ainsi qu'une telle multitude de petites maisons que ce camp paroît une ville.   Tous les jours il arrive des convois escortés par douze ou quinze cents hommes, et, de deux en deux milles, on a fait, entre le fort Lydius et le fort George, des retranchements dans lesquels se jetteroient les convois en cas d'attaque.   Dans le fort d'Halfway's-Brook il y a huit cents hommes, moitié milices, moitié troupes réglées.   Dans celui de Lydius, quinze cents, le premier bataillon de Royal-Américain, une centaine d'Ecossois, le reste milices.

Le déserteur n'a rien entendu dire du corps aux ordres du colonel Bradstreet depuis la nouvelle de la prise de Frontenac, pour laquelle ils ont fait au camp une réjouissance.   Rien de la Belle-Rivière ; rien d'Europe, si ce n'est que le Roi de Prusse avoit pris quelques places.   Il croit que toutes les troupes du siège de Louisbourg sont restées dans le Nouveau-Monde, une partie en garnison à Louisbourg même, une autre à Halifax, le reste en marche pour joindre l'armée du lac George.

Que conclure de cette déposition ? En la supposant vraie dans tous ses points, on peut en tirer presque avec un égal fondement, l'alternative suivante : que le général Abercromby veut nous venir attaquer dans le mois prochain, ou que simplement son intention est de faire au lac toutes les dispositions pour attaquer cette frontière dès le commencement du printemps prochain, et de laisser à la garde de ces préparatifs un corps de deux ou trois mille hommes, qui hivernera au lac George dans les baraques et le retranchement qui y sont faits. Voilà pour le raisonnement. Qu'en conclure pour l'action ? Agir comme si réellement l'ennemi devoit venir, et c'est ce que fait notre général. Le camp de la Chute se repliera le 29, afin de n'être pas exposé à perdre ses équipages dans une retraite précipitée, de ne pas apporter à l'armée l'exemple de la consternation, et de nous donner ici quatorze cents hommes de plus qui seront employés à des travaux nécessaires. Tout va être mis en état, vivres, artillerie, retranchement, bateaux, dispositions, tant à Carillon qu'à Saint-Frédéric. Chacun connoîtra son poste et sa besogne et cette certitude de n'être pas surpris produit la confiance.

Départ d'un courrier pour porter ces nouvelles au marquis de Vaudreuil et lui conduire le déserteur. Retour d'un parti de colonistes qui ne nous ont rien appris. Ils prétendent qu'il leur a déserté un homme à portée des ennemis ; ce qui les a déterminés à laisser leurs canots et à revenir à toutes jambes.

Le 28, sept berges angloises se sont avancées jusqu'à l'île aux Moutons, et s'y sont tenues quelque temps en panne. On leur a fait quelques fusillades du poste du Portage et elles se sont retirées à l'entrée de la nuit.

Le 29, le camp de la Chute s'est replié sur nous, et les troupes de la marine sont rentrées dans la ligne ; la garde des retranchements a été augmentée ; deux cents hommes, aux ordres d'un capitaine de grenadiers, vont toute la journée patrouiller à la Chute et aux environs ; une compagnie de volontaires s'établit pour le jour au

Portage, d'où elle éclaire les deux rives du lac Saint-Sacrement ; à l'entrée de la nuit tout le monde se retire dans le retranchement, que des patrouilles de nuit mettent à l'abri de toute surprise. On a formé, des troupes de la marine, deux compagnies de volontaires, aux ordres, l'une du sieur de Montesson, l'autre du sieur Marin, pour faire le service avec les volontaires de nos bataillons.

Le 30, j'ai envoyé M. de Bougainville pour sonder le lac Saint-Sacrement depuis le Portage jusqu'au delà de l'île aux Moutons. Messieurs de la marine prétendoient qu'un bateau presque allège n'y pouvoit passer. Il y a trouvé un chenal par lequel on conduiroit même du Portage un bâtiment de cent tonneaux. C'est avec cette vérité qu'ils font presque tous leurs rapports. Aussi savons-nous maintenant le degré de confiance qu'il y faut ajouter.

Ce même jour M. de Bougainville fut sur une montagne de laquelle le coup d'œil est aussi beau qu'instructif. On voit toute la forme de ce pays, le théâtre de la guerre ; le cours des eaux du fort de la baie, celui du lac Saint-Sacrement, la jonction de ces deux eaux sous le fort de Carillon, lesquelles après avoir coulé quelque temps dans un lit plus étroit, forment le lac Champlain, dont on aperçoit le développement au-dessous de Saint-Frédéric. On d'couvre aussi les différentes chaînes de montagnes qui couvrent ce pays, dont un courant presque du nord au sud est une suite de ces Apalaches qui se terminent au golfe du Mexique d'une part, et au golfe Saint-Laurent de l'autre. Entre ces montagnes, l'observateur suit les sinuosités des différentes coulées qui servent de chemin aux sauvages, et par lesquelles il faut nécessairement passer lorsqu'on veut aller par terre de Saint-Frédéric ou de Carillon au fort George, Lydius, Sarasto, etc., et réciproquement. Au reste, pour se conduire dans ces routes obscures, il faut ou un sauvage ou une boussole pour guide ; dans ce dernier cas on doit être parfaitement instruit de la position des lieux principaux, soit forts, cours de lacs ou de rivières.

Du 1er au 10 octobre 1758. — Le 2, arrivée d'un parlementaire anglois portant des dépêches du général Abercromby pour le marquis de Vaudreuil, au sujet de la capitulation de Frontenac. Il demande qu'en conséquence d'icelle, on renvoie un nombre de prisonniers anglois pareil à celui de françois renvoyés à Montréal sur leur parole, et aux conditions de cet échange, ou qu'on lui renvoie les François. Le parlementaire a été arrêté à la pointe du camp de Contrecœur par un détachement de la compagnie de volontaires qui montoit la garde au Portage. J'ai envoyé M. de Bougainville pour tenir compagnie à cet officier, et il a passé la nuit avec lui. Il a reçu un panier de bière de Bristol du général Abercromby, et lui en a envoyé un de vin de Pacaret, nécessaire et bon exemple à donner à ce pays barbare, non seulement de l'humanité, mais de la politesse entre ennemis qui se font la guerre. Le général Abercromby a envoyé à M. de Bougainville les dernières nouvelles arrivées d'Europe et qui ne sont pas favorables. La bataille de Crevelt, celle auprès d'Olmutz, et dans la première, on peut soupçonner ou de la trahison, ou du moins une négligence impardonnable ; le comte de

Clermont rappelé ; le maréchal de Richelieu lui succédant ; les troupes aux ordres du duc de Marlborough passées à Emden ; les Hollandois sur le point de se déclarer pour nous ; les Turcs menaçant les Russes d'une invasion ; le Danemark prêt à attaquer la Suède ; l'Espagne seule immobile au milieu de ce conflit de l'univers ; une escadre angloise repartie des ports d'Angleterre aux ordres de l'amiral Anson pour fondre encore sur les côtes de France (notre marine est donc écrasée) ; la discipline militaire bannie de nos armées. Le découragement a flétri nos courages ; nous n'avons plus de généraux ; car ce ne sera pas en les changeant tous les jours qu'ils deviendront meilleurs. L'intrigue de cour de ce cabinet a donc pris seule le timon des affaires. Talents, vues, résolutions, vertus, projets sages et décisifs, c'en est fait ; la France ne vous connoît plus. Elle ne devra plus son salut qu'à quelques hasards heureux ; mais sa gloire, sa gloire, qui la lui rendra ?

Pour ce qui regarde ce continent, je conclurois volontiers, d'après la conversation que M. de Bougainville a eue avec cet officier parlementaire, que nous ne serons point attaqués cet automne à Carillon, qu'un corps de troupes hivernera au fond du lac Saint-Sacrement, que Bradstreet n'est pas allé à Niagara, que la Belle-Rivière a été attaquée à la fin de septembre par un corps de six ou sept mille hommes aux ordres du brigadier Forbes, et qu'une partie des troupes angloises du siège de Louisbourg est retournée dans la Vieille-Angleterre, que Pitt gouverne toujours et gouverne bien. Le parlementaire a dit aussi que les Anglois avoient réuni les Chicachas avec les Agniers et les Onéyouts, et que, pour gage de la réunion, les chefs des deux nations avoient pris femmes dans les villages les uns des autres. Ils avoient été jusqu'à ce jour irréconciliables ennemis.

Le 4, trois berges angloises se sont avancées en vue de l'île aux Moutons, y sont restées quelque temps en panne ; mais le poste qu'elles y ont aperçu, les a empêchées d'approcher de terre.

Le 4 au soir, courrier de Montréal. Nouvelles de Niagara. Le sieur de Montigny y est arrivé avec le premier convoi, sept jours après son départ de la Présentation. Il n'y avoit que onze heures que le sieur de Vassan, commandant de ce fort, savoit la prise de Frontenac. Sa garnison étoit de quarante et un hommes ; les sauvages commençoient à l'insulter, et il se préparoit à ruiner et brûler ce qu'il n'auroit pu défendre en cas d'attaque.

Bradstreet a manqué la plus belle occasion de porter un coup mortel au Canada. Il faut espérer que le danger duquel nous sortons, nous servira d'exemple pour ne plus abandonner, à l'avenir, un fort qui est la clef du pays à une troupe de marchands plutôt que de soldats et qui ne suffiroit pas même à border le rempart d'un des bastions.

J'oubliois de dire qu'aujourd'hui même, malgré l'exigence d'un péril extrême, au lieu de composer les convois des articles relatifs à la défense de la frontière, la Grande-Société, plus persistante que le gouverneur général, fait passer de préférence à Niagara et Toronto les objets nécessaires à son commerce. Tout le monde le voit, le sait ; le cri est général. Qu'importe à ces concussionnaires qui se jouent de l'autorité, séparés du trône par un intervalle de quinze cents lieues, sûrs jusqu'à présent de l'impunité, parce qu'ils avoient osé se faire des complices jusque dans le sanctuaire de la suprême puissance. Ils ont accoutumé le commerce, les particuliers, le peuple à tout voir, à tout souffrir, à être l'instrument de leurs fortunes.

Depuis dix ans, le pays a changé de face. Avant ce temps, on y étoit heureux parce que avec peu on avoit toutes les choses nécessaires à la vie en abondance. On ne désiroit pas d'être riche ; on n'avoit pas même l'idée des richesses ; personne n'étoit pauvre : Verrès arrive ; en construisant l'édifice d'une fortune immense, il associe à ses rapines quelques gens nécessaires à ses vices ou à ses plaisirs ! la masse d'argent augmente dans la colonie et conséquemment le prix des denrées. La simplicité première rougit d'abord, parce qu'elle trouve à se comparer avec un superflu plus recherché, le luxe s'introduit et avec lui la corruption des mœurs et des sentiments, l'avarice, l'avidité, l'esprit de rapine ; le moyen de faire sa cour et de paroître désirer de faire fortune ; la délicatesse sur les moyens est publiquement bafouée, traitée de sottise. L'exemple du chef produit son effet ordinaire, c'est-à-dire beaucoup d'imitateurs. Tout le monde veut commercer ; les états sont confondus ; le commerce, écrasé par les privilèges exclusifs, par les privilégiés tout-puissants, gémit et se plaint ; mais sa voix impuissante étouffée ne peut se faire entendre ; il faut qu'il subisse une loi, qui va l'anéantir. A quoi l'homme ne s'accoutume-t-il pas ? La force de l'habitude s'étend jusqu'à endurcir à la douleur même. La concussion lève le masque ; elle ne connoît plus de bornes ; les entreprises augmentent, se multiplient ; une société seule absorbe tout le commerce intérieur, extérieur, toute la substance d'un pays qu'elle dévore ; elle se joue de la vie des hommes. Les habitants, énervés par des travaux excessifs, consomment en pure perte pour eux leurs forces, leur temps, leur jeunesse ; l'agriculture languit, la population diminue, la guerre survient, et c'est la Grande-Société qui, par des attentats utiles à ses intérêts seuls, fournit aux vues ambitieuses des Anglois le prétexte d'en allumer le flambeau. Une colonie épuisée n'en peut soutenir la fatigue et les frais ; les concussionnaires seuls ne se lassent point. Le péril du Canada, qui devient celui de l'Etat, ne change rien à leur système. Cette terre desséchée ne peut plus rien fournir à leur avidité ; Eh bien ! c'est aux richesses de l'Etat même qu'ils en veulent. Tout est mis en œuvre pour voler le Roi ; des moyens auxquels on ne peut donner de nom parce que, jusqu'à ce jour, on n'en a pas eu l'idée. Enfin, chose inouïe ! cette société, juge et partie, se rend munitionnaire général ; c'est elle-même qui fait son prix. On trafique notre subsistance, notre vie. N'y a-t-il donc aucun remède à ce mal qui est extrême ? Et faudra-t-il qu'un seul homme épuise les finances de la France, insulte à nos dangers et à notre misère et compromette la gloire de la nation ?

Nouvelles de la Belle-Rivière du 29 août : M. Des Ligneris écrit que ses derniers découvreurs lui avoient rapporté que les ennemis, après s'être avancés six lieues au delà du fort de Cumberland, étoient revenus sur leurs pas, je croirois plutôt que c'est que l'armée angloise a pris une route différente de celle de Braddock ; ainsi que me l'a dit le parlementaire. Le temps en décidera en tout cas.

L'abandon du fort Duquesne seroit, selon moi, dans les circonstances présentes plus avantageux que nuisible à la colonie. C'est une branche qui épuise le tronc. Comment, dans une disette pareille d'hommes, de vivres et de moyens, soutenir un poste aussi éloigné, l'occasion et l'instrument de frais immenses, c'est-à-dire d'un pillage sans bornes ? Dans un conseil de guerre, si, dès l'année 1757, on eût voulu en tenir un, j'eusse ouvert l'avis de faire sauter le fort Duquesne, de regarder Niagara comme la barrière de cette partie et de rapprocher ainsi ma défense du centre. Mais eût-on consenti à abandonner ainsi l'occasion de richesses prodigieuses pour la Grande-Société ?

Deux Acadiens ont rapporté à Québec qu'ils avoient vu dans le golfe Saint-Laurent une flotte de vingt-huit voiles, dont cinq vaisseaux de ligne, portant pavillon rouge. Cette nouvelle mérite confirmation. Je ne serois pas surpris que les Anglois eussent envoyé cette flotte pour prendre nos vaisseaux de renvoi, et qu'ils ravageassent mêmes les premières habitations situées dans le bas du fleuve. La saison ne leur permet plus de tenter une entreprise contre Québec. Suivant le tarif du prix des denrées, le vin est aujourd'hui à six cent quatre-vingt-dix livres la barrique, l'eau-de-vie à cinquante livres la velte ; un veau coûte cent livres, un mouton soixante livres, la livre de bœuf une livre cinq sols ; on demande quatre cents livres de pension par mois aux officiers ; encore en trouveroit-on peu à ce

prix. Comment vivra cet officier ? Le capitaine a deux
mille sept cents livres et le lieutenant douze cent cinquante livres d'appointements.   Les choses nécessaires
pour se vêtir sont d'une cherté proportionnée à celle des
denrées.   Le murmure, le mécontentement même, sont
extrêmes dans toute l'armée. On a les yeux ouverts et
l'éclat d'un jour trop pénétrant les frappe ; on seroit la
victime de l'insatiable avidité d'un pètit nombre de
gens, qui ne cachent pas même leurs projets.   Ils ont
tout envahi, denrées, commerce, entreprises. Ils sont les
tyrans du caprice, et nous raviroient l'air, s'ils pouvoient taxer l'air qu'on respire.   Le chef de la finance,
qui est, ou l'auteur, ou le complice de ces monopoles
infâmes, n'a fait et ne fera aucun règlement pour les
arrêter.   Tous mes vœux sont que le ciel conserve dans
les troupes cet esprit de patience qui les a jusqu'à présent fait s'en tenir à des plaintes oisives.

On a construit une nouvelle batterie aux retranchements, qui bat toute la plaine.

Le 6, arrivée de cinq cents Canadiens à Saint-Frédéric, que le marquis de Vaudreuil a fait marcher sur
la déposition du déserteur.

Le 7, le chevalier de Lévis s'est rendu à Saint-Frédéric, pour déterminer un travail utile auquel on puisse
employer ces Canadiens, jusqu'à leur départ.

On craint que les Anglois ne forment un établissement à Gaspé.   S'ils le font, il est étonnant qu'ils ne
l'aient pas fait plus tôt ; s'ils ne le font pas, ils ignorent
donc l'avantage de cette position et l'emploi de leurs
forces.

La Grande-Société envoie à quinze et vingt lieues en mer, des commissaires qui achètent la cargaison de tous les vaisseaux qui viennent à Québec. C'est ainsi qu'en se rendant maîtres de toutes les denrées et marchandises d'un pays, ces insatiables sangsues imposent le tarif et tiennent notre vie même à leur discrétion. Aussi, écrit-on de Québec qu'un grand nombre de familles se sauvent en France. Je dis se sauvent, parce qu'il s'agit ici de fuir un ennemi plus dangereux mille fois que les Anglois. Eh quoi ! le cri de ce peuple écrasé ne retentira-t-il donc jamais jusqu'au pied du trône ?

En conséquence de la capitulation de Louisbourg, les Anglois ont retiré de l'île Saint-Jean quatre mille habitants qui y étoient. Jamais on n'a pensé ici que le nombre en fût aussi grand. Cependant j'eusse regardé comme une grande victoire de rappeler dans l'intérieur de la colonie ces hommes qu'elle nourrissoit à grands frais et de s'en servir ici ; soit de cultivateurs sur les terres des habitants occupés à la guerre, soit de canotiers pour faire les transports et ménager par là les colons agriculteurs. Mais, dans ce pays, on n'a le tarif exact d'aucun article relatif au gouvernement soit civil, soit politique, soit militaire, parce qu'il est de l'intérêt de nos Verrès de pêcher en eau trouble.

Le 4, il a neigé pour la première fois, en petite quantité ; le temps s'est depuis mis au beau ; il est magnifique, et, si les Anglois n'en profitent pas pour nous attaquer, nous pouvons ne plus compter sur eux pour cet automne.

Le 7, le sieur de Langy-Montégron est parti par le fond de la baie, pour la petite guerre, avec un détachement de quarante hommes, dont dix-sept sauvages ; il y a cinq ou six jours que je négocie avec les sauvages pour ce détachement. Quelle race ! et qu'on est à plaindre d'être forcé de s'en servir ! Il nous en reste une trentaine au camp, qui font la gueıre aux volailles, montoᴎs et barils de vin ; ils sont très habiles voleurs, d'autant plus qu'ils sont sûrs de l'impunité.

Le 8, retour de M. le chevalier de Lévis, de Saint-Frédéric. Il y a trouvé neuf cent cinquante Canadiens et ce détachement est de la bonne espèce, presque tous voyageurs. On les reconnoît aisément à la mine, à la taille et à ce que tous se font piquer sur le corps la figure de quelque plante ou animal, opération longue et douloureuse. La figure se trace en piquant la peau avec une aiguille et s'imprime en faisant brûler de la poudre dans les trous. On ne passeroit pas pour un homme parmi les sauvages des pays d'En-Haut, si on ne se faisoit piquer.

On nous annonce encore mille ou douze cents Canadiens et quatre-vingts sauvages. Les premiers seront employés à creuser un fossé autour de Saint-Frédéric, avec double palissade, une dans le fossé, l'autre sur la berme, jusqu'à ce que nous ayons des nouvelles de l'ennemi qui nous permettent de les renvoyer.

Presque tous les sauvages du Sault et du lac sont allés seuls et sans chefs françois frapper sur le corps du colonel Bradstreet.

Du 9 au 12 octobre 1758. — Il est arrivé successivement différentes troupes de Canadiens ; ils y sont, aujourd'hui 13, au nombre de dix-neuf cent cinquante. On les emploie au fossé qui se fait autour du fort, et à fermer les maisons extérieures d'une enceinte de palissades. Il est arrivé hier environ cent cinquante Iroquois ou Abénaquis ; ils ne se proposent pas de faire ici un long séjour. Aussitôt que l'on aura des nouvelles de l'ennemi, ce qu'on attend par le retour du sieur de Langy, on disposera des Canadiens et sauvages.

Les nouvelles arrivées de Québec de la cherté de toutes denrées, et principalement de la hausse du prix du vin, a occasionné une si grande fermentation dans les esprits des officiers des troupes de terre que M. le marquis de Montcalm a été fondé à craindre que cela ne dégénère en mutinerie et en conduite indécente vis - à - vis le marquis de Vaudreuil et principalement M. Bigot. Il a même, dans cette occasion, épouvé lui-même l'injustice de la multitude ; car il a été accusé par une partie des officiers, dans des discours publics qu'il a ignorés et méprisés, de n'avoir pas assez pris le parti de l'officier ni assez représenté. Le marquis de Montcalm, pour empêcher le progrès du mal, a fait rassembler, le 9 et le 10, les commandants des corps, avec deux capitaines et deux lieutenants par bataillon, pour leur parler avec fermeté et douceur, et leur communiquer les respectueuses représentations qu'il adresse en leur faveur aux ministres de la guerre et de la marine, et celles qu'il adresse à M. le marquis de Vaudreuil et à M. Bigot, pour demander un soulagement à la misère de l'officier qui, à la vérité, est des plus grandes. Il faut cependant convenir que la conduite de l'officier a été jusqu'ici contradictoire : la bonne chère de leur table, soit en campagne, soit en garnison, le ton d'ostentation et de magnificence qu'ils ont pris vis-à-vis les colons,

quoique la plupart aient une fortune des plus médiocres
en France et que beaucoup abusent de la facilité à leur
prêter.

Le 11 octobre 1758. — Le sieur Coutrot, arrivé ici
du poste de la baie, dont il est commandant, avec quatre
Folles-Avoines et quatre Courtes-Oreilles. Le nom de
ces derniers vient de ce qu'ils portent leurs oreilles à
l'Européenne, c'est-à-dire, telles que la nature les a
faites, sans les allonger par l'art.

Le 12 octobre 1758. — Nouvelles de Québec. On a
appris que les Anglois se sont établis à Gaspé dans la
baie de Penouille, qu'ils y ont apporté un fort et des
maisons taillées. En huit jours au plus, l'établissement
est formé en entier. C'est ainsi qu'ils firent à Beauséjour et Halifax. Ce même jour, pour ainsi dire,
voyoit élever le soir un fort, un bourg, une ville, dans
un lieu que la verdure couvroit le matin. Leur flotte
étoit de neuf vaisseaux de ligne et trente bâtiments de
transport.

Voilà donc le Canada environné de tous les côtés.
J'ai entendu dire aux Anglois qu'ils laisseroient toujours
prendre d'abord la forme du chapeau, ce qui les laisseroit se rendre maîtres des bords *(sic)*. La paix seule
peut aujourd'hui sauver cette colonie. Je ne conçois
pas comment la France a négligé de faire à Gaspé un
solide établissement et une place forte. C'est la porte
du Canada ; sa position est infiniment préférable à celle
de Louisbourg comme clef de la colonie, comme entrepôt et comme ville de commerce pour les gens de toute
espèce. Ma crainte, aujourd'hui que la démarche de

l'Anglois aura fait sentir l'importance de ce poste, est que les Anglois en supposant qu'ils consentent à faire la paix cet hiver, ne veuillent exiger que la France ne fera aucun établissement à Gaspé.

Le même courrier nous a appris que l'*Aigle*, vaisseau du Roi de cinquante canons, a fait naufrage le 8 août sur les Cailles-de-Quincampoix, à huit lieues de Mécatina. L'équipage s'est sauvé, et n'a pour ressource, depuis le jour de son naufrage, que trente quarts de farine jetés par la vague sur le rivage. Ce navire portoit recrues, vivres, munitions de guerre et l'habillement de nos bataillons. Envoyé le navire la *Légère* pour chercher ce malheureux équipage. On doute que la saison lui permette de le ramener à Québec ; l'officier dépêché dans une chaloupe par le capitaine de l'*Aigle* pour y porter cette triste nouvelle, a été sans cesse contrarié par les vents.

Le 14 octobre 1758. — Les travaux ont repris ; depuis deux jours, ils avoient été interrompus par les pluies.

Le 15 octobre 1768. — M. de Saint-Rome, officier des troupes de la colonie, est allé en découverte du côté du camp des ennemis, par le nord du lac Saint-Sacrement.

Le 16 octobre 1758. — Hotchig, chef népissing, est allé à la guerre par le fond de la baie.

Le 17 octobre 1758. — Retour de M. de Langy-Montégron avec une chevelure et un prisonnier. S'il en faut croire la déposition de ce jeune milicien de la Nouvelle-Angleterre, l'ennemi songe à se retirer et a

déjà commencé à faire défiler quelques troupes. A peine
cette nouvelle s'est répandue que MM. de Rigaud,
Dumas et autres officiers principaux de la colonie, ont
demandé à partir malgré la pluie. Ces officiers qui
n'avoient jamais fait la guerre, mais bien des courses,
trouvent insoutenables des campagnes de trois ou quatre
mois. D'ailleurs ils sont tous en général plus occupés
de commerce et de leurs affaires domestiques que du
service du Roi.

Le 18 octobre 1758. — Conseil avec les Iroquois du
Sault, qui, vu les nouvelles et la saison avancée, s'en
retournent chex eux.

Ordres envoyés au camp des Canadiens, qui est à
Saint-Frédéric, de s'en retourner. Ils avoient encore le
temps de faire leurs guérets. Ce corps envoyé par
M. le marquis de Vaudreuil au secours de cette frontière,
quoiqu'on ne lui demande pas, consistoit en quatre-
vingt-onze soldats, deux cent cinq sauvages et dix-sept
cent vingt-huit Canadiens partis de Saint-Jean les 4, 5,
6, 7, 8 et 10 du présent mois. Il sera entièrement
reparti le 19 et le 20, sauf quelques sauvages, en petit
nombre, qui restent ici, deux cents Canadiens employés
à faire le bois de chauffage de la garnison, trois cents à
achever des ouvrages commencés à Saint-Frédéric.

Départ de M. de Bougainville, aide-maréchal des logis
de l'armée, pour Montréal, où il doit prendre les dernières instructions de M. le marquis de Vaudreuil, qui
l'envoie en France pour instruire la cour de notre situation présente. M. Doreil, commissaire-ordonnateur, y
passe aussi pour ses affaires. Il est également chargé
du même objet par M. le marquis de Montcalm.

Le 19 octobre 1758. — Nouvelles de Montréal du 13. Les Anglois sont venus de Gaspé à travers des bois jusqu'au Mont-Louis, où ils ont détruit quelques établissements de pêcheurs.

Les trois cents sauvages qui avoient été frapper du côté du fort de Bull, ont tué un chef Onéyout, habillé à l'Angloise, et pris un autre qu'ils ont renvoyé à son village.

L'abbé Piquet, missionnaire de la Présentation, arrivoit à Montréal avec des ambassadeurs des Cinq-Nations, dont la fidélité ne peut être suspecte.

La colonie se trouve à tous égards dans une vraie crise ; elle manque de tout ; tout y est hors de prix ; l'eau-de-vie et la melasse y sont fort rares. Ce sont cependant deux denrées bien nécessaires vis-à-vis des sauvages.

Retour de M. de Saint-Rome. Les Abénaquis ont eu une terreur panique, et on ne peut rien conclure de cette découverte, sinon que les Anglois sont encore dans leur camp.

Le 20 octobre 1758. — Arrivée de vingt-quatre Abénaquis et de huit Népissings.

Le 21 octobre 1758.—Les dernières dépêches pour les ministres sont parties aujourd'hui ; outre les divers comptes à leur rendre, les grâces à demander, la nomination des emplois, elles contiennent des représentations sur le mauvais traitement de l'officier et sur l'impossibilité où il se trouve de vivre avec ses appointements, vu l'augmentation des denrées. Il en a été adressé un tarif au ministre.

	Tarif des denrées au mois d'octobre 1758.			Tarif des denrées en 1755, à l'arrivée des troupes françoises.			Tarif des denrées il y a 15 ans.		
	l.	s.	d.	l.	s.	d.	l.	s.	d.
Bœuf la livre.......	1	0	0	0	0	0	0	2	6
Un mouton	40	0	0	6	0	0	4	0	0
Un veau.............	60	0	0	10	0	0	6	0	0
1 paire poules......	8	0	0	2	0	0	1	0	0
" poulets	6	0	0	1	10	5	0	6	0
" dindes.....	15	0	0	5	0	0	1	15	0
1 douzaine d'œufs.	2	0	0	0	8	0	0	3	0
1 livre lard.........	1	10	0	0	10	0	0	3	0
" beurre......	2	0	0	0	12	0	0	5	0
" fromage ...	0	6	0	0	2	0	0	10	0
" riz	3	0	0	0	15	0	0	2	0
" raisins secs	2	10	0	0	7	0	0	3	0
" cassonade.	4	10	0	1	0	0	0	7	0
" huile (sic).	4	0	0	0	15	0	0	10	0
" chandelle.	2	0	0	1	0	0	0	8	0
1 minot blé, tirant 30 livres farine.	10	0	0	3	10	0	2	0	0
1 barrique de vin de 110 pots......	600	0	0	100	0	0	55	0	0
1 pot de vin.......	8	0	0	1	0	0	0	10	0
" de vinaigre.	4	0	0	1	5	0	0	5	0
" eau-de-vie .	20	0	0	1	15	0	1	10	0
1 corde de bois....	24	0	0	7	0	0	2	5	0
1 aune drap blanc.	50	0	0	25	0	0	18	0	0
" drap bleu..	50	0	0	25	0	0	18	0	0
" écarlate	80	0	0	36	0	0	30	0	0
" castor.......	15	0	0	3	10	0	3	0	0
" voiles	8	0	0	2	0	0	1	10	0
" de toile.....	8	0	0	3	10	0	2	10	0
1 castor	60	0	0	24	0	0	16	0	9
1 demi-castor.......	36	0	0	12	0	0	9	0	0
1 once galon d'or.	30	0	0	16	0	0	12	0	0
" argent.	20	0	0	11	0	0	9	0	0
1 paire bas de soie.	50	0	0	15	0	0	13	0	0
" laine.	18	0	0	6	0	0	5	0	0
1 main de papier.	3	0	0	1	0	0	0	10	0

Toutes les menues merceries sont hors de prix, le bénéfice étant à deux cent cinquante et trois cents pour cent.

Le 24 octobre 1758. — Départ de M. de Florimond, enseigne de la colonie, avec un parti de trente-trois Canadiens ou Abénaquis.

Sur ce que les sauvages rapportèrent hier au soir qu'ils avoient vu des pistes à la rive droite de la rivière Saint-Frédéric, on y a envoyé des détachements pour couvrir nos travailleurs.

Nouvelles de Québec du 16. Les Anglois ont été à Miramichi où ils ont pris quelques familles, et deux petits bâtiments au port de Gaspé. Nouvelles de Montréal du 20. Députation de dix Onontagués. Un Iroquois des Cinq-Nations prétend qu'il y a des émissaires anglois pour engager les sauvages d'En-Haut dans une conjuration contre tous les François. Retour de M. de Pontleroy de Frontenac; il opineroit pour que, quant à présent, la construction des barques fut établie à la Présentation plutôt qu'à Cataracoui.

Extrait d'une lettre de M. Du Vernys, officier d'artillerie detaché au fort Duquesne, le 16 septembre

" Nous avons appris le 9 de ce mois, par un prison-
" nier fait, que les Anglois étoient à vingt lieues d'ici,
" où ils travaillent depuis quinze jours à se fortifier
" avec deux mille et quelque cents hommes, et à rendre
" le chemin qui vient de Raystown praticable pour rece-
" voir au plus tôt l'armée du général Forbes avec son
" artillerie.

" M. Des Ligneris envoya aussitôt plusieurs décou-
" vreurs pour observer s'ils se mettroient en marche et
" ce qu'ils feroient.

" La nuit du 12 au 13, arrivèrent deux sauvages qui
" dirent que l'armée angloise étoit en marche et que
" dans la journée ils pourroient venir coucher proche le
" fort. L'on envoya aussitôt sur les chemins voir la
" route qu'ils tenoient. Pendant ce temps l'on fit tous
" les préparatifs pour aller au-devant les attaquer dans
" la journée. Une partie des découvreurs revint et dit
" n'avoir rien vu.

" La nuit du 13 au 14, arriva un Anglois qui fut
" bien questionné et qui dit avoir laissé l'armée au fort
" qui est à vingt lieues, et qu'il s'étoit égaré en cher-
" chant des chevaux. Il ne fut pas possible d'en tirer
" davantage.

" Le 14, à la pointe du jour, l'on aperçut le feu à un
" hangar situé à quatre arpents du fort ; l'on fut pour
" l'éteindre et l'on s'aperçut qu'il avoit été mis par les
" ennemis. L'on vint en faire le rapport. Aussitôt l'on
" commanda un détachement de deux cents hommes pour
" aller reconnoître dans le bois. Comme ils se mettoient
" en marche, à sept heures du matin, en abordant le
" bois, ils entendirent le bruit de beaucoup de tambours
" et de fifres battre la générale, ce qui fut aussitôt entendu
" du camp et du fort. Dans moins de six minutes, les
" François furent rassemblés et transportés sur le lieu,
" M. Des Ligneris à leur tête.

" L'action commença à l'instant et sans bouger de sa
" place. Le feu des plus vifs pendant une demi-heure ;
" il fallut beaucoup de peine pour ameuter les sauvages,

" occupés à faire passer leur butin à l'autre côté de la
" Belle-Rivière, et je crus ne rien faire de mieux que
" de me mettre à leur tête pour les animer et les encou-
" rager à seconder les François qui avoient déjà de
" l'avantage.

" La déroute des ennemis fut bientôt complète.   On
" les a poursuivis pendant trois heures.   La grande
" partie de ce détachement ennemi, d'environ huit cents
" hommes, a été écharpé ou pris prisonnier.   Une petite
" partie passa la Belle-Rivière à la nage, à la faveur de
" notre feu, et le reste fuyoit de tous côtés sans savoir
" la route à tenir.

" Depuis ce moment, toutes les heures nous four-
" nissent de nouveaux prisonniers dont la plus grande
" partie passe à la cruauté des sauvages.

" Le commandant de ce détachement a été fait pri-
" sonnier dans l'action avec plusieurs autres officiers,
" et beaucoup de tués, entre autres leurs ingénieurs.

" Suivant la déposition des prisonniers ce n'étoit
" qu'un détachement de huit cents hommes qui étoit
" venu reconnoître et marquer un chemin, et l'armée
" de sept à huit mille hommes doit être rassemblée pour
" venir ici avec dix-huit bouches à feu.

" Le plus grand mal est que nos sauvages nous ont
" quittés, après avoir fait leur coup, sans que l'on ait pu
" les arrêter ; nous restons ici au nombre de mille
" François.

" Nous avons perdu dans l'action dix hommes,
" quelques blessés ; j'estime celle des ennemis à trois
" ou quatre cents au moins tués ou prisonniers ".

Le 25 octobre 1758. — M. Wolff est parti pour aller porter au général Anglois la réponse du marquis de Vaudreuil sur la capitulation de la garnison du fort de Frontenac.

Le 26 octobre 1758. — Départ de M. de Charly qui va à la guerre avec un parti de sauvages.

Arrivée d'un déserteur, par la déposition duquel il paroît que l'ennemi se retire, qu'on a déjà fait le portage de beaucoup de berges et d'une partie de l'artillerie, que ce portage se continue toujours, qu'ils ont désarmé leur barque et leurs demi-galères, qu'ils doivent les couler bas au départ de l'armée. Il paroît aussi certain que le général anglois ne laissera au lac George aucunes troupes pendant l'hiver.

Le 27. — Retour de M. Wolff qui nous a confirmé la déposition du déserteur. Le général Abercromby avoit quitté l'armée, dont la plus grande partie étoit déjà déblayée. Il restoit au plus au lac George trois bataillons, qui, suivant les apparences, en devoient partir bientôt.

Le 29 octobre 1758. — Retour d'Hotchig, qui nous a amené un prisonnier fait à quelques lieues d'Albany. Ce prisonnier ne savoit rien de l'armée du lac Saint-Sacrement; il nous assure qu'il est revenu cinq mille hommes de l'armée du siège de Louisbourg et que le surplus est resté pour garnison dans cette place ou environ; il nous apprend aussi que les milices sont très mécontentes de la façon dont les traitent les officiers des troupes réglées.

Le 30 octobre 1758. — Retour de M. de Charly, qui n'a rien trouvé au lac Saint-Sacrement; l'armée ennemie étoit entièrement partie. Nous nous en doutions bien.

Il falloit toutes ces assurances pour faire revenir M. le marquis de Vaudreuil de l'opinion où il étoit que les ennemis devoient venir nous attaquer. Il y paroissoit bien par toutes les lettres qu'il écrivoit à M. le marquis de Montcalm. Il passe bien de la plus grande sécurité à la plus grande crainte.

Sur la déposition du déserteur arrivé en dernier lieu, qui nous a dit que les Anglois avoient fait une cache au camp du lac George, où il soupçonne qu'on a mis de l'artillerie ou autres choses, M. le marquis de Montcalm y a envoyé un détachement de volontaires aux ordres de M. Duprat avec M. de Lapause, aide-major de Guyenne, M. Jacquot, officier d'artillerie, quelques canonniers et des ouvriers. On y a mené le déserteur pour indiquer l'endroit. Quoiqu'il n'y ait peut-être pas un mot de vrai, il a été nécessaire d'y aller pour tranquilliser l'esprit du marquis de Vaudreuil qui y auroit vraisemblablement envoyé cet hiver.

. Le 31 octobre 1758. — Les lieutenants de la Reine et de Béarn ayant voulu convoquer une assemblée pour faire des représentations sur leur traitement, au lieu d'être satisfaits d'un supplément de solde que le marquis de Vaudreuil et l'intendant ont accordé, sur la demande du marquis de Montcalm, de quarante-cinq livres par mois par capitaine et de trente livres par lieutenants. Les lieutenants de la Sarre et de Languedoc et une grande partie de ceux de Guyenne ont refusé de s'y trouver, et cette fermentation a été arrêtée et prévenue par les mouvements que s'est donnés le marquis de Montcalm.

' Retour de M. Marin, ayant été fort loin et n'ayant rien fait dans son détachement.

Ordre du marquis de Vaudreuil de former un détachement de trois cents hommes pour Frontenac et la Présentation.

Le 1er novembre 1758. — Départ des Canadiens et troupes de la colonie qui doivent se rendre dans les gouvernements de Québec et des Trois-Rivières, ainsi que du troisième bataillon de Berry.

Etablissement de la garnison de Carillon aux ordres du sieur d'Hébécourt, capitaine au régiment de la Reine, composée de trois cents hommes de troupes de terre et cent hommes de celles de la colonie.

Garnison de Saint-Frédéric, aux ordres de M. de Lusignan, composée de cent quatre-vingts hommes de la colonie.

Le 2 novembre 1758. — Retour de M. de Florimond, officier de la colonie. Il avoit été avec quelques sauvages pour faire un prisonnier. Il a trouvé l'armée qui se retiroit, et deux miliciens, s'étant un peu écartés, ont été les victimes de ce détachement, l'un a été tué, et l'autre amené prisonnier. Un de nos sauvages a eu le bras cassé.

Il résulte de la déposition de ce prisonnier à peu près les mêmes choses que ce que nous savions. Les dernières troupes du fort George en sont parties le 29. Il reste pour garnison au fort Lydius, au dire du prisonnier, mille hommes de troupes réglées et environ deux cent cinquante hommes des troupes légères de Robert Rogers.

MM. de Lapause et Jacquot, qui avoient été au camp des ennemis, sont rentrés ce soir. On a éventé une cache de chaux contenant environ... * barriques, trouvé quelques berges coulées bas que l'on a brisées. On a aussi trouvé quelques quarts de pois et de lard qu'on enverra chercher demain au Portage, quelques boulets et grenades ; la plupart des barraques des officiers existoient encore.

Le 4 novembre 1758. — Départ du régiment de Languedoc et du marquis de Montcalm.

Le 5 novembre 1758. — Départ de la Sarre et de Béarn.

Le 6 novembre 1758. — Départ de Royal-Roussillon et de Guyenne.

Ces troupes auront beaucoup à souffrir pour se rendre à leurs quartiers, le froid ayant commencé avec violence dès le 7.

DISTRIBUTION DES QUARTIERS D'HIVER

La Reine, dans le gouvernement de Québec depuis les Grondines jusqu'à Saint-Augustin.

La Sarre, à l'Ile-Jésus, la Chesnaye, Terrebonne, Mascouche et l'Assomption.

Royal-Roussillon, à la Prairie, Longueuil, Boucherville, Varennes, Verchères.

---

* En blanc dans le manuscrit. " 28 quarts de très bon lard ", dit Desandrouins dans son *Journal.* — Note de l'éditeur.

Languedoc, dans le gouvernement des Trois-Rivières, depuis Sainte-Anne jusqu'à Batiscan.

Guyenne, à Contrecœur, la rivière de Chambly, Saint-Ours, Sorel.

Premier bataillon de Berry, à la côte de Beaupré.

Deuxième, à l'île d'Orléans.

Béarn, au Sault-des-Récollets, la Longue-Pointe, la Pointe-aux-Trembles, la rivière des Prairies, Saint-Sulpice, la Valtrie, Repentigny.

La colonie, les trois villes et depuis Lachine jusqu'à l'île Perrot.

Renvoi des prisonniers anglois pour échanger la garnison de Frontenac. Arrivée des prisonniers faits à la Belle-Rivière.

Les Anglois totalement retirés de Gaspé, où ils n'ont jamais formé d'établissement. Ils se sont contentés d'y prendre quelques malheureux habitants. Ils s'établissent et font un fort vers le bas de la rivière Saint-Jean.

M. de Boishébert a fait quelques prisonniers vers Boston.

On est toujours incertain des nouvelles de la Belle-Rivière. Le corps de troupes que commandoit M. Duplessis à Frontenac l'a abandonné sans ordre et sur une terreur panique. Il s'est replié à la Présentation, où l'on établira la construction des barques que l'on veut avoir sur le lac Ontario. M. le marquis de Vaudreuil a désapprouvé cette manœuvre, mais a pris le parti de dire qu'il l'avoit ordonnée pour sauver le coup d'œil désagréable d'une fuite.

L'ambassade des Onontagués s'est terminée par des propos vagues, dont on ne peut rien conclure.

L'abbé Piquet, missionnaire accrédité parmi les Cinq-Nations, rentre par nécessité en faveur auprès du marquis de Vaudreuil et est retourné à la mission de la Présentation. Le sieur de Lorimier, qui y commandoit, en est rappelé, et on met à sa place le sieur Benoist.

Le sieur de Pontleroy, ingénieur, avoit proposé d'établir la construction des barques à Niagara. Mais c'étoit trop raisonnable pour être suivi. Il est allé à Québec pour voir et tracer des redoutes pour la défense extérieure et fermer la ville. C'est s'y prendre bien tard.

Il n'y a point de gaspillage, rapine et volerie qui ne se soit faite dans le corps de troupes qui a marché aux ordres de M. Duplessis. On le sait; on ne punit, ni on ne remédie.

Telle a été la fin d'une campagne qui eût été bien brillante sans l'aventure de Frontenac, suite de la prévention et de l'ignorance. Au lieu de songer à la prochaine, aux moyens de tirer meilleur parti des Canadiens, le gouverneur général va s'endormir, tomber dans sa léthargie ordinaire, compter sur la paix, et les flatteurs, dont il est entouré, l'y confirmeront. Le marquis de Montcalm en gémira et restera dans le silence par l'inutilité de faire entendre sa voix.

Du 10 au 11 novembre 1758. — Continuation d'un froid horrible et bien précoce pour cette colonie. Les troupes qui se rendent dans leurs quartiers souffrent beaucoup, toutes les petites rivières étant prises. Cela occasionnera une grande perte de bateaux et beaucoup de dépenses et d'incommodités pour le transport de leurs équipages, beaucoup de difficultés pour faire passer à

31

Carillou les besoins de ce fort, des craintes pour le retour des convois de Niagara et pour faire passer une garnison à la Présentation. Il faut convenir qu'on fait tout tard et sans ordre dans cette colonie et que les troupes devroient quitter la campagne au 20 octobre. Je ne sais si l'événement de cette année-ci persuadera mieux que tout ce que l'on ait dit jusqu'à présent.

Du 14 novembre 1758. — Vent de sud-ouest ; dégel qui commence. Dieu veuille qu'il s'y soutienne plusieurs jours pour rendre la navigation libre.

Départ des derniers vaisseaux le 12. M. Doreil, commissaire-ordonnateur, embarqué sur l'*Outarde*, et M. de Bougainville sur la *Victoire*. Arrivée de M. de Saint-Ours avec des nouvelles de la Belle-Rivière du 23 octobre. Le général Forbes étoit à Raystown, le colonel Jean-Henry Bouquet retranché aux sources de la rivière d'Attigué. Les ennemis y forment un établissement appelé Loyal-Hannon. Leur projet paroît par là être de rompre la communication du fort Duquesne avec les forts Machault et de la rivière aux Bœufs.

Le 15 novembre 1758. — Nous avons eu un avantage assez considérable dans cette partie. M. Aubry, capitaine des troupes de la Louisiane, commandant un détachement de quatre cent cinquante hommes et cent sauvages, a été envoyé pour reconnoître les ennemis. Il a surpris un poste avancé, a pillé un de leurs camps, les a poursuivis jusque dans le retranchement où les Anglois n'ont pas osé sortir. Notre perte n'a été que de deux hommes et sept blessés ; celle des ennemis de cent cinquante hommes tués ou blessés y compris plusieurs officiers et douze prisonniers. Je présume que ces divers avantages sur l'ennemi sauveront la Belle-Rivière pour cet automne et au printemps ; mais je la crois perdue pour l'année prochaine, d'autant qu'on aura beaucoup de peine à y faire passer des vivres. Tous les sauvages s'en sont retirés actuellement pour aller en chasse.

Les troupes du Détroit, des Illinois et les Canadiens envoyés au printemps en sont partis pour retourner chacun chez eux, en sorte que ce fort reste avec deux cents hommes et quelques sauvages domiciliés. Encore aura-t-on de la peine à les nourrir tout l'hiver.

Du 17 novembre 1758. * — Retour de M. Le Borgne, officier de la colonie, qui a été conduire à Carillon les premiers Anglois pour être échangés avec ceux de la garnison de Frontenac.

Du 18 novembre 1758. — Dégel total, navigation rétablie partout, fièvres malignes à l'hôpital, nulles suites heureusement vu la salubrité du climat et l'approche de l'hiver ; construction des barques pour le lac Ontario à la Pointe-aux-Barils ; Niagara bien en vivres, mal en poudre ; la Belle-Rivière manquant de vivres. Le Portage de Niagara donné à Chabert et ôté aux Cinq-Nations ; cela ralentit le service ; affaire d'intérêt. Le Canada sera perdu par l'intérêt. J'ignore les ordres que M. le marquis de Vaudreuil donne à Québec.

M. de Bougainville a fait apercevoir qu'il n'y avoit aucuns signaux convenus avec la cour, pour distinguer au printemps les vaisseaux ennemis des amis.

---

* Depuis le 17 jusqu'au 26 exclusivement, le journal est de la main de Montcalm.

Du 20 novembre 1758. — Départ d'un courrier pour
Québec pour porter les dernières dépêches à partir par
un bâtiment qui pàrtira le 25.

Du 20 au 25 novembre 1758. — Continuation d'un
beau temps propre à la navigation et à faire des guérets,
et au retour de nos convois de Niagara.

Il est à craindre que la Belle-Rivière ne soit abandonnée.   Cela me paroît décidé, si l'ennemi y marche.
Suivant une lettre de M. de Rocheblave, du 17, son
avis, celui de M. de Corbière et de M. Du Vernys étoit
de marcher à l'ennemi ; mais ce sont trois François.

Du 26 novembre 1758. — M. de Rocheblave, enseigne
de la colonie, arıivé à la Belle-Rivière.   Les nouvelles
sont du 31.   Les sauvages sont toujours bien disposés,
mais nous n'avons plus que deux cents hommes au fort
Duquesne, les troupes auxiliaires s'étant retirées au
Détroit, aux Illinois, et la plus grande partie des Canadiens étant revenus à Montréal.

Il paroît que tout ce qui sert à la Belle-Rivière y est
plus occupé de l'intérêt que du bien du service, et l'on
ne peut entendre la destruction dans les magasins et
effets du Roi et les prétextés imaginaires pour fabriquer
les certificats, sans être porté à écrire une satire au lieu
d'un journal.   Mais espérons la paix, et que l'ordre se
rétablira un jour.

Du 27 novembre 1758. — M. Benoist, officier de la
colonie, homme intègre et qui s'est conservé pauvre et
vertueux au milieu de la corruption, paroît s'occuper
beaucoup de la construction des barques destinées à
agir au lac Ontario, et s'est retranché pour se mettre à
l'abri d'un coup de main à la Pointe-aux-Barils.

Le vol, vice inconnu en Canada avant l'époque de la Belle-Rivière, y devient plus commun et est plus toléré qu'à Lacédémone. Rareté de punition, tolérance, impunité, mauvais exemple, longueur dans les procédures, tout y contribue. Il y avoit quatre ou cinq coupables accusés de divers crimes ; soit négligence, où intelligence de la part du geôlier, ils se sont évadés à la veille de leur jugement.

L'équipage du vaisseau l'*Aigle*, qui avoit péri cet automne au Gros-Mécatina, sembloit être destiné à tous les malheurs possibles. Monsieur l'intendant avoit envoyé un bâtiment pour sauver cet équipage, et, au moment que ce second bâtiment alloit partir et qu'une partie de l'équipage étoit déjà embarquée, un coup de vent de nord-est furieux a fait chasser sur lui le navire *Bien-Aimé* qui étoit de relâche, ils se sont échoués sur les roches. Il y a eu onze hommes noyés ; l'équipage de l'*Aigle* s'est sauvé à terre. Ils se sont mis alors en partie sur le bâtiment du poste avec quelques quarts de farine. Ils ont gagné l'île du Bic, où le bâtiment a encore péri. Ils ont eu bien de la peine à gagner la Grande-Terre, à cause des glaces. Les plus vigoureux sont en route sans souliers ; les malades et malingres restent à Saint-Barnabé avec peu de secours. Ils étoient en tout deux cent cinquante ; et, suivant une lettre de Monsieur l'intendant, du 24, on leur envoie des secours en souliers et en habillements. Le Canada est le pays des aventures fâcheuses, et toujours d'autant plus fâcheuses que ce n'est pas un pays de ressources.

La goélette la *Sérieuse* étant partie le 21 pour la France, et le courrier dépêché par le marquis de Vaudreuil n'étant arrivé à Québec que le 22, on a renvoyé les lettres écrites en France. M. le maréchal de Belle-Isle en recevra toujours une par la précaution prise de lui écrire et d'avoir su qu'il devoit partir un bâtiment.

Du 28 novembre 1758. — Nouvelles de Carillon du 24. Le colonel Prévost, commandant au fort Edouard, a appris à l'officier envoyé pour mener les prisonniers anglois le rappel du général Abercromby, remplacé par le général Amherst qui commandoit les troupes de terre sous les ordres de l'amiral Boscawen à l'expédition de Louisbourg.

Courrier de Québec pour nous informer de l'arrivée d'une goélette partie de France le 15 août ; elle ne nous a rien appris que nous ne sussions déjà. Des lettres de particuliers y parlent sans beaucoup d'exactitude de divers changements dans le ministère, ce qui prouve que nos affaires n'en vont pas mieux, et eu est peut-être la cause. On parle aussi d'une bataille perdue par le Roi de Prusse.

Du 29 novembre 1758. — Départ du courrier pour Québec, porteur de lettres pour les ministres ; on espère que la saison permettra encore que cette goélette reparte de suite pour la France.

Du 1er décembre 1758. — Nouvelles des Illinois. Les Anglois paroissent avoir des vues pour nous inquiéter dans cette partie, et ils ont envoyé reconnoitre avec attention la rivière des Chérokis et un des forts que nous avons dans cette partie. Ils ont envoyé des émissaires pour faire révolter notre garnison et les nègres des Illinois. M. de MacCarthy, major commandant du poste des Illinois a fait casser la tête à un de ces émissaires qui étoit venu à son poste comme déserteur. La Nouvelle-Orléans n'avoit reçu aucun bâtiment depuis trois ans.

Nouvelles de la rivière Saint-Joseph du 1er octobre. La petite vérole qu'ont éprouvée les sauvages l'année dernière et les insinuations artificieuses des Anglois avoient occasionné beaucoup de fermentation parmi les sauvages des pays d'En-Haut. Cet esprit avoit même gagné les Poutéotamis, toujours attachés aux François, la seule nation sauvage à qui on n'avoit jamais eu aucun meurtre à reprocher. Ils ont cependant voulu assassiner un Canadien, suivant ce qu'écrit M. Le Verrier, commandant de ce poste. La nouvelle du succès de l'action du 8 juillet les a contenus.

Nouvelles de la Belle-Rivière par deux déserteurs alsaciens d'un régiment de milices de la Pensylvanie. Le fort établi par les Anglois cette année à Raystown, paroît suivant leur rapport en état de défense. L'établissement de Loyal-Hannon ne paroît être qu'un camp retranché. Il est incertain si l'ennemi continuera ses projets ou en remettra l'exécution au printemps. Les Anglois ont eu beaucoup de malades, les déserteurs assurent que leur perte va à quinze cents hommes de maladie et que les sauvages continuent à beaucoup les inquiéter.

C'est le brigadier Jean Wolfe qui commandoit le corps de troupes angloises qui a paru vers Gaspé cet automne, ce que l'on voit par des sommations et lettres adressées aux habitants pour les sommer de se rendre sur la flotte du Roi d'Angleterre ; que, moyennant ce, ils seront traités avec douceur, transportés en France ; que, si

l'on a brûlé des habitations et l'église ça été contre ses
intentions, ne voulant pas faire la guerre, dit-il, d'une
façon cruelle, comme il prétend suivant la lettre, que
le marquis de Montcalm a fait en Canada.

Du 8 décembre 1758. — Arrivée du courrier de
Québec. On a fait partir le 3 la goélette l'*Extravagante*, pour porter les dépêches du 29.

Deux Anglois qui étoient à Québec, otages pour le
rançonnement d'un bâtiment, se sont sauvés avec une
chaloupe.

Le parti de M. Outlas a ramené deux prisonniers
faits près de Lydius, qui n'apprennent rien.

Il est arrivé quatre Canadiens échappés des prisons
de New-York. Ils confirment le rappel du général
Abercromby qui est remplacé par Jeffrey Amherst,
général major qui commandoit les troupes de terre sous
l'amiral Boscawen à Louisbourg. Il est colonel d'un
régiment, avoit été capitaine aux gardes et avant, aide
de camp du duc de Cumberland et du général Ligonnier,
Toutes les nouvelles paroissent confirmer celle de la
défaite du Roi de Prusse et de la levée du siège d'Olmutz. Ainsi soit, si cela peut mener à la paix !

La rivière est encore navigable ; le froid n'est pas
encore vif et il n'y a pas de neige. Au froid qu'il a
fait dans les premiers jours de novembre, on auroit cru
que la saison eût été plus avancée.

Du 10 décembre 1758. — O Roi digne d'être mieux
servi ; chère patrie écrasée d'impôts pour enrichir des
fripons et des avides ! et que tout y concourt ! Garde-
rai-je mon innocence comme j'ai fait jusqu'à présent au
milieu de la corruption ? J'aurai défendu la colonie, je

devrai dix mille écus, et je verrai s'être enrichi un Ralig,
un Coban, un Cécile, un tas d'hommes sans foi, des
va-nu-pieds intéressés dans l'entreprise des vivres,
gagnant dans un an des quatre ou cinq cent mille livres,
qui font des dépenses insultantes ; un Maurin, commis
à cent écus, avorton de nature, escargot par la figure,
voyager avec une suite de calèches et de carrioles,
dépenser plus en voitures, en harnois, en chevaux
qu'un jeune fermier général fat et étourdi.   Et cette
manutention de vivres, une entreprise formée du temps
de M. de la Porte, qui y étoit de part ! La France ne
produira donc jamais à la tête de la marine un ministre
éclairé, réformateur des abus ? Les concussions de
Verrès, celles de Marius dont parle Juvénal, n'en approchent pas ! Quels abus que ceux des postes ? On appelle
ainsi le droit exclusif de faire le commerce avec les
sauvages, moyennant une modique somme ou ferme
qu'on donne au Roi, arrangement imaginé du temps
de M. de la Jonquière pour aliéner les sauvages, ruiner
le commerce, voler le Roi et enrichir quelques particuliers. Ces postes en temps de paix ont valu des sommes
immenses aux propriétaires, par la pernicieuse traite de
l'eau-de-vie et les présents du Roi qu'on vend au lieu
de donner. La guerre, rendant les marchandises chères,
fait que ces postes rendroient peu ou rien ; mais comme
ce propriétaire ou marchand est un officier commandant,
on a imaginé d'y suppléer en fabriquant des certificats de
dépenses faites pour les sauvages. L'excès en a été énorme.
Cette année, il en paroît pour onze mille livres de dépenses
faites à Michillimakinac. M. le marquis de Vaudreuil
n'en a encore voulu signer que pour cent mille écus ;

c'est trop ; mais il se laissera gagner.   Au poste de la
baie qui appartient à M. de Rigaud, son frère, et
exploité par M. de Couteret, lieutenant, neveu du dit
M. de Rigaud, quoique ce poste ait fait pour cinquante
mille écus de pelleteries et qu'il n'y ait pas eu pour
trente mille livres de frais, cet officier a présenté pour
cinq cent mille livres de certificats que le marquis de
Vaudreuil a signés. L'intendant accoutumé cependant à
tout passer, s'est récrié et n'a voulu donner que pour
quarante mille livres de lettres de change au premier
terme. Enfin, à force de sollicitations, on a arrangé
cette affaire à deux cent mille livres de certificats pour
dépenses imaginaires. Le sieur de Couteret a produit
les lettres de M. Rigaud qui lui marquoit de faire force
certificats. La preuve juridique de ces faits est impossible ; la signature des deux hommes du Roi couvre
tout ; mais les faits sont constants, publics. Jamais le
vol et la licence n'ont été aussi loin. Ce n'est que par
le courrier que l'on apprend l'affaire réglée à deux cent
mille livres ; encore ce gouverneur se plaint, et les gens
les plus accoutumés à faire valoir le talent se récrient,
et que toutes bornes sont franchies.

Du 11 décembre 1758. — Suivant ce que m'a dit
M. le marquis de Vaudreuil, le vaisseau l'*Aigle* portoit
cent cinquante milliers de poudre. On en a envoyé de
Louisbourg pour l'escadre de M. Duchaffaut trente
milliers et les vaisseaux de cette même escadre nous en
ont laissé quarante, de sorte qu'il peut y avoir dans la
colonie y compris les approvisionnements actuels de
Carillon, Saint-Frédéric, Niagara, la Belle-Rivière, la
Présentation, deux cent cinquante milliers dont cent

cinquante à Québec. C'est bien peu dans les circonstances.

Du 13 décembre 1758. — M. le marquis de Vaudreuil refuse à nos bataillons de prendre des Allemands déserteurs. Fait-il bien ou fait-il mal ? Son point de vue est que ces Allemands travailleront dans les côtes, pourront s'y établir et seront plus utiles à la colonie. *Non est tempus.* Ce n'est pas le moment de songer à la population de la colonie, mais bien à sa défense, et des combattants de plus qui coûteroient peu ou rien au Roi, vaudroient mieux.

Nouvelles de Carillon du 1ᵉʳ décembre. Petite émeute par malentendu à l'occasion d'un soldat de Guyenne puni pour avoir vendu une couverte aux sauvages. Le fameux Kisensik a demandé sa grâce, et permission au commandant de faire assembler les soldats des piquets, et leur a dit : " Mes frères, ayez plus d'esprit ; condui- " sez-vous mieux. Ni moi, ni les sauvages ne demande- " ront plus grâce pour vous autres. Trois d'entre vous " ont déserté ces jours-ci. Que nul ne déserte, ou je " l'irai avec mes sauvages chercher jusqu'au fond de " l'Angleterre ".

Du 16 décembre 1758. — M. Benoist, commandant à la Présentation, a défendu sous peine afflictive les vols et larcins devenus trop communs parmi les Canadiens. En conséquence, il en a fait passer trois par les verges et les a envoyés au marquis de Vaudreuil qui garde un profond silence sur cet exemple de sévérité si nécessaire et si louable. M. Benoist, officier d'un vrai mérite, a eu raison ; il a fait cependant ce que le marquis de Montcalm n'auroit osé faire, et sur quoi l'on auroit écrit vigourèusement contre lui au ministre de la marine, dont les bureaux, au moins du temps de M. de la Porte, auroient bien accueilli une pareille plainte.

La goélette l'*Extravagante*, partie le 3 pour porter les dernières dépêches en France, a été arrêtée par les glaces.

Du 18 décembre 1758. — La récolte moins abondante dans la colonie et principalement dans le gouvernement de Québec, qu'on ne l'avolt cru. La misère s'y fait sentir. On parle de remettre le peuple au quarteron, jusqu'à présent il avoit du pain taxé trois sols la livre et payé par les gens aisés huit sols.

Du 18 décembre 1758 au 1er janvier 1759. —* Départ du marquis de Montcalm le 22, pour se rendre à Québec.

Du 2 janvier 1759. — Grande misère à Québec ; murmure du peuple que l'intendant veut mettre, du 1er janvier, au quarteron ; émeute de quatre cents femmes ; l'intendant accorde la demi-livre.

Adjudications fort chères pour les matériaux des fortifications projetées pour l'extérieur de Québec. Le gouverneur général, dans ses lettres à M. de Pontleroy, écrit comme n'entendant rien à la guerre et paroît plus occupé des réparations du château ou maison d'habitation.

Nouvelles de l'Acadie. Les Anglois ont un fort au bas de la rivière Saint-Jean. La nouvelle de la prise du Roi de Prusse, dont il est permis de douter, y court comme dans la Nouvelle-Angleterre.

---

* Depuis ici jusqu'au 9 février exclusivement, le journal est de la main de Montcalm.

Nouvelles de Carillon du 13 décembre ; de la diserétion de deux prisonniers faits sur les Anglois qui ne disent rien ; garnison insubordonnée et mutine ; les troupes du Roi ne peuvent que se perdre dans cette colonie.

Du 2 janvier au 26 janvier 1759. — Le général Forbes a continué sa marche vers la Belle-Rivière et M. Des Ligneris, le 20 novembre, fort à portée et ne pouvant défendre un pitoyable fort avec une mauvaise garnison dont un tiers malade, évacua et brûla son fort, fit passer son artillerie et ses munitions aux Illinois et s'est retiré au fort Machault. L'on assure que les sauvages, Loups ou Chaouénons, nous resteront affectionnés.

Nouvelles de Carillon du 5 septembre. Nulle de l'ennemi ; deux déserteurs de Berry ramenés par les sauvages qui ont coupé la tête à l'un, et le conseil de guerre a jugé l'autre.

Incendie à Montréal qui a failli être général ; nul ordre sur cet article quoique les accidents soient fréquents.

Misère affreuse au gouvernement de Québec, on y ramène de Lachine des farines destinées aux premières opérations de la campagne. On demande dix mille minots au gouvernement de Montréal, opération toujours fausse et sans prévoyance.

Bals, amusements, partis de campagne, gros jeux de hasard en ce moment.

Froid excessif à vingt-six degrés et demi. Le fleuve pris vis-à-vis la pointe de Lévis ; avantage pour avoir plus de denrées à la ville ; retard pour la belle saison ; dépenses de l'année à vingt-quatre millions de lettres

de change, tirées en trois termes, et, depuis cela, il a été
jusqu'à aujourd'hui donné au trésor onze millions cinq
cent mille livres.

Du 26 janvier au 9 février 1759. — On fait le recensement des forces de la colonie qu'on devroit conuoître
depuis longtemps et qu'on ne connoîtra peut-être pas
mieux.

On travaille à amasser des matériaux pour fortifier
Québec, qui devroit l'être depuis trois ans.

On songe à soutenir la Presqu'île, ce qui coûtera des
millions au Roi par les voleries,. et ne réussira pas.

Nulle nouvelle des pays d'En-Haut.

De Carillon du 25 janvier. Tout y est tranquille de
part et d'autre. Nous faisons passer un détachement de
sauvages pour faire quelques prisonniers.

On manque totalement dans le gouvernement de
Québec ; on fait revenir des farines de Lachine ; on fait
faire une levée dans le gouvernement de trente mille
minots de blé à douze livres.

Un courrier de Gaspé pour apprendre que le *Prince-
Edouard* en retournant en France a fait une prise
angloise chargée de farine, lard et marchandises qu'il
y a laissé ; elle nous parviendra aussi tard et peut-être
plus tard que si elle partoit de France.

Du 9 février au 12 mars 1759. — La recherche des
grains dans le gouvernement de Montréal, qu'on espéroit
produire trente mille minots de blé, n'en a produit que
huit mille. Une nouvelle recherche, les moutures des
moulins et une partie des dîmes des curés pourront
encore produire quatre mille minots ; et on aura de la

peine à pouvoir primer l'ennemi en campagne, faute de vivres.

Les plaisirs, malgré la misère et la perte prochaine de la colonie, ont été des plus vifs à Québec. Il n'y a jamais eu tant de bals, ni de jeux de hasard aussi considérables, malgré les défenses de l'année dernière. Le gouverneur général et l'intendant l'ont autorisé.

Il y a eu deux maisons incendiées à Montréal, et toujours aussi peu de précautions et aussi peu d'ordre.

Tout est tranquille sur la frontière du lac Saint-Sacrement. Des maladies à Carillon ; on y a fait deux prisonniers dans les premiers jours de février.

S'il faut croire leur rapport, le Roi de Prusse auroit été bien battu et les Hollandois se seroient déclarés pour nous.

Suivant les nouvelles de la Belle-Rivière, les Loups et les Chaouénons sont en disposition de faire leur paix particulière. Les Cinq-Nations les sollicitent à se déclarer contre nous. Cependant, M. le marquis de Vaudreuil se flatte de s'y soutenir avec de faibles moyens, et cette confiance lui est suggérée par des personnes avides de faire des fortunes aux dépens du Roi. Même raison lui fera conserver quelques hommes en Acadie. Tout cela coûtera cinq à six millions au Roi et sera contraire à la défense de cette colonie.

Il paroît, par les nouvelles des sauvages et par l'aveu de quatre Onéyouts espions du colonel Johnson, que les ennemis veulent faire quelque entreprise sur les barques que nous faisons construire à la Pointe-au-Baril, trois lieues au-dessus de la Présentation. Le marquis de Vaudreuil eut bien de la peine à se déterminer d'y

envoyer un renfort de cent cinquante hommes. Le
marquis de Montcalm a quitté le séjour de Québec et
est arrivé le 7 à Montréal, où il a cru décent d'être à
portée de recevoir les ordres du marquis de Vaudreuil
et lui donner ses avis ; mais il ne sera ni consulté, ni
écouté, ni cru.

L'empirique M. Mercier, l'ignorant et l'avide Saint-
Sauveur, secrétaire du général, gouverneront la machine.
Il faut bien envoyer à la Belle-Rivière, puisque Saint-
Sauveur et le chevalier de Repentigny ont acheté de
moitié pour cent cinquante mille livres de marchandises
qui, revendues sur les lieux pour le compte du Roi, produiront un million. Il en est de même de l'Acadie. Il
n'est utile d'y entretenir du monde que pour enrichir
le sieur des Chenaux, secrétaire de l'intendant, et un
tas de fripons.

Le bruit a couru tout l'hiver dans les campagnes que
le marquis de Montcalm avoit été empoisonné, et tout
ce qui s'est passé à cette occasion prouve que le peuple
a autant de confiance pour sa personne que de méfiance
pour celles de ceux qui le gouvernent.

On a fait faire un recensement général dans les trois
gouvernements du Canada. Le gouverneur général en
cachera bien plus la conséquence de ce qui en résultera
au marquis de Montcalm, qu'il ne le feroit vis-à-vis les
Anglois mêmes.

On voit avec peine qu'il y a beaucoup de guérets à
faire, que la moitié des terres ne sera pas ensemencée,
que l'espèce des bœufs et moutons manquera l'année
prochaine, et que, si la guerre dure, la colonie périra

d'elle-même, ne succombât-elle pas par la supériorité des forces de l'ennemi.

Du 12 au 19 mars 1759. — Suivant les rapports qui nous viennent des Cinq-Nations, les Anglois font déjà des conditions pour nous primer de fort bonne heure dans la partie du lac Ontario. Ils conduisent de l'artillerie sur les glaces au petit portage de la rivière de Chouaguen. Suivant la déposition d'un prisonnier de Royal-Américain en date du 8 mars, toutes leurs dispositions sont faites pour opérer dès le petit printemps sur le fort de Carillon. Il y a eu le même jour un détachement Anglois venu pour conduire un ingénieur et tâcher de biûler la basse-ville de Carillon. Ce détachement a surpris de nos travailleurs, dont sept prisonniers, quatre de tués, compris un Abénaquis, et quatre blessés. Le détachement des ennemis étoit de trois cent trente hommes de troupes légères y compris une cinquantaine de sauvages. Les nôtres les ont repoussés ; mais sont arrivés trop tard au secours de nos travailleurs. L'ennemi a eu beaucoup de blessés qu'il a emportés.

Suivant les mêmes nouvelles, l'Angleterre persiste toujours dans le projet d'envahir le Canada et doit l'attaquer par plusieurs côtés avec près de quatre-vingt mille hommes de troupes, y compris les milices que les provinces fournissent en grand nombre.

Des nouvelles qui nous sont arrivées de Miramichi par deux Canadiens qui ont déserté d'Halifax, doivent nous faire craindre des dispositions pour venir tenter

32

une descente à Québec, ou du moins croiser d'assez
bonne heure dans le golfe pour intercepter tous nos
secours.   On peut regarder ce pays-ci, et conséquemment la Louisiane, comme perdus pour la France, à
moins d'un miracle inattendu ou d'une paix qui, suivant
les Anglois, est très éloignée.   Ces nouvelles semblent
confirmer la déclaration de guerre' des Hollandois en
notre faveur et feroient espérer que l'Espigne l'est
aussi.

Du 17 au 27 mars 1759. — Nulle nouvelle des
ennemis ; le sieur de Boishébert et le sieur de Beaubassin doivent être partis de Québec pour aller du côté
de la rivière Saint-Jean avec des instructions si obscures
qu'elles laissent à douter si l'intention du marquis de
Vaudreuil est de retirer les sauvages et Acadiens qui y
restent, qui n'y sont d'aucune utilité et qui coûtent fort
cher au Roi.

Le résultat de ce que la colonie peut mettre de forces
dans un besoin, d'après le recensement qui a été fait,
est un secret qui n'est pas communiqué encore et qui
ne le sera pas vraisemblablement au général des troupes
de terre.   Il n'est pas mieux instruit de la situation
actuelle de la colonie en vivres et en munitions. Quelle
nécessité qu'il ait ces connaissances ?   Il pourroit faire
un projet de campagne proportionnée à nos forces et à
nos moyens qu'on ne voudroit pas suivre.   Cependant
il a cru devoir remettre le 19 au marquis de Vaudreuil
un *Mémoire* pour lui exposer 1^0 son ignorance sur des
articles aussi importants ; 2^0 lui faire part de ses
réflexions générales contenues en treize articles ; 3^0 lui

renouveler son zèle et celui des officiers supérieurs des troupes de terre pour être employés partout et avec tel nombre de troupes qu'il jugera à propos.

Il paroît qu'on ne fait aucune disposition de détail pour le côté de Québec et que faute de vivres, dit-on, les travaux projetés, que l'on devoit faire dans l'extérieur, n'auront pas lieu. M. de Pontleroy, ingénieur, aura quelques ouvriers à sa disposition pour essayer de fermer la ville par quelques murailles ou palissades, objet dont on parle depuis trois ans sans s'en occuper.

Le sieur Pouchot, capitaine au régiment de Béarn, est parti ce matin à quatre heures Il va, avec un détachement de cent cinquante Canadiens, à la Présentation ou la Pointe-au-Baril. Ses instructions, qui n'ont point été communiquées par le marquis de Vaudreuil au général des troupes de terre, n'ont été remises au sieur Pouchot qu'hier à onze heures du soir. Cet officier étant immédiatement sons les ordres du marquis de Montcalm n'a pas osé se dispenser de les lui communiquer ; il les lui a apportées à minuit. On peut juger par ces instructions du système de campagne du marquis de Vaudreuil pour cette partie, et nous allons tâcher de le développer.

Il faut se rappeler la perte de Frontenac, coup mortel pour la colonie, encore plus par la perte des vivres et de la marine que nous avions sur le lac Ontario que par celle du fort même.

Aussi le premier objet du marquis de Vaudreuil a été de rétablir une marine sur ce lac pour s'assurer une

communication avec Niagara et les pays d'En-Haut.
Mais comme il opère sur tout avec opiniâtreté et len-.
teur, les mois de septembre, octobre et novembre ont
été en pure perte à délibérer où l'on construiroit ces
barques ; et on a eu là tout l'automne des Canadiens
inutiles que l'on eût pu employer à abattre des bois.
Tantôt on vouloit établir la construction à Frontenac
même, ensuite à la Présentation, enfin on s'est déterminé à l'établir à la Pointe-au-Baril, trois lieues
au-dessus de la Présentation. Les ouvriers de la construction sont arrivés tard ; on n'a pu commencer qu'en,
décembre. Les agrès et artillerie nécessaires ont été
transportés pendant l'hiver aux Cèdres. Il en résulte
qu'avec plus d'activité, il y auroit eu au moins une
barque en état dès l'automne, et peut-être deux. Ce
poste à la Pointe-au-Baril et celui de la Présentation
sont devenus de conséquence dans les circonstances. Le
commandement en a été confié à M. Benoist, capitaine
des troupes de la colonie, avec cinq officiers sous ses
ordres et quatre ou cinq cents hommes. Suivant les
nouvelles des sauvages les ennemis paroissent faire des
dispositions, pour opérer aux premières eaux, qui peuvent
avoir plus d'un objet, rétablir Chouaguen, assiéger
Niagara, brûler nos barques, nous chasser de la Présentation et pénétrer dans Montréal. Sur les instances des
sauvages, ce poste a été renforcé par cent cinquante
hommes et quelques sauvages domiciliés, de sorte que,
s'il faut s'en rapporter à M. le marquis de Vaudreuil
qui, pour l'ordre, est mal instruit des forces qu'il croit
avoir dans un poste ; il y auroit à la Pointe-au-Baril

ou à la Présentation six cents Canadiens ou soldats des troupes de la colonie et trois cents sauvages. M. Pouchot s'y rend avec cent cinquante Canadiens conduits par M. le chevalier de Repentigny. Dès que la navigation sera libre aux Cèdres, les dispositions du marquis de Vaudreuil sont d'y faire passer cent cinquante hommes des troupes de terre et cent cinquante Canadiens avec un convoi de cent bateaux chargés de l'artillerie et des agrès des barques, des munitions de guerre, vivres et marchandises nécessaires pour Niagara et les pays d'En-Haut.

Le premier article des instructions du sieur Pouchot est de diligenter la construction des barques, leur départ et commander aux deux postes de la Présentation et de la Pointe-au-Baril.

Les deux barques en état de partir, le sieur Pouchot laisse dans son commandement le sieur Benoist et và commander à Niagara, y relever le sieur de Vassan, mener avec lui quatre cent cinquante hommes, dont cent cinquante des troupes de terre, et la plus grande partie des bateaux. Il doit, suivant le marquis de Vaudreuil, trouver à Niagara six ou sept cents hommes qui y sont actuellement. Les objets de l'instruction du marquis de Vaudreuil roulent : premièrement, sur ce que le sieur Pouchot est maître de garder toutes ses forces à Niagara, même d'y replier celles des forts Machault, la Rivière-aux-Bœufs et la Presqu'île, toutes celles qu'on y attend des Illinois, du Détroit, des Miamis, de Saint-Joseph et de la baie, ce qui forme une armée sur le papier, de trois mille hommes, dont la subsistance

en partie doit venir des Illinois et du Détroit. Avec
ces forces, dont la réunion est si éloignée et si incertaine,
le sieur Pouchot doit empêch r tout débarquement et
par conséquent le siège. Dans le cas cependant où il
se verroit forcé de soutenir un siège, il garderoit dans
sa place ce qu'il jugeroit à propos pour sa défense et
feroit camper le surplus de l'autre côté de la rivière.
Si au contraire le sieur Pouchot apprenoit que les ennemis ne sont pas à Chouaguen, il enverroit la plus grande
partie de ses forces au sieur Des Ligneris pour que ce
dernier essayât de chasser les Anglois du fort Duquesne,
car il ne faut pas renoncer à une idée aussi flatteuse,
quoique aussi dénuée d'apparence. Si le sieur Pouchot
étant à Niagara apprenoit que les ennemis vinssent pour
attaquer la colonie par le côté de la Présentation, il
verroit de faire croiser ses barques pour intercepter
leurs convois et couper leur communication. La seule
chose raisonnable qu'il y auroit eu à prescrire au sieur
Fouchot auroit été d'avoir toujours au moins une
barque en station à l'entrée de la rivière de Chouaguen,
soutenue par quelques petits bateaux portant du canon.
Indépendamment du gigantesque qui règne dans le fond
du projet de ces dispositions, on peut être assuré qu'elles
manqueront toujours par la justesse des combinaisons ;
elles manqueront par le fait en ce que le nombre
d'hommes que le marquis de Vaudreuil y suppose ou
qu'il y attend n'y arriveront pas.•

Un des articles principaux de l'instruction du sieur
Ponchot est d'engager les Cinq-Nations à frapper sur
l'Anglois ou au moins à être neutres. La neutralité

eût été aisée à obtenir et à conserver après la prise de
Chouaguen, par une bonne conduite. De les faire
déclarer contre l'Anglois est une brillante chimère dont
le marquis de Vaudreuil a amusé la cour. Il y aura
toujours des jeunes gens qui iront lever une ou deux
chevelures ; mais est-ce là faire déclarer les Cinq-
Nations ?

Le gouverneur général, l'intendant et le munitionnaire général se donnent de grands mouvements pour
rassembler des vivres. On écrit de belles lettres aux
curés pour leur demander portion de leurs dîmes, ou on
écrit aux capitaines de la Côte ; on arrête les moutures
des moulins ; on taxe le blé douze livres le minot.
Toute taxe est toujours le vrai moyen de faire resserrer
les grains et de n'en avoir pas toute la quantité que le
pays en pourroit fournir. Au reste la manutention des
vivres est un mystère en Canada. Les honnêtes gens
n'y comprennent rien et y soupçonnent violemment
abus, friponneries et malversations. Le gouverneur
général aura toujours à se reprocher de n'avoir pas assez
éclairé cette partie, la base de toute opération militaire.

Les habitants qui craignent une révolution commencent à ne faire aucun cas des ordonnances, monnaie du
pays. On donne communément trente-six livres en
papier pour un louis, cent mille livres pour une lettre
de change de vingt-cinq mille écus payable en France
au mois d'avril 1760. L'intendant a fait mettre en
prison l'Acadien qui donnoit des ordonnances à cinquante pour cent de perte. Souvent les habitants ne
veulent vendre leurs denrées qu'autant qu'on les leur

payeroit en argent de France, et rançonnent ceux qui ne peuvent les payer qu'avec la monnaie du pays. Ordonnance de l'intendant qui condamne à la prison, mille écus d'amende, la perte du prix, tout habitant qui dans la vente de ses denrées exigera d'être payé autrement que dans la monnaie courante du pays *.

---

* Les pertes énormes que firent les Canadiens sur les ordonnances, à la suite de la conquête, ne justifiaient que trop leur répugnance à les accepter. Au milieu de ce chaos, c'étaient eux qui étaient les victimes vraiment à plaindre. Après leur avoir arraché de la bouche le dernier morceau de pain, on les envoyait périr sur les champs de bataille et dans de continuelles expéditions. — NOTE DE L'ÉDITEUR.

JOURNAL

3 AVRIL AU 14 MAI 1759

———

Du 3 avril 1759. — Les dernières troupes destinées à aller à la Présentation et de là dans les pays d'En-Haut sont parties du 2 pour se rendre aux Cèdres, et l'on compte que tout s'embarquera aujourd'hui ou demain, le lac Saint-François ayant dépris de meilleure heure que dans les années ordinaires. Le marquis de Vaudreuil a remis aujourd'hui au marquis de Montcalm ses réponses au *Mémoire* qu'il lui avoit communiqué le 20 mars et son projet de campagne qui est différent de ce que pensoit le marquis de Montcalm. Il lui a dit en conversations que l'on s'étoit trompé dans le calcul des vivres, qu'il ne resteroit dans les magasins de Carillon, Saint-Jean et Chambly, que pour un mois de vivres à trois mille hommes et qu'il n'espéroit pas que ce qu'il avoit ramassé chez l'habitant, ce qu'il comptoit retirer des moutures et des dîmes des curés, pût procurer davantage qu'un mois de vivres à cinq mille hommes.

Du 4 avril 1759. — Le dégel étant venu subitement, les glaces étant soulevées par l'eau, cela a occasionné un refoulement. C'étoit un spectacle à voir que celui des masses de glaces qui, en s'élevant rapidement, formoient des montagnes. On entendoit un bruit cousidérable. Ce refoulement est arrivé à sept heures et demie du matin ; il arrive de temps en temps et fait toujours craindre pour une partie de Montréal que l'on a bâtie trop près du fleuve. Une année il y abattit tous les murs de la ville. Il a abattu celle-ci, le château de Callières, maison à l'extrémité de Montréal appelée ainsi parce que c'étoit la maison d'habitation du gouverneur général de ce nom.

En France où il n'y a pas de fleuve aussi considérable, où nos grandes rivières prennent rarement, et où le dégel arrive d'une manière plus insensible, ces sortes de refoulement des glaces ne sont pas connues. Cependant Mézeray en rapporte un exemple : il dit qu'en 1608, il se forma dans le dégel par le mouvement des glaçons une masse de glaces sur la Saône, à Lyon, devant l'église de l'Observance.

Du 5 avril 1759. — Le chenal de la rivière est formé ; il est considérable ; mais les bordages ne permettent pas encore aux bateaux de traverser d'un bord à l'autre. On observe assez communément en Canada que, lorsque les hivers sont bien froids, les printemps arrivent de bonne heure, que la saison est communément belle, et tout au contraire quand les hivers sont plus tempérés.

Du 6 avril 1759. — Les premiers canots ont traversé de la côte du Sud à Montréal. Les glaces étant parties, la navigation est libre dans toute la partie supérieure du fleuve Saint-Laurent. Il n'en est pas de même dans la partie inférieure. C'est toujours une différence de sept à

huit jours. Le dégel est venu cette année do bien meilleure heure qu'à l'ordinaire.

Du 7 avril 1759. — Nouvelles du fort Machault du
2 mars ; les ennemis s'y fortifient également à la rivière
d'Attigné et à la Belle-Rivière ; ils ne font aucun mouvement. Les sauvages demandent toujours du renfort
et ne veulent plus frapper ; on n'apprend rien ni de
Niagara ni de la Présentation.

Du 11 avril 1759. — Arrivée d'un Canadien, qui
vient avec une lettre du sieur de Niverville dire qu'un
détachement de cent Anglois, qui a remonté trente
lieues la rivière Saint-Jean, a fait six prisonniers et tué
six Acadiens, et qu'on étoit fort embarrassé parce qu'on
mouroit de faim, qu'on manquoit de vivres et qu'à peine
en avoit-on pour se replier. A quoi M. le marquis de
Vaudreuil a répondu verbalement : " C'est leur faute.
" Que ne revenoient-ils ? J'ai envoyé Boishébert ; j'ai
" donné des ordres. Retournez diré aux Acadiens qu'ils
" viennent à Témiscouata, qu'ils y trouveront des
" vivres ".

Du 12 avril 1759. — Courrier des pays d'En-Hant.
On se plaint à Michillimakinac de la rareté des vivres, ce
qui peut nuire au projet d'en faire descendre beaucoup
de sauvages. Les lettres du Détroit du 13 mars disent
la même chose ; celles de M. Des Ligneris, commandant au fort Machault, du 19, assurent que les Anglois
se fortifient à Loyal-Hannon et sur La-Mal-Engueulée.
Un petit parti de sauvages attachés aux Anglois est
venu tuer deux chevaux et prendre un charretier près
du fort Machault. Celles de Niagara nous font part
que, suivant les Cinq-Nations, les Anglois ont déjà un

corps de cinq mille hommes à Chouaguen pour y bâtir
un fort, qu'ils en veulent construire un à la baie des
Goyogouins, venir assiéger Niagara, brûler nos barques,
employer vingt mille hommes à ces diverses expéditions.
Suivant les lettres de la Pointe-au-Baril en date du 10,
nos deux nouvelles barques, appelées l'*Iroquoise* et
l'*Outaouaise*, doivent être lancées à l'eau et pourront
partir pour Niagara vers le 20. On commence de suite
à construire une troisième barque, qui sera achevée à la
fin de mai, si l'ennemi en donne le temps. Nous
sommes dans la plus critique situation où l'on puisse
se trouver. A peine pourrons-nous mettre dix mille
hommes en campagne contre au moins soixante mille.
Nous manquons de munitions de guerre, et encore
plus de vivres. Il y a de quoi trembler, quand on
imagine que suivant M. le marquis de Vaudreuil, nous
n'avons dans nos divers magasins que de quoi nourrir
huit mille hommes pendant un mois, et de quoi nourrir
pendant deux, le corps de troupes qui s'assemble vers
Niagara à la Belle-Rivière. Il faut espérer que les
Anglois nous en laisseront arriver de France ; car sans
cela, nous pourrions périr par le manque de vivres, sans
tirer un coup de fusil.

Du 14 avril 1759. — Nouvelles de Carillon du 29
mars et 8 avril. Deux de nos partis sont rentrés avec
trois chevelures et trois prisonniers ; leur rapport
n'apprend rien d'intéressant sur les mouvements de
l'ennemi ; des dispositions pour agir de bonne heure et
avec des forces supérieures. Un des prisonniers assure
que les Anglois se sont emparés cet hiver de l'île de la
Guadeloupe.

Du 20 avril 1759. — Nouvelles de Carillon du 13. Nuls mouvements de la part de l'ennemi. Il y a eu assez de malades au fort de Carillon cet hiver, ce qui provient peut-être du remuement des terres, c'est cependant peu en comparaison de l'Europe. Le Canada est un pays très sain.

Nouvelles de la Présentation, du 16. Nos barques en état de mettre à la voile dès le 25. Les Anglois s'assemblent auprès du fort de Bull ; on n'en sait pas le nombre. Le colonel Johnson devoit tenir à Théoga un conseil avec les Cinq-Nations. M. de Villejoin, officier de la colonie, a poussé jusqu'au village des Onéyòuts avec quelques sauvages de la Présentation, sur l'invitation d'Onoaroguen, chef des Cinq-Nations ; cette résolution, quel qu'en soit l'événement, ne peut partir que d'un homme de courage.

Du 28 avril 1759. — Nouvelles de la Pointe-au-Baril ; les deux corvettes ont mis à la voile le 25 avec M. Pouchot, commandant de Niagara. M. Benoist reste pour commander à la Pointe-au-Baril et à la Présentation. On continue à la Pointe-au-Baril la construction d'une troisième corvette. On y a fait un retranchement à l'abri d'un coup de main. C'est M. Pouchot qui a déterminé cet ouvrage, ainsi que de retrancher l'Ile-aux-Galops, poste en arrière à trois lieues, où l'on projette de se retirer pour défendre les rapides, si les Anglois venoient en force. Il paroît aussi que, sur les représentations de MM. Pouchot et Benoist, le marquis de Vaudreuil est convenu que le prétendu fort de la Présentation ne pourroit pas se défendre contre des forces supérieures, et qu'il faudroit l'abandonner à

l'approche des Anglois.   On a établi une batterie de
six pièces de canon aux retranchements de l'Ile-aux-
Galops.   Au reste quelque étonnement que doivent en
avoir ceux qui liront ce journal, le marquis de Montcalm n'est jamais instruit de ces sortes de dispositions
que par les officiers particuliers avec qui il a des
relations.

Le sieur de Villejoin est de retour, n'ayant pas été
plus loin que le village des Onéyouts.   Les chefs l'ont
assuré qu'ils avoient répondu au colonel Johnson qu'ils
ne vouloient point faire la guerre à leur père Ononthio
et qu'ils vouloient rester dans la neutralité.   D'ailleurs
nous n'avons rien appris de positif sur les mouvements
des ennemis ; nous voyons seulement qu'ils n'apportent
pas dans cette partie la diligence que sembloient
annoncer les nouvelles du mois de février.

Le grand Onontagué de la Présentation, dont il a été
parlé aux articles des 26, 27 et 28 avril 1757, continuant à être vu de mauvais œil par les sauvages de la
Présentation, et s'étant jalousé · pour la médaille que
M. le marquis de Vaudreuil lui avoit donnée, sans la
participation des chefs et l'avis de l'abbé Piquet, a remis
de lui-même sà médaille, assurant cependant qu'il resteroit toujours attaché à Ononthio.   Il est parti pour
aller en guerre.

Du 1ᵉʳ mai 1759. — Le saint évêque de Québec vient
de donner un mandement pour ordonner des prières
publiques, pour demander à Dieu notre conversion et
nous corriger de nos péchés, vrai moyen d'obtenir du
ciel la bénédiction des armes.   Le saint évêque auroit
dû se dispenser d'y parler des mascarades indécentes

qu'il prétend y avoir eues cet hiver à Québec, comme celle de s'être masqué en religieuse et en évêque, et d'une maison de prostitution qu'il assure être établie près du rempart de Québec. Il auroit dû aussi entrer dans moins de détails sur le danger où est la colonie. Il est inutile d'apprendre aux simples habitants *que les Anglois ont au moins six fois plus de troupes que nous, et qu'ils peuvent envahir le Canada par quatre côtés.*

On a appris par la voie de l'Acadie que la goélette la *Sérieuse*, partie le 21 novembre de Québec, avoit fait naufrage vers le cap Nord. L'équipage s'est sauvé à trois ou quatre hommes près qui ont péri. Suivant une lettre du sieur de Richerville, qui est détaché en Acadie, il y a sept cent vingt-deux Acadiens de rassemblés qui sont accablés de misère, et sur le compte desquels le marquis de Montcalm n'est pas plus instruit du parti que prendra M. le marquis de Vaudreuil qu'un simple particulier.

Du 2 mai 1759. — Nouvelles de Carillon du 27. Suivant la déposition de deux prisonniers anglois, les ennemis ne font encore aucun mouvement. Les bruits qui courent chez eux sont qu'ils nous ont pris la Martinique et la Guadeloupe, qu'il est question de suspension d'armes, que, si la campagne a lieu, les grandes entreprises seront par le côté de Québec et celui du lac Ontario, et que leurs troupes s'assembleront au fort Stanwix ; c'est le nom qu'ils ont donné à leur ancien fort de Bull, depuis qu'ils l'ont établi. Le général anglois Amherst est allé en Pensylvanie et devoit revenir à Boston pour l'embarquement des troupes qui doivent agir du côté de Québec.

Du 6 mai 1759. — Arrivée d'un courrier extraordinaire de Québec pour informer de l'évasion du sieur Robert Stobo, otage pour le fort de la Nécessité, condamné à avoir la tête tranchée au mois de novembre 1756. (Voir le Journal de la dite année). Il s'est en allé avec un officier de la Nouvelle-Angleterre et trois ou quatre anglois. On a promis mille écus de récompense à ceux qui le ramèneroient ; on auroit dû lui donner moins de liberté, surtout après avoir essayé deux fois de se sauver. Mais la police sur le fait des prisonniers anglois a toujours été aussi mauvaise que l'administration l'est en général.

Du 10 mai 1759. — Il est arrivé hier deux prisonniers de Carillon ; leurs nouvelles sont à peu près les mêmes que celles des précédents, et cependant il paroîtroit par la déposition de ceux-ci qu'il commence à y avoir du mouvement parmi les troupes angloises.

M. de Bourlamaque est parti ce matin pour prendre le commandement à Carillon d'un corps qui sera rassemblé vers le 20. Ce corps sera composé du bataillon de la Reine, des deux bataillons de Berry, de douze cents hommes de troupes de la colonie, la plus grande partie Canadiens de Québec.

Faits * particuliers omis d'être rapportés à leur place :

On fait mouvoir les blés et farines en poste par défaut de prévoyance.

---

* Ce qui va suivre est de la main de Montcalm,

On fait conduire des blés de Chambly auprès de Québec pour les ramener à Chambly afin de fournir exclusivement le moulin de M. de Méloise, frère de Mme Péan.

On fait acheter par un quidam une prise angloise sept cent mille livres ; huit jours après le Roi la rachète deux millions cent mille livres.

MM. le chevalier de Repentigny et de Saint-Sauveur, secrétaire du général, achètent pour cinquante mille écus de marchandises, qui, envoyées à la Belle-Rivière, doivent produire un million en certificats. On est alarmé pour la Belle-Rivière ; on les fait reprendre au Roi avec cent cinquante pour cent de bénéfice. Nota. — On avoit écrit au commencement de l'hiver n'avoir besoin de rien.

On grossit les forces et les armes pour faire croire à la cour que le munitionnaire nourrit plus de monde.

On dénature les dépenses ; on enfile le chapitre de celles des terres ; c'est facile. L'ordonnance du prêteur suffit pour tout mettre en règle, et quel prêteur ! Verrès en Sicile ou le Marius dont parle Juvénal. *Provincia victrix ploras ! Marius exul bibit ab octava.* En effet, l'intendant vit dans les délices, et son sérail, ses adhérents regorgent de biens et de faveurs.

Ceux proposés à la levée des grains en font de particulières pour eux et gagnent à revendre. Les marchandises qui vont dans les pays d'En-Haut sont vendues trois ou quatre fois au Roi.

Des Chenaux, secrétaire de l'intendant reprend à perte les billets de l'Acadie, qu'on fait semblant de refuser. **Adigué, fils d'un** cordonnier, enlève tous les

33

souliers de la ville, les fait monter à un prix exorbitant pour les revendre à ce prix courant au Roi.

Le sieur de Lusignan, lieutenant d'artillerie, mais beau-frère de Mme Péan, a l'entreprise du bois du Roi. Perdu par le prix exorbitant et le peu d'ordre, il dit : Fourni tant sans rapporter de reçu, au moyen de quoi on supposera que M. le marquis de Montcalm et autres en ont brûlé inconsidérément ; mais, par ce désordre, on chauffe aux dépens du Roi les protégés, et on remplace les lacunes occasionnées par le jeu à M. de Lusignan.

Transports de Chambly à Carillon, à Misrole, coûtent trente sols ; mais le Mercier, la Bruyère, son beau-frère, etc., ont part ; ce sont les parents et les protégés de Mme Péan.

Les maisons que le Roi loue pour les officiers principaux, prétexte pour enrichir le secrétaire, la sage-femme de Mme Péan, etc... : loyers chers, réparations enflées ou imaginaires, entretiens sans consulter ceux qui les habitent, représentations inutiles.

Le ramoneur du Roi, place importante (ci-devant soldat dans Guyenne) comme les autres, est surpris de voir qu'on lui refuse dans la maison du marquis de Montcalm de signer un certificat pour vingt-quatre cheminées au lieu de douze. Il y a ici un *poélier du Roi*. C'est-à-dire un homme qui met les poêles en place et les ôte ; un *vitrier colleur du Roi*. Pourvu que le sacré nom et respectable du Roi soit joint à un titre quelconque, charpentier, forgeron, etc., on est assuré de voir une fortune rapide et de trouver un fripon.

MM. Mercier et Péan, entrepreneurs sous des noms

supposés, des cajeux à faire, en ont eu l'adjudication à quatre cents livres ; ils coûtent trente livres.

On a fait faire à Québec et venir en poste les bâtons de tentes et piquets à distribuer aux bataillons du gouvernement de Montréal. Il y a quelques années que les rames à distribuer à Saint-Jean furent faites à Sainte-Anne, entreprise donnée au sieur X..., Varin étoit de part ; il l'étoit à tout et aux drogues fournies pàr Feltz, soldat-frater devenu chirurgien, gagnant deux cent mille livres. On seroit toujours la plume à la main à décrire toutes les friponneries. *O tempora ! O mores !*

L'esprit de monopole est si universel que cet hiver il a été fait un amas immense de poisson (en Canada, on a la facilité, à cause des gelées, de garder du poisson trois mois) pour les tables privilegiées de l'intendant et du munitionnaire. Le surplus se vendoit trois francs la livre. On pêche toutes les années de la petite morue auprès de Québec, poisson de passage, abondante nourriture du pauvre et du bourgeois, commode pour qui ne veut payer du beau poisson un écu. Les pêcheurs de petite morue cessèrent leurs pêches ; les uns furent employés à autres choses, les autres commandés, hasard ou non ; car l'avidité a rendu les Ralig, les Coban, les Cécile si ingénieux, si adroits, que tout paroît suspect et que les démarches qui ont le plus l'air d'être faites au hasard, masquent souvent un monopole. Une grande dame des plus riches a commencé sa fortune en enlevant œufs et gibier dans les campagnes pour revendre. Que l'ami de l'homme a raison de dire : *Commerce exclusif monopole dans toute sa pompe.* En parlant des colonies françoises, Braddock se plaignoit dans ses

dépêches des colonies angloises et n'y avoit trouvé que
Benjamin Franklin d'hounête homme. Cependant
quelle différence dans l'administration! Quel encouragement pour la population, l'agriculture, le commerce!·
L'autorité y est peut-être trop républicaine, ce qui a
embarrassé les généraux anglois pour l'activité des
opérations militaires. Et, dans nos colonies, elle réside
dans deux, quasi dans un seul : (l'intendant) ; elle est
trop arbitraire et despotique et indépendante des règles
établies dans la métropole.

On a peine à comprendre l'emploi et la consommation
des farines arrivées de France et encore plus les
manœuvres pour avoir des grains de l'habitant. On
envoie cinq cents quarts qui étoient à Lachine pour la
subsistance de Québec en janvier, objet de dépense
pour le Roi ; et on fait descendre *(sic)* en mai, sans qu'il
soit arrivé de nouvelles farines, trois cent cinquante
quarts de Québec à Lachine.

Tout est monopole. On lève en taxant du blé pour
le Roi ; les leveurs en lèvent partie pour eux et
revendent.

Du 11 mai 1759. — Départ du courrier pour porter à
Québec les dépêches de la cour qui doivent partir par
un bateau appelé le *Canadien* *.

Arrivée de M. de Vassan qui nous apporte des nouvelles de Niagara en date du 4 mai, des nouvelles du
fort de Machault en date du 18, 19 et 22 avril. Du

---

* Ici finit l'autographe de Montcalm.

Détroit, on ignore la date ; de Saint-Joseph en date du
19 mars : En voici le précis :

Nos barques sont bonnes voilières; la troisième qui
se construit à la Pointe-au-Baril, pourra être prête dans
un mois.   Suivant les nouvelles des Tsonnonthouans,
d'après une conversation avec le colonel Johnson, les
grandes opérations seroient pour la partie de Carillon,
et peut-être pour celle de Québec.   Le retour d'un parti
envoyé par M. Pouchot vers le fort de Bull, autrement
Stanwix, l'instruira mieux et le déterminera s'il n'y a
rien à craindre pour Niagara à renforcer M. Des Ligneris.
Suivant ce dernier les dispositions des sauvages sont
toujours bonnes ; ils viennent en effet d'en donner des
preuves : des Outaouais et des Hurons du Détroit ont
défait un parti anglois de cinquante hommes.   Les
Loups et Chaouénons ont défait une berge angloise qui
faisoit l'avant-garde d'un corps de quatre à cinq cents
Anglois qui venoit au fort Machault et qui s'en est
retourné.   Si les diverses dépositions de ces prisonniers
sont exactes, il y a eu, après la prise du fort Duquesne,
beaucoup de maladies dans leurs armées.   Même suivant
quelques-uns, le général Forbes seroit mort.   Les Anglois
auroient trois cents hommes au fort Duquesne, environ
deux cents à Loyal-Hannon ; ils retireroient leurs
troupes réglées, n'auroient que des milices.   Suivant
tous ces prisonniers, l'objet principal de l'ennemi doit
être cette campagne, Carillon et Québec, et se tenir sur
la défensive du côté de la Belle-Rivière, ils annoncent
aussi un établissement de trois cents familles allemandes
pour l'année prochaine ; mais les Anglois sont trop sages
pour songer à cet établissement avant la paix.   Au reste,

cette nouvelle répandue parmi les sauvages et divulguée par nous dans un conseil, les indispose contre l'Anglois, leur prouve qu'ils ont envie d'usurper leurs terres.

Le sieur Hertel, enseigne des troupes de la colonie, qui commande à Chatakoui, a envoyé des Têtes-Plates faisant pour eux et pour les Chats qui se plaignent de trahisons de l'Anglois ; ils paroissent vouloir prendre la hache de leur père le François ; ils se plaignent qu'ils n'ont pas entendu parler de nous depuis un collier envoyé il y a deux ans par M. Dumuys, commandant du Détroit. Au reste, comme ces paroles ne sont portées que par deux Têtes-Plates que le hasard peut avoir conduits chez le sieur Hertel qui habite chez les Chaouénons, il faut attendre si c'est le vœu général de leur nation ; mais cela donne toujours occasion d'y renvoyer un collier.

M. de Bellestre écrit du Détroit qu'on ne doit pas en attendre de grands secours ; il ne paroît pas encore en mouvement.

On n'a aucune nouvelle du convoi des Illinois. Par la déposition d'un des prisonniers fait à la Belle-Rivière, les Anglois voudroient tenter quelque chose par la rivière des Chérokis sur un fort que nous avons dans cette partie. Ils ont aussi de la peine à lever du monde en Virginie. A la vérité cette déposition est la seule qui parle ainsi, les autres n'en disent mot.

On dit M. de Langlade en marche avec beaucoup de sauvages du côté de Michillimakinac pour se rendre, dit-on, de nos côtés.

Nouvelles de Saint-Joseph, M. Le Verrier, qui y commande, attendoit avec impatience le retour des sauvages qui avoient été en chasse, pour les envoyer conformément aux ordres de M. le marquis de Vaudreuil.

Un de ces prisonniers, interrogé ici, a parlé d'une révolte de sauvages qui avoisinent la Caroline, et que l'on a fait marcher les troupes réglées qui sont au fort Duquesne.

Du 14 mai 1759. — Arrivée de M. de Bougainville, le 10, de Québec. Il nous a donné les premières nouvelles de France et a apporté les expéditions concernant nos troupes, et les grâces du Roi, qui a eu la bonté de me faire lieutenant général, le 20 octobre de l'année dernière.

JOURNAL

DE LA

CAMPAGNE DE L'ANNÉE 1759

———

Il falloit sans doute une secousse violente pour tirer M. le marquis de Vaudreuil et ses conseils du profond sommeil où ils ont toujours paru plongés. Les avis de M. le marquis de Montcalm, toujours bons, n'avoient rien opéré sur ces âmes endormies, depuis son arrivée en Canada. Les Anglois attachés à pénétrer dans la colonie par le lac Saint-Sacrement y trouvèrent une résistance à laquelle ils ne s'attendoient pas, et bornèrent leurs opérations à la prise du fort de Frontenac alors sans défense par la faute du gouverneur général. Ils le rasèrent et évacuèrent avec autant de précipitation que s'ils avoient dû craindre quelques mouvements de sa part.

M. le marquis de Montcalm avoit été reconnoître il y a deux ans la côte du sud du fleuve Saint-Laurent, avoit projeté une batterie au Cap-Tourmente et, pareourant toute cette côte, avoit fait un plan pour la défense de la paroisse de Beauport, comme le seul endroit où l'ennemi peut et doit faire sa descente. Il engagea le marquis de Vaudreuil à y faire travailler dans tous les instants qui ne seroient pas employés ailleurs et cette

année il a redoublé ses instances au moment de la fonte
des glaces ; mais malheureusement l'indolence a encore
triomphé des conseils les plus salutaires et il n'y a rien
de commencé. La nécessité des redoutes proposées dans
cette partie auroit dû paroître d'autant plus pressante
que la ville de Québec n'est pas, il faut l'avouer, à l'abri
d'un coup de main. La situation auroit dû inspirer à
tout autre ingénieur que M. de Léry des ressources
admirables pour en faire une bonne place ; mais il
semble qu'il s'est attaché, en dépensant des sommes
immenses, à détruire les avantages que la nature avoit
prodigués à sa situation. M. de Pontleroy, qui n'auroit
dû trouver que des ressources et de l'encouragement,
n'a rencontré que des obstacles * et est contraint aujour-
d'hui de fermer la ville avec des palissades jointes et
crénelées de trois en trois pieds.

Telle est aujourd'hui notre situation, et elle étoit bien
plus cruelle le 9 de ce mois Mais M. de Bougainville,
qui arrivoit de France nous annonça dix-sept navires
conduits par M. Canon. Il partit le lendemain matin
pour porter à Montréal les dépêches de la cour, qui ne
doutoit pas des efforts que feroient les ennemis pour
s'emparer de la colonie. Elle pressoit M. de Montcalm
de prendre les plus promptes mesures pour s'opposer

---

* Cet avancé de Montcalm, aveuglé par sa haine contre
Vaudreuil, est formellement contredit par Pontleroy : " Le
marquis de Vaudreuil m'a laissé le maître de faire ce que je
jugerais nécessaire. Je vais, ajoute-t-il à M. de Moras, faire
travailler à l'indispensable en attendant vos ordres ". — *Lettre
au ministre*, 15 mai 1758. — NOTE DE L'ÉDITEUR.

au projet des Anglois sur Québec. On exhortoit à sacrifier quelques parties pour sauver le fonds et éviter une capitulation générale pour le pays, où il falloit faire les derniers efforts pour se conserver même dans un cercle plus étroit. Ces avis furent communiqués à M. le marquis de Vaudreuil que M. le marquis de Montcalm pressa à son ordinaire, demandant à descendre sur-le-champ à Québec afin de pourvoir à la défense du dehors, étant impossible de tirer parti du dedans. Tout fut inutile jusqu'au moment où, M. le marquis de Vaudreuil ayant reçu les mêmes avis de la cour, il lui permet enfin de partir de Montréal le 21, pour se rendre à Québec, où il arriva le 22 à sept heures du soir. Il eut sur-le-champ une conférence avec Monsieur l'intendant, dont il ne résulte autre chose, sinon qu'il n'y avoit rien de prêt.

Le 23 mai arrivèrent cinq navires par lesquels on apprit qu'une partie de la flotte angloise étoit mouillée à Saint-Barnabé, à soixante-dix-hnit lieues de Québec environ. On tint un conseil le matin chez Monsieur l'intendant, et l'après-midi on y assembla tous les capitaines de frégates ou navires avec les officiers de port, pour les exhorter à concourir avec les troupes à la défense du pays, tant par des expéditions maritimes qu'en fournissant aux travaux du génie et de l'artillerie une partie de leurs matelots, au nombre de trois cents, qu'on employa le lendemain à construire des lignes sur le bord de la rivière Saint-Charles sous la direction de M. de Caire, ingénieur arrivé avec MM. Fournier et de Robert du même corps, deux jours auparavant. Il fut proposé à cette assemblée de barrer la Traverse en y coulant dix des plus gros navires. Le sieur Duclos, capitaine de la *Schésime*, se chargea de faire construire une batterie flottante, le sieur Canon d'aller savoir des nouvelles de l'ennemi, et le sieur Legris d'aller pour le même objet à Halifax avec un bateau armé de douze hommes. On proposa aussi des batteries aux caps Tourmente et Brûlé.

A minuit confirmation de l'approche des ennemis par les signaux convenus et un courrier dépêché par M. de Léry, qui avoit été envoyé en bas pour donner des nouvelles. Dépêches à M. le marquis de Vaudreuil et des ordres pour faire descendre les troupes qui avoient passé l'hiver dans les gouvernements des Trois-Rivières et de Montréal, ainsi que pour faire retirer dans les profondeurs des bois, les femmes, les enfants et les bestiaux du bas de la rivière. Nouveaux embarras pour la défense de Québec, n'y ayant rien de fait et point de ressources pour faire ; suite nécessaire de la prodigieuse sécurité de M. le marquis de Vaudreuil. Il faut, pour en avoir idée, consulter les registres de M. de Pontleroy, ses lettres et les réponses de M. le marquis de Vaudreuil. Pauvre Canada ! la cour a été informée trop tard que M. le marquis de Montcalm, notre défenseur, n'avoit pas autant d'accès dans le cabinet de votre gouverneur que le dernier sous-lieutenant de l'armée. Eclairée sur un fait aussi vrai que peu vraisemblable, elle y a mis ordre. Puisse-t-il n'être pas trop tard ! On auroit pu prévenir le mal, et peut-être est-il ineurable !

Le courrier de M. de Léry empêcha MM. Canon et Legris d'aller à la découverte de l'ennemi. On a envoyé

M. de Courval à l'Ile-aux-Coudres pour y seconder
M. de la Naudière chargé de faire manœuvrer les cajeux.

Le 24 mai 1759. — Départ des officiers prisonniers
anglois pour les Trois-Rivières. Ordre à M. de Bourlamaque d'offrir et de demander à M. Amherst l'exécution
du cartel du 6 février pour l'échange des prisonniers.
Ce cartel regarde uniquement les troupes de terre et
doit avoir son exécution dans quelque partie du monde
que ce soit. M. de Lanbara, qui commandoit l'année
dernière le vaisseau l'*Aigle*, est parti avec cinq officiers
et quatre-vingt-dix matelots pour aller commander les
trois chebecs que nous avons sur le lac Champlain.
M. Pellegrin, capitaine de port, a été envoyé pour ôter
les balises de la traverse et y en substituer de fausses.
Arrive un courrier qui détaille la force des Anglois :
quinze voiles, savoir : trois vaisseaux de soixante, un
de quarante, quatre frégates, une gabare, deux grandes
péniches, deux canots, et deux bateaux.

M. le marquis de Vaudreuil est arrivé ce soir avec
M. Le Mercier. Tous les ordres donnés par M. le marquis de Montcalm ont été confirmés. On le consulte à
présent. Est-ce confiance ? Est-ce besoin ?

Le 25 mai. — Assemblée des capitaines de frégates
et de navires chez M. le marquis de Vaudreuil auxquels
il fut ordonné ainsi qu'à tous ceux qui sont chargés de
quelques détails, de se trouver tous les soirs au château
à cinq heures du soir, pour y prendre l'ordre du lendemain.

MM. de Bougainville et de Pontleroy sont partis
pour parcourir l'Ile-d'Orléans, afin de voir s'il étoit
possible d'y opposer quelque obstacle à l'ennemi. Con-

tinuation des travaux, lentement, peu de bras. Les vingt-cinq canonniers et les deux sergents du corps royal d'artillerie arrivant ont été incorporés dans l'artillerie de la colonie, pour un temps seulement. Ordre aux habitants de la Basse-Ville d'abattre les hangars qu'ils avoient sur les quais, afin d'y pouvoir construire les batteries projetées depuis deux ans. Ces batteries, appuyées à des maisons qui bordent le fleuve, seront d'un service difficile, attendu que l'ennemi pourroit faire écrouler les maisons sur le canon et le canonnier.

Le 26 mai 1759.—Arrivée d'un courrier de M. de Léry pour annoncer que les sauvages assurent avoir vu cinquante ou soixante voiles au Bic et dix à l'Ile-Verte. Cet événement, auquel on devoit s'attendre, jette l'effroi dans le peuple qui maudit de grand cœur son gouverneur et sa manière de gouverner. Retour de MM. de Bougainville et Pontleroy. Rien à faire à l'Ile-d'Orléans, non plus qu'à la Traverse, qui a près de sept cents toises, sur le rapport de M. Pellegrin. Vent de nord-est violent aussi favorable à l'ennemi que contraire à nos bataillons que nous attendons d'En-Haut. Décidé qu'on ne perdroit pas un moment pour décharger et armer les frégates, l'*Atalante*, la *Pomone*, le *Machault* et le *Maréchal-de-Senneterre*, pour les employer au besoin et que l'on prépareroit une goélette, deux bateaux et les navires l'*Ambassadeur*, les *Quatre-Frères*, l'*Américain*, l'*Angélique* et la *Toison-d'Or* pour faire huit brûlots, et que le surplus des bâtiments monteroit tout chargé jusqu'aux Trois-Rivières pour y servir de magasin pour les vivres et la poudre,

Le 27 mai 1759. — Nouvelles de M. de Léry. Quinze navires à l'Ile-aux-Pommes et quatre par le travers du cap Mouraska.

Retour de M. Courval ; impossible de tirer parti de l'Ile-aux-Coudres ; pas assez de temps. Les cajeux de nulle utilité ; grande dépense ; mais ils ont été faits par entreprise et par protégés.

Cette observation pourroit avoir lieu pour tous les objets de dépenses possibles, excepté ceux qui sont de la partie de M. de Pontleroy, où il mettra de l'ordre quelque effort que l'on ait fait pour l'en empêcher.

Deux courriers dépêchés à M. de la Naudière pour le faire replier à sa grande satisfaction. M. de Bougainville a fait une tournée à Beauport pour reconnoitre cette partie. La petite rivière du même nom et celle de Saint-Charles. Le régiment de Languedoc, contrarié par le nord-est, arrive en détail, cent Canadiens arrivés ; les uns et les autres campés à Saint-Roch pour être à portée des travaux. On a fixé à l'ordre le tarif des journées : chefs d'atelier et piqueurs, cinquante sols ; ouvriers, quarante ; journaliers, trente avec la ration de vivres, déterminée à une livre un quart de pain, et demi-livre de lard. M. de Courval chargé des cajeux, et MM. de Savournin et de Louche des brûlots. Continuation des travaux pour les rades, fortifications et artillerie.

M. de Pontleroy a reconnu et déterminé deux points dans la rivière Saint-Charles pour y échouer, deux vaisseaux qui formeront deux batteries fort utiles.

Le 28 mai 1759. — Onze voiles à la Prairie * à quinze

---

* C'est le nom du mouillage, sur la côte nord de l'Ile-aux-Coudres.

lieues de Québec. Le vent nord-est violent et continu. De Carillon : dix mille hommes à Lydius, vieilles troupes et dix mille nationaux. M. de Louvicourt s'est bien acquitté de la commission dont il avoit été chargé. Il a détruit sur le lac Saint-Sacrement une redoute flottante et plusieurs bateaux, a rapporté à Carillon plusieurs outils, du fer et de l'acier. Résolution prise à l'ordre d'établir à barbette les batteries qui environnent la Basse-Ville. J'ai été chargé de cette partie ; il y aura quarante-cinq pièces de canon, autant en haut avec neuf mortiers, mais tout cela n'empêche pas le débarquement à Beauport qui doit être l'objet essentiel.

Nota. — Les grands travaux effrayant, dans la crainte de ne pas finir on ne commence rien. Il étoit indispensable de construire les batteries de la Basse-Ville ; mais il falloit faire venir la terre de fort loin. En proposant des barbettes, on a mis l'ouvrage en train et il a été fini comme il devoit l'être. J'ai retranché le quai de la construction avec les bois qui s'y sont trouvés et fait une bonne place d'armes, la seule qui soit à Québec. Il falloit ou raser la Basse-Ville et l'abandonner, ou y construire les batteries avec des épaulements très hauts. Je l'ai toujours pensé même en proposant les barbettes, qui auroient été aussi ridicules là que sur les remparts de l'évêché où les pièces ne sont convertes que d'une genouillère de pierres très basse, et peu épaisse, batterie bien dangereuse pour le canon et ceux qui doivent le servir. Il y a deux ans que j'en ai dit mon avis pour la première fois. Les barbettes sont si fort à la mode, que M. Jacquot a établi les mortiers de cette manière. *Risum teneatis amici.*

M. le marquis de Vaudreuil disoit ce matin à propos de quelque précaution : " Rien ne presse ". L'avant-garde ennemie n'est pourtant pas loin. On presse les brûlots et les manœuvres de la rade, autant que les circonstances peuvent le permettre. Languedoc presque tout entier est arrivé.

Le 28 mai 1759. — Matin, lettres de M. de la Naudière ; même nombre de voiles à la Prairie.

A onze heures du matin, M. le chevalier de Lévis et le major général arrivent avec la tête des bataillons qui a fait plus de diligence que le temps n'en faisoit espérer. La disette du bois et la nécessité de les camper près des travaux ont empêché d'asseoir leur camp dès ce soir. M. le chevalier de Lévis le fixera demain. Deux miliciens du détachement de M. de la Naudière arrivent ce soir. Les ennemis descendent et se promènent à l'Ile-aux-Coudres. Ils ont trouvé deux canots d'écorce qu'ils ont brisés, ainsi que les débris des cajeux. On a parlé d'envoyer un petit parti pour faire un prisonnier. Notre monde commence à s'assembler. Décidé qu'on s'oceuperoit sans relâche à construire un pont sur la rivière Saint-Charles, dont la tête sera retranchée.

M. le marquis de Vaudreuil nous a dit à dîner que les Canadiens à droite, les sauvages à gauche, et les François au centre, les Anglois seroient sûrement battus. *Amen.* Mais il n'y a point de bois sur cette côte et il seroit nécessaire qu'il y en eût.

M. Pellegrin doit partir demain pour établir des signaux, qui indiqueront les mouvements de l'ennemi.

34

M. Fournier, ingénieur nouvellement arrivé, est destiné
pour aller retrancher l'Ile-aux-Noix dans le lac Champlain. C'est le lieu de retraite de M. de Bourlamaque,
lorsqu'il évacuera Carillon et la Pointe, après avoir fait
sauter ces deux forts.

Du 30 mai 1759. — Rien de nouveau sur la position
des ennemis et le nombre de leurs voiles. Les pluies
continuelles retardent les travaux. Les bataillons arrivent et seront campés au-dessus de l'Hôpital-Général.
Nous avons environ cinq cents Canadiens et une centaine de sauvages de différentes nations. Trois Acadiens
et un François, prisonniers de Beauséjour, se sont sauvés
de Boston le 5 de ce mois et sont arrivés aujourd'hui
par les terres. Ils rapportent que les Anglois destinent
soixante mille hommes à l'invasion du Canada en les
répartissant à la Belle-Rivière, Niagara, Carillon et le
bas du fleuve. La disette s'est fait sentir chez eux,
et la milice paroît fort découragée. On y a enrôlé
des enfants à coups de bâton, qui désertent quand ils
peuvent. Ils ajoutent que le bruit se répandoit qu'une
escadre françoise qui s'étoit rendue heureusement à la
Martinique, avoit défait un convoi de la Vieille-Angleterre, destiné pour la Nouvelle. Nos navires de Bordeaux
nous avoient dit la même chose, et que c'étoit M. de
Bompard qui commandoit cette escadre. On a longtemps
débattu si on armeroit quatre frégates pour nuire à
l'approche de l'ennemi par quelques mouvements, ou si
elles monteroient aux Trois-Rivières avec les navires
chargés de vivres; on n'a rien décidé. *Mémoire* présenté à M. le marquis de Montcalm par M. de Pontleroy
qui prouve que la Basse-Ville nous nuisant plus qu'elle

ne peut nous servir, il seroit à propos de l'abandonner, ou du moins de n'y pas employer à des travaux inutiles des bras qui seroient plus nécessaires ailleurs. Mon avis seroit bien de l'évacuer, de fermer la Haute-Ville, et de ne s'occuper qu'à recevoir l'ennemi à sa descente. M. Jacquot employé à construire le pont sur la rivière Saint-Charles s'est opiniâtrement obstiné à le placer ailleurs qu'on ne l'avoit résolu, de manière que, pour éviter les discussions qui tirent toujours à conséquence, quand il s'agit d'opérer avec célérité, M. de Caire a augmenté son ouvrage pour couvrir ce pont.

Du 31 mai 1759. — M. le marquis de Montcalm a parcouru la côte de Beauport. On nous promet deux brûlots pour après-demain. Nous avons éprouvé une chemise souffrée qui a très bien réussi. On n'a pas encoré décidé la question des frégates. A l'assemblée, on y propose beaucoup et on y résout rien. M. le marquis de Montcalm a fort pressé pour qu'on finisse une partie, avant d'en entreprendre une autre, et a donné un ordre par écrit pour la place, les dehors et la rade. Notre camp s'augmente sensiblement. La situation de l'ennemi la même. M. de Richerville est parti avec un détachement de cent quatre-vingts hommes, Canadiens et sauvages, pour tâcher de faire un prisonnier à l'Ile-aux-Coudres.

[er] juin 1759. — Un bâtiment chargé de vivres expédié pour le Canada, a été forcé de relâcher à Gaspé, où le mauvais temps l'a empêché d'entrer malgré plusieurs tentatives, la mer empirant tous les jours, et a relâché à Saint-Domingue d'où on l'a envoyé à la

Louisiane, afin de faire passer de là par les Illinois les dépêches dont il étoit chargé.

Le courrier des Illinois arrive aujourd'hui avec des remercîments des ministres à nos généraux sur la dernière campagne et l'affaire du 8 juillet 1758.

Des connoissances de M. le marquis de Montcalm lui font compliment sur le grade de lieutenant général que le Roi lui a accordé. L'affaire du 8 étoit sue à Paris avant l'arrivée de M. Péan, et l'on en fit imprimer au Louvre la relation telle que milord Abercromby l'avoit envoyée en Angleterre. La Louisiane que la disette faisoit souffrir, a reçu des secours considérables. M. Pouchot mande de Niagara que les Cinq-Nations y paroissent bien disposées, qu'il lui arrive tous les jours des sauvages en grande quantité qui paroissent aises qu'on ait changé le commandant de cette place. Il croit qu'il n'y a rien du tout à craindre pour cette partie, mais que tout l'effort des ennemis se portera sur Carillon et Québec. Il y a bien à craindre que M. Pouchot, caressé dans le cabinet de M. le marquis de Vaudreuil, n'en ait pris la sécurité. Il est parti pour Niagara pénétré du faux principe qu'il n'y avoit rien à craindre et qu'on pouvoit envoyer deux mille hommes à la Belle-Rivière. Il a été séduit, et les séducteurs n'ont d'autre objet que leur propre intérêt, et de continuer à gagner de l'argent lorsqu'ils opinent à reconquérir la Belle-Rivière. Deux officiers de marine envoyés pour reconnoître la qualité des vaisseaux ennemis, ont rapporté, contre ce qu'en disoit M. de la Naudière, qu'il y en avoit un de quatre-vingt-dix canons et non pas des frégates de trente à quarante, comme on l'avoit cru dans l'éloignement ; mais ceux-ci s'en sont approchés et ont bien vu. M. de Lotbinière fait un pont sur la rivière du Cap-Rouge, il faut bien avoir des communications par en haut puisque nous devons tirer de là nos subsistances. Monsieur l'intendant m'a dit que nous aurions ici quinze mille hommes, tout dépend de saisir le point et le moment du débarquement. Le conseil toujours orageux ; on a cependant pris un parti sur notre marine. Les navires chargés de vivres monteront aux Trois-Rivières, deux frégates à portée pour veiller à leur sûreté et nos deux frégates du Roi mouilleront à l'Anse-des-Mères avec une partie de leur équipage, pour empêcher que les ennemis ne tendent d'y descendre. Le surplus de leur monde sera attaché au service de l'artillerie. M. de Chassignol arrive de Carillon cette après-midi ; il paroît qu'il a brigué la commission. M. de Bourlamaque envoie à M. le marquis de Montcalm la déposition d'un prisonnier fait le 27 mai par M. de Langy, officier de distinction de la colonie, et qui s'est toujours acquitté avec autant de bravoure que de prudence des missions dont il a été chargé. On parle de rebâtir Chouaguen. Le général Amherst, venu à Orange, retourné à la Nouvelle-York, attendu incessamment pour prendre le commandement de l'armée. Il assure l'expédition sur Carillon ; les troupes qui montent à Lydius sont en mouvement, portant vivres, provisions et bateaux en proportion. Ils comptent sur cinq cents sauvages ormaïgans et agniers ; le général Johnson en a beaucoup, ci-devant François. Il dit qu'on viendra à Carillon par le lac Saint-Sacrement. Trois à quatre mille bateaux dans la rivière d'Orange, et à Albany beaucoup d'Artillerie pour cette opération. Projet de s'établir à la Belle-Rivière. Le général Wolfe attendu de la Vieille-Angleterre pour l'expédition de Québec. Suivant ce prisonnier, moins de milices que l'année dernière par la difficulté d'en trouver, découragées d'ailleurs par le combat du 8 juillet dernier. Combinaisons de marche pour les différentes opérations. Résolu qu'on exerceroit deux cents chevaux sous les ordres de M. de la Rochebeaucour. M. le marquis de Vaudreuil aussi tranquille que si l'ennemi n'étoit pas à toutes nos portes.

Du 2 juin 1759. — Les bras augmentent, les opérations de la marine vont leur train, brûlots, diables, carcassières, etc. Les travaux de l'artillerie trop étendus peut-être, mais le désarmement entier ou en partie des frégates lui fournira du monde, beaucoup de choses proposées au conseil, mais à l'ordinaire, tout s'est passé en conversation.

Point de nouvelles aujourd'hui de l'escadre angloise. Il me semble qu'étant si près de nous il seroit facile d'en avoir tous les jours. Coupure flanquée pour séparer la Haute-Ville commencée. Les habitations de l'Ile-d'Orléans l'abandonnent ; on y trouve .vingt mille minots de blé. S'il y en a partout ailleurs en proportion, pourquoi, depuis deux ans, le peuple meurt-il de faim et sommes-nous réduits à quatre et quelquefois à deux onces de pain ? Il n'est pas douteux que, si l'on avoit suivi l'avis de M. le marquis de Montcalm, inséré dans un *Mémoire* qu'il donna en 1756, nous n'aurions jamais manqué de pain. C'étoit d'acheter le blé de l'habitant de gré à gré. On a voulu le taxer à bas prix, se charger de nourrir le peuple à bon marché, le faire payer cher au Roi, et on a mieux aimé cacher le grain que de le vendre. M. Bigot a enfin adhéré au conseil et fait aujourd'hui offrir vingt-quatre livres du minot taxé à douze ; peut-être le payera-t-on plus cher, mais enfin il en faut, et il y a longtemps qu'il en faudroit. Concevra-t-on qu'on a failli mourir de faim l'année dernière avec des secours venus de France assez abondants ? C'est que la Société avoit envoyé la farine arrivée d'Europe aux Iles. Et voilà comme on s'enrichit !

Du 3 juin 1759. — Nouvelles de M. Pouchot du 23 mai. Grand conseil de sauvages. · Il est tranquille dans cette partie. Dieu veuille que cela dure !

Du 4 juin 1759. — Les cinq compagnies des grenadiers ont été campées à Beauport sous les ordres de M. de Bougainville, pour y travailler à retrancher cette côte.

Du 5 juin 1759. — Les travaux à l'ordinaire, M. de Pontleroy embrasse dans ses retranchements depuis la saline jusqu'à l'Hôpital-Général. C'est M. de Savournin, de la Sarre, qui les conduit.

Du 6 juin 1759.—MM. Pellegrin et Legris, capitaines de port viennent de sonder le fleuve pour s'assurer à quelle distance peuvent mouiller les vaisseaux dans toute la longueur de la plage de Beauport. Ils ont assuré par écrit et signé que les frégates ne pouvoient pas en approcher de plus près que sept cents toises, et le vaisseau de haut bord de neuf cents. Nouvelles de Carillon. Rien de nouveau. M. du Vernys fort occupé à l'Ile-aux-Noix ; M. Fournier, ingénieur, doit s'y rendre bientôt. A neuf heures du soir, les feux parurent

allumés et l'on y répondit par les signaux convenus.
Il est vraisemblable que c'est une augmentation des vaisseaux ennemis. A l'instant M. le marquis de Montcalm
donna ses ordres et fit ses dispositions. Il augmenta le
nombre des travailleurs, et M. le marquis de Vaudreuil,
alors à table, disoit : " Achevons de souper. Ce ne sera
rien ".

7 juin 1759. — Le détachement de M. de Richerville
n'a pas voulu remplir son objet d'aller à l'Ile-aux-Coudres ; les sauvages ne marchent que quand ils veulent.

M. Des Rivières avec quelques habitants de la dite
île et quelques sauvages y ont mis pied à terre. Ils
aperçurent deux chevaux dont l'un portoit deux jeunes
gens et l'autre monté par un seul ; ils tuèrent les
chevaux et prirent les trois jeunes gens qu'ils ont
amenés ce matin. L'un est le petit-fils de l'amiral. Le
détachement de M. de Bougainville a été augmenté de
cent Canadiens pour accélérer les tràvaux. M. le
marquis de Montcalm y a fait une tournée et a résolu
qu'on s'attacheroit d'abord aux travaux relatifs à la
défensive et que l'on pourvoiroit ensuite à ceux qui ont
rapport à la retraite. Demain on y joindra quatre cents
Canadiens de plus.

8 juin 1759. — Lettres de M. de Bourlamaque. Il
attend le retour de M. de Langy et commence à évacuer
les objets qui lui sont inutiles.

Nous n'avions pas besoin de la déposition de nos
trois prisonniers, pour nous persuader que les Anglois
feroient les derniers efforts pour se rendre maîtres de la
colonie en l'attaquant dans sa racine, le seul point qui
décide de tout le reste. Sans doute que l'on s'attend à

rassembler dans ce point essentiel tout ce que nous
avons de ressources. Voici l'état malheureusement
trop fidèle de nos forces :

Cinq bataillons de nos troupes de terre, deux mille
hommes ; les milices de Montréal et Trois-Rivières avec
les troupes de la Marine, cinq mille hommes ; sauvages,
environ deux cents. Le gouvernement de Québec fournira peut-être trois mille hommes, mais nous n'avons
encore rien de cette partie. Où pourroit-elle être mieux
et plus utilement employée qu'ici ? On s'occupe d'une
branche et le tronc est prêt à périr. La consommation
est cependant portée à onze mille cinq cents rations par
jour. Votre soif ne sera donc jamais satisfaite, sangsues cruelles qui semblent chercher tous les moyens
d'accélérer la perte d'un pays que nous essayons de
défendre avec tant de sueurs et de travaux ! On demande
des gouvernements des Trois-Rivières et de Montréal,
un supplément de douze cents hommes. Viendra-t-il
et viendra-t-il à temps ? Les canonniers et ouvriers
que j'oubliois, sont au nombre de trois cents. Les
troupes de terre fournissent mille travailleurs, et la
colonie quatorze cents. Le vent de nord-est constant

M. le marquis de Montcalm prend toutes les mesures
possibles pour tirer le meilleur parti de notre situation
et ne néglige pas d'assurer des subsistances à sa petite
armée, en cas qu'elle fût repoussée. Il a soixante mille
rations de biscuits à Saint-Augustin, des bœufs à Batiscan et des fours établis à Jacques-Cartier.

Les navires du munitionnaire, qu'on fait remonter aux
Trois-Rivières, serviront de magasin. La *Toison-d'Or*,
navire arrivé en brûlot, a failli occasionner de grands

accidents, à huit heures du matin. L'inattention des
gens qui le préparoient en a été cause, puisque la chaloupe, où l'on chauffoit le brai, étoit attachée et collée
au navire. Le feu a pris à cette chaloupe et fut dans
l'instant communiqué au vaisseau, qui, comme la mer
baissoit, a suivi le courant et a passé très près, jusqu'à
toucher même d'autres vaisseaux en rade ; heureusement qu'il n'étoit pas chargé de ses artifices. Il a péri
cinq hommes de son équipage.

9 juin 1759. — Courrier de MM. Aubert et des
Plaines. Huit bâtiments au pied de la Traverse. M. le
marquis de Montcalm a proposé à M. le marquis de
Vaudreuil d'envoyer M. de Courtemanche à l'Ile-
d'Orléans, et M. de Repentigny à Saint-Joachim, afin
d'avoir des postes avancés qui donnassent des nouvelles
de l'ennemi. Des canots sont destinés à couper, s'il est
possible, les balises que les ennemis auroient fixées
pendant le jour.

Ces années passées et cet hiver, on prétendoit ici que
les Anglois n'oseroient tenter de remonter le fleuve ; on
ne vouloit que du canon pour se défendre. Aujourd'hui,
M. Mercier paroît fort convaincu que l'ennemi viendra ;
il craint pour la Basse-Ville, pour laquelle il n'avoit
jamais eu d'inquiétude et demande à cor et à cri de la
mousqueterie. Il n'y a que le chapitre de la cupidité et
des voies odieuses de la satisfaire sur lesquelles on ne
voit point de conversion. Le jugement commence à
revenir à d'autres égards ; mais il est bien tard. En
général, on gémit de n'avoir pas suivi les avis des
généraux des troupes de terre. A chaque instant, une
occasion nouvelle fait naître ce remords ; les ennemis

auroient trouvé des obstacles à l'Ile-aux-Coudres et à la Traverse et ne seroient pas venus avec autant de sécurité si on les avoit suivis.

Pendant le temps que durera l'expédition, il seroit à souhaiter que cette incorporation jetât parmi ce peuple quelques semences de discipline et des autres vertus militaires. Les travaux de la plage de Beauport, vont assez bien ; ceux de la place ne vont pas tout à fait de même. Il est plus aisé de construire à neuf que de réparer du vieux et du malentendu dans le principe. Monsieur l'intendant s'est plaint aujourd'hui, sur les états de distribution qu'il avoit à la main, qu'il auroit été pris treize mille cinq cent soixante-quatorze rations de vivres. M. le marquis de Montcalm a sur-le-champ pris des mesures pour découvrir d'où pouvoit naître un excédent si extraordinaire. Quelque juste que soit son coup d'œil, je doute qu'il voie clair dans une eau qu'on s'attache à troubler. Quelles conséquences entraîne un tel abus !

M. de Courtemanche est parti avec cinq cents Canadiens ou sauvages pour l'Ile-d'Orléans. Les habitants de cette île demandent à l'aller défendre ; proposition acceptable ; ce sont leurs foyers, leurs champs ensemencés qu'ils auront à protéger ; leurs femmes et leurs enfants en sont dehors ; autant de raisons pour les y envoyer. M. de Repentigny est allé à Saint-Joachim avec deux cents hommes. Trois soldats se sont empoisonnés avec une plante fort ressemblante à la carotte et qu'on appelle carottes à Moreau, du nom de celui qui en fit le premier la malheureuse expérience. M. de Beaubassin arrive avec quelques sauvages qui ne croient pas que les ennemis tentent de pénétrer par la rivière Saint-Jean.

Arrivée du P. Germain, jésuite de réputation, avec soixante-dix sauvages d'En-Haut; mais cela mérite confirmation. Un sauvage abénaquis tué par une sentinelle; les sauvages ont assez bien pris ce malheur où la sentinelle n'avoit aucun tort.

Mémoire remis par M. le marquis de Montcalm à Monsieur l'intendant pour les crochets, échelles, etc., pour en cas d'incendie, mettre les toitures à bas, des seaux, deux barriques pleines dans chaque maison et des charretiers pour le transport. On a enfin décidé sur là moins mauvaise façon de retrancher la coupure qui séparera la Haute de la Basse-Ville; M. le marquis de Vaudreuil a pris la peine de s'y transporter pour en décider.

On a été obligé de communiquer à M. le marquis de Montcalm le marché en original avec le munitionnaire, en quarante-deux articles, pièce mystérieuse et secrète, inconnue à tout le monde, hors les intéressés. Le sieur Querdisien, commissaire, ne le connoît pas. Quelle pièce! M. de Vauquelin, commandant de la rade, officier estimé et indiqué par le ministre, se plaint du froid de M. le marquis de Vaudreuil qui écoute tout le monde et laisse dire et ordonner à Cadet qui dit: Ma flotte, mes navires, mes capitaines, et qu'on a laissé emporter aux bâtiments qui vont sur les derrières soixante pièces de canon de 12, tandis qu'on en manque. M. le marquis de Montcalm a demandé une revue, armement et disposition des milices de la ville; on a répondu : A dimanche; secondement, de nommer aux emplois vacants des officiers de ces milices dont les compagnies n'ont point accordé *(sic)*.   On a reconnu les gués à retrancher le long de la rivière Saint-Charles.

Du 11 juin 1759. — Les brûlots commencent à passer à l'Anse-des-Mèrcs. L'accident arrivé à la *Toison-d'Or* fait prendre des précautions pour en prévenir de pareils.   On en espère beaucoup, et il est bien à souhaiter que nos espérances ne soient pas trompées. On ne peut trop louer le zèle de nos officiers marins. On a décidé trois ponts sur la rivière Saint-Charles. Si nous ne manquions pas d'outils, de bois et de tant d'autres choses nécessaires, on emploieroit plus de travailleurs.   Les dépenses n'en ont pas été moins exorbitantes l'année passée.   M. de Beaubassin a annoncé quatre sauvages ; voilà des secours, cela ! Ce qu'il y a de plus singulier c'est que M. le marquis de Vaudreuil l'a envoyé au Long-Sault dans l'opinion d'en trouver. Il devoit y attendre des ordres de M. de Boishébert, dont il n'a pas ouï parler depuis le 28 avril. Le dit Boishébert, sujet médiocre, lettré, vanté, n'a jamais rien fait que le commerce qui lui a valu trois à quatre cent mille livres, mais point la guerre, et Beaubassin convient que son voyage n'a été et ne pouvoit être d'aucune utilité.

M. de Léry nous apprend que la flotte ennemie a augmenté d'un gros vaisseau, d'une frégate et d'un petit navire ; on en compte trente-deux depuis le Bic jusqu'au Cap-Tourmente.

La cavalerie se forme. Les difficultés augmentent ainsi que les dépenses et pourroient bien ne pas produire des effets équivalents. M. le marquis de Montcalm

a demandé par un *Mémoire,* manière dont il constate
toutes ses démarches, qu'il fût ordonné d'arrêter tous les
coureurs, vagabonds, etc., pour prévenir la désertion et
arrêter les espions.

Le sieur de Saint-Sauveur, secrétaire de M. le marquis de Vaudreuil, sur les nouvelles de M. Pouchot des
bonnes dispositions des sauvages, disoit il y a huit jours :
" Monsieur le général, vous voilà à même de reprendre
le fort Duquesne ". Le duc d'Olivarès pour consoler
l'imbécile Philippe IV de la perte du Portugal, disoit :
" Votre Majesté gagne le duché de Bragance ".

Les voitures manquent pour les fortifications mais
non pour voiturer les matériaux nécessaires pour faire
une casemate chez Mme Péan. Quelque tragique que
puisse et doive être le dénouement de tout ceci, on ne
peut s'empêcher de rire.

Du 12 juin 1759. — M. le marquis de Vaudreuil,
gouverneur général et en cette qualité général de l'armée,
a fait sa première tournée ; il faut bien que la jeunesse
s'instruise. Comme il n'avoit jamais vu ni camp ni
ouvrage, tout lui a paru aussi nouveau qu'amusant. Il
a fait des questions singulières. Qu'on s'imagine un
aveugle à qui on donne la vue.

Lettres de M. de Repentigny. Sept vaisseaux à la
Traverse. M. le marquis de Vaudreuil a dit que
Monsieur son frère Rigaud, qui n'est pourtant qu'en
seconde ligne à Montréal, envoie des colliers aux Abénaquis pour les empêcher de venir ici et pour les garder ;
on lui a envoyé des ordres pour le contraire. Les prisonniers Anglois n'ont jamais embarrassé, disoit-on ;
mais le frère Rigaud en est inquiet et ne sait qu'en

faire. Travaux de la rade en bon train. On promet pour dimanche dix-huit, la batterie flottante, quatre chaloupes carcassières, douze bateaux armés de canon, les cajeux et les sept brûlots, nombre déterminé et qui ne sera pas augmenté ; ouvrages et batteries arrêtés depuis la pointe de l'île à l'embouchure de la rivière de Beauport à celle de Saint-Charles. On continue de travailler à fermer la communication de la Haute à la Basse-Ville ; mais le mieux qu'on y puisse faire sera toujours mauvais.

Ordre aux travailleurs qui ont fourni leur ouvrage de la tête du pont de se porter au troisième pont pour le couvrir ; ainsi que les gués de la rivière Saint-Charles.

Du 13 juin 1759. — Rien de nouveau ; le premier courrier que nous aurons d'En-Bas nous instruira de l'effet qui y aura produit sur l'escadre angloise un gros vent de nord-est qui règne depuis deux fois vingt-quatre heures. Si toutes les divisions de la flotte ennemie étoient sorties de leurs postes elles doivent être fort près de nous.

M. le marquis de Montcalm a décidé par un calcul démonstratif que M. Cadet, gagnant sur la ration du soldat, pouvoit se résoudre à gagner moins sur celle de l'officier. Les difficultés que le munitionnaire a fait naître, sont le résultat nécessaire de la bizarrerie du marché qu'on a fait avec lui et de l'opinion où l'on étoit que, les ennemis respectant toujours Québec, on ne seroit jamais dans le cas d'y avoir une armée.

On a résolu de ne laisser ici que la quantité de bateaux nécessaires et de faire remonter le surplus, attention qu'on n'auroit pas eue sans M. le marquis de Montcalm.

Du 14 juin 1759. — Lettres de Carillon en date du 9 de ce mois ; rien de nouveau de la part de l'ennemi. M. de Lanbara y est arrivé à la tête de notre marine, consistant en deux chebecs. Nous apprenons par une lettre de M. Aubert que la flotte ennemie s'est accrue au Bic d'un petit navire, qui étoit sans doute un porte-nouvelles. Les huit vaisseaux qui étoient au pied de la Traverse, ont franchi aujourd'hui ce mauvais pas et nous voilà fort voisins.

J'ai accompagné M. de Pontleroy dans une tournée à Beauport pour voir les différents emplacements du canon, il seroit difficile à établir presque partout ; car le terrain y est très marécageux. J'ai eu l'honneur d'en rendre compte à M. le marquis de Vaudreuil qui m'a envoyé chez M. Mercier pour prendre à cet égard des arrangements.

Du 15 juin 1759. — M. Mercier ira demain à Beauport pour y tracer des batteries ; je l'y accompagnerai et y resterai avec huit canonniers et un sergent. Les sauvages, qui pour l'ordinaire marchent avec des précautions extraordinaires, se sont montrés trop tôt à l'Ile-d'Orléans, contre les ordres qu'on leur avoit donnés de se tenir couverts ; ils ont été vus et ne feront rien. On a reçu des lettres de Carillon du 9 de ce mois ; rien de nouveau dans cette partie. On mande de Montréal que les sauvages d'En-Haut commencent d'arriver.

M. le marquis de Montcalm a enfin levé les difficultés du munitionnaire sur le décompte des économies ; son marché, qui lui est connu, lui a fourni des preuves si claires du gain qu'il faisoit sur les dites économies qu'on n'a pas pu expliquer sur ses calculs *(sic)*.

Les miliciens du gouvernement et ville de Montréal qui doivent former la gauche de l'armée ont ordre de se tenir prêts à marcher pour aller occuper leur camp.

Le chevalier de Bernetz, ancien lieutenant-colonel du régiment de Royal-Roussillon, a été établi second commandant de Québec et chargé particulièrement de la Basse-Ville.

M. de Courval est allé reconnoître les bâtiments anglois qui ont fait la Traverse pour opérer avec des cajeux, manœuvre importante. M. Mercier n'a pas laissé échapper une si belle occasion de montrer son zèle et est allé de son côté pour voir de loin ces vaisseaux ; il en rendra compte et sera peut-être mis dans la gazette.

Un brûlot doit partir ce soir ; si le temps le permet, en outre trois matelots, avec une chemise souffrée de leur invention.

Du 16 juin 1759. — M. Mercier a prétendu que trois gros vaisseaux, une frégate et deux de transport, avoient fait la Traverse. Il a prétendu mieux, c'est qu'en établissant quatre pièces de canon de 12 dans un fond où elles ne seroient pas vues, il iroit les brûler à boulets rouges. Ce projet proposé à M. de Vaudreuil tout seul, il est parti avec quatre canonniers de son choix et quatre pierriers pour l'exécuter, nous en verrous l'événement ; mais je doute qu'on le sache jamais au vrai. Une batterie dans un fond, qui ne pouvoit être vue ! *O attitudo !* mystère.

M. Pouchot écrit du 4 juin et se croit en sûreté. Il a envoyé du monde et quelques vits de mulets à M. Des Ligneris. L'expression a fait rire M. le marquis de

35

Vaudreuil, qui n'a pas pris sans doute moins de plaisir à la neutralité des Cinq-Nations qui n'est peut-être pas plus sûre que la levée de la hache que les Têtes-Plates promettent.

La déposition de deux prisonniers qu'a faits le chevalier de La Corne nous annonce dit-huit à vingt mille hommes pour Carillon, dix mille employés à rebâtir Chouaguen, qu'ils partageront pour attaquer Niagara et la Présentation.

Du 17 juin 1759. — Huit berges angloises, au nord de l'Ile-d'Orléans, cherchent à y débarquer ; les sauvages qui y sont mirent sur-le-champ plusieurs canots d'écorce sur l'eau.

M. Mercier alors en chemin avec son canon fit tirer sur les berges, les fit éloigner, et nos sauvages n'en purent prendre qu'une, où il y avoit huit hommes, dont le plus considérable est un pilotin. Il résulte de leurs dépositions que le capitaine Gordon, commandant les bâtiments mouillés à l'Ile-d'Orléans, avoit expédié sept à huit berges armées et quinze hommes pour s'emparer d'un petit bateau (c'étoit un brûlot) mouillé vis-à-vis Saint-Joachim. Ils ont laissé à l'Ile-aux-Coudres, l'*Amiral* de quatre-vingts canons et deux autres de soixante-quatorze ; ils ont ouï dire que l'*Alcide* et le *Sunderland* et la frégate le *Richemond* étoient arrivés aux Sept-Iles. Ils n'ont connoissance d'aucun transport qui doit venir avec les amiraux Saunders et Holmes. Ils attendent la réunion de leur flotte sous quinze jours au plus tard. Elle doit être composée de vingt-deux vaisseaux de guerre, vingt à trente frégates ou galiotes à bombes, cent petits bâtiments de transport et de quinze à vingt mille hommes de troupe. Sur tous les bâtiments qui sont actuellement en rivière ils n'ont pas plus de sept cents hommes de troupes, rôdeurs de bois, commandés par le capitaine Gorham. Ils savent bien que nous n'avons que quatre frégates ; ils ne craignent que les brûlots et se gardent bien. Ils espèrent beaucoup d'un bombardement. Le sieur Vitré est leur pilote, ils ont peu de malades.

Les vaisseaux de ligne qui sont en rivière actuellement doivent monter jusqu'au Trou-Saint-Patrice, où M. Mercier doit établir un mortier qui fera peut-être plus d'effet que ses boulets rouges. M. de Repentigny, établi à Saint-Joachim, quitta son poste avec une partie de son monde pour se rendre à l'Ile-d'Orléans, à l'invitation de M. Mercier.

M. de Vaudreuil paroît dans le sentiment d'y faire passer six cents hommes de plus.

On a fait la revue des miliciens de Québec. M. le marquis de Vaudreuil n'a pu être persuadé de leur parler ni de les voir ; M. le marquis de Montcalm les a vus et les a harangués, ce qui a été répondu d'un cri général de : Vive le Roi ! On va travailler à diviser ces miliciens en trois classes, et à une disposition générale.

Trois cents hommes doivent aller joindre M. de Repentigny. Il arrive des miliciens de Montréal. On fait un commandement de mille hommes.

Les cajeux doivent partir, le 8 au soir, avec deux cents Canadiens en canots, pour les soutenir contre les berges, mais les Canadiens ont refusé net ; il n'y avoit nul officier pour leur parler et ils étoient réduits aux exhortations du P. Beausset, jésuite, qui les tournoit à

la manière de celles qu'on fait aux gens qu'on veut
pendre. M. Dumas est allé raccommoder le tout, et
M. de Vaudreuil est convenu qu'il falloit avertir le zélé
P. Beausset, très déplacé à tous égards.

Du 18 juin 1759. — Retour de M. Mercier triom-
phant. Renvoi des équipages des troupes de terre à
Deschambault. Les milices de la ville vont camper à la
droite ; appuyées à l'église de Beauport.

Détachement de trois cents hommes, dont cent soldats
de la colonie et deux cents Canadiens, pour l'Ile-
d'Orléans. On y envoie trois bateaux portant du canon.
Les quatre pièces de M. Mercier ont à peine touché les
bâtiments anglois ; la frégate lui a répondu avec aussi
peu d'effet ; peine inutile ! poudre aux moineaux !

Arrivée de soixante-douze Outaouais. Nouvelles de
Carillon du 10 et du 11 : cinq canonniers ont péri par
le feu qui a pris par des artifices.

Prisonniers faits du côté de Corlar et ramenés à
Carillon. Il paroît qu'il marche une armée de dix mille
hommes vers Chouaguen.

Nouvelles du 11 de la Présentation : les ordres de
M. de Vaudreuil sont d'évacuer la Pointe-au-Baril, la
Présentation et de ne soutenir que l'Ile-aux-Galops.

C'est de bonne heure retirer le cercle de notre défense ;
mais il paroît que l'avis de MM. de La Corne et Benoist
de concert avec les sauvages de la Présentation, est
d'aller au-devant et de hasarder un combat.

Du 19 juin 1759. — Les travaux ont été suspendus,
la pluie ne permettant pas de les continuer. M. l'intendant a proposé de renvoyer le gouvernement des
Trois-Rivières, et partie de celui de Montréal, de dimi-

nuer la ration de pain et d'augmenter celle de viande,
exposant qu'il n'a de quoi nourrir l'armée de Québec
que jusqu'au 10 septembre, les corps de la Présentation,
de Niagara et de la Belle-Rivière que jusqu'au 1ᵉʳ septembre, et celui de Carillon que jusqu'au 10 août.
Dans la position critique où se trouve la colonie à tant
d'autres égards, il est cruel de la voir encore menacée
par la disette.   Nouvelles sources de réflexions sur la
conduite de l'insatiable société qui s'est chargée de la
nourrir ! M. le marquis de Montcalm a proposé d'évacuer
tout le pays d'En-Haut, sauf une garnison de trois
cents hommes à Niagara.   Le marquis de Vaudreuil,
attaché à ses postes et à ses brillantes chimères de
reconquérir le fort Duquesne, compte sur des vivres
des Illinois.   M. le marquis de Montcalm a proposé
d'amasser des bestiaux et du blé en le payant de gré à
gré en argent blanc, seule manière de le faire résoudre,
et de donner des lettres à vue à ceux qui en auroient
fourni.   On a écrit en conséquence à M. Martel ; M. le
marquis de Montcalm lui en a écrit aussi en particulier et de son chef aux Sulpiciens et à M. Deschambault, avec une lettre ostensive au dit Martel, propre à
inspirer de la confiance aux habitants de la part de
l'intendant ; car le public, si souvent trompé, n'y en a
guère.   Notre général a pensé que ce n'étoit pas le
moment de diminuer la ration ; ce n'est pas sans peine
qu'on parviendra à établir de l'ordre dans la ville et la
rade.

Du 20 juin 1759. — Nouvelles de quatorze navires
qui ont paru à l'Anse-aux-Coques, quatre lieues au-
dessous de Saint-Barnabé.   On s'attend à en voir

augmenter le nombre incessamment. Cela fait balancer à renvoyer le gouvernement des Trois-Rivières, parti que M. le marquis de Vaudreuil avoit adopté.

M. Mercier auroit besoin de toute l'armée pour servir son artillerie qui ne tirera ni bien, ni longtemps.

Monsieur l'intendant écrit qu'on achète du blé à quelque prix que ce soit, argent comptant monnayé, lettres au premier terme, et de briser sa vaisselle d'argent, dont il a envoyé partie à Montréal, pour donner le poids à ceux qui ne vendront qu'en voyant le métal. Précaution tardive ; si nous sommes pris et pillés, l'intendant sauveroit par là quelque chose du pillage.

Du 21 juin 1759. — Les Canadiens, qui s'étoient toujours persuadés qu'une escadre angloise, n'oseroit jamais tenter de remonter le fleuve Saint-Laurent, et traitoient toutes leurs manœuvres d'une vaine démonstration, commencent à croire que ceci passe la raillerie, depuis que, par une lettre du 18, M. Aubert nous apprend que la flotte s'est augmentée de cent trente-deux voiles. Cette nouvelle a fixé les indécisions sur le renvoi des milices du gouvernement des Trois-Rivières, et l'on a résolu en même temps de ne point diminuer la ration des vivres jusqu'au 20 juillet, que l'on donnera en bœuf le double du poids qu'on retranchera en pain. Tel a été l'avis de M. le marquis de Montcalm, vu la nécessité de ménager les vivres sans exténuer le soldat ; car alors le bœuf sera très bon et très gras.

M. le marquis de Vaudreuil a pris le parti *proprio motu* de désarmer les deux frégates, qu'on enverra à

Richelieu, et d'en donner les équipages pour le service de l'artillerie, qui est en si grande abondance qu'elle absorbera une grande partie de l'armée sans opérer de grands effets. M. le chevalier de Lévis appuie à gauche des lignes au Sault-Montmorency et a ordonné ce matin treize redans, deux redoutes et deux batteries dans cette partie, quoique très forte par sa situation.

Il a été question de porter quelques troupes à l'Anse-des-Mères et à Sillery ; point d'accord sur le nombre.

C'est M. le marquis de Vaudreuil qui commande l'armée, et, dans le cas d'un malheur, avec quel soin n'en rejetteroit-on pas toutes les fautes sur M. le marquis de Montcalm.

M. de Ramezay, lieutenant de Roi de Québec, a fait et communiqué le dénombrement des milices de la ville. On y comprend une compagnie d'écoliers des Jésuites, que des mauvais plaisants appellent Royal-Syntaxe, les Acadiens, cent soixante-quatorze charrons, ouvriers non combattants quatre cent soixante, pour le service journalier. L'étoffe manque à tous égards, et on parie encore que les Anglois ne viendront pas.

M. de Léry, a reçu ordre de se replier avec les habitants de la côte du Sud.

M. de Vaudreuil veut toujours augmenter ses postes à l'Ile-d'Orléans et à la côte du Nord, ou du Sault-Montmorency. *Cui bono ;* il falloit aider la nature dans ses points essentiels ; mais s'y prendre il y a deux ans.

M. le marquis de Montcalm a donné un *Mémoire* sur cet article de l'usage à faire des brûlots. M. de Bourlamaque nous envoie un habitant de la paroisse de Lotbinière qui a communiqué il y a deux ans ses idées neuves sur les brûlots. Cette partie relative à la brûlure coûtera un million, et j'ai grand'peur qu'il n'y ait que Québec qui éprouve ce malheur. Les remparts de Rebbais (?) au lieu des sermons du P. Beausset.

Répétons aux Canadiens :

Posce animum fortem, mortis terrore carentem.

Les dispositions de M. de Bourlamaque sont très bonnes. Aucun de nos postes en haut ne paroît absolument menacé. C'est que la marche de l'ennemi est combinée et qu'il veut agir partout à la fois. Il y a apparence que ce moment est décisif pour la colonie. M. Dumuys paroît content de l'Ile-aux-Noix sur le lac Champlain ; les retranchements et batteries y avancent.

Le conseil a été plus tumultueux et plus inconséquent que jamais ; le désordre s'accroît à mesure que le dénouement s'approche. Quel sujet pour une pièce de théâtre qui réuniroit tant de gens, et des situations bien neuves pour l'ancien monde !

Du 22 juin 1759. — Conseil de guerre, pour diminuer les perplexités de M. de Vaudreuil, composé de MM. le marquis de Montcalm, le chevalier de Lévis, Bigot, de Montreuil, de Ramezay, de Bernetz, Dumas, de Pontleroy, Mercier, et l'avis de M. le marquis de Montcalm ci-dessous par écrit :

" Il est nécessaire d'occuper la Basse-Ville ; ne fut-
" ce que pour en imposer à l'ennemi et empêcher que la
" communication de l'armée ne soit coupée par la partie
" de la rivière Saint-Charles ; mais il est en même
" temps nécessaire de ne pas y exposer des hommes

" inutilement.   D'après ces deux principes, mon avis
" est : Premièrement, de continuer à fermer ; seconde-
" ment, de laisser les batteries telles qu'elles y sont ;
" troisièmement, de faire venir à l'approche de l'ennemi
" tout ce qui y habite dans la Haute ; quatrièmement,
" si Monsieur l'intendant a assez de tentes, de faire
" camper dans la Haute, en trois parties, les habitants,
" de n'avoir dans la Basse que des gardes, qu'il faudroit
" même blinder si on en a le temps, d'ailleurs faire
" coupures sur coupures à la Haute-Ville, si les ouvriers,
" outils et le temps le permettent ; d'ailleurs la garnison
" ne peut être moins que d'environ quinze cents hommes.
     " M. de Ramezay a donné un état de huit cents,
" dont à déduire cent soixante-quatorze qu'il emploiera
" aux travaux particuliers, reste au plus six cent vingt-
" six.   M. Mercier aura suivant sa demande pour le
" service de son artillerie neuf cents hommes.   Je
" suppose qu'il emploie deux cents à l'artillerie de
" campagne ; il ne lui en restera que sept cents, qui
" joints aux six cent vingt-six hommes, et, par consé-
" quent à peine le nombre nécessaire à la garnison ;
" ainsi, d'avis de les lui donner, pourvu que, par un
" accord qui est nécessaire entre lui et le commandant
" de la place, ils seront à la garnison, lorsque les batte-
" ries seront éteintes, ce qui ne tardera pas, si c'est
" le projet de l'ennemi.   Au reste, la manœuvre de
" l'ennemi déterminera celle de l'armée ; car s'il s'atta-
" choit uniquement à canonner et à bombarder la ville,
" il faudroit la secourir par un mouvement de la droite,
" dans le cas d'une attaque, et en faire retirer par

" détachement la garnison, si elle souffroit trop d'un
" bombardement.

" Les bateaux, canonnières, devant servir à éclairer
" les mouvements de l'ennemi, si l'on me demande quel
" monde je pense qu'il faudroit pour la Basse-Ville.

" Je dis qu'il faudroit faire une première salve à
" l'ennemi pour tâcher de leur en imposer ; si cela dure,
" se réduire au service de la batterie du quai, de la
" construction de M. Levasseur, tant qu'elle pourra se
" conserver en tout. Aussi deux cents hommes pour
" cette artillerie suffiront et cent hommes de garde
" ordinaire en attendant le moment d'une attaque de
" vive force, dont je doute autant que je suis convaincu
" qu'ils incendieront par canonnade ou bombardement.

" Si la Basse-Ville s'incendie il faut l'abandonner et
" la laisser brûler, pour se réduire à empêcher que la
" Haute ne brûle. Tant que l'incendie brûlera, l'ennemi
" ne s'en emparera pas. L'incendie fini, réoccuper les
" masures et rétablir les batteries, si cela est possible ;
" si cela ne se peut, s'en tenir aux hommes et à la
" mousqueterie. A l'égard des maisons, il faudroit en
" détruire le moins possible ; mais ne pas hésiter sur
" les toitures. Si la destruction des maisons pouvoit
" assurer le succès de la colonie, il n'y auroit pas à
" hésiter ; mais il est inutile d'abattre des maisons pour
" ruiner des habitants sans nécessité. Tel est mon avis.

" Voici l'état de nos richesses au 23 juin 1759 :

Dans les magasins
à poudre .... 193,271 livres 232,951 livres de
Gargousses........... 39,680   "   poudre.

Consommation

Pour les pièces de la Basse-Ville, à raison de trente coups par pièce.........	16,900 livres.
Pour les remparts, à raison de cent coups par pièce	35,900 "
Pour quatre mille bombes ou obus, à raison de 16 livres	64,000 "
25 pièces le long de la ligne, à quarante coups chaque	5,000 "
Pour quarante pièces, tant au quai du Palais que le long de la petite rivière, à cent coups pièce	2,000 "
Pour la batterie flottante et trois carcassières, à soixante coups	5,000 "
Pour sauvages et Canadiens, à trois mille par jour pendant trente jours..	90,000 "
	218,800 livres.

" Je ne parle point de la consommation des troupes " de terre et de la colonie, y ayant des cartouches " faites, ni des dix milliers de poudre qui doivent " rester dans la place, si elle capitule.

" J'observe sur là même que la Basse-Ville, si l'en-" nemi s'y présente, consommera pendant une marée " des munitions ainsi que le rempart.

" Les munitions déposées pour la défense de la des-" cente, ainsi que les pièces de canon, seront vraisem-" blablement perdues si nous sommes forcés.

" Je supplie Monsieur le général, d'après l'exposé, " de me donner ses ordres sur la quantité des poudres à

" envoyer à la Jeune-Lorette, derrière le Cap-Rouge,
" au Cap-Santé; et, comme nous n'avons ni gardes ni
" magasins établis pour leur conservation contre les
" accidents et les coups de main de l'ennemi, je le
" prie de vouloir bien prononcer à cette occasion.

" Il n'y a point de poudre en arrière de Québec
" jusqu'à Montréal que celle qui a été réservée, tant
" sur les frégates du Roi que sur les bâtiments du
" munitionnaire, dont j'ignore la quantité; l'on peut
" aussi avoir disposé de partie de celle de Montréal.

" A Québec, le 28 juin 1759.

Signé à l'original,

Le chevalier LE MERCIER,

" et pour copie conforme à l'original,

MONTCALM ".

Dès l'après-midi, visite pour les toitures à ôter,
maisons à abattre, bans battus pour les habitants à se
retirer à la Haute, ceux de la Haute à les recevoir, y
déterminer la garnison à huit cents hommes milices,
cent dix hommes de troupes de la colonie, sept cents
hommes matelots ou servant pour l'artillerie, etc...

Formation d'une troupe à cheval aux ordres de
M. de la Rochebeaucour, deux cents chevaux uniquement bons pour ordonnances, patrouilles, aller vite se
battre à pied.

Quatre-vingt-quatre vaisseaux aux Pelerins, du 22.
Ces gens-là meilleurs marins profitent de tous les
instants, louvoyent même dans la rivière; nos marins
veulent toujours un vent fait et mal à propos, ont

toujours présenté les difficultés de la rivière à la cour comme insurmontables.

Je ne suis pas surpris que les pilotes abusent de la confiance ; mais notre marine françoise, depuis la découverte du pays ? N'a-t-on pas pu sonder et connoître la rivière ? La Traverse, cet obstacle invincible, n'avoit que cent quatre-vingts à deux cents toises et les gros vaisseaux anglois la font à toutes les heures. La ridicule sécurité avoit fait négliger de s'instruire jusqu'à présent de l'éloignement où les gros vaisseaux et les frégates pourroient mouiller de la plage de Beauport ; c'est depuis quelques jours qu'on s'en est instruit.

Du 23 juin 1759. — Les derniers prisonniers anglois ont été envoyés à bord de la frégate du capitaine Canon.

Nous avons une artillerie aussi considérable que si nous avions un million de poudre. M. Mercier multiplie le canon.

Ce dernier objet fait désarmer les deux frégates qu'on renvoie au Richelieu.

M. Mercier a persuadé M. de Vaudreuil à cet égard, comme il le fait depuis si longtemps à tant d'autres.

M. de Querdisien avoit proposé d'y laisser soixante à quatre-vingts hommes ; ces frégates auroient servi à empêcher l'approche des berges ; et, si ces vaisseaux s'étoient présentés, le même vent qui les auroit approchés auroit facilité leur retraite, en coupant leurs amarres.

M. le marquis de Montcalm a déterré une ancienne carte aux Jésuites, qui marque six brasses de fond partout dans la Traverse. Concluons que nos pilotes sont menteurs et fanfarons et que nos marins négligent bien leur métier.

Approche de la flotte ; rien de plus nouveau.

Du 24 au 27 juin 1759. — Trois vaisseaux à la vue de la pointe de Lévis et une file immense entre cette côte et l'Ile-d'Orléans. Nos brûlots, cette chère expéricuce, par des malentendus et peut-être pis, devoient opérer le 26 et sont encore dans notre rade ; même célérité dans les cajeux. Les temps contrarient fort nos travaux.

Mémoire ci-joint de M. Mercier, deux cent trente-trois milliers de poudre à consommer, n'en ayant que deux cent trente-deux. Il y a depuis longtemps de grands abus dans cette partie, soif de l'or, source de tous nos maux.

M. le marquis de Montcalm sollicite depuis deux jours pour évacuer les côtes, replier Léry et retirer le poste hasardé de l'Ile-d'Orléans.

Nouvelles de Carillon du 21. L'ennemi commence à s'approcher de Lydius. Lettre en réponse et très polie du 17 du général Amherst. Il a reçu de sa cour les ordres relatifs au cartel pour l'échange et rachat des prisonniers qu'il va rassembler en conséquence.

Mme la marquise de Vaudreuil est partie ce matin 27 ; elle a attendu jusqu'au dernier instant. Son époux, plus ferme qu'un roc, seroit plus inquiet si son dîner retardoit d'un quart d'heure qu'il ne le paroît aujourd'hui. Si cette sécurité avoit sa source dans la bonté de la tête, dans les bonnes mesures et dans cette fermeté d'âme qui caractérise les grands hommes ! Mais pas un mot de tout cela.

Les bataillons de Guyenne et Royal-Roussillon viennent camper à Beauport; il est temps qu'ils prennent connoissance du local. M. de Bougainville a pris dès hier de sûres mesures pour n'être pas surpris. Si nous avons le temps de tout finir, nous aurons trente pièces en batteries sur cette plage et les redoutes et redans ci-après de la droite à la gauche :

Batterie de la Pointe-à-Roussel, 3 de 12 flanquées de deux redans;

Batterie Pasquet 3 id. 12 idem;

Batterie de la Canardière 4 de 12 flanquées de 2 redans;

Redan de la Morille;

Redan Chalifour;

Redan de Vienne;

Redan du vieux camp avec une batterie, 3 pièces de 8;

Redan des Tours;

Redan de Parauts avec une batterie, 3 pièces de 8;

Redoute de l'embouchure de la rivière de Beauport;

Redan de la gauche;

Redan du Chesnay;

Redan Salaberry;

Redoute sous l'église avec ses deux batteries, quatre de 12;

Batterie Saint-Louis avec deux redans projetés;

Redoute du Sault avec une batterie, 3 de 8.

Un coup de vent violent qui s'est fait à deux heures après-midi, nous fait espérer que la flotte ennemie, fort entassée dans un canal étroit, aura essuyé quelque accident. Il est assez vraisemblable qu'en pareil cas une flotte françoise auroit péri. L'orage a suspendu nos travaux et nous fera peut-être plus de mal qu'à l'ennemi ; car la vraie perte est celle du temps.

Du 28 juin 1759. — On nous a fort assurés qu'un vaisseau de haut bord avoit péri du coup de vent d'hier, mais je ne vois que des probabilités dans les récits. La vérité est que plusieurs chaloupes et canots ont été jetés sur notre côte, le singulier de l'aventure est que notre gros détachement de l'Ile-d'Orléans a vu sans s'y opposer les Anglois y débarquer en désordre, pendant ce moment qui auroit dû leur devenir fatal. Les éléments n'y font rien. Il faut espérer que nos brûlots qui doivent partir ce soir auront un meilleur effet. Le détachement s'est replié.

M. le marquis de Montcalm est arrivé ce soir avec les trois bataillons de la Sarre, Languedoc, Béarn *. Le gouvernement de Québec s'assemble et campe à la droite ; le centre est occupé par nos bataillons ; et la gauche, que commande M. le chevalier de Lévis, sera défendue par le gouvernement de Montréal et les troupes de la marine.

J'attends avec impatience les munitions de notre artillerie. M. Mercier chargé à Québec de la justice, police, finances et surtout d'accroître les siennes, ne néglige peut-être que la seule partie relative à son métier. Les troupes manquent de munitions par la même cause. On a décidé que les trois officiers d'artillerie rouleroient ensemble pour le service de la place et celui de campagne. Mauvais arrangement. L'un d'eux

* A Beauport.

est le seul au fait de cette dernière partie, où il travaille depuis quinze jours, et est peu instruit des détails de Québec ; il n'y connoîtra rien ; et les autres rien ici. Il semble qu'on s'attache à réunir tout ce qui peut concourir au mauvais succès.

Du 29 juin 1759. — Nos chers brûlots ; cette épithète convient fort, car ils coûtent quinze à dix-huit cent mille francs, de la fourniture de Mercier qui fait les choses en conscience. Ces chers brûlots sont partis hier au soir ; on a mis le feu à trois lieues de l'ennemi *(sic)*. M. de Louche qui les commandoit sans en avoir l'ordre précis s'est cependant approché le plus près de l'escadre. Ils n'ont vraisemblablement opéré que quelques mauvaises plaisanteries, auxquelles les Anglois n'auront pu se refuser. Un d'eux a sauté avec le capitaine, et son équipage. Le sieur de Louche se plaint que Monsieur l'intendant et M. Mercier les ont forcés de partir avant d'être entièrement préparés et semble reprocher à ces Messieurs d'accélérer ainsi les opérations pour qu'elles soient sans effet. Un des capitaines a dit : " Messieurs, " nous nous sommes lâchement comportés. Il reste " un brûlot ; lavons notre honte dans le succès ou la " mort " ! Un seul a accepté ; le reste n'a dit mot. M. le marquis de Montcalm a fait ce matin le tour de la plage avec M. le chevalier de Lévis ; la marée montante les a arrêtés à la Canardière, d'où ils partiront cette après-midi pour voir jusqu'à l'embouchure de la rivière Saint-Charles. M. Mercier a enfin envoyé des munitions avec sa précision ordinaire, la moitié du nécessaire et méprise sur les calibres. Nul ordre dans la marine ; M. Jacquot me disputoit encore mon rang, et, si M. le marquis de

36

Montcalm n'avoit pas donné son avis signé je serois encore subordonné à mes cadets.

Du 30 juin 1759. — La flotte fit hier au soir quelques mouvements. La tête s'est approchée de l'Ile-d'Orléans. Il y a apparence que nous verrons bientôt le dénouement de nos affaires.

On attend aujourd'hui M. le marquis de Vaudreuil et Monsieur l'intendant au camp. Mais vraisemblablement ce n'est pas ce qui doit opérer des changements en bien, pourvu du moins qu'ils laissent faire. Sur les dix heures du matin, quatre de nos petits bateaux ont appareillé à la vue d'une chaloupe qui paroissoit vouloir doubler la pointe de l'Ile-d'Orléans. Cette chaloupe s'étant retirée, il a paru plusieurs berges que nos bateaux ont mis en fuite de fort bonne grâce, à coups de canon ; elles se sont retirées sous leurs vaisseaux. Nous avons appris à midi que M. de Léry fusilloit avec des coureurs de bois, que les Anglois ont mis à terre au delà de la pointe de Lévis. Des Outaouais et Abénaquis y ont passé. Sur les trois heures, les Anglois y débarquèrent et nous aperçûmes une colonne assez considérable auprès de l'église. Pareil débarquement à l'Ile-d'Orléans. Cette manœuvre nous a fait soupçonner que l'opération de l'ennemi devoit être prochaine. M. le marquis de Montcalm est allé en ville pour engager M. le marquis de Vaudreuil à faire un gros détachement pour la pointe de Lévis, avant que les Anglois y soient établis. Il revint sur les neuf heures et nous apprit que les sauvages avoient fait un prisonnier qui déposoit que nous serions attaqués entre dix et onze heures du soir, que nous n'avions affaire qu'à dix mille hommes, et que le front d'attaque devoit s'étendre depuis la rivière de Beauport jusqu'à celie de Saint-Charles.

M. le chevalier de Lévis reçut ordre de se replier et de dégarnir un peu la gauche. Les Canadiens bordèrent la grève vis-à-vis de leur camp en s'étendant sur leur droite, nos troupes au centre et le reste des Canadiens appuient leur gauche au ravin de Beauport ; la troupe à cheval dans la cour de la Canardière pour être prête au besoin. M. le marquis de Montcalm parcourt toute la ligne avec M. de Bougainville et des aides de camp, dont M. de Caire, ingénieur, faisoit les fonctions suivant l'usage. M. le marquis de Vaudreuil et l'intendant étoient arrivés et restèrent chez eux tout prêts à monter à cheval pour se sauver. Je me rendis à la batterie de la Canardière pour être à portée d'approvisionner celle que j'avois à droite et les deux de la gauche, jusqu'au ravin de Beauport ; car M. Mercier m'avoit envoyé un ponton chargé de munitions et de canonniers. Pendant que je faisois mes arrangements arrive M. Mercier précédé de deux canonniers le sabre à la main, M. de Lusignan et M. de la Bruyère. Ce que j'avois prévu arriva. Lusignan, qui ne connoissoit pas le terrain, passa la nuit à la maison de la Canardièrè, ne sachant où donner de la tête pour se rendre à la batterie du ravin. Je passai la nuit à celle de la Canardière avec Mercier. Les troupes attendirent inutilement la descente des Anglois ; on les fit rentrer au point du jour. Un instant après, quelqu'un s'avisa de crier : Alerte au camp des Canadiens, à la droite ; ce troupeau sort sur-le-champ de ses tentes et fait un feu de mousqueterie des plus vifs. La ville que cette fusillade alarma battit la générale et nous crut attaqués. Cette pétarade achevée, on rentra dans les tentes et tout fut tranquille. Mercier, Lusignan et la Bruyère retournèrent en ville, et je vins me coucher à sept heures du matin avec la fièvre qui m'empêcha d'aller tracer la batterie Saint-Louis, comme je l'avois promis, à M. le chevalier de Lévis.

Suivant la déposition du prisonnier, l'ennemi croit toutes nos forces en haut, et que nous n'avons ici que trois ou quatre mille hommes. On a agité si l'on feroit passer un détachement à la côte du Sud.

Ce projet avoit été conçu par M. le marquis de Montcalm qui n'étoit allé en ville que pour y déterminer M. le marquis de Vaudreuil. Le prisonnier empêcha l'exécution ; devant être attaqué le soir, n'eût-il pas été imprudent de se dégarnir ?

1er juillet 1759. — Nos chaloupes carcassières ont tiré plusieurs coups de canons. Le vaisseau le plus avancé y a répondu ; poudre perdue ! Les ennemis paroissent plus nombreux à l'Ile-d'Orléans qu'à la pointe de Lévis. On croit qu'ils se retranchent dans l'un et l'autre endroit. Le prisonnier persiste à dire que le parti étoit pris de descendre hier à Beauport ; que M. Wolfe est homme d'expédition et qu'il compte se joindre avec le général Amherst devant Québec.

Un coup de canon à la pointe du jour servira de signal pour faire prendre les armes à nos troupes.

2 juillet 1759. — Les ennemis ont fait quelques mouvements dans leurs deux camps, décampé et recampé à l'Ile-d'Orléans. Une partie de l'autre a filé le long de

la côte du Sud, et s'est portée vis-à-vis la ville où l'on prétend qu'ils établissent des mortiers.

Après dîner * M. le marquis de Montcalm m'a fait entrer dans son cabinet, où il m'a dicté un *Mémoire* relatif à l'expédition de la pointe de Lévis. Il le remit sur-le-champ à M. le marquis de Vaudreuil. Cette proposition, présentée dans tous ses détails et ses points de vue, n'a pas été acceptée.

3 juillet 1759. — Le camp de l'Ile-d'Orléans paroît augmenté. M. le marquis de Montcalm propose de dégarnir la gauche en laissant le camp tendu, de se faire une réserve et de rétrécir par là notre ligne de défense prodigieusement étendue.

4 juillet 1759. — L'irrésolution du généralissime a fait que, malgré la résolution prise hier au soir, les choses sont restées à peu près dans le même état.

La droite a été cependant fortifiée de la réserve de M. de Repentigny, composée de cinq cents hommes, Canadiens choisis qu'on a tirés de la gauche. L'on y a fait passer la troupe à cheval dont jusqu'à présent on tire assez bien partie pour ordonnances et patrouilles; il n'en faut même guère attendre d'autre. Envoi de l'amiral Saunders pour renvoyer à Québec vingt-deux femmes ou enfants qu'il avoit à son bord. Réponse très polie de M. le marquis de Vaudreuil dont M. Mercier a été porteur, comme commandant de l'artillerie; on auroit dû éviter de l'envoyer, mais comme chancelier c'étoit à lui à porter la parole.

---

* Le journal paraît tenu ici par Marcel, troisième aide de camp de Montcalm.

Du 5 juillet 1759. — Tournée du marquis de Montcalm à la droite pour terminer une prolongation de
retranchement, une batterie et une redoute à la pointe
Saint-Charles.

Les Canadiens chargés de travaux ; le régiment de
Royal-Roussillon a commencé ce matin un retranche-
ment pour défendre l'embouchure de la rivière de
Beauport.

On a incorporé dans les quatre bataillons de la Sarre,
Royal-Roussillon, Languedoc et Béarn trois cents Canadiens d'augmentation. Par cet arrangement, ces quatre
bataillons se sont chargés d'occuper les postes du régiment de Guyenne, et ce bataillon sera en réserve pour
se porter partout où besoin sera, depuis la rivière de
Beauport jusqu'à la rivière Saint-Charles.

Le marquis de Montcalm a été visiter la ville de
Québec. La milice y paroît peu disposée ; outre la
propension à la mutinerie elle se plaignoit avec raison
que, faisant un service plus vif qu'à l'armée, on ne lui
donnoit qu'une demi-livre de pain. On lui a accordé
la ration. Ils demandent un équipement et ont encore
raison. Le marquis de Vaudreuil, dit-on, n'en a jamais
donné aux garnisons dans le Canada et il a fallu beaucoup de logique pour lui faire comprendre qu'on ne
pouvoit appeler garnison ordinaire des milices qui sont
au moment d'être bombardées et canonnées.

Au moment que cette garnison a dû monter la garde,
il y a eu de la fermentation ; le marquis de Montcalm
leur a parlé fermement et a menacé d'en faire pendre un
avant que de sortir de la ville, il leur a dit de bonnes
raisons et tous ont crié : Vive le Roi !

La ville de Québec ne sera pas fermée hermétiquement, mais tant bien que mal, samedi au soir, *Deo Juvante*. On y fait de temps en temps des découvertes. Les sauvages ont appris à M. de Pontleroy une rampe accessible à passer trente hommes de front.

Le marquis de Montcalm a demandé à M. Mercier s'il auroit un pétard et comment il ne s'en est point trouvé dans la colonie.

Il lui a proposé seulement de mettre un obusier à la batterie du moulin, au delà de la rivière Saint-Charles. La postérité demandera : *Cui bono ?*

Pour marcher par la droite de l'armée et pétarder la porte de l'intendant si l'ennemi s'étoit emparé de la ville.

Les ennemis paroissent toujours dans la même position, un corps de sept mille à l'Ile-d'Orléans, un de trois à la pointe de Lévis. Je soupçonnerois ce dernier de travailler à l'établissement de quelques batteries à bombes.

La recherche des grains dans le gouvernement de Montréal, l'argent à la main, a déjà produit trois mille minots de blé qui font cent vingt mille rations, et ce blé n'a coûté en général que douze livres, une partie dix-huit livres, et fort peu vingt-quatre livres.

Nouvelles de Niagara du 14. M. Pouchot, d'après les ordres de M. le général, a fait passer MM. de Montigny, de Repentigny et Marin avec trois cent soixante quarts de farine, huit cents barils de lard, quatre-vingts balles de marchandises, avec huit cents Canadiens et sauvages, trois petites pièces de campagne de deux livres de balles pour aller exécuter le beau projet romanesque et

chimérique de débusquer les ennemis de la Belle-
Rivière.

Autre lettre du 17 du sieur Pouchot, pour nous
informer de deux partis de sauvages, dont l'un a fait
six chevelures et deux prisonniers sous le fort de Bull ;
l'autre a pris un convoi de sept charriots chargés de
vivres vers Loyal-Hannon.

M. le général, qui a reçu les mêmes nouvelles, n'a
garde de parler de l'aventure des sieurs de Joncaire et
la Milletière qui, quoique affiliés aux Cinq-Nations, ont
pensé être enlevés dans une cabane tsonnonthouaise par
des sauvages des mêmes Cinq-Nations. Ils se sont
battus toute la journée et n'ont échappé qu'à la faveur
de la nuit. La neutralité des Cinq-Nations est bien
chancelante ; car ils servent pour et contre. Les Cinq-
Nations parlent toujours du siège de Niagara ; mais les
préparatifs des ennemis paroissent lents dans cette
partie.

Nouvelle de la Présentation. Le chevalier de La Corne
et M. Benoist ont, suivant moi contre leur instruction,
et d'après l'avis des sauvages, pris le parti le plus militaire qui est d'aller se camper au débouché même de
Chouaguen et marcher au-devant de l'ennemi.

Ils ont laissé M. d'Espinassy, officier d'artillerie, avec
un petit corps, pour garder les dépôts de la Présentation
et de l'Ile-aux-Galops.

Une des deux corvettes que nous avons sur le lac
Ontario a essuyé un si gros coup de vent qu'elle a été
démâtée de tous ses mâts, et le manque où l'on est en
Canada de moyens et d'ouvriers fait qu'elle ne sera pas
sitôt en état.

Nouvelles de Carillon du 27 juin. Le général Amherst est campé au fort George du 21, même jour que l'année dernière. Il se propose de marcher à Carillon ; son armée est de vingt-deux mille hommes ; nous sommes encore moins que l'année dernière, et l'on ne peut faire toutes les années le même tour de gobelet, ni espérer le même succès. Il sera très glorieux à ce petit corps d'armée de perdre Carillon et Saint-Frédéric, et d'empêcher l'ennemi d'aller plus avant. Les dispositions de M. de Bourlamaque sont bonnes et conformes à ses instructions ; il regrette les troupes envoyées au fort Duquesne. Eh ! qui est l'homme de guerre et de bon sens qui n'a pas crié tout l'hiver ? A la veille de perdre son pays, on s'occupe de l'Acadie et de la Belle-Rivière ? Le marquis de Montcalm n'a représenté autre chose pendant tout l'hiver. Mais il falloit porter des marchandises et faire des certificats. O colonie, peux-tu résister aux ennemis du dehors et aux vers rongeurs du dedans ?

Du 6 juillet 1759. — Proposition aussi singulière qu'extraordinaire pour pourvoir à la subsistance ; le marquis de Montcalm l'a combattue et l'on a passé forcément à son avis.

C'est Monsieur l'intendant, qui proposoit premièrement d'enlever d'autorité tout le blé de la colonie, ainsi que la récolte prochaine et d'en distribuer une demilivre par tête (il seroit arrivé ce que nous avons déjà vu, l'habitant auroit caché son grain, et le peuple auroit péri de misère) ; secondement d'attaquer les ennemis pour diminuer le nombre des bouches..., auroit-il fait cette proposition, si la disette y avoit couru quelques risques ? M. le marquis de Montcalm s'opposa à l'exécution de ces projets, et donna son avis par écrit.

Action courageuse des Outaouais, en plein jour, qui ont passé à l'Ile-d'Orléans, et tué onze hommes à l'ennemi.

Canonnade des bâtiments anglois sur la batterie flottante.

Du 7 juillet 1759. — *Mémoire* de M. le marquis de Montcalm sur le peu d'usage et de parti qu'on tire des sauvages, dont on a cependant environ six cents. Nouvelles de Carillon du 2 juillet. Le général Amherst au fort George, au moment d'opérer.

Du 8 juillet 1759. — Les ennemis ont fait un mouvement et ont approché du Sault-de-Montmorency une frégate et un brigantin, malgré ce que prétendoient nos imbéciles et ignorants pilotes. Une trentaine de berges chargées de troupes se tiennent à portée de cette frégate. Cette démonstration faite en plein jour et avec affectation me persuade que ce sera dans cette partie la fausse attaque et qu'il voudroit nous engager à dégarnir celle-ci. Ils ont aussi canonné et bombardé sans succès les camps de la gauche.

Le 9 juillet 1759. — La plus grande partie de l'armée ennemie a débarqué au-dessous du Sault-Montmorency, où ils se retranchent et établissent une batterie. Il y a eu un choc avec nos sauvages et Canadiens. Les Anglois conviennent avoir perdu quarante-cinq hommes ; nous en avons eu dix de tués ou blessés. M. le marquis de Vaudreuil et Monsieur l'intendant vouloient qu'on passât le soir même le Sault-Montmorency pour aller

attaquer l'armée ennemie ; mais l'avis contraire a unanimement prévalu.

Le 10 et le 12 juillet 1759. — Il y a toujours eu de
la fusillade vers le Sault-Montmorency. On a changé la
position de nos troupes et fait des traverses pour les
défilés du canon.

Le 10, la réserve de cinq cents Canadiens aux ordres
de M. de Repentigny, avec deux cents de l'Ange-
Gardien'et de Saint-Joachim, ont été portés pour garder
les gués de la rivière du Sault-Montmorency.

Le 11 juillet 1759. — La Sarre, Guyenne, Béarn et
les milices des Trois-Rivières sont venus camper avec
le marquis de Montcalm en avant de Beauport pour
soutenir le corps de M. le chevalier de Lévis qui a été
renforcé du bataillon de Royal-Roussillon. M. de Bougainville est resté au camp de Beauport, avec la personne de M. le marquis de Vaudreuil, le bataillon de
Languedoc et les milices du gouvernement de Québec.
Les bâtiments anglois rangeoient de trop près la côte du
Nord ; mais un mortier placé à la pointe du Lest les a
fait retirer.

Fermentation dans les têtes des habitants de Québec,
qui veulent gouverner et décider des opérations ·de
guerre ; le lieutenant général de police, chevalier de
Saint-Jean de Latran, se joint à l'agent du commerce
pour présenter un plan au marquis de Vaudreuil ; et,
sur cela, on se détermine à faire passer un détachement
à la côte du Sud, confié à M. Dumas, major et inspec-
teur des troupes de la colonie.

Par les nouvelles de Carillon le général Amherst ne
sera en état d'opérer que vers le 15. Le sieur de Langy

y a défait un petit détachement des ennemis. On est inquiet à Montréal pour la partie des Rapides, et on est fâché avec raison de voir que la colonie soit au moment d'être perdue et qu'il y ait tant de bras employés dans les pays d'En-Haut. Telle a été la volonté du marquis de Vaudreuil, et le marquis de Montcalm a été tout l'hiver *Vox clamans in deserto.*

Notre artillerie a fait beau feu le 10 ; mais prudemment on lui a donné ordre de tirer avec modération ; nous avons une immensité de canons, assez de mortiers, quatre mille bombes, beaucoup de boulets, mais la poudre manque ; et sur cela il y auroit bien des choses à dire. On a toujours l'air d'écrire une satire en écrivant l'histoire de ce qui se passe en Canada. Montréal étoit épuisé de grains, il étoit inutile de se flatter d'en trouver, ainsi le prétendoient nos administrateurs. A peine a-t-on pris le sage parti de l'acheter de gré à gré, on a trouvé six mille deux cents minots et l'on en trouvera encore.

Du 13 juillet 1759. — Hier à neuf heures du soir, les ennemis ont commencé à bombarder Québec avec deux galiotes à bombes et cinq mortiers établis à la côte du Sud, et dix pièces de canon.

Le détachement aux ordres de M. Dumas a été infructueux. Il a fallu rentrer, sans même s'approcher des ennemis, après trois terreurs paniques où nos milices se sont fusillées entre elles.

Les ennemis ont fait mine de vouloir passer la rivière du Sault-Montmorency à l'endroit appelé le Passage-d'Hiver. Ils y ont apporté du canon. On a été obligé d'établir à droite une garnison de cinq cents hommes, qui sera relevée tous les deux jours, savoir :

Cent hommes des troupes de terre avec un capitaine et deux lieutenants ;

Cent hommes des troupes de la marine ;

Cent miliciens du gouvernement des Trois-Rivières ; deux cents de celui de Québec.

Le bombardement a continué avec assez de violence jusqu'à midi ; plusieurs maisons en ont souffert.

M. de Pontleroy, sensible au sort des malheureux, a ouvert toutes les poternes aux femmes et aux enfants, et notre regret, à lui et à moi, étoit de n'avoir pas de pain à donner à tant de misérables. Je suis venu au camp suivant l'arrangement, relever M. Jacquot. La batterie de la côte du Sud n'a pas tiré du reste de la journée.

Du 14 juillet 1759. — On a laissé la ville tranquille toute la nuit dernière. On a aperçu que les ennemis construisoient une nouvelle batterie à la gauche de celle qui est établie. Comme le magasin à poudre est fort exposé, on prend le parti de transporter les poudres à Sainte-Foye. On avoit commencé une batterie de six pièces de canon pour battre le camp des ennemis à l'autre bord de la rivière du Sault-Montmorency ; ils ont si bien épaulé leur camp que j'ai jugé la batterie inutile ; cela ne sera pas continué ; les pièces en sont tirées. J'ai proposé d'y substituer quelques mortiers.

On prend des mesures pour retrancher les gués de la rivière du Sault. Cette étroite rivière est notre ligne de séparation avec le camp ennemi. Le bombardement a recommencé sur les neuf heures du soir.

Du 15 juillet 1759. — L'ennemi hérisse de canons et

de mortiers tous les points qui en sont susceptibles, de manière que la gauche de notre armée ne pouvant tenir dans sa position, il a été décidé que cette partie seroit occupée par quatorze cents hommes qui se relèveront toutes les vingt-quatre heures.   Ces travaux, de la part d'un ennemi commandé par un homme qu'on disoit extrêmement expéditif, nous font soupçonner qu'ils veulent nous épuiser à tous égards.   En effet les Canadieus désertent, les vivres se mangent et les munitions de guerre s'épuisent. Cependant ce dernier article n'est pas vraisemblable, car les ordres de M. de Vaudreuil dictés par M. Mercier, empêchent la ville de tirer, que quelques coups d'heure en heure ; ce que M. le marquis de Montcalm appelle les signaux d'incommodité. Je ne crois pas que l'on ait brûlé jusqu'à présent un millier de poudre, et Mercier a cependant dit à M. de Bougainville que l'on avoit déjà consommé le quart de nos poudres ; nouveau mystère d'iniquité ! On fait des travaux partout pour défiler les postes ; mais il sera bien difficile d'y parvenir.   En général tout le monde désire la fin de tout ceci.

Du 16 juillet 1759. — Trois Canadiens ont péri dans leur camp par le boulet. Est-il temps de regarder cette position comme un poste à relever toutes les vingt-quatre heures.

Nouvelles de M. Pouchot, qui commence à douter de la bonne foi des Cinq-Nations, surtout depuis que M. de la Milletière, officier de Languedoc, a été pris par ces sauvages qui ne l'ont pas encore rendu.

Les vivres deviennent courts dans cette partie, et l'on

regrette enfin les forces qu'on a envoyées à la Belle-Rivière.

Les ennemis rétablis à Chouaguen ; le chevalier de La Corne s'est avancé, et se proposoit de les surprendre ; mais la terreur s'est emparée des Canadiens qui ont regagné leurs bateaux en criant : Sauve ! Nous sommes cernés ! C'est le pendant du détachement qu'on vient de faire à la pointe de Lévis.

Le lendemain on a pris une belle revanche par une belle fusillade de deux heures hors de portée ; quelques-uns moins prudents ont péri pour s'être trop approchés ; enfin on est revenu à l'Ile-aux-Galops, et cette expédition ne peut produire d'autre effet que de prouver combien on est effrayé.

Les bombes ont mis le feu à la maison de Cardenot qui appuie la droite de la mince barrière qui sépare la Haute de la Basse-Ville ; neuf maisons ont été brûlées. Nos batteries ont fait un feu très grand pendant qu'on s'occupoit à arrêter les progrès de l'incendie. M. le marquis de Montcalm y a envoyé du secours du camp. La place est déjà fort incommodée du bombardement, et n'est vraisemblablement pas au bout de ses peines.

M. de Vaudreuil fait une tournée du côté du Sault ; il faut croire qu'on l'empêchera de s'approcher de trop près.

Le général Amherst approche ou du moins paroît en état d'approcher de Carillon. Voilà la colonie pressée dans les trois points capitaux, Québec, le lac Champlain et les Rapides. Croira-t-on que tous ces maux réunis viennent d'une mauvaise administration et de ce penchant insatiable de voler le Roi.

Nouvelles lettres de M. Pouchot. Débarquement des ennemis au nombre de trois mille hommes le 6 de ce mois, sans qu'on en ait eu des nouvelles que le 7. Grands regrets mais trop tardifs, du monde envoyé à la Belle-Rivière que l'on rappelle, mais il est tard pour s'y prendre. Voilà Niagara bien aventuré.

Marche des ennemis sur la Belle-Rivière ; la tête des Rapides menacée.

Etabli à la pointe de Lévis et sur le bord de la rivière du Sault-Montmorency, aucune supériorité de terrain qui est d'un bout à l'autre de notre ligne. Que de raisons à la fois de craindre pour la colonie ? Encore un domestique de Royal-Roussillon blessé d'un éclat de bombe.

Du 17 juillet 1759. — Enfin le camp exposé sera relevé ce soir, et successivement tous les jours par douze cent cinquante hommes, commandés par un lieutenant-colonel. Ce soir M. de Caire, ingénieur, couronne par une sape et des places d'armes le précipice du Sault-Montmorency ; ce sont deux à trois cents toises d'ouvrage qui valent bien le couronnement d'un chemin couvert.

Les sauvages ont fait trois prisonniers et huit chevelures. Leurs dépositions s'accordent sur le fait des vivres qui deviennent rares chez l'ennemi réduit à une demi-livre biscuit et autant de lard par tête. Au reste on ne peut rien conclure de ces dépositions, sinon que le général Wolfe ne paroît pas encore avoir pris une résolution certaine. Le fait est que le dégoût et le découragement qui résultent de la lenteur, ont saisi tous les Canadiens dont le genre de guerre est de faire un coup

subit et revenir chez eux. Il est fâcheux que les circonstances ne permettent pas de risquer le sort de la colonie
par un combat brusqué.

Je soupçonne actuellement l'ennemi de n'avoir d'autre
but que de nous lasser et nous faire quitter notre position.   On doit envoyer ce soir un gros détachement de
sauvages.   Je crois qu'on ne peut trop en envoyer à la
guerre.   Sauvages, Canadiens, soldats françois ; seul
moyen de les tenir en haleine, de prévenir l'ennemi et
d'empêcher les désordres qui naissent de l'oisiveté.   On
en tireroit encore un bon parti en harcelant l'ennemi et
en augmentant la crainte qu'il a des sauvages.

M. de Lusignan me relève ce soir au camp et je vais
passer mes huit jours en ville.

Suivant les prisonniers, douze bataillons de l'autre
côté du Sault, dont plusieurs ne sont que de cinq cents
hommes, deux bataillons pour la pointe de Lévis, quinze
cents matelots y descendent tous les jours, et y sont
exercés au maniement des armes et à tirer ; le soir ils
retournent à bord.

Du 18 juillet 1759. — A Québec. — J'ai fait de bon
matin la visite de toutes les batteries.   Celle de Parent
est jusqu'alors la seule malheureuse, et où l'on a perdu du
monde ; j'attribue cela au revêtement en pierre de cette
batterié qui présente à l'ennemi un point de vue pendant
la nuit et le jour.

Il paroît qu'on établit une nouvelle batterie à droite
de celle qu'ont les Anglois à la côte du Sud ; c'est pour
battre le rempart de l'évêché et ce qui se trouve dans
l'alignement, le bas de la ville et les environs du palais.

37

La nuit du 18 au 19, entre onze heures ou minuit, quatre navires dont un vaisseau de cinquante canons ont passé devant la ville et ont été se mouiller à l'Anse-des-Mères, après avoir essuyé quelques coups de canon sans effet pendant une nuit fort obscure. Plusieurs berges, attachées aux vaisseaux ont fait la même route. Sur l'avis qu'on en donne au camp, M. Dumas a été envoyé à la dite anse avec six cents hommes et des sauvages, trois cents hommes le lendemain, et la cavalerie. Une frégate, qui devoit faire la même route, a échoué sur la batture de la pointe de Lévis.' Cet événement n'a pas laissé d'augmenter la consternation. En effet a-t-on tort ? Si l'ennemi prend le parti de remonter le fleuve et peut descendre dans un point quelconque, il intercepte toute communication avec nos vivres et nos munitions de guerre.

Du 19 juillet 1759. — M. de Pontleroy est allé ce matin avec M. Des Roberts, ingénieur, trouver M. Dumas. Il a décidé des points à retrancher, et la descente un peu défendue lui paroît fort difficile dans cette partie. Tant mieux ; car nous serions serrés de trop près et hors d'état de tenir, si jamais l'ennemi s'établissoit sur les hauteurs qui dominent du côté de la terre.

M. Wolfe n'a peut-être d'autre but que de nous diviser, et, s'il y parvenoit, la colonie joueroit bien gros jeu.

Le détachement envoyé le 17 de l'autre côté du Sault, est revenu sans avoir rien entrepris.

On a reçu cette nuit des nouvelles de Niagara et de Carillon. Cette première place n'est point encore endommagée. Les Cinq-Nations paroissent revenir à nous, ou plutôt ne s'en être point séparées, mais comment y compter ?

L'ennemi semble ne plus menacer Carillon ; ses principales forces consistent en milices qui abandonnent la partie. M. de Bourlamaque a cependant déblayé artillerie et munitions, et peut dans deux heures replier son armée.

M. Mercier a fait reconduire deux pièces de dix-huit et un mortier pour inquiéter les quatre vaisseaux qui ont remonté la rivière. Il prétend avoir fort incommodé une frégate. Notre dernier brûlot, qui étoit à l'ancre dans cette partie, n'ayant aucunes gardes, a été pris et brûlé par des chaloupes angloises ; que deviendront nos cajeux ?

On a cru pendant la nuit du 19 au 20 que deux vaisseaux appareilleroient pour joindre les quatre au-dessus de Québec, mais il n'y a eu aucuns mouvements dans l'escadre. Quelques berges ont tenté de débarquer du monde à terre, mais n'ont pas réussi repoussées par notre détachement.

Tout ceci devient tous les jours plus obscur.

La gauche de notre armée a été fort canonnée, le 19 au soir et le 20 au matin, mais sans effet, la batterie à mi-côte, que les ennemis ont établie au delà du Sault, tire actuellement (20 juillet à deux heures après-midi), et dont ils peuvent incommoder les ouvrages que nous avons sur la plage. M. de Caire jusqu'à présent a très heureusement conduit le sien et sans perdre personne.

Du 21 juillet 1759. — J'ai passé la nuit sur les remparts afin de veiller aux mouvements des vaisseaux qui n'ont pas bougé. Les ennemis, qui nous ont tiré une

centaine de bombes et des pots à feu, qui heureusement
ont été sans effet, ont fusillé une partie de la nuit sur
nos travailleurs au Sault-Montmorency. Nous avons
appris à la pointe du jour, qu'il avoit descendu au
nombre de deux à trois cents hommes à la Pointe-aux-
Trembles. M. Dumas y a envoyé du monde qui à son
approche, les a fait rembarquer.

Ils ont eu treize blessés; on ignore le nombre des
morts, prisonniers et déserteurs. On doit être, disent-
ils, attaqués par le Sault-Montmorency et au-dessus
de Québec, qui doit être canonné par des vaisseaux
embossés.

Toutes ces manœuvres de l'ennemi font craindre qu'il
ne s'établisse de manière à couper communication avec
nos vivres. Triste situation pour la colonie qu'un combat seul et heureux peut tirer d'affaire.

Du 22 juillet 1759. — Les Anglois dans leur descente avoient, dit-on, pour objet de chercher des
rafraîchissements pour leur armée, et, en conséquence,
indépendamment des bœufs et moutons qu'ils avoient
pris sur la côte, le général Wolfe, qui s'y étoit porté,
avoit ordonné d'amener à bord les plus jolies filles. La
précipitation de leur embarquement fit prendre ce qui
leur tomba sous la main. Ils ont demandé une suspension d'armes pour nous rendre les femmes à... * étoient
environ cent cinquante. J'en ai vu une qui a retrouvé
parmi les Anglois, Stobo, cet otage qui fut convaincu

---

* Un blanc dans le manuscrit.

d'avoir donné des lumières à Braddock et condamné à
être pendu.

Q   croiroit que cet homme étoit libre dans Québec,
au point de s'être évadé ? C'est lui qui, dit-on, conduit
tout, et il est en état de rendre bon compte de la situation de notre colonie à tous égards. Le général Wolfe a
promis à ces femmes de tout incendier et il paroît
vouloir tenir parole.

Du 23 juillet 1759. — Le bombardement a été plus
vif qu'à l'ordinaire, plus de quinze maisons et la
cathédrale ont été brulées ; ce n'a été qu'après plusieurs
heures qu'on a apporté du secours, et il nous venoit du
camp. Je me suis porté à nos batteries où M. Mercier
et moi avons pris toutes les mesures convenables pour
éloigner les poudres du feu. A peine étions-nous de
retour, qu'on nous a avertis que trois vaisseaux étoient
à la voile ; nous avons couru, et notre feu de canon et
de bombes les a fait virer de bord. Quel spectacle !
quel sort ! quelle situation pour tant de misérables ?

> " ... Quæquæ ipse miserrima vidi
> Et quorum pars magna fui " ?

Le bombardement continue. Il y a eu une suspension
d'armes pendant plusieurs heures ; je ne sais trop
pourquoi on envoie les triqueballes au camp pour en
retirer les mortiers.

Du 24 juillet 1759. — Canonné et bombardé toute
la nuit. M. Mercier est allé en canot d'écorce à bord
du vaisseau qui est mouillé au-dessus de la ville, sans
doute pour une négociation importante, mais dont je
n'ai pu savoir le secret. Voilà bien des pourparlers, et

notre affaire semble se passer en conversation. On a entendu ce matin quelques coups de canon du côté de Sillery.

Un détachement s'est approché dans le dessein de nous enlever quelques carcassières. M. Pomereau, officier de la colonie, est venu en diligence annoncer le débarquement de deux à trois cents Anglois et disoit, pour appuyer la chose, qu'il avoit été vivement poursuivi par deux Ecossois. Le fait vérifié, il s'est trouvé que l'ennemi n'a mis personne à terre. Sur son récit on avoit déjà fait filer des troupes du camp.

Du 25 juillet 1759. — Le bombardement a été plus vif que jamais. Je crois que l'ennemi a tiré plus de deux cents bombes et plusieurs pots à feu pendant la nuit. Un hangar a brûlé à la porte Saint-Jean, mais heureusement l'incendie n'a pas eu de suites. Ce feu s'est ralenti pendant le jour, et Mercier a fait sa petite visite à l'ordinaire à la flotte angloise. Ses visites ont produit un si mauvais effet que M. le marquis de Vaudreuil les a presque désavouées. Dans quelles mains sommes-nous, et que peut-il résulter des manœuvres de pareilles gens ?

Du 26 juillet 1759. — Le feu a été moins considérable cette nuit. Je suis revenu au camp ce matin pour y relever M. Jacquot. Les mystérieuses missions de M. Mercier n'ont été et ne pouvoient opérer que du mal. Il part chargé de dix à douze articles de M. de Vaudreuil, relatifs aux suspensions qu'il trouve trop fréquentes et conclut en vainqueur de signaux respectifs. Les esprits se sont aigris, et M. Wolfe a écrit une lettre assez singulière.

Autre billet de M. Wolfe pour menacer les habitants d'une représaille, attendu les procédés de M. de Vaudreuil, qu'il traite de sanguinaire. Lettre très décente de M. de Vaudreuil à cet égard, composée par le marquis de Montcalm, duquel on s'étoit bien caché pour toutes ces mauvaises manœuvres. Ce n'est pas la première fois qu'il s'est trouvé dans le cas de réparer des sottises, dont on s'étoit bien gardé de lui donner connoissance, mais il en est d'irréparables.

Affaire à la gauche, engagée par des sauvages et qui a pensé devenir générale ; les ennemis y ont eu une centaine d'hommes tués ou blessés et nous douze.

Du 27 juillet 1759. — Rien d'intéressant au camp ni à la ville, les ennemis ont établi une nouvelle batterie de dix pièces à leur droite.

Du 28 juillet 1759. — Le bombardement a été terrible la nuit dernière. Nos cajeux ont joué leur triste rôle et n'ont rien opéré. A la pointe du jour un feu très vif sur cette pauvre ville, jusqu'à neuf heures du matin.

M. de Bougainville étoit de l'expédition des cajeux avec un détachement de grenadiers. Il a bien rendu justice à M. de Courval, qui a mis le feu près de l'escadre, mais la force des courants et les berges angloises ont éloigné les cajeux qui n'ont.pas été soutenus par les chaloupes carcassières, comme on étoit convenu.

Ce soir, des nouvelles de Carillon, M. de Bourlamaque replié à la rivière à la Barbue ; M. de Rigaud en marche pour l'Ile-aux-Noix avec le ban et l'arrière-ban.

M. Wolfe a répondu à la dernière missive de M. le marquis de Vaudreuil d'une manière assez dure, dignes fruits des pourparlers de M. Mercier. Alerte fausse au Sault ; les troupes rentrées à onze heures du soir ; déserteurs, verbiage, aucune lumière ; deux cents sauvages en parti. Les ennemis font faire grand nombre de fascines. Est-ce pour se retrancher du côté du bois ?

Du 29 juillet 1759. — Plus de boulets que de bombes, à la ville ; rien de nouveau ; voitures escortées par des grenadiers, pour aller chercher des vivres sur nos derrières.

Du 30 juillet 1759. — Négligence dans le service de la ville ; rampe depuis le Cap-Rouge, l'Anse-des-Mères rompue ;. petit parti canadien, trois chevelures et trois prisonniers à la côte du Sud.

Déclarations, placards et billet du général Wolfe, pour détacher les habitants ; bombardement à l'ordinaire.

Du 31 juillet 1759. — Un vaisseau de soixante canons et deux frégates de vingt se sont embossés à la côte du Nord, vis-à-vis nos retranchements. Les ennemis ont en même temps démasqué une batterie de vingt pièces de canon et six mortiers sur les hauteurs du Sault-Montmorency. La canonnade a commencé sur les onze heures, a duré jusqu'à sept, évaluée à trois mille coups de canon.

L'armée ennemie a fait tout le jour divers mouvements ; la nôtre en a fait autant ; elle a présenté, dès le matin, une tête pour faire mine de passer les gués de la rivière du Sault-Montmorency ; mais ce n'étoit qu'une feinte.

Sur les cinq heures du soir, à basse mer, les troupes du camp du Sault se sont formées en bataille vis-à-vis de leurs retranchements ; celles du camp de la pointe de

Lévis ont débusqué sous la protection de leurs frégates, se sont formées en colonnes et sont venues de bonne grâce aborder nos redoutes, dont une a été abandonnée. A peine entrées, le feu de notre mousqueterie les a mises en désordre, et elles se sont rembarquées.

Les deux colonnes de troupes du camp du Sault sont restées en bataille jusqu'à sept heures du soir, que la mer commençoit à monter. Cette entreprise des Anglois, qui comptoient nous faire abandonner la place par leur artillerie, leur coûte environ trois cents hommes tués ou blessés, et à nous soixante-dix, suivant l'état ci-joint. Le régiment de Béarn, de garde à la gauche, a le plus souffert. La contenance des troupes a été très bonne ; les officiers généraux et autres se sont bien présentés ; les frégates échouées ont été abandonnées et brûlées.

	Tués	*Blessés*
Canadiens *	....	....
La Sarre.............	....	....
Royal-Roussillon ...	....	....
Languedoc..........	....	. ...
Guyenne	....	....
Béarn	....	....

Le 1ᵉʳ, le 2 et le 3 août 1759. — Mouvements de l'ennemi qui semblent indiquer l'envie de prendre revanche ; changement dans nos dispositions.

Les 4 et 5 août 1759. — Rien d'intéressant. Bombardement et canonnade des plus vigoureux sur la ville, à

---

* Ce tableau n'a pas été complété.

la gauche par intervalle. L'ennemi continue à se retrancher. Leurs déserteurs assurent que leur perte, le 31, va à cinq ou six cents hommes tués ou blessés ; le brigadier Monckton et le colonel Murray du nombre des derniers.

Le 6 août 1759. — Réponse du marquis de Vaudreuil, du même style cependant avec plus de modération, à la lettre remplie de hauteur, de reproches mal fondés et de refus d'exécuter le cartel, de la part du général Wolfe.

La nuit du 5 au 6, mouvement de la part des ennemis. Leurs vaisseaux qui étoient vis-à-vis le Cap-Rouge, ont monté avec vingt-sept berges portant environ douze cents Ecossois. Ce mouvement semble menacer d'aller brûler les trois frégates qui sont au pied du Richelieu, ou de faire une descente sur la côte. M. d'Astrel, capitaine de Languedoc, y a marché ce matin avec deux cents hommes et M. de Bougainville ce soir avec cinquante hommes de la compagnie des grenadiers de Béarn. On en donna avis au marquis de Vaudreuil dans la nuit, qui répondit qu'on y pourvoiroit, lorsque le dessein de l'ennemi seroit développé. Le marquis de Montcalm fit marcher en attendant et fit partir de plus, le 7 au matin, le sieur de Saint-Martin avec cent hommes de la colonie.

Le 8 août 1759. — Nos deux frégates, qui étoient au pied du Richelieu, ont profité d'un peu de nord pour monter un peu plus haut. Dans le même jour, les ennemis ont tenté deux fois de descendre à la Pointe-aux-Trembles. M. de Bougainville n'avoit avec lui alors qu'environ quatre cents hommes, à la première tentative, et six cents à la seconde. Il les a repoussés les deux fois avec une perte de leur part. Nous avons eu cinq

blessés.   La veille quelques berges s'étoient présentées
à la côte du Sud. Les habitants les ont repoussées.

La nuit du 8 au 9, les ennemis n'ont cessé de jeter
des pots à feu et carcasses sur la Basse-Ville qui a été
presque entièrement incendiée ; cent quarante-quatre
maisons ont brûlé ; nos batteries heureusement conser-
vées.

Le 9 août 1759. — On a appris la prise de Niagara
du 25, après la perte d'un combat du 22, où le secours
de la Belle-Rivière, si mal à propos envoyé dans cette
partie, a été entièrement battu ; et voilà malheureusement la décision de la perte de la colonie pour cette
même campagne, à moins d'un miracle. Ce corps
agonisant, attaqué de toutes parts, se seroit peut-être
conservé jusqu'en 1760. Mais celui qui étoit chargé
du soin de sa conservation a appelé des charlatans et
des empiriques avides, et n'a pas voulu suivre les avis
du médecin qu'on lui avoit envoyé. On le consulte à
présent ; mais il ne sait pas arrêter la gangrène qui a
attaqué toutes les parties et qui est prête à gagner le
cœur. La prise de Niagara alarme pour les Rapides et
Montréal. M. le chevalier de Lévis part en poste dans
la nuit, et l'on détache de cette armée huit cents hommes
qui partent le 10 au soir et le 11 au matin. M. Mercier
qui n'est jamais nulle part parce qu'il est partout, a
persuadé qu'il seroit avantageux qu'il fût de ce voyage.
Il est parti en conséquence pour Montréal.

Le 10 août 1759. — Le marquis de Montcalm s'établit
de sa personne au Sault-de-Montmorency ; il tint à
son arrivée un conseil avec les sauvages pour les informer de la prise de Niagara, et les ameuter pour donner

une correction aux Anglois qui viennent faire des fascines près nos postes.

Dans la nuit du 10 au 11, on apprend que les ennemis que M. de Bougainville observoit, ont débarqué à
la côte du Sud, à Saint-Antoine.   Ordre à M. de Bougainville d'y passer, s'il est possible, et se servir de
l'occasion du détachement de M. le chevalier de Lévis
pour agir s'il y a moyen.

Le 11 août 1759. — Au matin le détachement de
Canadiens et sauvages aux ordres de M. de Repentigny,
ayant passé le Sault, ont surpris les travailleurs ennemis.   Leur camp a marché très vite à leur secours avec
du canon.   Nous avons repassé le Sault en bon ordre
avec perte d'un Canadien, sept Canadiens ou sauvages
blessés légèrement.   L'on estime la perte des ennemis à
cent hommes au moins tués ou blessés.   Les Canadiens
et Abénaquis ont très bien fait.

Si l'on pouvoit disposer dès sauvages et les faire agir
avec prudence, on détruiroit l'armée angloise.

Du 12 août 1759. — Un vent de nord-est violent
avec un brouillard épais a tenu l'armée et la garnison
très alerte.   On peut être battu, c'est un malheur ordinaire au plus faible ; mais le comble de l'infortune,
c'est d'être surpris.

Le gros temps et diverses autres circonstances ont
empêché M. de Bougainville de passer le fleuve.

M. de Vaudreuil avoit écrit au sieur Parent, curé de
l'Ange-Gardien, assez ridiculement suivant les appa-
renees, et envoyé des couteaux à quelques Canadiens,
qui font une partie de l'équipement fourni par le Roi.
Le général Wolfe a intercepté la lettre et en a fait faire

une au dit curé d'un style relatif à son caractère bouillant et emporté : " Dites à votre gouverneur que, s'il veut " indiquer le jour, je retirerai mon artillerie et nous " déciderons l'affaire dans une affaire en rase campagne ". Rodomontade au fond qui ne signifie rien ! Il se récrie sur les couteaux envoyés pour faire des chevelures, à ce qu'il prétend. Cet article lui tient fort au cœur, et, dans la prévention où est son armée, il ne tiendroit qu'à eux de le décider ; mais on n'en fait pas ce qu'on veut à beaucoup près.

Le détachement débarqué à Saint-Antoine y a brûlé quantité de maisons. Dans la même lettre du général Wolfe, il annonce aux habitants que, passé le 20, on ne pourra plus compter sur sa clémence, et qu'il mettra tout à feu et à sang. Ce naturel féroce fait précéder l'effet à la menace.

Un déserteur qui ne dit pas grand'chose ; ils n'ont nouvelles ni d'Europe, ni de leurs généraux des Rapides et Carillon. Ils doivent rester jusqu'à ce que la saison les oblige à se retirer. Ils ne comptent pas envahir le Canada cette année.

Du 15 août 1759. — Trois prisonniers faits à la côte du Sud ajoutent qu'il y aura une tentative sur Québec ; tout cela ne signifie rien.

Grands abus dans la distribution des vivres, M. le marquis de Montcalm fait tout ce qu'il peut pour les en corriger et les prévenir. C'est un grand travail ; car tous ceux qui y sont employés font le leur pour en brouiller la moitié. Nous sommes cependant à la veille de manquer à peu près de tout.

L'alarme est à Montréal ; les dames en reviennent pour s'établir à l'Hôpital-Général. Puissions-nous n'être pas dans le cas de leur disputer un appartement.

Ici tout est excessif ; point de milieu entre la confiance et la peur. J'ai vu de redoutables négociants parler et politiquer intrépidement à table ; aujourd'hui, la tête leur a tourné. Ils croient déjà voir leurs enfants vendus aux Anglois par les sauvages. Il ne leur resteroit peut-être qu'un motif de consolation, c'est que leurs femmes fussent vendues avec, mais qu'ils se chargeroient d'une pareille marchandise. Le fait est que la colonie est à l'extrémité et périt d'un mal invétéré auquel il n'y a point de remède. Le dernier déserteur nous ayant appris qu'il sortoit tous les jours une quantité de soldats avec des sacs pour aller chercher des légumes, avec une escorte de quatre à cinq cents hommes, M. le marquis de Montcalm a ordonné un détachement de sauvages et Canadiens, commandés par M. de Repentigny, ancien officier, chevalier de Saint-Louis et homme de mérite ; cependant M. d'Artel *(sic)*, lieutenant de quatre jours a trouvé dur de marcher sous ses ordres, ordres, il n'y en eut jamais ici. On n'y connoît ni subordination, ni discipline. Je crains fort que ce jeune homme ne dégoûte les sauvages avant leur départ. Ce détachement passera la rivière du Sault, au poste de M. d'Herbin, une heure avant le jour pour tâcher de surprendre celui de l'ennemi. Le même déserteur fait monter leur perte à la tentative du débarquement que M. de Bougainville a empêchée, à cent hommes ; il convient de quarante tués par notre dernier parti. Toutes ces petites affaires doivent les miner en détail et devroient leur donner des dégoûts. Ils se vengent en brûlant ; car ils ont à force de carcasses et pots à feu causé encore un incendie à la ville, qui n'a pas, à beaucoup près, été aussi considérable que le dernier par la diligence qu'on a apportée pour en arrêter le progrès.

Lettres de M. le chevalier de Lévis et de M. de Bourlamaque. L'un et l'autre paroissent compter assez sur leurs positions pour espérer de fermer ces deux portes à l'ennemi. Il ne dépendra pas de M. le marquis de Montcalm de lui barrer ici le passage. Deux maisons brûlées, l'une à l'Ile-d'Orléans, l'autre à la côte du Sud.

Le détachement de M. de Repentigny auroit pu produire de bons effets. Les sauvages peut-être excités à faire une fausse démarche se sont découverts, en attaquant une maison où ils ont vu du monde. Un d'eux a été tué ; tous sont rentrés fort vite, et M. de Repentigny revient au petit pas et en très bon ordre. Qu'il est malheureux de dépendre, pour des expéditions qui pourroient être importantes, d'une race indépendante et capricieuse...! ·A quoi donc sont bons les sauvages ? A ne pas les avoir contre soi.

Du 18 août 1759. — Trois déserteurs qui semblent débiter de vieilles gazettes et se contredisent dans leurs dépositions, au point de ne pouvoir rien en conclure.

Du 17 août 1759. — Bien des gens se persuaderoient peut-être que l'ennemi se prépare à abandonner son camp du Sault sur ce qu'il a retiré les pièces de la batterie à mi-côte ; mais c'est pour la placer vis-à-vis le bois.

M. le chevalier de Montreuil est arrivé cette après-midi chez M. de Montcalm, qui est monté à cheval avec précipitation sur la nouvelle que les ennemis sont débarqués à Deschambault. M. le marquis de Vaudreuil regarde cet événement comme de peu de conséquence, et c'est peut-être le plus grand risque qu'ait encore couru la colonie. M. de Montcalm en juge ainsi et est parti sur-le-champ avec les grenadiers pour joindre M. de Bougainville.

20 août 1759. — Retour de M. le marquis de Montcalm. M. de Bougainville étoit heureusement arrivé à temps pour faire rembarquer l'ennemi qui, guidé par un capitaine de milice obligeant, a été droit à la maison où étoient déposés les équipages de l'armée, qui ont été tous brûlés. Il est heureux pour le pays qu'il se soit uniquement occupé de cette opération au lieu de s'établir et retrancher, il n'auroit pas été facile de le déloger. Nous l'avons tous craint et M. de Montcalm avoit si bien senti l'importance de cette situation que, fort ou faible, retranché ou non, il partoit dans le dessein de l'attaquer. Plus de communication avec nos magasins, point ou très peu de vivres ici, le pays ouvert à l'ennemi ; la colonie étoit perdue ou bien près de l'être. M. le marquis de Vaudreuil traitoit d'inutile le voyage de M. de Montcalm et disoit qu'on auroit fait venir les vivres par eau. Il est bon de remarquer que, depuis que les ennemis ont des vaisseaux au-dessus de Québec, la navigation du fleuve est fort difficile pour nous et nous sommes obligés de faire venir nos vivres par terre quoique fort mal en voitures. Qu'eût-ce été, s'il avoit été établi à Deschambault ? Ces réflexions sont ordinaires

au marquis de Vaudreuil. Voilà encore un moment de répit ; mais le pays est toujours en grand danger et y sera jusqu'à ce que l'ennemi ait pris le parti de s'en aller d'ici, du lac Champlain et de la partie des Rapides. Après quoi nous n'aurons à craindre, jusqu'au printemps prochain que la faim et les misères qui résultent d'une disette extrême à tous égards. Si nous échappons cette année la campagne aura été belle et glorieuse ; sans doute que la cour et toute la France même n'en attendent pas de nous davantage, et peut-être moins.

M. de Bourlamaque achève son établissement à l'Ile-aux-Noix. Il a envoyé à M. le marquis de Montcalm un détail très circonstancié de sa retraite de Carillon et des raisons qui l'y ont déterminé, ainsi qu'à démanteler ce fort et celui de Saint-Frédéric. Tous les gens sensés ont fort applaudi à la manière dont il s'est conduit ; mais quelques Canadiens ignorants, avantageux et menteurs, avoient sans doute lâché de mauvais propos qui l'ont engagé à faire ainsi son apologie, dont il n'avoit pas besoin.

Lettres de nos prisonniers de Niagara datées de Chouaguen. Le secours qui venoit à cette place a été dissipé à sa vue dans un instant ou s'est sauvé, ce qui n'a été ni tué, ni pris. MM. Marin et de Montigny, officiers de la colonie, attachés aux sauvages, sont du nombre des prisonniers et ont reçu la bastonnade par les Agniers.

Il nous arrive un déserteur du camp du Sault qui confirme par sa déposition l'idée que nous avons du caractère bouillant du général Wolfe.

38

21 août 1759. — On a entendu une fusillade au-
dessus de Québec à la côte du Sud. Un de nos sauvages,
qui étoit allé dans l'ivresse dans le camp ennemi, avoit
été mis à bord de l'*Amiral* qui se faisoit une grande
fête de le mener en Angleterre. Il a su couper avec ses
dents ses cordes qui lui lioient les bras, rompre les fers
qu'il avoit aux pieds et se jeter à la nage par un sabord,
pendant que les sentinelles destinées à le garder étoient
endormies. On s'est éveillé au bruit, mais le sauvage
avoit plongé et l'on a fusillé sa couverture, qu'il avoit
prudemment laissée flotter. Il prétend que l'ennemi
désespérant de prendre cette année le Canada songe à
sa retraite, et qu'il a quantité de blessés et de malades.
On assure que trente-deux de leurs vaisseaux ont déjà
fait la Traverse. Seroit-ce le prélude de leur départ ?
Deux ou trois partis en guerre qui n'ont rien fait du
tout.

22 août 1759. — M. de Bougainville a donné, ce soir,
avis de quelques mouvements de la part de l'ennemi.
Je craindrois que la réflexion ne réduisît à sa juste
valeur l'expédition de Deschambault et qu'il ne vînt
dans le dessein de s'y établir.

23 août 1759. — M. de la Rochebeaucour qui a servi
à son ordinaire avec bien de la distinction, a fait gagner
le large aux berges ennemies avec un petit détachement
de cavalerie. Ces gens-là ne veulent pas apparemment
tenter aucun débarquement que lorsqu'ils n'y trouveront aucune espèce d'obstacle. Ils continuent de brûler
au-dessous du Sault-Montmorency, à l'Ile-d'Orléans et
à la côte du Sud. Le bombardement a paru se ralentir
pendant ces deux derniers jours. Se lassent-ils d'in-

cendier cette misérable ville, ou ménagent-ils leurs munitions pour en avoir plus longtemps ? Il est difficile de
ne rien conjecturer sur l'avenir, car leur conduite passée
n'offre aucun objet déterminé. Arrivée d'un petit convoi
par eau qui assure la subsistance de l'armée jusqu'au 10
septembre.

24 août 1759. — Un déserteur nous débite que les
vivres sont rares chez eux et qu'ils sont inquiets des
quatre vaisseaux qu'ils ont au-dessus de Québec ; une
nuit obscure, vent sud-ouest, marée baissante, ils des-
cendront tout comme ils sont montés. Au reste, ce
sont propos de déserteurs.

M. le marquis de Vaudreuil, pressé par M. le marquis
de Montcalm, a écrit au général Wolfe, pour l'informer
de la mort du capitaine de grenadiers de Royal-Américain blessé et pris à l'affaire du 31. On a renvoyé en
même temps sa malle et son argent. Réponse de
M. Wolfe très polie contre son ordinaire.

25 août 1759. — Projet d'enlever le vaisseau de cinquante canons et les trois frégates qui sont au-dessus
de la ville. M. Canon avec une autre frégate l'aborde-
ront ; trois autres navires du munitionnaire attaqueront
les frégates et un quatrième restera en observation pour
se porter, au besoin, où les circonstances l'exigeront.
Nos grenadiers doivent être de la partie. On est obligé
de dégarnir les batteries de la ville et du camp pour
cette opération ; car elles sont servies par des matelots.
Selon mes petites lumières le succès ne seroit pas fort
avantageux, et un échec pourroit tirer à grande conséquence. L'arrivée de notre petit convoi par eau a
vraisemblablement déterminé l'ennemi à faire descendre

une de leurs frégates à l'Anse-des-Mères pour être plus à portée d'intercepter à l'avenir et d'interrompre la communication ; le projet d'attaquer ces quatre voiles est suspendu.

Quatre sauvages Loups, servant de guide à trois officiers anglois de l'armée du général Amherst, qui avoient passé par la baie. de Missiscoui, ont été surpris par des Abénaquis et conduits au village de Saint-François. Le P. Riverain, jésuite, a envoyé chercher du monde aux Trois-Rivières, qui a conduit le tout à bord de M. Canon, qui les a mis aux fers, procédé fort simple puisque les officiers étoient déguisés et porteurs de lettres. Elles sont toutes d'officiers particuliers qui se félicitent du succès de leurs armes. Les fidèles Abénaquis ont résisté aux offres d'argent et de colliers. Ces officiers étoient chargés de traiter avec les sauvages, et leur instruction enjoignait à M. Wolfe de ratifier ce qui auroit été arrêté, ainsi que les arrangements qui lui seroient proposés verbalement. Les lettres interceptées sont datées du 8 de ce mois. Il faut en conclure que ce chemin est fort difficile. M. le marquis de Montcalm n'en a pas moins averti M. de Bourlamaque, afin qu'il prît et renouvelât des précautions. Les Abénaquis seront récompensés. Aucune des lettres ne parle des Rapides, ce qui fait bien augurer pour cette partie.

M. Wolfe continue à brûler. Deux soldats de la marine ont voulu déserter ; un petit poste de volontaires en a tué un dans l'eau et pris l'autre ; il a été exécuté. Lettre de M. de Bourlamaque du 2, à onze heures du soir.

26 août 1759. — Les ennemis construisent une barque de dix-huit canons et deux bateaux plats de quatre pièces de 24 sur le lac Champlain. Leurs préparatifs faits, ils agiront. C'est le rapport de trois déserteurs qui arrivoient à M. de Bourlamaque et qui lui apprenoient en même temps que le capitaine Kennedy étoit parti sous une escorte de Loups pour apporter des nouvelles du général Amherst à M. Wolfe. C'est le même qui a été pris par les Abénaquis du village de Saint-François.

Le projet d'attaquer les vaisseaux se renouvelle. J'ai fait partir ce soir quatre-vingt-dix-sept matelots qui étoient répandus dans les batteries de la ligne ; je les ai conduits au pont, où ils se joignent avec quatre cents qu'on tire des batteries de la ville, et s'embarquent avec de grands cris pour se rendre à Jacques-Cartier. M. le marquis de Montcalm n'approuve pas cette expédition. Dégarnir nos batteries, se défaire des grenadiers, pourquoi faire ? Ne sommes-nous pas trop heureux de nous soutenir ?

Je suis venu à mon retour proposer à M. le marquis de Vaudreuil quelques arrangements, afin qu'en cas d'attaque les batteries fussent servies.

Il refusa de m'entendre et me pria d'épargner des inquiétudes déplacées, puisqu'il étoit sûr que nous ne serions pas attaqués. " Puisque vous en êtes certain, monsieur, j'ai l'honneur de prendre congé de vous ". Et je partis après ce compliment et allai trouver Monsieur le major général pour le prier de pourvoir à l'essentiel, en cas de besoin.

Un sergent déserteur nous est arrivé cette après-midi, par le bas du Sault qu'il a passé à gué malgré la fusillade et sept coups de canon à mitraille. Le P. Beausset lui a sauté au collet à son arrivée et l'a prié de se confesser, ce qu'il a refusé. Il dit dans ses dépositions que les vaisseaux qui sont au-dessus de Québec doivent descendre sous peu de jours, que l'on doit s'embosser devant la ville et l'attaquer. Je ne sais s'il dit vrai ; mais il seroit singulier que M. Wolfe s'en tînt aux incendies, aux ravages et à une seule tentative assez mal conduite, qui lui coûta quatre cents grenadiers, le 31 juillet sans aucun fruit ; il faut que cet homme finisse par un grand effort, par un coup de tonnerre.

27 août 1759. — Rien d'intéressant jusqu'à dix heures du soir que, la nuit étant très obscure, gros vent nord-est et la marée montante, nous entendîmes un assez grand feu d'artillerie de nos batteries de la ville. On n'hésita pas à penser que les ennemis ne fissent encore monter des vaisseaux au-dessus de cette place. M. le marquis de Montcalm monta sur-le-champ à cheval pour se rendre chez M. de Vaudreuil. J'eus * l'honneur de l'y accompagner. Nous apprîmes en chemin qu'il avoit passé cinq vaisseaux. On dépêcha des courriers à nos postes de Sillery, Pointe-aux-Trembles, etc. Les troupes de la droite prirent les armes, et, deux heures après, tout étant tranquille, M. le marquis de Montcalm les a fait rentrer et s'en revint chez lui.

* Voir la note p. 565.

28 août 1759. — Le temps a été détestable toute la nuit. Un accident, causé par la négligence d'un des servants des batteries de la ville, joint au feu de l'ennemi, nous a coûté quatre hommes tués et dix-huit blessés.

Les Anglois peuvent, ce me semble, avoir plusieurs objets à la fois : premièrement, de former une chaîne avec leurs navires pour intercepter nos convois ; secondement, de brûler nos frégates ; troisièmement, de favoriser des débarquements ; quatrièmement, de nous faire dégarnir la gauche et même la ligne entière et de venir nous y attaquer.

On a annoncé aujourd'hui la réduction des vivres, jusqu'au 15 septembre, qu'on espère en avoir de Montréal. On dédommagera du quarteron de pain qu'on retranche par un coup d'eau-de-vie et l'on tiendra compte en argent de ce quarteron.

Les moissons se font dans la partie de Montréal, plus précoce que celle-ci. On prétend qu'on n'a jamais eu d'apparence d'une plus belle récolte.

29 août 1759. — Trois déserteurs qui ne nous disent pas grand'chose. Ils prétendent que le camp du Sault-Montmorency doit se replier à l'Ile-d'Orléans où il restera trois semaines ou un mois. Une petite goélette, venant de la flotte à ce camp, a été canonnée par notre batterie de la gauche. Une de nos pièces de fer de 24 a éclaté à la culasse, et a blessé dangereusement un de nos canonniers. Il est heureux que cet accident n'ait pas été plus considérable. Il y a longtemps que je dis que cette mauvaise artillerie est aussi dangereuse pour ceux qui la servent que pour ceux contre qui on l'emploie.

30 août 1759. — Hier, à onze heures du soir, nous entendîmes une canonnade fort vive, entremêlée de mousqueterie, au-dessus de Québec. Ce feu dura plus de deux heures. M. de Bougainville a écrit deux fois dans la nuit et ne peut lui-même expliquer cette manœuvre de l'ennemi. Il a tenté de débarquer à Saint-Augustin où il a trouvé de la résistance et n'a rien fait. Une garde établie dans une petite île vis-à-vis l'église, qu'elle abandonne à mer haute, étant presque submergée alors, y avoit laissé du feu qui a donné quelques soupçons aux ennemis qui ont canonné et fusillé cette île d'importance ; mais il n'y avoit plus personne.

M. de Bougainville a fait de très bonnes dispositions, et, alerte et vif comme il l'est, il y a à parier qu'il ne se laissera pas surprendre *.

31 août 1759. — Les Anglois paroissent déblayer le camp du Sault. Grands mouvements dans leur escadre : trois vaisseaux sont montés du bas de l'Ile-d'Orléans à la pointe de Lévis.

On nous a débité, il y a quelques jours, qu'un détachement des ennemis, destiné à brûler la paroisse de Saint-Joachim, avoit éprouvé quelque résistance de la part d'une cinquantaine d'hommes conduits par leur

---

* Ce fut précisément Bougainville qui fut surpris, et Montcalm lui même ne l'aurait pas été s'il n'eût refusé obstinément de suivre les avis réitérés de Vaudreuil, qui le conjura de mieux défendre l'Anse-au-Foulon. Confiance excessive dans Bougainville qui n'était qu'un officier inexpérimenté, exaspération immodérée contre Vaudreuil qui, malgré ses torts, aurait dû être traité avec moins de mépris, voilà ce qui a aveuglé Montcalm et causé la perte de la colonie.—NOTE DE L'ÉDITEUR.

curé, le sieur de Portneuf. N'ayant pas été les plus forts, huit hommes ont été tués et la chevelure levée. Ils ont été si mutilés qu'on a eu peine à reconnoitre le cadavre de l'ecclésiastique. Ce fait s'est vérifié.

La frégate la *Manon*, de vingt-six canons, a touché et péri aujourd'hui entre les Grondines et Deschambault; on a sauvé l'équipage et le canon.

1er septembre 1759. — Hier au soir, à deux heures de marée montante, quatre voiles ont passé sous le feu de la place et ont été joindre celles que les ennemis ont fait monter au-dessus de Québec. C'étoient deux frégates et deux goélettes. Cette manœuvre et celle du déblai du camp du Sault, très décidé aujourd'hui, fait craindre avec raison que l'ennemi ne tente de s'établir entre Québec et Montréal. Le nombre des bâtiments qu'il a fait remonter fait soupçonner qu'il joint à ce projet celui de détruire notre petite-marine. On a proposé de couler à fond plusieurs de nos bâtiments pour leur interdire la navigation dans le haut du fleuve. On n'a pas encore pris de parti; peut-être qu'au fait et au prendre, la sonde à la main, cette manœuvre sera jugée impossible.

M. le marquis de Montcalm a fait sa disposition. Dès qu'il sera certain que M. Wolfe aura abandonné sa position du Sault, il portera à la droite, la plus grande partie de ses forces, sans dégarnir absolument la gauche; tiendra des troupes prêtes à se jeter dans la ville en cas que l'ennemi s'étant embossé, eût ruiné les batteries de la Basse, afin de disputer la prise de la Haute; et un corps à portée de joindre M. de Bougainville, en cas que l'effort se fît dans sa partie.

Les Anglois, fidèles imitateurs de la férocité de nos
sauvages, ont fait la chevelure à quelques habitants de
la côte du Sud. Croira-t-on qu'une nation policée
s'acharne de sang-froid à mutiler des cadavres ? Cette
barbarie auroit été abolie parmi les sauvages, s'il étoit
possible de les corriger.

On leur paye fort cher les prisonniers, très peu les
chevelures. On s'y est pris de toutes les manières et
sans fruit; mais on n'a pas du moins à se reprocher
d'avoir suivi leur exemple.

La nuit dernière nous avons été fort alertes, les mouvements extraordinaires de l'escadre faisant toujours
soupçonner quelque manœuvre qui tire à conséquence.

2 septembre 1759. — Tous les mouvements de l'ennemi semblent annoncer son départ du camp qu'il
occupe sur la rive gauche du Sault-Montmorency. On
a cru voir quantité de berges se retirer pleines de
monde. Il est certain qu'il y en avoit plusieurs sur le
rivage et que nous en brisâmes une d'un coup de canon.
A midi un des bâtiments, qui étoit mouillé avec une
frégate au-dessous du Sault, mit à la voile et passa
sous le feu de nos batteries pour joindre l'escadre.
J'allai entre onze heures et minuit, jusqu'à la cascade
du Sault, sans apercevoir dans le camp ennemi une
seule sentinelle. J'entendis à mon retour le bruit des
rames, et, comme je n'avois rien ouï dans le bas, je
conclus que c'étoient des chaloupes ou berges qui rame-
noient au camp dans les ténèbres les troupes qu'on en
avoit vues partir pendant le jour. A deux heures, M. le
marquis de Montcalm me fit appeler. J'appris que les
vaisseaux au-dessus de Québec qui avoient eu le vent

et la marée pour monter plus haut étoient descendus au contraire jusqu'à Sillery. Ce mouvement contredisant l'objet que nous leur supposions, il nous fut impossible de l'expliquer.

3 septembre 1759. — A la pointe du jour, on aperçut quatre-vingts ou cent berges autour de la frégate audessous du Sault, les unes pleines et les autres vides. Peu à peu descendirent successivement trois colonnes et enfin une grosse arrière-garde, le tout s'étant mis hors de la portée du canon. Cependant nous tirâmes à toute volée, et nous crûmes avoir causé quelque désordre. Vers midi, à marée haute, toutes les berges défilèrent sous notre feu en rangeant la côte opposée pour s'en éloigner. Pendant le même temps, on vit paroître à la pointe de Lévis une quarantaine de berges. On soupçonna une attaque à la droite et à la gauche de la ligne ; mais ces quarante berges n'avoient été montées que pour nous occuper partout et assurer la retraite. Deux ou trois bataillons allèrent camper à l'Ile-d'Orléans et le reste sembla s'embarquer dans les vaisseaux.

4 septembre 1759. — On s'attendoit à voir la frégate mouillée sous le Sault quitter cette position et joindre l'escadre ; mais elle né bougea point et restera je pense, jusqu'à la fin, pour empêcher nos partis d'aller à l'Ile-d'Orléans et pour assurer les leurs dans la partie qu'ils viennent de quitter. M. le marquis de Montcalm a suivi son projet, en quittant la gauche avec une partie de ses forces et se campant au centre. Le régiment de Guyenne est campé tout à fait à droite pour se porter partout où le besoin l'exigeroit et même au-dessus de Québec s'il le falloit. J'ai eu ordre de transporter un

mortier de la gauche et de l'établir entre la Canardière et la batterie du vieux camp.

Le 5 septembre 1759. — Les bâtiments au-dessus de Québec toujours à hauteur de Sillery. Une colonne ennemie de quelque deux mille hommes est montée par terre jusqu'à la rivière d'Etchemin à la côte du Sud. On a augmenté tous les postes de notre communication et M. de Bougainville suit à la côte du Nord la marche de l'ennemi et y proportionne la sienne. On a entendu une canonnade assez vive qui n'étoit qu'un petit défi de nos carcassières avec les vaisseaux. A neuf heures, j'ai fait la visite de toutes les batteries, et, à onze, on vint m'avertir que la droite passeroit la nuit au bivouac. La pluie abondante qui est tombée toute la nuit, a fait rentrer les troupes une heure avant le jour. Cette précaution avoit été prise sur le rapport d'un déserteur qui annonce une attaque au-dessous de la place à notre droite. Le mortier est rendu à sa destination mais la pluie a empêché de travailler.

La nuit du 5 au 6, les retranchements bordés et les troupes au bivouac.

6 septembre 1759. — On a vu marcher des troupes du camp de la pointe de Lévis et remonter de la même manière que la veille. Un bateau a passé sous le feu de la place en plein jour et a joint les vaisseaux qui sont au-dessus de Québec sans se ressentir de plus de deux cents coups de canon et de plusieurs bombes qui lui ont été tirées. La batterie de la pointe de Lévis a fait un grand feu sur les nôtres pendant que le bateau passoit. Nous y avons perdu trois ou quatre hommes,

dont un officier de marine à la batterie Dauphine, à la Basse-Ville.

S'il plaisoit aux ennemis de faire passer tous les jours un bateau avec quatre hommes devant la place, ils épuiseroient nos munitions en fort peu de temps, et quels seroient ses risques ? Nos batteries ne tirent que sur l'objet qui passe et celles de l'ennemi dirigent leur feu sur les nôtres. Il seroit plus prudent que nos batteries d'en haut tirassent sur celles de la pointe de Lévis, tandis que les batteries basses suivroient l'objet à la voile.

Jusqu'à présent, la poudre que nous avons consommée n'a produit aucun fruit. Ne valoit-il pas mieux l'employer à tirer sur les batteries ennemies avant et après leurs constructions ? Les deux seules fois qu'on l'a fait ils ont été obligés de les abandonner. N'est-il pas probable que, si on avoit répété cet essai, Québec seroit moins maltraité et nous serions dans le même état par rapport aux munitions et peut-être aurions-nous perdu moins de monde. On gardoit la poudre pour tirer sur les vaisseaux, et moi je dis qu'on la gardoit pour les moineaux. On peut se souvenir que j'ai toujours prétendu que nous ne les empêcherions pas de passer. L'événement et l'expérience répétés justifient mon sentiment.

La nuit du 6 au 7, tranquille.

7 septembre 1759. — J'ai envoyé à M. de Bougainville deux pièces de campagne. Les mouvements des ennemis dans cette partie se sont bornés à descendre de leurs vaisseaux dans des berges et y remonter après. Un convoi de vivres heureusement arrivé à trois lieues

de Québec ; la récolte nous fournit déjà de la farine nouvelle.

La nuit du 7 au 8, nos rondes sur l'eau ont aperçu grand nombre de berges qui ont été vues même de notre ligne. Les troupes ont pris les armes. Il sortoit un grand bruit de ces berges et des cris de hourra ! qui, si leur dessein étoit d'attaquer, annonçoient au moins qu'elles ne vouloient pas nous surprendre. Le vent nord-est violent et la mer basse. Une heure avant le jour quatre bâtiments ont remonté avec la marée et le vent. Grande et inutile canonnade de la part de la ville ; ces quatre voiles ont été joindre les autres.

8 septembre 1759. — La pluie, qui a commencé au milieu de la nuit, n'a pas discontinué tout le jour, a suspendu le nouveau travail et gâté l'ancien.

9 septembre 1759. — Au matin, le vent toujours nord-est ; le mauvais temps continue.

Le camp volant de M. de Bougainville est de douze cents hommes, non compris les sauvages. Cette dernière espèce de troupes, ordinairement inutile, ne l'est pas tant dans cette circonstance où il est bon que l'ennemi en aperçoive sur le rivage ; car il en a grand'peur, à ce que tous les déserteurs nous ont assuré. Mille soixante-dix hommes dans les postes fixes de notre communication. Il vient de nous arriver au Cap-Rouge trois cents quarts de farine et cinq cents minots de la nouvelle récolte. La difficulté sur ce transport est inconcevable ; l'ennemi ne nous fait pas à cet égard tout le mal qu'il pourroit nous faire.

La récolte dans la partie de Montréal a été abondante et est presque tout enfermée. On a ramassé dans ce gouvernement neuf mille deux cent soixante - neuf minots de grains de l'année dernière qui reviendront, tous frais faits, à dix-sept livres trois sols trois deniers. M. Deschambault a fait des avances pour cet objet, en or, argent et récépissés de castor, de quarante-deux mille deux cent six livres. On auroit eu douze mille livres de farine de plus, si les espèces n'avoient pas manqué ; Monsieur l'intendant en a refusé.

Comment se refuser à une réflexion peut-être déjà répétée plusieurs fois dans ce journal. Nous avons été depuis deux ans à quatre et quelquefois à deux onces de pain par jour ; le peuple et les troupes mangeoient du cheval et tous les jours on nous menaçoit de mourir de faim.

A l'arrivée de la flotte angloise, il y a eu une grande quantité de blé perdue pour nous à l'Ile-d'Orléans et dans les côtes voisines.

La partie de Montréal en fournit actuellement, comme on voit. Notre armée mange du bœuf ; l'ennemi en a mangé abondamment pendant toute la campagne, et l'on n'est pas épuisé... Nous avons cependant failli mourir de faim... Il faut avoir été témoins de pareils événements pour les croire. M. le marquis de Montcalm, dès 1756, avoit indiqué la manière dont il falloit s'y prendre ; mais les administrateurs n'avoient garde de ne rien changer à l'ordre ou plutôt au désordre qu'ils avoient établi.

Lettres de M. le chevalier de Lévis, qui a ordonné la construction d'un petit fort dans l'île d'Oracointon, à la tête des Rapides. M. Desandrouins est chargé de le construire et proposé pour y commander pendant

l'hiver. M. le marquis de Vaudreuil balance et balan-
cera sans doute. Comment confier à un François un
poste en première ligne ? Je doute pourtant qu'il pût
faire un meilleur choix parmi les siens. M. le chevalier
de Lévis a laissé à M. de La Corne des instructions très
détaillées sur la conduite qu'il avoit à tenir. Il va faire
un tour à l'Ile-aux-Noix, en voir les travaux, conférer
avec M. de Bourlamaque, et revient de là à Montréal,
d'où il sera à portée de se porter où le besoin sera plus
pressant. Il a paru que cette visite n'avoit pas fait
plaisir à M. de Bourlamaque qui en a écrit à M. de
Vaudreuil et à M. de Montcalm. Il parloit de s'en
revenir ; mais les réponses qu'on lui a faites l'engage-
ront vraisemblablement à rester.

Le mauvais temps ne discontinue pas, et nous
prépare de l'ouvrage par le dégât qu'il fait à nos retranchements, batteries et communications. Nous n'avons
aperçu aucun mouvement de la part de l'ennemi dans
tout le jour.

10 septembre 1759. — La pluie d'hier n'a pas empêché l'ennemi de tenter un débarquement à la Pointe-
aux-Trembles. Il avoit dérobé une marche à M. de
Bougainville, qui, doublant le pas avec célérité, l'empêcha de débarquer. Il est assez clair que, partout où
il verra de l'opposition, il ne tentera rien ; au moins
jusqu'à présent, ses manœuvres nous le font croire. Il
faut voir jusqu'au bout. Le Canadien confiant espère
beaucoup des coups de vent communs dans cette
saison. Mais il nous a si souvent donné de fausses
espérances sur le secours des éléments, que l'on doute
fort de la vérité de ses prophéties, qui ont perdu tout leur

crédit. Je viens de faire préparer à la porte Saint-Jean les munitions des petites pièces d'infanterie que M. de Bougainville demande. Les voitures chargeront en passant et ne pourront être retardées.

———

Au Cap-Santé, le 23 septembre 1759. — Je n'ai plus que des malheurs à écrire ; vingt fois j'ai pris la plume et vingt fois la douleur l'a fait tomber de mes mains. Comment me rappeler une suite d'événements aussi assommants... ? Nous étions sauvés, et nous sommes perdus !

Le 11 septembre 1759. — Les ennemis nous amusent en plaçant des bouées dans le chenal vis-à-vis le ravin de Beauport. On les aperçut le matin et l'on alla les couper en plein jour malgré le feu du canon le plus avancé. Ces bouées donnèrent quelque inquiétude ; on craignoit pour la redoute flottante et que cette place ne fût emportée. Il est vrai qu'alors la moitié de son canon étoit contre nous ; mais il falloit la prendre et tenir dedans ; ce qui n'étoit pas une petite besogne. Cependant j'avois déjà commencé une batterie de trois canons que je devois tirer de cette redoute, et les placer à la droite du mortier que j'avois amené de la gauche.

12 septembre 1759. — On agita de quelle manière on pourroit rendre cette pièce plus solide, et l'on convint d'y travailler le lendemain en la doublant par le dehors de pièces équarries qu'on devoit faire venir de Québec. J'allai chez M. le marquis de Montcalm, le soir, qui m'ordonna de faire venir le lendemain deux

39

pièces de campagne sur la hauteur du ravin pour remplacer celles qu'on avoit envoyées à M. de Bougainville.
Nous nous promenâmes longtemps en visitant nos
retranchements ; et plus je les examinois et plus je me
persuadois que l'ennemi ne viendroit pas les attaquer.
On avoit réparé les lignes et les redoutes et je me
figurois que nos troupes, ainsi retranchées, étoient
invincibles.

Le jour, tout parut tranquille.

13 septembre 1759. — A une heure après-minuit
M. Dumas me fit avertir qu'on avoit entendu un grand
bruit de berges et que les troupes s'alloient porter aux
retranchements. Je montai seul sur-le-champ à cheval ;
je parcourus la ligne et fis mettre toutes les batteries
en état.

Sur les trois heures arriva un canot de ronde qui
nous assura que les berges ennemies étoient sur le bord
de la batture de la Canardière. J'y menai une petite
pièce de canon, et les milices de Québec s'avancèrent
sur la grève. On fit partir un autre canot pour avoir
des nouvelles de l'ennemi. Il fut assez longtemps
dehors et revînt sans avoir rien vu. La ville fit alors le
signal convenu pour indiquer qu'il avoit passé quelque
chose. Un peu avant le jour on avoit entendu quelques
coups de fusil au-dessus de Québec ; nous ne doutâmes
point qu'un convoi de vivres que nous attendions n'eût
été découvert et peut-être pris. Par quelle fatalité, au
signal de la ville, n'envoya-t-on pas savoir des nouvelles,
et le régiment de Guyenne, qu'on avoit résolu de faire
camper sur les hauteurs au-dessus de Québec, étoit-il
encore dans notre camp ?

Au jour tout parut tranquille sur notre front et l'on fit rentrer les troupes. En rentrant dans la cour de la Canardière, arriva un Canadien du poste de M. de Vergor à qui on avoit bien mal à propos confié celui de l'Anse-au-Foulon. Ce Canadien nous conta avec toutes les marques de la peur la plus décidée qu'il avoit seul échappé et que l'ennemi étoit sur la hauteur. Nous connoissions si bien les difficultés de pénétrer par ce point, pour peu qu'il fût défendu, qu'on ne crut pas un mot du récit d'un homme à qui nous crûmes que la peur avoit tourné la tête. J'allai me reposer chez moi en priant M. Dumas d'envoyer au quartier général pour avoir des nouvelles et de me faire avertir s'il y avoit quelque chose à faire. On entendoit toujours quelques coup de fusil de loin en loin. Je vis alors filer des piquets qui se portoient sur la hauteur de Québec et en même temps un grand nombre de berges en panne à la pointe de l'Ile-d'Orléans. Je montai à cheval, fis charger quelques voitures de munitions et suivis les troupes que Monsieur le major général faisoit défiler, en disant que le régiment de Guyenne seul contenoit l'ennemi. Je courus et trouvai M. de Poutleroy, avec qui je montai sur la hauteur sans suivre de chemin que celui que le sifflement des balles nous indiquoit. Nous joignîmes M. le marquis de Montcalm, qui rangeoit ses troupes en bataille, à mesure qu'elles arrivoient. Les ennemis étoient déjà formés et se retranchoient, leur droite au fleuve et leur gauche au chemin de Sainte-Foye. Ils paroissoient être au moins quatre mille hommes, divisés en trois corps. J'y fus à peine arrivé qu'ils établirent une pièce de gros canon qui

enfiloit le chemin de Samos.   On nous en avoit amené
de la place, que je plaçai sur la droite de ce chemin.
Bientôt après, j'en détachai deux que je conduisis à
notre droite pour tâcher de débusquer l'ennemi d'une
maison crénelée qu'ils occupoient. Nous avions quelques
pelotons en avance qui fusilloient à la faveur des brous-
sailles.   Je ne m'occupai qu'à aller de la droite à la
gauche pour veiller au canon ; et, dans un moment où
je me trouvai à côté de M. le marquis de Montcalm, il
m'ordonna de retirer un peu en arrière les pièces de la
droite dans la crainte que les Canadiens qui fusilloient
à côté ne se sauvassent et qu'elles ne fussent perdues.
J'y allai et les retirai, car elles étoient trop près et
d'ailleurs les sauvages ou les ennemis mêmes avoient
mis le feu à la maison crénelée.   Je restai quelque temps
pour voir l'effet du canon que nous avions dirigé sur
une colonne, lorsqu'on vint me demander des munitions
pour Royal-Roussillon.

J'y courus. Toutes nos troupes étoient alors arrivées.
Je m'arrêtai un moment avec M. le marquis de Montcalm qui me dit : " Nous ne pouvons éviter le combat.
" L'ennemi se retranche ; il a déjà deux pièces de canon.
" Si nous lui donnons le temps de s'établir, nous ne
" pourrons jamais l'attaquer avec le peu de troupes
" que nous avons ".   Il ajouta avec une espèce de
saisissement : "Est-il possible que Bougainville n'en-
" tende pas cela ".   Il me quitta sans me donner le
temps de lui répondre autre chose, sinon que nous
étions bien petits.

Nous eûmes plusieurs officiers blessés sur le terrain
où les troupes étoient en bataille.   Les balles y pleu-

voient et ce petit corps d'armée étoit couvert en entier de mitraille, lorsque partoit le canon ennemi. Nous étions très faibles; nos postes le long du fleuve et le détachement de M. de Bougainville composé de volontaires et grenadiers en avoit emporté la plus forte et la meilleure partie, indépendamment des quatorze cents hommes qui étoient restés pour la garde du camp, à cause des quatre-vingts berges qui le menaçoient. J'étois aux pièces de canon de la gauche, lorsque je vis notre corps de bataille s'ébranler, M. le marquis de Montcalm à la tête et à cheval. Nos troupes partirent en courant et en jetant de grands cris; elles s'arrêtèrent pour faire une décharge générale. Je suivis avec mon canon que je laissai derrière moi pour ne pas l'exposer mal à propos. Le premier rang françois et canadien avoit mis un genou à terre et se coucha après la décharge. L'ennemi riposta par un feu de peloton très vif. A l'instant nos troupes firent demi-tour à droite et s'enfuirent à toutes jambes. Je ramenai le canon de la gauche, celui de la droite revint aussi conduit par La Rivière, sergent du corps Royal, car M. de la Bruyère avoit été blessé.

Jamais il ne fut possible de rallier nos troupes qui ne furent heureusement poursuivies que par un détachement de volontaires. Heureux dans cette cruelle disgrâce qu'ils ne profitassent pas de tous leurs avantages. Le désordre étoit si grand qu'ils auroient pu entrer dans la ville, pêle-mêle avec les fuyards, et nous couper le chemin du camp. L'on s'arrêta enfin sous les murailles de la place où la peur avoit fait entrer plus de huit cents hommes de tous les corps. Je vis alors

arriver M. le marquis de Montcalm à cheval soutenu
par trois soldats. J'entrai dans la ville avec lui où M. le
chevalier de Bernetz me donna quelques ordres que je
courus exécuter sur le rempart. Le temps me pressoit,
et, quel que fût mon attachement pour la personne de
notre général, je m'en retournai au camp. Je trouvai
près du pont M. le marquis de Vaudreuil qui haranguoit
M. le chevalier de Montreuil. Celui-ci voulait rassembler nos débris à l'ouvrage qui couvroit le pont, et
l'autre vouloit, quelle idée ! mener quelques Canadiens
effrayés à un nouveau combat, ou plutôt qu'on les y
menât. Je donnai ordre en passant au misérable reste
de trois bataillons assemblés sur le bord de la petite
rivière, de faire entrer dans l'ouvrage du pont douze
mille livres de poudre que M. Mercier avoit fait mettre
dans une grange en dehors. J'allai à la Canardière, où
je fis prendre deux pièces de 12 et une de 4 que je fis
conduire au pont pour favoriser notre retraite et le
rompre après si le cas l'exigeoit.

L'ennemi possesseur de la hauteur de Québec, étoit
content de cette position qu'il avoit si longtemps désirée
et qui nous forçoit d'abandonner notre camp, n'ayant
plus de communication avec nos subsistances. Aussi
ne songea-t-il pas à nous poursuivre. Tous les Canadiens
qui ne désertèrent pas, rentrèrent au camp avec nos
bataillons, dont on avoit jeté cinq piquets dans la place.
M. le marquis de Vaudreuil fit alors assembler un
conseil de guerre composé de Monsieur l'intendant, du
munitionnaire général, des chefs de corps ou de ceux
qui les représentaient, du major général et de M. de
Pontleroy. M. de Bougainville avoit donné avis qu'i

étoit sur le chemin de Sainte-Foye, où il attendoit le résultat de la délibération. On résolut de se retirer à Jacques-Cartier dans la nuit même. Je m'étois retiré chez moi, n'ayant pas l'honneur d'être admis au conseil M. le marquis de Vaudreuil m'envoya ordre de me rendre chez lui. J'y trouvai le major général qui me dit qu'il alloit donner l'ordre et je le suivis. Il portoit en substance que la retraite serviroit de générale ; que l'on décamperoit dans le plus grand silence en trois divisions ; que le soldat emporteroit dans ses poches le plus de balles et de poudre qu'il pourroit, et des vivres pour quatre jours ; que l'on quitteroit tout au camp plutôt que les vivres ; que les batteries seroient enclouées et les matelots canadiens et canonniers qui les servoient repliés pour marcher après le gouvernement des Trois-Rivières, qui formoit la seconde division. Sur ce que je demandai des moyens pour emporter quelques munitions, il me fut ordonné de tout abandonner. J'allai porter cet ordre à toutes les batteries et j'attendis pour partir le moment indiqué. Le désordre commença au moment du départ. Les divisions et les équipages se mêlèrent avec tant de confusion que cinquante hommes auroient détruit tout le reste de notre armée. Le soldat françois ne connoît plus de discipline, et au lieu d'avoir formé le Canadien, il en a pris tous les défauts.

La tête marche jusqu'à la rencontre de M. de Bougainville à la Fourche. Au lieu d'y attendre la queue, on en repartit fort vite et l'on vint coucher à la Pointe-aux-Trembles.

La plus grande partie des Canadiens de Québec, profita du désordre et regagna ses foyers, peu inquiète du

maître auquel elle appartiendroit désormais ; et l'armée
n'étoit plus, le 14 au soir, en arrivant à la Pointe-aux-
Trembles, qu'un peloton confus mêlé des cinq bataillons
et des Canadiens des trois gouvernements.

M. de Bougainville s'arrêta avec son camp volant
pour couvrir notre ridicule fuite, et retourna même à sa
première position, voyant que l'ennemi ne faisoit aucune
démonstration de nous poursuivre. Au lieu de séjourner à la Pointe-aux-Trembles, on en partit le 15 de
très bonne heure pour venir occuper le poste de Jacques-
Cartier.

17 septembre 1759. — On a eu des nouvelles de
Québec où l'on entroit et sortoit avec assez de facilité.
M. de la Rochebeaucour à la tête de cent trente cava-
liers partit pour y porter du biscuit.

Le même jour arriva M. le chevalier de Lévis qui
donna ordre que tout ce qui étoit en état de marcher se
tînt prêt à partir le lendemain.

18 septembre 1759. — M. de la Rochebeaucour fut
fort surpris en ravitaillant la place de trouver M. de
Ramezay disposé à la rendre. Il se jeta aux genoux de
ce faible commandant, lui promit du secours d'hommes
et de munitions dans vingt-quatre heures et lui proposa, si ces promesses ne s'effectuoient pas, de se rendre
le 25. Les prières ne firent rien sur cet homme qui
n'avoit jamais su prendre un parti et qui cette fois en
avoit pris un aussi odieux qu'humiliant.

M. de la Rochebeaucour remporta son biscuit, sauva
quelques effets du camp, s'en revînt au désespoir de
n'avoir pu obtenir d'un homme qu'il ne se déshonorât
pas.

La place n'avoit pas essuyé un coup de canon et fut livrée à l'ennemi qui s'en étonne encore.   Nous étions alors en marche, M. de Bougainville presque aux faubourgs et M. le chevalier de Lévis à deux lieues de lui, prêt à partir, soit pour combattre, soit pour recueillir la garnison, qui auroit pu évacuer et laisser son commandant tout seul.   Le moment de notre humiliation étoit arrivé et rien ne nous réussit. M. le chevalier de Lévis nous ramena le 24 à Jacques-Cartier, où l'on travaille depuis à l'établissement d'un poste que M. Dumas doit commander.

APPENDICE

APPENDICE

—

Le ton de colère et d'indignation qui règne tout le long du *Journal de Montcalm* n'est que trop justifié par les dilapidations dont il était journellement le témoin. Ce fut une des causes de la perte du Canada ; mais Montcalm n'indique pas assez la principale qui fut le honteux abandon de la colonie par la cour de Versailles. Le général qui voyait sa carrière militaire compromise, en était au désespoir, et s'en prenait à tout, excepté aux plus coupables, le roi et ses ministres, parce que c'était d'eux que dépendait son avancement. Il ne dit pas même un mot contre la Pompadour. Sa jalousie contre Vaudreuil était arrivée à un point qu'il interprétait en mal tout ce que faisait ce gouverneur. Pour se former un jugement impartial, il faut lire à côté du *Journal de Montcalm* celui du chevalier de Lévis toujours écrit avec sang-froid et laissant voir un esprit de justice. Quand celui-ci, après la mort de Montcalm, eut pris le commandement en chef, toute division disparut ; il s'entendit parfaitement avec Vaudreuil qui lui prêta le plus entier concours. Grâce à cette parfaite entente,

les débris de l'armée furent réorganisés, les Canadiens cou-
rurent sous les drapeaux ; et dès le printemps de 1760, Lévis
put marcher à l'ennemi et gagner l'éclatante victoire de
Sainte-Foye.

Rien ne met plus en évidence l'aveuglement dans lequel la
jalousie contre Vaudreuil avait plongé Montcalm, que sa conduite avant la bataille d'Abraham. S'il ne se fut pas obstiné
à mépriser ses avertissements réitérés, il n'aurait pas été surpris ; et au moment même de la bataille, s'il l'avait écouté
lorsqu'il lui faisait dire de ne rien précipiter, d'attendre, pour
attaquer, les renforts qu'il lui amenait et l'apparition des
troupes d'élite de Bougainville qu'il avait averti de s'avancer
pour prendre l'ennemi en queue, il n'aurait certainement
pas été battu.

Les extraits suivants de *Montcalm et Lévis* par l'abbé
H.-R. Casgrain, tome II, chapitre dix-neuvième, établissent
clairement ces deux faits. " Déjà, dit-il, M. de Malartic,
commandant du régiment de Béarn, et plusieurs officiers de
hauts grades, prévoyant la catastrophe du 13, ne se cachaient
pas de dire que les précautions prises pour la ligne de Beauport étaient excessives, " et qu'on ne s'occupait pas assez des
autres * ". Vaudreuil était du même avis, particulièrement
pour l'anse du Foulon, qui n'était gardée que par une centaine
d'hommes ; mais Montcalm persistait à croire que la falaise y
était inaccessible. Aux observations que lui avait faites
auparavant le gouverneur, il avait répondu : " Je vous jure
que cent hommes postés arrêteront l'armée et nous donneront
le temps d'attendre le jour et d'y marcher par notre droite ".

---

* *Journal de Malartic*, p. 278.

Après de nouvelles remarques, Montcalm insistait : " Il ne faut pas croire que les ennemis aient des ailes pour, la même nuit, traverser, débarquer, monter des rampes rompues, et escalader, d'autant que pour la dernière opération, il faut porter des échelles * ".

Dans la journée du 3, Bougainville vint passer une heure au manoir de Salaberry, pour faire part au commandant des inquiétudes que lui causaient les dernières manœuvres de l'amiral Holmes, dont la flotte s'était rapprochée de la ville... Le lendemain, le bataillon de Guyenne eut ordre de s'avancer sur les hauteurs d'Abraham pour être à portée de secourir au premier signal, soit Bougainville, soit le camp, soit la ville...

La réserve de M. de Repentigny stationna au pied de la côte qui conduit à la porte Saint-Jean, et les compagnies de grenadiers à la fourche des chemins de Samos et de Sillery. Vaudreuil mandait à Bougainville : " Je n'ai pas besoin de vous dire, Monsieur, que le salut de la colonie est entre vos mains, que certainement le projet des ennemis est de nous couper la communication en faisant des débarquements au nord ; il n'y a que la vigilance qui puisse y parer ".

---

* *Montcalm a Vaudreuil*, 27 et 29 juillet. — " Ces mouvements de l'ennemi ne changèrent que peu de chose aux premières dispositions que M. le marquis de Montcalm avait faites. Il jugea que la partie de Beauport était toujours le point essentiel à garder et... où l'ennemi pouvait venir avec plus de succès à la conquête de la ville. *Journal du siège de Québec*. 4 septembre, Bib. Hartwell.
" M. de Vaudreuil a plus d'inquiétude que moi pour la droite ". *Montcalm à Bougainville*, 10 septembre 1759. — On le savait si bien dans l'armée anglaise, qu'un déserteur rapporta au général Wolfe : " That Monsieur Montcalm will not be prevailed on to quit his situation, insisting that the flower of our army are still below the town ". *Knox's Journal*, 1er septembre, vol. II, p. 66.
" Je sais sûrement que M. de Vaudreuil avait dit de mettre dans ce quartier quatre cents hommes de plus, et de faire quelques redoutes ; ceux qui conduisaient les opérations militaires et l'artillerie pensaient le tout inutile ". *Jugement impartial des opérations militaires de la campagne du Canada*, en 1759.

Il lui détaillait ensuite ses dernières dispositions, et ajoutait: " Par cet arrangement, voici ce qu'il y aurait depuis l'anse des Mères jusqu'au Cap-Rouge : cent cinquante hommes entre l'anse des Mères et l'anse au Foulon ; trente hommes à Samos ; cinquante hommes à Saint-Michel ; cinquante hommes à Sillery ; deux cents hommes au Cap-Rouge ".

Puis il lui donnait le tableau des forces dont il disposait en sus, " tant pour garnir les autres postes que pour frapper en masse, non compris les sauvages ", ce qui formait un effectif de deux mille cent hommes. Et il concluait: " Je crois, Monsieur, qu'avec cela et un peu de bonheur, vous ferez de la bonne besogne.

" Je n'ai pas besoin de vous recommander... d'établir le régiment de Guyenne dans le point central... En un mot, carte blanche sur les moyens * ". Enfin, dans l'inquiétude que lui inspirait toujours le poste du Foulon, il lui conseillait de l'augmenter de cinquante hommes tirés de la compagnie de Repentigny, la plus aguerrie des troupes canadiennes.

Malheureusement Bougainville, ancien aide de camp de Montcalm, à qui celui-ci avait communiqué son animosité contre Vaudreuil, ne tint aucun compte des avis de ce gouverneur.

Le matin du 13 septembre, au moment où les deux armées étaient en présence sur les plaines d'Abraham, un cavalier d'ordonnance de Vaudreuil, lequel s'avançait avec le reste des troupes, vint remettre à Montcalm un billet où il le conjurait de ne pas précipiter l'attaque: " L'avantage, disait ce billet, que les Anglais avaient eu de forcer nos postes, devait

---

* *Vaudreuil à Bougainville,* 5 septembre 1759.

naturellement être la source de leur défaite ; mais il était de notre intérêt de ne rien prématurer. Il fallait que les Anglais fussent en même temps attaqués par notre armée, par quinze cents hommes qu'il nous était fort aisé de faire sortir de la ville, et par le corps de M. de Bougainville, au moyen de quoi ils se trouveraient enveloppés de toutes parts, et n'auraient d'autres ressources que leur gauche pour leur retraite, où leur défaite serait encore infaillible * ".

Ce billet contenait de l'aveu de tous les hommes de guerre, le meilleur parti à suivre, mais Montcalm le rejeta avec dédain. " Il n'en fallut pas davantage, dit le *Journal tenu à l'armée*, pour déterminer un général qui eût volontiers été jaloux de la part que le simple soldat eût prise à ses succès ; son ambition était qu'on ne nommât jamais que lui, et cette façon de penser ne contribua pas peu à lui faire traverser les différentes entreprises où il ne pouvait pas paraître ".

Le premier soin de Montcalm en voyant, à son arrivée sur les plaines, qu'il avait affaire à toute l'armée de Wolfe, aurait dû être évidemment de se mettre en communication avec Bougainville. Il n'était pas encore sept heures du matin. En moins d'une heure et demie, un cavalier aurait franchi la vallée Saint-Charles, remonté la route de Lorette à l'église de Sainte-Foye, et remis à Bougainville l'ordre d'accourir au plus vite. Celui-ci, dont l'armée était en marche à neuf heures, aurait pu, en hâtant le pas, signaler son approche dès onze heures.

---

* *Archives de la Marine, Collection Moreau de Saint-Méry, Vaudreuil à M. de Berryer*, 5 octobre 1759. — *Journal tenu à l'armée.*

40

Dans l'intervalle, Montcalm aurait eu le temps de faire sortir la garnison de Québec et de la mettre en ligne avec les quinze cents hommes qu'amenait le gouverneur. Il aurait ainsi attaqué de front l'armée anglaise avec plus de six mille hommes, tandis que l'élite de son armée, composée de plus de deux mille soldats, l'aurait prise en queue. L'issue était facile à prévoir ".

TABLE DES MATIÈRES

Journal du marquis de Montcalm durant ses campagnes
en Canada de 1756 à 1759

Lightning Source UK Ltd.
Milton Keynes UK
UKHW02f2046080818
326964UK00013B/1367/P